Peter Merten • Vagabundenlied

Peter Merten

Vagabundenlied

Autobiografie

Für Annette Göbel und Mann Oscar! Alles Gute und Schönes und Freude beim Leben!

Peter Merten

12.12.07

Meinem Großvater Johann Cullmann

Ich danke der Familie Thomas Bruch für ihre Unterstützung

Peter Merten
Vagabundenlied
Autobiografie
©2008 MEDU Verlag
Dreieich bei Frankfurt/M.
Umschlaggestaltung: Jakob Wakolbinger
Printed in EU

ISBN 978-3-938926-42-0

OUVERTÜRE

1. AKT
LEHRJAHRE

1. Szene   22
Fauquemont
2. Szene   29
Die Welt der Mode

2. AKT
VON EINEM, DER AUSZOG, DAS SINGEN ZU LERNEN

1. Szene   37
Eisfeld
2. Szene   55
Neustrelitz
3. Szene   79
Eisenach
4. Szene   91
Berlin

3. AKT
RIEN NE VA PLUS

1. Szene   153
Mainz
2. Szene   247
Saarbrücken

ZUGABE

OUVERTÜRE

Mein Leben begann im Jahr 1931. Damals ahnte noch niemand, dass es wie ein modernes Märchen werden würde. Als ich das Licht der Welt erblickte, früh um 4 Uhr, wurde ich als drittes Kind von meiner Mutter Ida und meinem Vater Paul Peter begrüßt. Wir wohnten damals in Bous im Saarland auf dem Oberberg bei einer Familie Geber. Unsere Wohnung lag unter dem Dach und bestand aus einer Küche mit lediglich einem kleinen Ofen, einem Schlafzimmer und einem Abstellraum. Mein Vater war damals schon drei Jahre lang arbeitslos. Unsere Wohnung konnte nicht beheizt werden und meine Mutter erzählte mir später, dass sie nicht mal eine Scheibe Brot im Hause hatte. Meine beiden Schwestern Annelie, sechs Jahre, und Christel, fünf Jahre, waren zu dieser Zeit bei unserem Großvater in dem Dorf Gehweiler.

Damals waren sieben Millionen Menschen arbeitslos und die Not brachte die Menschen näher zueinander. Meine Mutter erzählte mir, dass ihr ein Metzger vier Wochen lang jeden Tag ein Pfund Rindfleisch für die Zubereitung einer Suppe schenkte, damit sie mich stillen konnte. Viele gute Bekannte halfen uns mit Kleidung und Kohle aus.

In Deutschland braute sich die schlimme Naziherrschaft zusammen und im Saarland traten viele Bürger, auch mein Vater, der Kommunistischen Partei bei, die alles daran setzte, Hitlers Machtübernahme zu verhindern. Im Jahr 1932 bekamen meine Eltern eine größere Wohnung bei einer Familie in der Kleberstraße. Zwei Zimmer und Küche, dort lebten wir zu fünft, meine Eltern, meine Schwestern und ich.

Weihnachten feierten wir zusammen mit Tante Ina, der Schwester meines

Vaters, und Onkel Ado. Annelie, Christel und ich sangen Lieder und Papa spielte die Geige dazu.

Es kam das Jahr 1933, das vieles veränderte. Die SA beherrschte die Straßen und überall fanden Aufmärsche statt. Hitler wurde gewählt und die Stimmung war unerträglich. Mein Vater bekam nach sieben Jahren Arbeitslosigkeit wieder Arbeit im Mannesmann Werk Bous. Doch es wurde immer kälter im Land. Man verbot als erstes die KPD und verhaftete viele Genossen, andere emigrierten. Die Hatz auf Juden und anders denkende Menschen wurde verstärkt. Als Folge rückten die Kommunisten mehr zusammen und arbeiteten im Untergrund.

Meine Eltern im Jahr 1921

Das Jahr 1934 lief noch normal weiter. Aber dann, im Sommer 1935, wurde das Saarland durch ein Referendum an das Dritte Reich angeschlossen. Die Nazis liefen durch die Straßen mit Hakenkreuzfahnen und auf dem Marktplatz war ein riesiges Feuerwerk. Das konnten wir von unserem Küchenfenster aus sehen.

In einer Nacht im Mai kamen zwei Gestapomänner in unsere Wohnung und durchwühlten alles, bis sie ein Flugblatt der KPD fanden: „Wer Hitler wählt, wählt den Krieg" von Ernst Thälmann. Wie Recht er hatte, ahnten nur die Kommunisten. Die Männer forderten meinen Vater auf, sich anzuziehen. Meine Mutter weinte, ich lag im Kinderbettchen und die Männer sagten meinem Vater, er solle sich von mir verabschieden, denn sie könnten keine Rückkehr garantieren. Ich sagte den Männern: „Aber wenn ihr meinen Vater mitnehmt, habe ich keinen Papa mehr." Dies ist mir ein ganzes Leben in Erinnerung geblieben. Mein Vater kam ins Untersuchungsgefängnis nach Saarbrücken auf den Lerchenflur und wurde dort täglich aufs Schlimmste verhört. Nach drei Wochen fuhr meine Mutter mit mir zum Gefängnis, um mit meinem Vater zu sprechen, aber vergebens, sie bekam keine Besuchserlaubnis. Und so blieben wir draußen auf der Straße und mein Vater schaute durch ein vergittertes Fenster runter und winkte uns zu. In der ganzen Zeit bis zu seiner Entlassung durfte meine Mutter ihn nur zwei Mal besuchen.

Wochen später kam mein Vater mit anderen Genossen in Frankfurt vor den Volksgerichtshof und wurde zu zehn Jahren Ehrverlust und drei Jahren Zuchthaus verurteilt. Sein Genosse Hans Pink wurde zum Tode verurteilt und hingerichtet. Seine Frau Maria musste sich scheiden lassen und ihr nach seinem Vater benannter Sohn Hans, der so alt war wie ich, kam in ein Umerziehungsheim der Nazis. Von dieser Zeit an hielten die Frauen fest zusammen und alle unterstützten einander. Ich war oft bei Pinks Maria, wenn meine Mutter keine Zeit hatte. Sie musste für die Nazis putzen gehen, um zu überleben. Nächtelang versuchten irgendwelche Männer meine Mutter zu belästigen und sie zur Scheidung von meinem Vater zu überreden.

Am Gründonnerstag des Jahres 1936 wurde meine Mutter verhaftet, auf das Schloss in Saarbrücken gebracht und 24 Stunden im Stehen vor Scheinwerfern verhört. Sie sollte Leute nennen, die uns unterstützten und die Kommunisten waren. Zu der Zeit lagen wir drei Kinder, Annelie, Christel und ich, mit 40 Grad Fieber im Bett. Eine Bekannte meiner Mutter kam, um nach uns zu sehen. Als sie uns allein fand und erfuhr, was passiert war, fuhr sie sofort nach Saarbrücken, um unsere Mutter zu suchen. Ein Bekannter, Kaplan Ludwig, gab ihr den Hinweis vom Schloss. Dort fand sie meine Mutter nervlich völlig am Ende. Ein Beamter sagte ihr, dass es ein Glück wäre, dass sie käme. Meine Mutter wäre sonst in ein Lager gekommen. Als die Beiden auf dem Weg nach Hause über die Saarbrücken liefen, wollte meine Mutter in die Saar springen.

Zu Weihnachten bekam ich ein Kasperletheater geschenkt und nun konnte ich meiner Fantasie vollen Lauf lassen und ich spielte unbeschwert im Hof Märchen.

Es gingen die Gerüchte um, dass die Juden abtransportiert würden. Dunkle Wolken hingen über Deutschland. Eines Morgens stand völlig unerwartet mein Vater vor der Tür. Er war aus der Haft entlassen worden und meine Mutter freute sich sehr, ihn wiederzuhaben. Ich dagegen war verunsichert, denn in den Jahren seiner Haft war mir mein Vater fremd geworden. Nach und nach lernte ich ihn neu kennen. Wir waren wieder zusammen. Mein Vater ging wieder in den Mannesmann Röhrenwerken arbeiten. Nach Feierabend kamen die Gesinnungsgenossen meines Vaters und Papa erzählte viel über seine Haft und über den bevorstehenden Krieg. Seine größte Sorge war, was aus uns werden würde.

Ich ging mit Christel öfter ins Kino, vor allem in Musikfilme mit Zarah Leander und Marika Rökk und so weiter. An Sonntagen liefen wir singend nach Völklingen zu Tante Ina. Helmut, der Sohn von ihrem Bruder Hans, übte auf dem Marktplatz mit den Hitlerjungen schon für den kommenden Krieg.

Auf Peter und Paul kam die Bouser Kirmes und auf dem Marktplatz waren viele Buden und Karussells aufgebaut. Wir Kinder aus unserer Straße versuchten mit allen Mitteln, auf das Karussell zu kommen, denn mit 50 Pfennigen Taschengeld konnte man sich nichts erlauben. Wir waren eine eingeschworene Gruppe Kinder, allen voran war der vier Jahre ältere Werner Müller, der uns Jungs das Onanieren beibrachte. Gerd Dreher und Manfred Karrenbauer waren in diesen Jahren meine besten Freunde, und wenn bei uns keiner in der Wohnung war, spielten wir zusammen. Ich erinnere mich gerne an diese Zeit. Die Einschulung rückte näher und im Herbst kam ich dann voller Erwartung in die Volksschule.

Eines Morgens hörten wir in unserer Straße einen fürchterlichen Lärm. Eine Menschenmenge hatte sich vor dem Haus der Familie Meier zusammengerottet und die Leute schrien: „Hier wohnt ein Scheißjude!" Sie warfen dicke Steine durch das Fenster der beiden Jungs, von denen einer in meine Klasse ging. Günter hieß er. Dann trieb man den Herrn Meier im Nachthemd durch die Straßen zum Bahnhof. Eine Horde Menschen zwang die Juden von Bous in die Waggons. Das ganze Haus von Meiers war mit Worten wie „Scheißjude" und „Drecksau" beschmiert. Viele Leute aus der eigenen Straße waren darunter, sogar Freunde von Meiers, die mit ihm Schach gespielt hatten. Ich als kleiner Junge wurde Zeuge dieses Vorfalls und habe es nie vergessen, als nach dem Krieg keiner mehr was davon wissen wollte.

Im Winter fuhren wir nach Gehweiler zu den Verwandten meiner Mutter in die Weihnachtsferien. Diesmal war ich auf der Post bei Onkel Josef und Tante Lieschen, einer Halbschwester meiner Mutter. Ich durfte zum ersten Mal bei meinem Lieblingscousin Seppel schlafen. Er war damals 13 Jahre alt und ich gerade acht Jahre alt. Ich fühlte mich wie im Himmel, als ich bei ihm übernachten durfte. Er war sehr zärtlich zu mir und streichelte mich – es war wunderschön. Was wir da genau taten, war uns in dem Alter natürlich nicht klar. Aber alles, was in dieser Nacht geschah, geschah aus freien Stücken. Von Verführung konnte man da nicht sprechen. Heute weiß ich, dass ich damals schon die Liebe zu Jungs fühlte. Nur wusste ich nichts von homosexueller Veranlagung, erst mit 30 Jahren wurde mir alles klar und mein ganzes Leben war davon geprägt. Wenn ich heute von Verführung höre, muss ich immer lachen. Wer im Glashaus sitzt, soll nicht mit Steinen werfen. Diesem Thema könnte ich ein ganzes Buch widmen. Denn ich hatte Tausende von Freunden und die meisten waren heterosexuell oder bisexuell.

Nun war wieder Silvester und wir erwarteten das Jahr 1939. Noch ging alles seinen gewohnten Gang, aber überall spürte man den nahenden Krieg. Mama und Papa saßen abends vor dem Volksempfänger und hörten mit Spannung die Nachrichten. Dann kam die Nachricht, dass Hitler vor Ostern das Saarland besuchen würde und das neue Gau-Theater in Saarbrücken, einweihen würde. Ganz Bous war auf den Beinen und die Hauptstraße, die man umbenannte in Adolf-Hitler-Straße, war voller Menschen. Wir Schüler mussten vor dem Rathaus stehen mit Fahnen und Blumen in den Händen. Dann kam eine riesige Karawane mit Militärfahrzeugen, dann folgte eine Eskorte mit Motorrädern und wir wussten: Jetzt kommt der Führer höchstpersönlich in einem offenen Wagen. Die Massen schrien laut: „Heil, Heil" und alle waren begeistert. Er stieg aus dem Wagen mit erhobener Hand, begrüßte den Bürgermeister und die Ratsherren, dann bestieg er wieder den Wagen und fuhr in Richtung Saabrücken.

In den Nachrichten hörte man nur noch Meldungen von den rauchenden Schloten der Fabriken, die Kriegsmaterial herstellten. Viele Arbeitslose wurden eingestellt, Autobahnen wurden gebaut, es herrschte Aufbruchsstimmung. Dann heulten im Herbst plötzlich die Sirenen in ganz Deutschland und im Radio wurde vermeldet, die Polen hätten bei Gleiwitz die Grenze überschritten und nun würde zurück geschossen. Das war der Anfang vom Zweiten Weltkrieg.

Innerhalb von vier Wochen waren die Polen geschlagen und die deutsche Wehrmacht stand in Warschau. Die Wochenschau überschlug sich im Siegestaumel. Nun ging es Schlag auf Schlag. Da brannte der Reichstag und überall wurden die Juden, Christen und Kommunisten gejagt. Dann begann der Frankreichfeldzug und die deutschen Soldaten besetzten Frankreich im Nu bis zum Atlantik. Dann wurde Österreich ans Deutsche Reich angeschlossen, Prag überfallen, zudem Holland und Dänemark. Man hörte nur noch Sieg über Sieg. Dann begann der Krieg gegen England und London wurde schwer getroffen. So schlitterten wir in die Vierziger.

Im Februar kamen die englischen Bomber und warfen ihre tödliche Fracht über Saarlouis ab und alles brannte lichterloh. Wir im Haus gingen in jener Nacht in den Keller und standen betend unter der Treppe. Das Haus hatte bis dato noch keinen Luftschutzkeller. Meine Schwester Christel blieb einfach im Bett liegen. Sie hatte keine Angst. Am nächsten Morgen war alles anders, wir waren mitten in den Krieg gezogen worden. Mein Vater wurde nach Frankreich zur Organisation Todt berufen und musste an der Atlantikküste Bunker bauen.

Bei uns ging das Leben weiter: Ich ging zur Schule und Mama ging wieder zu den Nazis putzen. Ich hörte damals viel Radio und kannte alle Sänger: Peter Anders, Willi Schneider, Johannes Heesters, Erna Sack.

Eines Tages machten wir mit unserer Klasse eine Fahrt nach Saarbrücken ins Märchen *Peterchens Mondfahrt* – mein erster Besuch im Theater und ich war begeistert. Von dem Tag an hatte ich nur im Sinn, Sänger oder Schauspieler zu werden.

So ging die Zeit ins Land. Fast jeden Tag Fliegeralarm. Im Saarland wurden überall Bunker gebaut, der so genannte Westwall. Viele fremde Menschen mussten die Arbeit verrichten, weil die Männer aus dem Saarland im Krieg waren.

In den Sommerferien fuhren wir nach Gehweiler und wohnten im Hause von Großvater, bei Tante Maria. Papa war aus Frankreich zurück und arbeitete beim Großvater in der Backstube als Bäcker, das hatte er als junger Mann bei ihm gelernt, als er mit 18 Jahren von Burgbrohl, seinem Heimatort, nach Gehweiler gekommen war und meine junge und schöne Mutter geheiratet hatte.

Mitte Juni, ich spielte gerade mit Zwillingsbrüdern aus dem Dorf, sagte einer der beiden zu mir, dass eben die Hebamme zu meiner Mutter gekommen sei und ich vielleicht ein Brüderchen bekäme. Ich hatte keine Ahnung und war völlig überrascht, als mein Bruder Leo auf die Welt kam. Nun waren wir zu sechst. Ich hatte noch Ferien und musste tüchtig bei Vatter, so nannten wir unseren Großvater, mithelfen, sei es auf dem Feld oder im Stall, beim Melken oder Kühe hüten. Es war eine gute Erfahrung und zum Arbeiten wurde jeder gebraucht. Mein Bruder wurde getauft und wuchs unter der Obhut von Mama auf. Wir hausten in der Futterküche, dort stand eine Hobelbank und Bruder Leo wurde dort hingelegt, wenn wir arbeiten mussten. Zurück in Bous begann Annelie eine Ausbildung zur Sprechstundenhilfe in einer Zahnarztpraxis. Christel arbeitete in Völkingen bei einer Familie im Haushalt.

So ging das Jahr 1940 zu Ende und der Krieg tobte weiter. Weihnachten waren wir alle zusammen, Papa schmückte den Baum, Mama backte Plätzchen und das ganze Haus roch nach Süßigkeiten. In der Nacht ging es in die Mette und alle sangen wir *Oh Du Fröhliche* und um uns krachten die Bomben über Saarbrücken und anderen Orte.

Im neuen Jahr ging ich wieder fleißig in die Schule, dort mussten wir öfters in den Bunker, denn die alliierten Flugzeuge kamen bei Tag und Nacht. Meiner Familie wurde ein Bunker zwei Kilometer von unserer Wohnung entfernt zugewiesen. Jede Nacht liefen wir, sobald die Sirenen heulten, um unser Leben. Bei Entwarnung ging es wieder zurück und das mehrmals. Zu Hause lief dauernd der Volksempfänger und sobald er verstummte, wussten wir, dass feindliche Flieger im Anflug waren. Eines Nachts mussten wir wieder in den Bunker laufen und es war schon sehr spät, überall krachten die Granaten der Flak und wir liefen in einen näheren Bunker auf der Bommersbach, meine Mutter fiel über einen Brachenhaufen und verletzte sich an Armen und Beinen, wir liefen um unser Leben.

Als wir im fremden Bunker ankamen, gab es eine große Detonation und eine Staubwolke kam aus dem Schacht in den Bunker. Als Entwarnung kam und wir wieder nach Hause gingen, sagte uns jemand, dass zwei große Minenbomben auf den uns eigentlich zugewiesenen Bunker gefallen waren. Uns wurde sofort klar, dass wir einen Schutzengel gehabt haben müssen, sonst könnte ich heute nicht darüber schreiben. So war unser Leben jeden Tag bedroht. Wir Kinder nahmen es immer noch als Abenteuer hin und freuten uns über jeden schulfreien Tag.

Am Weißen Sonntag, also am Sonntag nach Ostern, kam ich zur Heiligen Kommunion. Meine Mutter hatte schon dafür gespart. Zum Feiern wurde unser Schlafzimmer ausgeräumt und Tische aus dem ganzen Haus geliehen. Dann kamen Verwandte und Bekannte und ich wundere mich heute noch, wie in dem kleinen Raum mit so vielen Menschen gefeiert werden konnte. Ich bekam mein erstes Märchenbuch geschenkt, das ich immer in Ehren hielt.

Im Sommer 43 wurde mein Vater in das Strafbataillon 999 in Heuberg eingezogen. Das war wieder ein großer Einschnitt im Leben meiner Familie. Im Strafbataillon waren die „Politischen" mit Mördern und Schwerverbrechern zusammengepfercht und bekamen keinen Ausgang. Meine Mutter fuhr mit meinem Bruder nach Heuberg, um unseren Vater zu besuchen. Der stand hinter einem Stacheldrahtzaun und meine Mutter mit dem zweijährigen Leo davor. Mein Vater sagte meiner Mutter, sie solle stark bleiben, denn der Krieg würde nicht mehr lange dauern, die Deutschen seien in die Sowjetunion eingedrungen und das würde das Ende von Hitler und seinen Schergen sein. Vier Tage später wurde das Strafbataillon nach Griechenland geschickt, um in der Ägäis Minen zu räumen. Es war ein Todeskommando.

Es dauerte Monate, bis wir von meinem Vater einen Brief bekamen. Zu Hause spitzte sich die Lage weiter zu, ewige Bombardierungen der deutschen Städte, keine wurde verschont. Dann immer die schlimmen Meldungen aus dem fernen Osten. Dauernd kamen verwundete Soldaten nach Hause und erzählten die grauenhaftesten Geschichten. Im Winter wurde Bous evakuiert und wir zogen mit ein paar Sachen nach Gehweiler zum Großvater. Wir wohnten in einem Raum, Mama, Großvater, Leo und ich. Weihnachten 43 feierten wir alle zusammen im Nebenzimmer der Wirtschaft von Tante Maria. Es gab eine Apfelsine, Gebäck und Nüsse und wir waren froh, noch ein Dach über dem Kopf zu haben.

Dann wurde Christel zur Flak eingezogen und kam an die Ostfront. Annelie blieb in Bous, weil die Praxis offen blieb. Die in Bous Gebliebenen wohnten in einem Bunker im Beamtenviertel.

Nun kam das Jahr 1944, Deutschland hatte Massen von Gefangenen aus Frankreich, Polen und vor allem Russland, die überall die Drecksarbeit machen mussten und nichts zu essen bekamen. Zwischen Völklingen und Bous war ein riesiges Gefangenenlager mit russischen Frauen, Kindern und alten Männern, die alle in der Röchlingshütte arbeiten mussten, bis sie umfielen. Es gab nachweislich Tausende Tote.

Im Januar 1944 kam ich ins Internat nach St. Wendel. Da standen wir morgens früh um 6.30 Uhr auf, gingen zur Messe, dann gab es Frühstück und danach mussten wir zum Lernen in die Schule. Diese Zeit sollte mich reif machen für den Beruf, entweder Sänger oder Priester wollte ich werden. Zum Wochenende ging es nach Hause, wo ich im Stall und auf dem Feld mitarbeiten musste.

Mittlerweile waren die Amis an der Atlantikküste gelandet und kamen immer näher und trieben die deutschen Soldaten aus Frankreich heraus. Als Paris zurückerobert wurde, glaubten wir alle schon, der Krieg gehe zu Ende, aber es dauerte noch eine ganze Zeit. Im Osten wüteten immer noch die Deutschen. Als ich an einem Sonntag zu Hause war und wir Jungs in der Wirtschaft Skat spielten, kam ein Verwunderter zu uns und erzählte von seinen Heldentaten. In meiner Erinnerung blieb mir seine Geschichte, dass sie eines Tages in der Ukraine, wo er stationiert gewesen war, ein ganzes Dorf, Frauen, Kinder und alte Männer in die Kirche getrieben und sie angezündet hätten. Ich konnte nächtelang nicht schlafen und ich hatte das immer im Kopf, wenn wir die Bilder von der Wochenschau im Kino sahen. Grund für diese Gräueltat war laut Aussage des Soldaten der Diebstahl einer Dose Fleisch. Das waren die Geschichten, die wir als junge Menschen erfahren mussten.

Als schon alte Männer zum Volkssturm eingezogen wurden und ohne Ausbildung an die Front kamen, wurde auch mein Lieblingscousin Seppel an die Ostfront geschickt. Er hatte große Angst, als er sich verabschiedete. Er nahm seine Ziehharmonika mit und fiel am ersten Tag an der Front.

„Für Führer, Volk und Vaterland", wie man damals schrieb. Tausende Familien bekamen zu dieser Zeit diese schlimme Nachricht. Fast jede Familie trauerte um Angehörige, die an der Front gefallen oder bei den Luftangriffen getötet worden waren.

Frankreich war inzwischen befreit und die Westfront verlief an der Saar vorbei. Bei Wadgassen standen monatelang die Amerikaner und beschossen Bous, darunter auch das Haus, in dem wir gewohnt hatten. Annelie war immer noch in der Stadt und Mama war besorgt, weil wir lange nichts von ihr gehört hatten. In dieser Atmosphäre von Angst und Ungewissheit kam der schlimmste Winter der letzten Jahre. In Russland standen die Deutschen vor Stalingrad und mussten halb erfroren nach Monaten das Feld räumen und den Rückzug antreten.

Der Krieg näherte sich dem Ende mit soviel Schmerz und Leid für die Völker, Hunderttausende Tote auf beiden Seiten. An der „Heimatfront" gab es kaum noch zu essen. Viele wurden krank, aber die Unverbesserlichen glaubten immer noch an Hitlers Sieg. Wir Kinder hatten von alldem keine Ahnung, begriffen nicht, was vor sich ging und kannten auch kein anderes System als das der Nazis. Wir versuchten einfach, das Beste aus der Situation zu machen. Wenn man heute den Jungen, die so alt sind, wie wir es damals waren, das erzählt, können sie unsere Lage damals gar nicht nachvollziehen. Es ist für Deutschland eine Schande, dass es die Nazis allerorts wieder gibt. Aber man sagt, die Dummen werden niemals klug.

Am Heiligen Abend gingen wir in die Kirche nach Furchweiler und feierten wie in jedem Jahr die Christmette, es wurde viel gesungen, *Oh Du Fröhliche* und vor allem Stille Nacht, Heilige Nacht – da liefen mir die Tränen über die Wangen, in Gedanken an meinen Vater, der von Griechenland an die Ostfront versetzt wurde, und an meinen Cousin Seppel, der gefallen war.

Das Essen, Fleisch, Butter, Eier, Kartoffeln und Brot wurden immer knapper. Wir konnten froh sein, bei Großvater zu wohnen, da gab es wenigstens noch Milch und Brot. Mein Bruder Leo schlief bei Mama im Bett und ich bei Großvater, der immer spät ins Bett kam und morgens immer früh aufstand. Er zog sich zu dieser Zeit eine Blutvergiftung an der rechten Hand zu und ich musste mit ihm nach St. Wendel ins Marienkrankenhaus laufen, das waren zehn Kilometer ein Weg. Er wurde ambulant operiert und dann liefen wir wieder zurück nach Hause.

Als wir in der Nähe vom Bornerhof waren, kamen die amerikanischen Jabos, Tiefflieger, und beschossen junge Soldaten in einer Schlucht zwischen Hofeld und Baltersweiler. Mein Großvater und ich warfen uns auf den Bauch ins Gebüsch und überlebten wie durch ein Wunder diesen Angriff. Über 40 Menschen wurden getötet und viele verwundet. Die Toten wurden in der Hofelder Schule aufgebahrt und später in einem Massengrab in Furchweiler bestattet.

Vom Osten hörte man die schlimmsten Dinge. Die deutsche Armee war auf dem Rückzug und Tausende aus den Ostgebieten waren auf der Flucht vor den Russen, über die man Schreckliches berichtete. Nur von unseren Schandtaten wurde nichts gesagt.

Wir im Westen hofften auf die baldige Befreiung. Jeden Tag hörten wir Granatexplosionen und wie Tiefflieger deutsche Soldaten auf dem Rückzug beschossen. An der Hauptstraße lagen ausgebrannte Fahrzeuge und erschossene Pferde.

Dann kam der lang ersehnte Tag, an dem wir von den Amerikanern befreit wurden. Es war ein komisches Gefühl. Wir hatten alle Schutz im Bierkeller gesucht, als ein Panzer vor der Tür hielt und bewaffnete GIs mit angelegten Gewehren auf den Kellereingang zukamen. Ich nahm all meinen Mut zusammen und ging, ein weißes Tuch schwenkend, hinaus und rief: „We surrender!" – Wir ergeben uns. So hatten wir es in der Schule gelernt. Ein Schwarzer rief: „No Soldat." Dann kam er in den Keller, schaute in jede Ecke und verließ den Keller. Wir fielen uns in die Arme: Der Krieg war für uns vorbei. Der 19. März 1945 ging für uns in die Geschichte ein. Wir hatten diese schlimme Zeit überstanden. Auch Annelie hatte in Bous die Bombenangriffe überlebt und kam unversehrt nach Hause.

Nun war es wirklich Frühling und wir fühlten uns frei. Das Essen war aber immer noch knapp. Wir lebten von Milch und Brot. Als in der Nähe ein Lager der Wehrmacht geräumt wurde, fuhren wir dorthin und luden den Pferdewagen voll mit Knäckebrot und weißen Kümmelkeksen. Nach einer Zeit hingen uns diese Dinge aus dem Hals heraus, aber sie machten satt.

Außerdem bekamen wir Carepakete von Tante Anna, die schon seit langem in den USA lebte und dort Nonne geworden war. Wir hatten also noch Glück im Unglück und kamen einigermaßen zurecht.

Ich war nun im jugendlichen Alter und musste ganz schön ran. Ich ging mit Vatter zum Pflügen und musste die Pferde führen, was mir verhasst war. Dafür durfte ich nachmittags mit meinem Cousin Heinz zum Klavierunterricht nach Eisweiler. Wir übten stundenlang auf dem Klavier im Nebenzimmer der Wirtschaft von Tante Maria. Ich war wie besessen davon, denn Musik war schon damals mein Leben.

Der Sommer kam und wir machten Heu für den Winter. Heinz und ich ritten über die Wiesen und machten viel Blödsinn mit den anderen Jungen aus dem Dorf. Abends spielten wir Dulle im Wirtshaus und sonntags ging es nach Furchweiler in die Kirche, wo ich mehr als alles andere das Singen genoss. Dort lernte ich auch meine erste Liebe kennen, Horst. Ich war so in ihn verliebt und versuchte immer in der Kirche neben ihm zu sitzen. Dann hatte ich immer Schmetterlinge im Bauch und wusste nicht, wieso. Ich ging damals sogar zur Abendandacht, nur um ihn zusehen. War Horst einmal nicht da, ging ich enttäuscht nach Hause.

Ab November 1945 ging ich dann in die Volksschule Gehweiler. Vier Klassen wurden dort in einem Raum unterrichtet und das Lernen kam so oft zu kurz. Mittlerweile hatten wir in der Gehweiler Schule eine Wohnung bekommen und endlich hatte ich ein Zimmer für mich. Von meinem Zimmer aus konnte ich über das ganze Dorf schauen und, wenn die Abendglocke läutete, die auf dem Schulhof stand, ging ich ans Fenster und sang das *Ave Maria* über das ganze Dorf. Es war einfach wundervoll.

Weihnachten war diesmal was Besonderes. Wir feierten alle zusammen. Nur Papa und Christel waren nicht dabei. Beide waren in russische Kriegsgefangenschaft geraten und wann sie zurückkehren würden, stand in den Sternen. Das Kriegsjahr 45 ging zu Ende und wir dankten Gott dafür.

Es begann das Jahr 1946, das mir große Veränderungen brachte. Mein Großvater wollte, dass ich aufs Gymnasium nach St. Wendel gehe. Und damit ich die Aufnahmeprüfung bestehen würde, schickte mich Vatter zwei Mal in der Woche zur Nachhilfe zu einem Professor. Am 12. Juli machte ich dann die

Aufnahmeprüfung für das Gymnasium Wendalino und bestand sie. So konnte ich drei Klassen überspringen. Ich war mächtig stolz.

Dann musste ich gehörig lernen, Latein, Englisch, Französisch, Chemie und Physik. Meine größte Freude an der Schule war, dass ich nur eine Klasse unter der von Horst war und wir uns nun jeden Tag sahen. Es ergab sich von selbst, dass Horst und ich gute Freunde wurden.

Weihnachten 46 war wie immer. Wir hatten viel Schnee und der Weg zur Christmette war mühsam, aber ich musste neben Horst sitzen, sonst hätte ich keine Ruhe gehabt. Er zog mich an wie ein Magnet und ich kann es mir heute noch nicht erklären.

Nun begann das Jahr 47 und es brachte wieder viele Überraschungen. Die Weihnachtsferien waren vorbei, ich musste viel lernen und nachholen, aber auch arbeiten. Morgens bevor ich zur Schule fuhr, musste ich schon die Kühe melken und wenn ich mittags nach Hause kam, musste der Stall ausgemistet werden, denn ich konnte nicht alles meiner Mutter überlassen.

Zu dieser Zeit war ich Mitglied der katholischen Jugend und es ergab sich, dass die Gruppe Fasching im Pfarrhaus feiern wollte. Damit ich an dem Abend nicht zurück ins Dorf musste, lud mich Horsts Bruder ein, bei der Familie zu übernachten. Ich war natürlich überglücklich und konnte den Abend nicht erwarten. Als ich dann zu Horst kam, begrüßte mich seine Mutter sehr lieb und ich ließ meine Schultasche bei ihnen.

Spontan hatte Horst Bruder die Idee, ich sollte einen Solotanz auf der Bühne vorführen. Er besorgte eine Perücke und ein Kleid, das mir wie angegossen passte. Ich ließ mich auf den Spaß ein und so gingen wir zum Pfarrheim. Dort war die Hölle los. Ich stieg auf die Bühne und tanzte wie der Teufel. Unter dem fliegenden Kleid trug ich eine lange gestreifte Unterhose. Jedes Mal, wenn die zu sehen war, grölte das Publikum – es war ein Bombenerfolg. Erst als sich der Pfarrer über die schamlose Frau beschwerte, beendete ich meinen Tanz und zog mir die Perücke vom Kopf. Die Menge johlte und sogar der Pastor lachte.

Als der Abend zu Ende war, gingen wir zurück zu Horst. Die Eltern schliefen schon und wir tranken noch ein Glas Wein – dann gingen Horst und ich in sein Zimmer. Er deckte das Bett auf und meinte, ich solle mich hinlegen. Ich kann heute noch mein Herzklopfen hören, weil ich nicht wusste, wie das nun ausgehen würde. Ich kann nur sagen - eine Brautnacht kann nicht aufregender sein. Am nächsten Morgen schämte ich mich, als ich mit Horsts Familie am Frühstückstisch saß. Ich übernachtete noch öfter bei Horst und noch heute gehört diese heimliche Affäre zu meinen schönsten Jugenderinnerungen. Danke Horst.

Im Sommer verletzte sich meine Mutter bei der Arbeit und musste im Krankenhaus in St. Wendel operiert werden. Während sie im Krankenhaus war, bekamen wir eine Karte vom Roten Kreuz aus Russland. Mein Vater lebte und würde bald nach Hause kommen. Die Karte war wochenlang unterwegs gewesen. Nur einen Tag später, ich schlief wie früher bei Vatter, rief plötzlich meine Tante: „Peter, komm schnell runter – dein Vater ist da!"
    Und tatsächlich, als ich runter in die Wirtschaft kam, saß dort ein alter verschmutzter Mann mit Lappen um den Beinen, zerrissenem Mantel, unrasiert und abgemagert bis auf die Knochen. Mein Vater war wieder zu Hause und ich fiel ihm um den Hals und weinte. Er fragte natürlich nach Mama und wollte sie gleich am nächsten Tag im Krankenhaus besuchen. Ich fuhr mit und ging zunächst allein in Mamas Zimmer, um sie vorzubereiten. Papa blieb draußen stehen. Ich zeigte Mama die Karte vom Roten Kreuz und sie weinte vor Glück. Dann ging die Tür auf und Papa stand gewaschen und rasiert in der Tür und meine Mutter schrie auf. Die Überraschung war geglückt.
    Der Sommer ging ins Land und Mama päppelte Papa auf, der sehr krank war. Ich ging weiter zur Schule, worauf mein Vater sehr stolz war. Für Leo war der Vater, der so lange weg gewesen war, ein Fremder. Doch das Leben begann, wieder normal zu werden.
    Weihnachten waren die Familie fast vollständig wieder zusammen. Nur Christel war immer noch in russischer Gefangenschaft. Mein Vater erholte sich zusehends und half Großvater in der Landwirtschaft und in der Bäckerei.

Das Jahr 48 lief normal an, ich spielte Fußball und Klavier, ging zur Schule und machte meine Arbeit im Haus und auf dem Hof. Eines Nachmittags suchte mein Vater mich in meinem Zimmer auf, wo ich immer meine Schulaufgaben machte, und fand mich schlafend. Er schimpfte mit mir und meinte, so könnte ja nichts aus mir werden. Mein Klassenlehrer hatte meinem Vater geschrieben, dass ich morgens immer so müde und nicht konzentriert genug wäre und dass ich eine schlechte Note in Latein zu erwarten hätte. Mein Vater war wütend, doch mein Großvater verteidigte mich und sagte, dass die Schule und die Arbeit auf dem Hof zu viel für mich seien. Mein Vater ging daraufhin zu meinem Klassenlehrer, um ihm die Lage zu erklären. Der machte allerdings klar, dass nur eines möglich sei: Arbeit oder Schule.

Da mich weder die Arbeit auf dem Hof noch die Schule meinem Ziel, Sänger zu werden, irgendwie näher brachte, entschloss ich mich, eine Arbeit anzunehmen. Mit einem regelmäßigen Gehalt könnte ich in einigen Jahren genug Geld gespart haben, um das Gesangsstudium zu finanzieren. Das waren meine Gedanken, als ich in der Zeitung las, dass man in Frankreich im Bergbau junge Leute suchte. Also fuhr ich nach St. Avold bei Forbach und stellte mich dort bei der Bergwerksdirektion der Grube Fauquemont vor. Da ich schon Französisch sprach, war das kein Problem. Ich wurde angenommen und bekam gleich die Papiere.

1. AKT
LEHRJAHRE

1. Szene
Fauquemont

Im November 48 fuhr ich meine erste Schicht als Bergschüler. Ich wurde mit anderen Bergleuten in Saarlouis um 5 Uhr in der Früh abgeholt und um 18 Uhr zurück gebracht. Ich wohnte in dieser Zeit in Bous bei unseren ehemaligen Vermietern und lief jeden Tag zehn Kilometer bis zum Bahnhof in Saarlouis. Zuerst waren ich und die anderen Bergschüler über der Erde in einer großen Halle und wurden eingearbeitet. Es war schon ganz schön anstrengend. Ich war einer von zwei Deutschen, die anderen kamen aus Polen und sehr viele aus Afrika.

Nachdem wir vier Wochen lang gelernt hatten, fuhren wir das erste Mal unter Tage – 800 Meter tief war der Schacht. Wir bekamen Helm, Batterie, einen Schlauch, Schippe und Kreuzhacke, Pickhammer und Brotbeutel mit auf den Weg. Dann ging es mit Herzklopfen zum Förderkorb und hinunter in den Schacht. Unten war es wie in einem großen Bahnhof, nach allen Seiten liefen Gänge und fuhren kleine Kohlenloren. Wir mussten einen Kilometer zurücklegen, um in den Lehrstoß zu kommen. Der lief wie die Kohlenflöze schräg nach oben mit 75 Grad Steigung und war etwa einen Meter sechzig hoch. Nun musste jeder von uns vier Kubikmeter Kohle mit dem Pickhammer herausarbeiten und in eine riesige Rutsche schaufeln und dann wurde die Stelle mit Stempeln, großen Eisenstützen, ausgebaut. Dazu brauchten wir eine ganze Schicht. In unserem Stoß waren wir 25 Männer. Nach der Arbeit ging es in Richtung Förderkorb, um wieder nach oben zu fahren. Dort angekommen mussten wir viele Treppen laufen und unsere Batterien bei einer Ladestation abgeben und dann konnten wir in unsere Kaube, den Umkleideraum, und duschen gehen.

Als ich unter die Dusche gehen wollte und noch die Badehose anbehielt, kamen zwei Mitstreiter und rissen mir die Badehosen runter. Meine erste Erfahrung mit der Arbeit unter Tage. Alles lief nackt herum. Nun machten wir acht Tage lang Schicht unter Tage. Kurz vor Weihnachten bekamen wir den ersten Lohn und ein paar Francs Weihnachtsgeld – mein erstes selbst verdientes Geld. An diesem Tag fuhr ich zurück nach Saarlouis und wollte von dort direkt weiter nach Hause zu meinen Eltern fahren.

In Saarlouis angekommen war allerdings der letzte Zug schon weg und der Nächste fuhr erst gegen 6 Uhr morgens. Draußen war eine eisige Kälte und es schneite. Aber Saarlouis war damals noch nicht wieder aufgebaut und vom Bahnhof waren nur der Kartenschalter und noch ein Warteraum geblieben, der aber um diese Zeit verschlossen war und erst in der Früh geöffnet wurde. Also suchte ich den Bahnhofsvorsteher, erklärte ihm meine Lage und er ließ mich tatsächlich in den dunklen, aber beheizten Warteraum. Glücklich darüber stellte ich dort zwei Stühle zusammen, um mich hinzulegen.

Als ich eine Zeit lang da gelegen hatte, hörte ich ein Kratzen an einem der Fenster, die zum Bahnsteig gingen. Ich war starr vor Angst und glaubte, Einbrecher wären am Werk. Dann hörte ich, wie sich ein Flügel öffnete und ein Mann stieg durchs Fenster. Diesen Moment werde ich nie vergessen – ich hatte Todesangst. Der Typ stellte sich auch Stühle zurecht und ich beruhigte mich und dachte mir, das wäre wohl nur ein armes Schwein, das nicht erfrieren will. Gesehen hatte der Kerl mich nicht, es war ja stockdunkel – doch dann rutschte mein Stuhl weg.

Da kam die Angst wieder und meine Gedanken waren: „Der kommt und schlägt mich nieder." Doch stattdessen fragte der Unbekannte nur, ob ich ihm Feuer geben könne. Ich sagte kleinlaut, dass ich Nichtraucher sei und meinen Zug verpasst hätte. Da erklärte der Fremde, dass er seine Arbeit verloren habe und auch seine Unterkunft. So komme er schon etliche Nächte hierher, stelle sich abends das Fenster in Kippstellung, so dass er auch immer rein kommen könne.

Für mich war das Ganze wie ein Krimi und jeder andere hätte wohl auch solche Angst wie ich verspürt. Nun kam der Unbekannte in meine Richtung und setzte sich mir gegenüber, sehen konnten wir uns immer noch nicht. Er fragte mich, wo ich hinfahren wolle, und als er hörte, dass ich nach St. Wendel müsste, erklärte er, dass er auch dorthin wolle. An Weihnachten verköstigten die Patres im Missionshaus Obdachlose.

Ich bemitleidete ihn und hätte ihn am liebsten eingeladen, mit zu mir zu kommen. Aber wir lebten in so engen Verhältnissen und hatten auch kaum das Nötigste. Nun erzählte er mir, dass er auch auf der Grube Dühamel gearbeitet hätte und wegen dreier Feierschichten rausgeschmissen worden wäre. Ich bot ihm mein Brot an und so verging die Zeit bis um halb sechs der Warteraum aufgeschlossen wurde, das Licht anging und die ersten Reisenden in den Raum kamen. Da verließ mich auch endlich die Angst, die ich im Dunkeln trotz des netten Gesprächs immer gefühlt hatte.

Der Unbekannte entpuppte sich im Tageslicht als bildschöner Kerl mit blauen Augen und blonden lockigen Haaren in einer amerikanischen Parkerjacke mit einem Pelzkragen und Schuhen mit dicken Kreppsohlen. Wie gerne hätte ich den mit nach Hause genommen, wenn ich alleine gewohnt hätte. Nun kam bald mein Zug und ich verabschiedete mich von meinem nächtlichen Gesprächspartner.

Zu Hause angekommen waren alle froh, dass ich da war und beim Essen erzählte ich diesen Krimi und was ich für eine Angst ausgestanden hatte. Ich sagte meiner Mutter, wie gerne ich den Mann mitgebracht hätte. Meine Mutter erwiderte nur: „Gott sei Dank hast du's nicht getan. Man kann nicht in einen hineinsehen."

Nun kam der Heilige Abend und wir waren alle damit beschäftigt, alles so schön wie möglich zu machen. Vatter war im Stall und Papa backte die Kuchen, Streusel und Hefekränze. Am Nachmittag kam Tante Maria und brachte die Zeitung und legte sie für meinen Vater auf den Tisch. Ich schlug sie auf und auf der zweiten Seite war ein Bild von meinem Fremden. Überschrift: „Raubmörder in Saarlouis im Bahnhof gefasst." Er hätte einen

Rentner für 500 Francs mit einer Kartoffelhacke erschlagen. Ich las und fiel in Ohmacht. Das war eine Geschichte, die ich nie vergessen konnte.

Nach Weihnachten musste ich wieder nach Bous und ich beschloss, von nun an gegen ein kleines Entgelt im Schlafhaus der Grube zu übernachten. Das Haus war auf dem Grubengelände und dort standen auch Baracken mit deutschen Kriegsgefangenen, die sich freiwillig verpflichtet hatten, in der Grube zu arbeiten, und ansonsten in den Baracken lebten und gehen konnten, wohin sie wollten. Die meisten von ihnen kamen aus dem Ruhrpott und waren Bergarbeiter.

Das Jahr 1949 fing normal an, wir taten unsere Arbeit, schlossen Freundschaften und fuhren nur zum Wochenende nach Hause. Es war schwere Arbeit, aber es war auch schön, sein eigenes Geld zu verdienen.

Im Mai, vier Jahre nach Kriegsende, kehrte Christel nach Hause zurück. Ein russischer Offizier hatte für ihre Entlassung aus der Gefangenschaft gesorgt. Irgendwie kam sie nach Berlin und von dort aus fuhr sie mit dem Fahrrad nach Hause. Die Fahrt dauerte Tage, aber wo ein Wille ist, ist auch ein Weg und so stand sie eines Tages wieder vor der Tür. Die Freude über Christels Rückkehr war riesig. Endlich war die Familie wieder zusammen.

Zwischen der Arbeit und Besuchen zu Hause erinnerte ich mich damals immer wieder daran, dass ich Sänger werden wollte. Deshalb schrieb ich an das Konservatorium und fragte, wie man zu einem Studienplatz kommen könnte. Man schickte mir einen Studienplan über die Meisterklasse „Opernsänger" – ein Semester kostete 5 000 Francs –, unerschwinglich in meiner Situation.

So beschloss ich, erst einmal meinen Hauerbrief zu machen und dann in Metz auf die Bergschule zu gehen. Als ich dort hinschrieb, informierte man mich, dass ich nach meiner Hauerprüfung erstmals Soldat spielen müsste. Und zwar in Algerien, denn wir gehörten ja zu Frankreich und somit hatten wir auch französische Verpflichtungen. Da ich mir geschworen hatte, nie ein Gewehr in die Hand zu nehmen, fiel mein Plan ins Wasser. So verblieb mir nur, weiter zu arbeiten, um doch noch meinen Hauerbrief zu bekommen, den ich dann auch im Juli 49 machte. Ich war sehr stolz auf mich und mein Vater auch, denn das hatte er mir nicht zugetraut. Ich musste immer meine

Männlichkeit beweisen. Nach der Prüfung wurden die 25 Besten ausgesucht und als Belohnung durften wir, denn ich war auch darunter, in einem Forsthaus in den Vogesen Urlaub machen.

Nun gingen wir wandern und schwimmen und am Sonntagabend gingen wir nach La Petit Pierre, so hieß der nächste Ort, tanzen. In einem großen Saal ging die Post ab. Ich war ein sehr guter Tänzer und tanzte an diesem Abend öfter mit einer schönen Apothekerin. An dieses Mädchen wollten sich aber einige meiner Kumpel ranmachen. Ein Kollege warnte mich, dass man mich betrunken machen wolle, um mich „auszuschalten" und so wieder bessere Chancen bei meiner Tanzpartnerin zu haben. Und schon ging das Spiel los: Einer nach dem Anderen luden sie mich zu einem Drink ans Buffet ein, ich trank Cola mit Rum und dachte mir: „Wenn sie mich abfüllen, müssen sie auch sehen, wie sie mich wieder ins Forsthaus zurückbringen."

Ich hoffte auf unseren Herrn Becker, einen Ingenieur, der die Aufsicht hatte. Als der Tanz gegen zwei Uhr in der Nacht zu Ende ging, blies Becker zum Rückzug ins Forsthaus. Ich war voll wie eine Granate, aber immer noch hell genug, um die Bande zu überrumpeln. Ich legte mich auf eine Bank und tat so, als hätte ich mich bewusstlos gesoffen. Als Herr Becker mich so auf der Bank entdeckt, gab er die Order, dass ich zum Forsthaus getragen werden müsse. Ich lachte in mich hinein und nun ging es los. An Armen und Beinen wurde ich geschleppt und die Kumpels hatten ja auch was getrunken. Als wir nach Stunden im Forsthaus ankamen, warfen sie mich schimpfend in meine Koje. Ich konnte vor Schmerzen nicht einschlafen – immerhin war ich einige Kilometer an Armen und Beinen durch die Gegend getragen worden. Am nächsten Morgen hab ich trotz der blauen Flecken und der schmerzenden Glieder die ahnungslosen Kameraden lauthals ausgelacht.

Bald ging es wieder zurück an die Arbeit in der Grube. Mein Obermann bei der Arbeit im Stoß war Ali, ein Algerier. Er war doppelt so breit wie ich, hatte ordentlich Muskeln und war eigentlich ein lieber Kumpel. Wenn er mit seinem Ausbau fertig war, half er mir, den Rest zu erledigen. Weil ich ihn mochte, brachte ich zu Ehren des französischen Nationalfeiertags am 14. Juli eine Flasche Rotwein in der Thermosflasche mit. Das war grundsätzlich verboten, an Afrikaner gab es keinen Alkoholausschank. Wir machte unsere Arbeit und dann setzten wir uns hin und ich gab ihm ein Baguette mit Wurst und dazu den Rotwein. In unserem Stoß war es sehr heiß und ich hatte nur eine Cordjacke an und kein Hemd darunter. Nun kam Ali so nah an mich heran, dass ich seinen Atem spürte. Es war mir unangenehm.

Als Feierabend geblasen wurde und wir zum Schacht liefen, um schnell nach oben zu kommen, standen wir im üblichen Gedränge vor dem Lift. Ali stand hinter mir, legte seine Hand auf meine Schulter und bedrängte mich so sehr, dass es mir unheimlich wurde. Ich war ja kein Kostverächter, aber Ali hatte so einen seltsamen Ausdruck in den Augen. Als wir nun dran waren in den Förderkorb zu kommen, zwängte ich mich in den Korb und auch Ali kam noch mit hinein. Dann fuhren wir nach oben und Ali drängte sich so dicht an mich, dass ich laut zu ihm sagte: „Je ne suis pas une femme" – ich bin doch keine Frau, und alle lachten blöde darüber. Oben angekommen lief ich die Treppen hinauf, um meine Batterie los zu werden. Ali lief mir nach wie ein Verrückter und ich lief, als wäre der Teufel hinter mir her. Dann bekam er mich zu fassen, legte mich über ein Geländer, biss mir in die Schulter wie ein Tier und presste mir seinen erigierten Schwanz zwischen die Beine.

In diesem Moment kam Ingenieur Becker mit einem Steiger vorbei und sie ergriffen Ali und führten ihn ab. Ich habe ihn nie mehr gesehen. Er wurde angeblich verlegt. Herr Becker fragte, ob ich Ali anzeigen wollte. Das wollte ich nicht. Ali hatte sicher aus Leidenschaft gehandelt und irgendwie tat er mir auch Leid. Ich selbst hatte immer Partner bekommen, wenn es mir danach war, ohne jemanden zwingen zu müssen.

Ich fuhr immer mal wieder nach Hause. Papa arbeitete in unserem Steinbruch, um Steine für unser künftiges Haus zu brechen. Ich gab jeden Franc dafür her, damit wir endlich ein vernünftiges Haus bekamen. Großvater gab uns dafür das ganze Land, das Bükingsgärtchen hieß.

So verging die Zeit im Bergbau und ich wurde ein guter Berghauer, aber ich konnte mich nicht hocharbeiten. Im Saarland bekam nur der, dessen Vater schon Bergmann gewesen war, eine gute Stelle in den Gruben. Ich wollte aber nicht immer nur Hauer bleiben. Deshalb fuhr ich eines Tages nach Saarbrücken, um mit dem Intendanten Dr. Schüller zu sprechen und meine Chancen, einmal an ein Theater zu kommen, auszuloten. Ich sprach vor und sang auch ein Lied, machte einen guten Eindruck aber es reichte noch nicht für einen Profi. Der Intendant meinte, das Zeug hätte ich schon und er empfahl mir einen Herrn Johannes Trefny. Ich sprach mit ihm und nahm bei ihm einige Gesangsstunden, die damals 50 Francs die Stunde kosteten. Das konnte ich mir finanziell auf Dauer nicht leisten, aber ich bekam von ihm eine Karte für die Oper *Waffenschmied* geschenkt.

An einem Sonntag fuhr ich in die Vorstellung und ich war begeistert, von der Musik und den Sängern. Trefny sang den Ritter Kuno und besonders gefiel mir die Rolle des Georg, der die Arie *Man wird ja einmal nur geboren* sang. Da wusste ich ganz genau, was ich wollte: Diese Rolle wollte ich unbedingt einmal singen. Nun musste ich aber zurück zur Grube Fauquemont.

Der Winter war wieder einmal eingezogen und wir vertrieben uns unsere Zeit mit Kartenspielen oder Lesen und fuhren nach Merlebach ins Kino oder gingen essen. Als wir eines Abends gerade nach Hause gekommen waren, hörten wir einen unglaublichen Lärm. Wir liefen zum Fenster, um zu sehen, was geschah. Da stürmten mindestens 20 Algerier die Baracke, in der fünf deutsche Kriegsgefangene, die sich verpflichtet hatten, in Fauquemont zu arbeiten, wohnten.

Als wir runterliefen, um zu sehen, was passiert war, waren alle verschwunden und in der Baracke lagen drei Tote mit zertrümmerten Köpfen und zwei Schwerverletzte. Die erzählten uns, bis der Rettungswagen kam, dass am Abend ein Algerier besoffen an das Fenster geklopft hatte und die Deutschen provoziert hatte, einer von ihnen hatte seinen Koffer gepackt, um über Weihnachten nach Hause zu fahren, ein anderer hatte schon geschlafen, ein Dritter war hinaus gegangen, um den Störer zu vertreiben. Der war handgreiflich geworden und so hatte auch der Deutsche zugeschlagen. Ungefähr zwei Stunden später hatte dann die Meute die Baracke überfallen und alles kurz und klein geschlagen. Nach dem Zwischenfall kam die französische Gendarmerie, räumte das ganze Lager und nahm alle Afrikaner mit. Man hat keinen mehr von ihnen gesehen.

So gingen meine Kindheits- und Jugendjahre zu Ende. Sie waren spannend und glücklich, entbehrungsreich und schwer.

2. Szene
Die Welt der Mode

Im Februar 1950 kündigte ich meinen Vertrag in Fauquemont und suchte nach einer Stelle im Saarland. Obwohl der Aufbau im vollen Gange war, konnte ich nichts finden. Nun kam es mir gelegen, dass wir anfingen, unser Haus zu bauen. Zuerst fingen wir an, die Baugrube auszuheben. Wir hatten eine Lore vom Bauunternehmer bekommen und brauchten vier Wochen, um die Fundamente zu schaffen. Papa war im Steinbruch und brach die Steine für den Keller. Abends holten wir dann die Steine mit dem Pferdewagen und fuhren auch Sand aus unserer Sandgrube. Dann mauerten Papa und einige Bekannte den Keller aus.

Papa bekam dann eine Stelle als Redakteur bei der „Neuen Zeit" in Saarbrücken. Er war froh, wieder Arbeit zu haben, von der er etwas verstand. Da auch ich kein Einkommen hatte, brachte mich mein Vater bei der Zeitung an der Pforte unter. Das war eine große Erfahrung. Ich kam mit vielen Menschen zusammen und lernte mehr über Politik, denn die „Neue Zeit" war eine kommunistische Zeitung.

Ich trat auch der Freien Deutschen Jugend bei und ging einmal in der Woche zu einem Treffen. An den Wochenenden arbeiteten wir weiter an unserem Haus. Großvater war immer auf dem Bau, um zu sehen, wie es weiterging. Der Sommer ging ins Land und meine Zeit als Pförtner war vorbei.

Den Rest des Jahres über war ich arbeitslos und arbeitete zu Hause am Neubau und bei Vatter im Stall und auf dem Feld. Unser Haus wuchs in die Höhe, im November kam das Dach drauf und im Winter ging der Innenausbau weiter. Papa war inzwischen in Saarbrücken in der Parteizentrale der KPD beschäftigt und immer mit Chauffeur unterwegs im Saarland. Wenn er nach Hause kam, brachte er immer irgendwelche Genossen mit und plünderte Mamas Kühlschrank. Wir hatten nur das Nötigste und Mama schimpfte, er hole uns das letzte Brot weg. Aber es war ihm immer schon gegeben, sein Brot mit anderen zu teilen.

Am Neujahrstag 1951 besuchte uns ein Bekannter meines Vaters mit seiner Frau. Herr Klein war mit meinem Vater im Strafbataillon 999 gewesen. Früher ein überzeugter Kommunist war er heute ein richtiger Geschäftsmann. Die Kleins hatten eine Mode-Großhandlung und schlugen mir vor, bei ihnen als kaufmännischer Volontär zu lernen. Meine Mutter wollte nicht, dass ich mitfahre, aber meine Neugierde war stärker. So fuhren wir noch am selben Tag mit einem kleinen Koffer voll Wäsche nach Eberbach

Die Familie Klein lebte in einer großen Villa in einem der schönsten Viertel der Stadt. Im Haus war auch der Versand der Modeartikel untergebracht. Mein Zimmer hatte einen wunderbaren Blick auf den Neckar und lag direkt neben dem der beiden Kinder Luise und Manfred. Die beiden wurden mir am nächsten Tag vorgestellt und von da an war ich auch so was wie ein Kindergärtner.

An meinem ersten Tag bei der Arbeit war ich sehr aufgeregt. Ich wurde den Mitarbeiterinnen vorgestellt, alle hübsche junge Mädchen, an denen jeder Hetero seine Freude gehabt hätte. Dann erklärte mir Herr Klein, was meine Aufgaben sein würden. Ich sollte so schnell wie möglich meinen Führerschein machen, um Pakete abzuholen und wegzubringen. Außerdem würde ich Schreibmaschinenschreiben und Steno lernen, um Rechnungen zu schreiben und Aufträge zu bearbeiten. Frau Klein fuhr in der ersten Woche mit mir ins Eberbacher Kaufhaus, um mir passende Kleidung zu kaufen. Ich kam mir vor wie auf einem anderen Stern.

Ab diesem Zeitpunkt nahm Herr Klein mich immer mit, wenn er Kunden besuchte, und gab mir dann die ersten Fahrstunden. Wir fuhren durch den ganzen Odenwald. Er ging mit mir auch oft in gute Restaurants, wo ich Sachen aß, die ich noch nie im Leben gegessen hatte, weil wir zu arm waren.

Herr Klein war mir gegenüber sehr launisch. Einmal brüllte er mich wegen eines falsch frankierten Briefes so an, dass ich am liebsten sofort nach Hause gefahren wäre. Als ich jedoch bei einer Fahrstunde seinen Wagen gegen das Garagentor fuhr, blieb er ganz ruhig und war mir überhaupt nicht böse. Trotz des komischen Verhaltens von Herrn Klein war ich gerne in

Eberbach. Ich mochte die Kinder und Frau Klein war immer sehr nett zu mir.

Ich machte meinen Führerschein und konnte so ganz alleine Dienstfahrten unternehmen oder Bekannte der Kleins chauffieren. Ich genoss das Leben in der luxuriösen Villa. Einmal machten wir sogar eine Betriebsfahrt mit allen Mitarbeiterinnen und fuhren durch den Schwarzwald, am Bodensee entlang und besichtigten auch das Schloss Neuschwanstein. Aber irgendwann wendete sich das Blatt und Herr Klein wurde immer sonderlicher und bezichtigte mich, ein Verhältnis mit seiner Frau zu haben. Es war so schlimm, dass ich ihm immer mehr aus dem Weg ging. Heli, so durfte ich Frau Klein inzwischen nennen, sagte mir, dass ihr Mann krankhaft eifersüchtig sei, seit er aus dem Krieg und der Gefangenschaft zurückgekommen war. Mein Vater, der ja mit Herrn Klein im selben Strafbataillon gewesen war, war manchmal genauso eifersüchtig. Mit jedem Mann, der ins Haus kam, musste meine Mutter ein Verhältnis haben – so stellte es sich mein Vater vor.

An meinem Namenstag kam es dann zum Eklat. Heli hatte mir einen Anzug als Geschenk gekauft und als Herr Klein das sah, ohrfeigte er sie. So konnte es nicht weitergehen und ich beschloss, schon am nächsten Tag das Haus zu verlassen und zurück zu meinen Eltern zu fahren. Meine Mutter freute sich sehr, mich wieder zusehen, aber mein Vater konnte einfach nicht verstehen, warum ich plötzlich wieder da war. Nun war ich wieder arbeitslos und wohnte bei meinen Eltern in dem neuen, erst halbfertigen Haus.

Im Sommer 51 fuhr ich mit meiner FDJ-Gruppe zu den Weltfestspielen nach Berlin. Wir trafen uns in Saarbrücken, um die Fahrt vorzubereiten. Alles musste im Geheimen geschehen, denn die Adenauer-Regierung wollte verhindern, dass Mädchen und Jungen aus der BRD in die sogenannte Ostzone nach Berlin fuhren. So wurde der Plan geschmiedet, dass wir alle in kleinen Gruppen mit dem Zug nach Witzenhausen fahren sollten, um dort in der Nacht die Grenze zu überschreiten. Alles war gut organisiert. Als wir an die Grenze kamen, lotste uns ein junger Mann an die niedrigste Stelle der Werra und wir zogen die Schuhe aus und liefen durchs Wasser auf die andere Seite, dort stand ein Bus bereit, um uns nach Berlin zu bringen. Wir bekamen zum Empfang ein Fresspaket und es ging los in ein großes Abenteuer. Am frühen Morgen kamen wir und Hunderte andere in Berlin an. Die Fahrt durch Berlin war aufregend. Alles lag noch in Trümmern und über hunderttausend Jungen und Mädchen in blauen Hemden liefen mit Fahnen und Blumen durch die Straßen. In der Stadtmitte auf dem Karl-Marx-Platz standen riesige Bühnen und eine Menge Fressbuden. Dort sah ich das Moskauer Bolschoi-Ballett mit der berühmten Ulla Nova und den Kosakenchören. Künstler aus der ganzen Welt versammelten sich und eine Millionen Menschen zogen tanzend und singend durch die Stadt. Einfach grandios und für einen Saarländer wie mich ein Erlebnis sondergleichen.

Am Sonntag fand dann die größte Demonstration in der Geschichte Berlins statt – 132 Nationen nahmen daran teil. Alle riefen in ihren Sprachen „Nie wieder Krieg, Frieden für die Welt". Berlin war auch für meinen persönlichen Lebensweg bedeutsam. Ich lernte die Genossin Lili Baum, eine Erzkommunistin aus Eisfeld, kennen, mit der ich mich gut verstand. Als ich ihr erzählte, dass ich gerne Sänger werden wollte, die Ausbildung im Westen aber nicht bezahlbar wäre, schlug sie mir vor, dass ich nach Eisfeld in Thüringen kommen sollte, um dort meinen Wunsch in die Tat umzusetzen. Wir tauschten unsere Adressen aus und schrieben uns später. Wir Saarländer hatten dann noch ein besonderes Treffen in Berlin. Erich Honecker, der Erste Sekretär der FDJ, schenkte unserer Gruppe zwei Schifferklaviere und fünf Gitarren aus Klingenthal.

Als diese wunderbaren Tage in Berlin vorbei waren, wurden wir mit einem Sonderzug nach Thüringen gebracht. Hinter der Grenze wurde unser Zug angehalten und alle wurden auf eine Wiese gebracht. Dort wurden wir registriert und durften erst nach und nach in kleinen Gruppen weiterfahren. Man hatte Angst, wir könnten die öffentliche Ordnung stören. Was hatten die Adenauerschergen Angst vor singenden und tanzenden Jugendlichen.

Zu Hause bekam ich durch eine Cousine einen Job als Packer in der Cristalleria Villeroy und Boch. Für die Arbeit zog ich wieder nach Bous, wo ich zur Untermiete bei einem netten Ehepaar wohnte. In Bous traf ich alte Freunde wieder und wir unternahmen viel zusammen.

Einmal fuhren wir mit dem Motorrad ins Allgäu. Ja, wir hatten wirklich jede Menge Spaß zusammen. Nur beruflich war ich nicht zufrieden, denn die Glaspackerei war nicht mein Ding. An den Wochenenden fuhr ich nach Hause und einer von den Freunden war immer dabei, dann wurde geliebt und gelebt, aber auch gearbeitet, der Garten bestellt und Sträucher gesetzt.

Im Januar 1953 veränderte sich mein Berufsleben wieder gewaltig. Ich las in der Saarbrücker Zeitung eine Annonce der Firma Bau Rüther & Schuster, die einen jungen Mann suchten, der den Führerschein 3 besaß und Steno und Schreibmaschine beherrschte. Bei der Firma handelte es sich um eine Großhandlung für Mode. Nun bewarb ich mich, meine Bewerbung wurde beantwortet und ich stellte mich in Saarbrücken vor. Eine kleine Person, die Chefin Fräulein Klug, empfing mich und zeigte mir den ganzen Laden und die Mitarbeiterinnen – es waren wieder nur Mädels und Frauen. Fräulein Klug erklärte mir, sie seien eine Filiale von einer großen Kölner Firma und ich müsste mich dort vorstellen. Also fuhr ich mit dem Zug nach Köln und wurde in einem riesigen Haus empfangen. Man besprach mit mir alle Dinge, die ich tun müsste, legte mir einen Arbeitsvertrag vor und ich unterschrieb. Dann rief die zweite Chefin Fräulein Schuster das Dom-Hotel an und bestellte mir ein Zimmer. Sie wünschten mir Glück und gute Zusammenarbeit mit Fräulein Klug in Saarbrücken. Ich war überglücklich, ging ins Hotel, machte mich frisch und eroberte Köln.

Am Abend ging ich in das größte Variete und sah mir eine Show mit der berühmten Josephine Baker und Michael Jarry an. Ich war begeistert und hatte das Gefühl, die ganze Welt umarmen zu können. Danach fuhr ich mit geschwollener Brust nach Gehweiler und erzählte meinen Eltern, wie es gelaufen war.

Im Februar begann ich mit der Arbeit in Saarbrücken. Erst wurden mir die Damen vorgestellt und dann erklärte mir Fräulein Klug, was ich zu tun hatte: Rechnungen schreiben, wichtige Kundinnen bedienen und Waren ausliefern. Nach zwei Wochen war ich so eingearbeitet als hätte ich nie etwas anderes getan. Ich fuhr Fräulein Klug im ganzen Saarland zu den Modistinnen. Auf diesen Touren gingen wir immer gut essen, was mir natürlich gut gefiel.

Als Ostern vor der Tür stand, fragte mich Fräulein Klug, ob ich ihr zuhause beim Hausputz helfen könne. Ich musste die edlen Teppiche runter in den Hof bringen und ausklopfen, dann kochte sie für uns beide ein gutes Menü. Ich hatte immer das Gefühl, dass sie sehr einsam war und sich hinter der Arbeit verschanzte. Außerdem hatte ich manchmal den Eindruck, dass sie lesbisch war und sich deshalb verstellen musste. Damals war es nicht einfach, homosexuell zu sein. Das wusste ich nur zu gut. Ich wunderte mich nur, dass gerade die Frauen so auf mich flogen und ich alles mit ihnen besprechen konnte, aber vielleicht war genau das der Schlüssel des Geheimnisses. In Gehweiler schlief ich fast mit allen Jungs, die hetero waren, und die erzählten mir immer, alle Frauen im Dorf schwärmten nur von mir und meinen Tanzkünsten und viele waren deshalb eifersüchtig auf mich.

Im Mai bekamen wir Post aus Amerika. Die Schwester meiner Mutter kündigte ihren Besuch für den Juni an. Sie lebte nun schon seit über dreißig Jahren in einer Mission in Landsdale und wollte meinen Großvater, der ja auch nicht mehr der Jüngste war, endlich wiedersehen. Tante Anna, wie sie mit Mädchennamen hieß, nun Schwester Valentina, war eine außergewöhnliche Frau. Sie sprach sechs Sprachen und spielte viele Musikinstrumente, besonders Klavier und Orgel, aber auch Trompete und einige mehr. Sie leitete in den Staaten ein Orchester und spielte einmal im neuen Dom von Philadelphia die H-Moll Messe von Mozart. Sie fuhr einen großen Buick und war auch dadurch eine ganz besondere Nonne.

Nun waren wir alle gespannt auf ihren Besuch. Das ganze Dorf war geschmückt und im Saal in Tante Marias Wirtschaft standen Kaffee und Kuchen für alle bereit.

Das Hirsteiner-Orchester ließ es sich nicht nehmen, ein Ständchen für die Friese Anna, so nannte man sie, bevor sie nach dem Ersten Weltkrieg Deutschland verließ und mit dem großen Damp-

Vatter und Schwester Vaelntina

fer in die Neue Welt aufbrach, zu bringen. Onkel Viktor, der jüngste Bruder von Mama und Anna, holte sie an einem Mittwoch in Frankfurt am Flughafen ab.

Als sie in Gehweiler ankam, war das ganze Dorf auf den Beinen und der Pastor gab einen Empfang, als wäre ein Bischof gekommen. Mein Großvater war ganz aufgeregt, als Tante ihn umarmte und meinte: „Oh Father you look good out." Sie konnte zwar noch immer Deutsch schreiben, aber Deutsch zu sprechen fiel ihr schwer und sie hatte einen amerikanischen Akzent. Nach zwei Wochen sprach sie aber wieder saarländisch Platt. Mein Vater und Anna schätzten sich sehr und sie diskutierten gerne über das Weltgeschehen. Mich besuchte Tante Anna einmal mit Mama bei der Arbeit, um zu sehen, was ich so tat. Nach vier Wochen war der Besuch zu Ende und meine Mutter und ich brachten Tante Anna mit Onkel Viktor wieder zum Flughafen. Es flossen Tränen und sie versprach, sobald wie möglich wieder zu kommen. Es wurden 12 lange Jahre, bis wir uns wieder sahen.

Die Zeit verging und wir feierten Weihnachten alle zusammen. Christel und Annelie hatten inzwischen beide geheiratet und Christel hatte sogar eine kleine Tochter bekommen, die ebenfalls Christel hieß. Seit geraumer Zeit schrieben Lili Baum aus der DDR und ich uns schon Briefe. Als ich wieder nach Saarbrücken musste, hatte ich kam noch Lust, den Damen der Modebranche bei der Suche nach neuen Stoffen oder Hüten, Schals oder sonstigen Dingen zu helfen und war mit meinen Gedanken ganz woanders.

Als eine Kollegin mir erzählte, sie sei an Weihnachten in einer Aufführung der Oper *Land des Lächelns* gewesen, entbrannte in mir wieder der Wunsch, Sänger zu werden. Ich schrieb an Lili Baum, sie möchte mir behilflich sein. Ich käme in die DDR, um mir meinen Berufswunsch zu erfüllen. Vierzehn Tage später bekam ich die Einladung, nach Eisfeld zu kommen, um dort endlich Sänger zu werden. Da beschloss ich, zu kündigen. Fräulein Klug war sehr erstaunt darüber, dass ich gerade in die DDR übersiedeln wollte, um dort zu studieren. Am 20. Februar machte ich meine letzte Schicht. Alle waren traurig, aber sie wünschten mir viel Erfolg bei der Verwirklichung meines Traums. Wir feierten Abschied und Fräulein Klug bedankte sich für meine gute Arbeit in den fast zwei Jahren und sagte mir das erste „Toi, Toi,

Toi". Ich hatte Tränen in den Augen und versprach zu schreiben, sobald ich was erreicht hatte. Ich war meinem Traum, Sänger zu werden, einen kleinen Schritt näher gekommen.

2. AKT
VON EINEM, DER AUSZOG, DAS SINGEN ZU LERNEN

1. Szene
Eisfeld

Am Aschermittwoch 1955 brach ich auf, um ein neues Leben in der DDR zu beginnen. Meine Schwester Christel und ihr Mann Hans fuhren mich zum Bahnhof. Der Abschied von meiner Familie war tränenreich, dennoch freute ich mich auch und war aufgeregt.

Von Frankfurt aus fuhr ich mit dem Interzonenzug in Richtung Berlin. An der Grenzstation Herleshausen wurden alle Passagiere vom westdeutschen Zoll kontrolliert. Dann fuhren wir weiter nach Wartha, wo der Zug erneut anhielt und die DDR-Grenzer uns und unser Gepäck durchsuchten. Ich zeigte meine Einladung von Lili und konnte in den Zug nach Eisenach umsteigen. Es dauerte noch eine Stunde, bis alle an Bord waren, die in den Thüringer Wald wollten. Ich schaute aus dem Fenster und bewunderte die tief verschneite Gegend. Wir fuhren über Bad Salzungen, Meiningen und Hildburghausen nach Eisfeld. Der Zug war voll mit Menschen, die entweder zur Arbeit oder von der Arbeit kamen, Touristen waren wenige dabei.

Gegen 14.30 Uhr fuhr der Zug in Eisfeld ein. Mein Herz schlug bis zum Hals und ich war gespannt auf Dora, die Tochter von Lili Baum, die mich abholen sollte. Ich stieg aus dem Zug und wartete. Nach und nach leerte sich der Bahnsteig und ich fühlte mich wie bestellt und nicht abgeholt. Doch dann rief endlich eine helle Stimme: „Hallo Peter!" und eine hübsche junge Frau kam auf mich zu. Endlich war Dora da. Zusammen gingen wir durch Eisfeld, eine schöne Kleinstadt. Der Schnee lag meterhoch auf beiden Seiten der Straße. Wir mussten eine schöne Strecke zu Fuß bis zur Siedlung gehen und der Koffer wurde immer schwerer. Am Haus von Baums angekommen, stand Lili in der Tür, kam auf mich zu und umarmte mich, als wenn wir uns schon ewig kennen würden.

In der Wohnung begrüßte mich Hermann, der Ehemann von Lili. Sie zeigten mir mein künftiges Zimmer unterm Dach, dann sollte ich mich waschen und zum Essen runter kommen. Es wurde ein schöner und langer Abend mit hervorragendem Essen und ich fühlte mich sofort sehr wohl.

Am nächsten Tag ging ich nach dem Frühstück mit Lili zum Rathaus, um mich anzumelden. Danach zeigte sie mir das Schloss und wir gingen einkaufen. Ich wunderte mich, was es alles gab und wie billig alles war. Die Grundnahrungsmittel waren 50% billiger als bei uns im Westen. Ich staunte nur, so falsch wurden wir von der Springer-Presse also über die DDR informiert. Zuhause bei uns im Westen gab es zwar alles zu kaufen, aber meine Eltern mussten immer sparen, denn das Haus musste bezahlt werden. Da wurde jeder Liter Milch und jedes Ei verkauft, weil mein Vater nicht genug verdiente, um alles abbezahlen zu können. Wenn ich daran denke, wie ich im Osten lebte und meine Eltern hatten nur einmal in der Woche, meistens sonntags, ein Pfund Fleisch für vier Personen – da hatte ich schon manchmal ein schlechtes Gewissen.

In den ersten Tagen meines Aufenthalts kam viel Besuch, Verwandte und Bekannte von Lili, die mich kennen lernen wollten. Unter ihnen war auch Hertha, die das Wohnungsamt der Stadt leitete. Wir verstanden uns gut und redeten über Politik und auch über meinen Plan, Sänger zu werden.

Eine Bekannte von Lili besorgte mir zunächst einmal einen Job in einer Strumpffabrik. Ich war froh darüber, denn so musste ich nicht mehr auf Lilis Kosten leben. Wir stritten uns inzwischen manchmal über Kleinigkeiten und ich sehnte mich langsam nach einer eigenen Bleibe.

Im März wurde ich als Stricker im VEB-Textilbetrieb eingestellt. Endlich verdiente ich mein eigenes Geld und war nicht mehr von Lili abhängig. Mein Ausbilder an der großen Strickmaschine war Gunter Hermann, der Sohn des Direktors. Gunter erzählte mir, sie hätten ein Trio im Betrieb – Akkordeon, Gitarre und Bass – nur ein Sänger fehlte noch. Wir waren beide begeistert über diesen glücklichen Zufall. Noch am selben Tag stellte mir Gunter den Gitarristen Kurt Griebsch und den Bassisten Jochen Bialas vor. Wir verstanden uns auf Anhieb. Nach der Arbeit setzten wir uns zusammen und besprachen, was wir einüben wollten. Dass ich aus dem Westen kam, war sehr hilfreich, denn so konnte ich die Noten der neusten Schlager besorgen. Wir passten wirklich gut zusammen, waren fast gleich alt und sahen gut aus.

Wir nahmen uns vor, am 1. Mai auf einem Betriebsfest zu testen, ob wir beim Publikum ankamen. Wir probten dafür drei gängige Schlager ein – *Vagabundenlied*, *Komm ein bisschen mit nach Italien* und *Ein kleiner Akkordeonspieler*. Es war schon fast seltsam, wie problemlos alles klappte, die Proben liefen wunderbar und wir waren sicher, dass es den anderen gefallen würde. Am ersten Mai war unsere Feuerprobe. Auf dem Fest spielten und sangen wir vor 200 Betriebsangehörigen, die meisten Frauen allen Alters. Die Damen waren von uns begeistert. Es war ein voller Erfolg.

Am folgenden Sonntag machten meine Musikerkollegen und ich mit vier Mädchen einen Spaziergang durch den Ludwigspark und amüsierten uns. Von den Mädchen mochte ich besonders die blonde und etwas schüchterne Rita. Für den Abend verabredeten wir, in den so genannten Wintergarten zu gehen. Tagsüber konnte man dort Kaffee und Kuchen genießen und abends wurde getanzt. Rita brachte an diesem Abend ihren Bruder Martin mit. Ich warf nur einen Blick auf ihn und hatte Schmetterlinge im Bauch. Ich tanzte den ganzen Abend über mit den Mädchen und himmelte heimlich Martin an. Wir tranken eine Menge Sekt und Bier und als es Zeit war zu gehen, bot ich Rita an, sie nach Hause zu begleiten. So konnte ich noch eine Weile in Martins Nähe sein.

Die Geschwister wohnten bei ihren Eltern in einem großen Bauernhaus am anderen Ende der Stadt. Der Weg wurde uns, betrunken wie wir waren, lang. Kaum waren wir angekommen, brach ein Gewitter los. Der Himmel riss seine Schleusen auf und es blieb mir nichts anderes übrig als mit rein zu gehen. Martin machte mir ein Bett auf der Couch im Wohnzimmer zurecht und dann zogen er und Rita sich in ihre Schlafzimmer zurück, die oben lagen und nur durch das Zimmer ihrer Eltern zu erreichen waren. Ich legte mich hin, aber ich konnte nicht einschlafen. Die Couch war unbequem und es war ungewöhnlich heiß in dem Raum. Ich ging raus und suchte nach dem

Fenster von Martins Zimmer. Es stand offen und dieser Verführung konnte ich einfach nicht widerstehen. Ich ging ums Haus, fand eine Leiter und stieg in sein Zimmer. Martin lag nackt in seinem Bett und ich legte mich mit klopfendem Herzen zu ihm. Er wachte auf, nahm mich in seine Arme und wir liebten uns. Es war unwahrscheinlich schön.

Als ich wieder aus dem Fenster steigen wollte, war die Leiter weg. Das war ein Schreck. Ich nahm an, dass sein Vater uns gehört hatte, die Leiter wegnahm und so meinen Rückweg versperrte. Es blieb mir nichts anderes übrig, als bis zum Morgen zu warten und dann mit Martin, als wäre nichts gewesen, zum Frühstück zu kommen. Da stellte ich mich mit hochrotem Kopf den Eltern vor. Der Vater sagte amüsiert, er hätte ja ein hübsches Vögelchen gefangen, und alle lachten. Ich war erleichtert und konnte so noch einen schönen Tag mit Martin und Rita verbringen.

Einige Zeit später hatte mich Hertha, die Cousine von Lili zum Kaffee eingeladen. Sie wohnte in einer schönen Villa mit Swimmingpool. Sie empfing mich freundlich und sagte mir, sie bekäme noch Besuch von einer Freundin, die mich gerne kennen lernen wollte. Die Freundin, Irene, war eine nette Blondine mit Brille, schlank und ungefähr 30 Jahre alt. Sie kam rein und begrüßte mich, als würden wir uns schon lange kennen. Eigenartig, ich hatte dasselbe Gefühl. Wir hatten zu dritt eine gemütliche Kaffeerunde und sprachen darüber, dass ich bald eine Wohnung oder ein Zimmer suchen sollte, denn Lili hätte nur vor, mich mit ihrer Tochter zu verkuppeln und weil das nicht so klappte, wie sie es wünschte, schimpfte sie über mich. Ich hatte nichts von diesem Vorhaben geahnt und konnte doch auch nicht einfach sagen, dass ich auf Männer stehe. Eine unangenehme Situation und mein Wunsch auszuziehen, wurde immer stärker. Zum Glück verstanden Hertha und Irene, dass ich mich bei Lili unwohl fühlte, ohne dass ich von meiner Homosexualität erzählen musste.

Ich freute mich sehr, als ich von Irene zu einem Mittagsessen bei ihren Eltern eingeladen wurde. Ihre Eltern waren so was Liebes, Hulda und Emil. Zum Essen gab es Thüringer Klöße so groß und schön, wie ich sie noch nicht gesehen hatte. Dazu einen wunderbaren Rinderbraten und Salat. Die Soße war so gut, dass ich mich heute noch daran erinnerte. Bei Irenes Familie fühlte ich mich von der ersten Stunde an wie zu Hause.

Irene wurde mir eine gute Kameradin und wir gingen öfters zum Tanzen in den Wintergarten.

Im Mai fuhr ich mit Gunter und Jochen nach Zinnowitz auf Usedom. Ich hatte mir nie träumen lassen, dass ich einmal die Ostsee sehen würde. Wir schwammen, segelten, spielten Ball und vergnügten uns mit den Mädchen und den hübschen Jungs. Abends tranken und tanzten wir. Einmal traten wir auch in einem Lokal auf und ich sang das erste Mal vor fremdem Publikum und alle waren begeistert. Es war ein Urlaub wie im Märchenbuch und nichts kam zu kurz, weder die Musik noch die Liebe.

Als wir wieder in Eisfeld waren, überraschte mich Hertha mit der Einweisung in ein möbliertes Zimmer bei einer Lehrerfamilie, die in einem wunderschönen Fachwerkhaus mit großem Garten lebte. Sie waren zu viert, Vater, Mutter, Sohn und Tochter und sie spielten alle Klavier, was mir sehr sympathisch war.

Als ich einmal wieder im Wintergarten einen der köstlichen Windbeutel mit Sahne aß, setzte sich ein junger Mann zu mir. Ich kannte ihn schon vom Sehen und er stellte sich als Florian Groß, Ingenieur bei Zeiß, vor. Wir unterhielten uns und als ich erwähnte, dass ich Sänger in einer Band sei, bot er spontan an, unser Fotograf und Manager zu werden. Wir saßen noch Stunden zusammen und ich wünschte mir der Abend würde nie enden – ich war mal wieder verliebt.

Ich erzählte meinen Musikerkollegen von Wolfgangs Angebot und sie nahmen es gerne an. Wir planten zu dieser Zeit, endlich offiziell eine Band zu gründen, mit Namen, öffentlichen Auftritten und allem Drum und Dran. Ende Juli wollten wir als Premiere in der Betriebskantine auftreten. Wir probten wie verrückt, um uns ja nicht zu blamieren.

Als der Tag unserer Feuerprobe gekommen war, waren wir gut vorbereitet, nur ein Name fehlte uns noch. Ich war ein großer Bewunderer von Bing Crosby und schlug deshalb den Namen Crosbys vor. Alle waren einverstanden und so konnte es losgehen. Mein Herz schlug bis zum Hals und ich trank noch einen Schluck aus der Wodkaflasche, die ich immer bei mir hatte, wenn es nervenaufreibend wurde. Schon spielten die drei eine Einleitung und ich begann mit dem *Vagabundenlied:*

> *„Ein kleines Lied auf allen Wegen,*
> *Mehr hab ich nicht,*
> *ich bin ja nur ein Vagabund.*
> *Ich kenn die Welt bei Wind und Regen,*
> *wohin ich komme,*
> *lacht für mich ein roter Mund.*
> *Mir hat das Glück so viel zu geben,*
> *doch wenn's am schönsten ist,*
> *dann muss ich wieder gehen.*
> *Ein weiter Weg ist dieses Leben,*
> *doch überall, wohin ich kam,*
> *da war es schön.*
> *Die Welt ist groß und rund,*
> *ich bin ein Vagabund.*
>
> *Mein Lied und ich, wir beide müssen wandern.*
> *Wir haben keine Ruhe auf der Welt.*
> *Wir müssen fort von einer Stadt zur andern,*
> *wenn es uns auch einmal irgendwo gefällt.*
> *Ich weiß, dass viele Menschen mich beneiden,*
> *doch oft ist unsere Wanderschaft auch schwer.*
> *Auf und ab, kreuz und quer,*
> *und das Heimweh läuft uns immer hinterher."*

Dieses Lied war mein Leitspruch durchs ganze Leben.

Wir gaben noch einige andere Schlager zum Besten und brachten die Kantine zum Kochen. Nach dem Konzert wurde ordentlich einer gehoben und Florianmachte viele Fotos. Von da an traf ich mich oft mit Wolfgang, wir gingen ins Kino oder tanzen und ich konnte meine Verliebtheit nur schwer verbergen. Aber ich wollte unsere Freundschaft nicht gefährden und so schwieg ich.

Nachdem ein Foto der Crosbys, das Floriander Eisfelder Tageszeitung zugeschickt hatte, erschienen war, spielten wir auf vielen Festen. Wir ernteten immer viel Beifall, das Publikum liebte uns. Dennoch verlor ich mein

Ziel, Sänger am Theater zu werden, nicht aus den Augen. Ich fuhr nach Weimar zur Musikhochschule, um zu erfahren, ob es sich mit 24 überhaupt noch lohnen würde, Gesang zu studieren. Ich sang dem Leiter der Abteilung für Gesang das *Wolgalied* aus der Operette *Der Zarewitsch* vor. Er bescheinigte mir eine schöne, lyrische Stimme, die aber noch vier oder fünf Jahre Ausbildung bräuchte, um reif für die Oper zu sein. Fünf Jahre waren mir doch zu lang und so beschloss ich, einen anderen Weg zu gehen.

Im September fuhr ich mit Florian nach Gehweiler zu meiner Familie. Es gab viel zu erzählen. Wir fuhren mit dem Zug bis zur Saargrenze Türkismühle. Dort mussten wir aussteigen und zu Fuß über die grüne Grenze gehen, denn wir hatten nur DDR-Pässe und das Saarland gehörte zu dieser Zeit zu Frankreich. So liefen wir mit unserem Gepäck zehn Kilometer zu Fuß bis Wolfersweiler, wo uns mein Schwager Hans mit dem Auto abholte. Ich war mächtig gespannt darauf, alle zu Hause wieder zu sehen. Meine Familie begrüßte mich herzlich und beim Kaffeetrinken konnte ich erzählen, wie gut ich es hatte und welchen Erfolg wir mit den Crosbys hatten. Danach ging ich mit Florian durch unser Haus und zeigte ihm das große Grundstück mit Wald und Wiesen und den großen Teich zum Schwimmen. Am Abend gingen wir in die Gaststätte meiner Verwandten und tranken und unterhielten uns über dies und jenes mit meiner Tante und meiner Cousine.

Am nächsten Tag fuhr ich mit Florian nach St. Wendel und zeigte ihm den Dom, meine Schule und das Internat im Kloster der Steyler Missionare, wo ich zwei Jahre Schüler gewesen war. Am Samstag war Kerwe, also Kirmes, in Gehweiler und es wurde in jedem Haus gebacken und gebraten. Der Quetschekuchen, saarländischer Zwetschgenkuchen, durfte natürlich auch nicht fehlen. Am Abend gingen wir zum Kerwe-Ball und ich stellte fest, dass ich noch immer der beliebteste Tanzpartner im Dorf war. So tranken und tanzten wir die Nacht durch. Um 2 Uhr zogen wir dann voll wie die Haubitzen nach Hause.

Am Mittwoch hieß es dann wieder Abschied nehmen von allen Lieben, besonders schwer fiel es mir, meine Mutter und meinen Großvater zu verlassen. Mein Vater versprach mir, mich in Thüringen zu besuchen. Mein Schwager Hans fuhr uns zum Bahnhof und als wir in Frankfurt Station machten, kaufte ich noch schnell die Noten zur Musik des neusten Caterina-

Valente-Films *Bonjour Kathrin*. Das waren 1955 die neusten Hits und sie brachten uns bei den nächsten Auftritten der Crosbys viel Applaus.

Wieder in Eisfeld ging jeder seiner gewohnten Arbeit nach und abends trafen wir uns zum Musizieren. Anfang Oktober schrieb ich an den Intendanten des Meininger Landestheaters, Reuther, und bat um einen Termin zum Vorsingen. Schon bald erhielt ich eine Einladung und so fuhr ich an einem Montagnachmittag nach Meiningen. Im Gepäck hatte ich einige Notenblätter und die unbestimmte Ahnung, dass sich an diesem Tag mein Leben verändern sollte.

Vom Bahnhof aus lief ich durch einen wunderschönen Park direkt auf das Theater zu. Ich war beeindruckt von dem großen, schönen Haus. Drinnen musste ich noch eine Viertelstunde auf den Intendanten Reuther warten und ich wurde schrecklich nervös. Als Herr Reuther mich dann begrüßte, beruhigte mich seine freundliche Art sofort. Ich erklärte ihm mein Anliegen und er sagte nur: „Nun ja, es ist ein schwerer Weg, aber wenn du ihn gehen musst, dann geh ihn. Nur die Begnadeten können bestehen."

Dann kam Herr Luettke dazu, Chordirektor und Pianist, der mich begleiten sollte. Da raste mein Herz und man fragte, was ich singen könnte. Ich schlug die einzige Arie, die ich kannte, vor: *Vater, Mutter, Schwestern, Brüder* aus Lortzings *Undine*. Herr Luettke schlug die Tasten an, um mir den Ton zu geben und ich sang so gut ich konnte. Mir schlotterten die Knie.

Danach fragte mich Herr Reuther, ob ich auch was anderes hätte. Ich hatte noch die Noten vom *Vagabundenlied* dabei – das war mein Glück. Ich sang es aus tiefstem Herzen, als ich fertig war, applaudierte Herr Reuther. Er meinte, die Arie sei noch etwas mühsam gewesen, Ausstrahlung und Stimme seien aber vorhanden. Allerdings seien sie noch wie ein Rohdiamant und müssten bearbeitet werden. Er empfahl mir, mindestens ein Jahr lang Gesangsunterricht bei Frau Martel Scholz zu nehmen. Danach könnte ich noch mal wiederkommen. Herr Reuther gab mir noch die Hand, wünschte mir „Toi, Toi, Toi" und verabschiedete sich wieder, um zur Probe zu gehen. Er inszenierte gerade *Die Zauberflöte* von Mozart.

Als er gegangen war, sagte mir Herr Luettke: „Wenn Sie mir versprechen, bei Frau Scholz bis nächsten Herbst Unterricht zu nehmen, engagiere ich Sie jetzt schon als Ersten Tenor für den Chor am neuen Friedrich-Wolf-

Theater in Neustrelitz." Er erklärte, dass er selbst im kommenden Jahr dorthin wechseln würde und noch gute Sänger bräuchte. Ich konnte es kaum fassen. Beschwingt verließ ich das schöne Haus, ging in die Stadt und trank zur Feier des Tages ein Glas Sekt.

Im November fuhr ich dann zum ersten Mal nach Suhl und suchte Frau Martel Scholz auf. Sie hatte mich schon erwartet, denn Herr Luettke hatte sie angerufen und mich angekündigt. Ich war völlig erstaunt darüber, wie schnell sich alles entwickelte. Frau Scholz begrüßte mich sehr herzlich und stellte mir ihre Mitarbeiterin Frau Helene Engerer, eine große Pianistin im Ruhestand, vor. Sie baten mich, ihnen ins Arbeitszimmer zu folgen. Dort stand ein herrlicher Bechstein-Flügel. Auf dem Flügel standen Bilder von ehemaligen Schülern, unter anderem von der großen Erna Sack, die ich schon als Kind verehrt hatte.

Beim Teetrinken erzählte ich den beiden Frauen meine Geschichte und danach musste ich Tonleitern singen, damit Frau Scholz hören konnte, wie hoch ich komme. Ich war in meinem Element und überglücklich. Wir legten dann fest, dass ich ab Januar 1956 zwei Mal in der Woche Unterricht nehmen würde. Der Preis lag bei acht Mark pro Stunde. Im Westen hatte ich sieben Jahre zuvor noch 35 Mark bezahlt. Kein Wunder, dass ich in die DDR gegangen war, um Sänger zu werden. Ich war überwältigt von den vielen neuen Eindrücken und davon, wie nett ich aufgenommen worden war.

Am nächsten Tag wurde ich auch noch im Betrieb als bester Stricker ausgezeichnet und bekam Blumen und Geschenke. Was hatte ich ein Glück. Abends nach der Probe zum neuen Programm gingen wir in den Wintergarten. Hertha und Irene waren auch dabei und wir feierten bis in die Nacht.

Das neue Programm der Crosbys war gerade fertig, da stieg unser Gitarrist Kurt Griebsch aus und wir bekamen einen neuen. Sein Name war Iring Siering, ein Lette. Er brauchte nur die Musik im Radio zu hören und schon konnte er die Noten dafür aufschreiben. Ein musikalisches Genie. Iring war jung, sah gut aus und hatte eine Menge Humor. Er passte zu uns wie die Faust aufs Auge.

Ich kreierte eine musikalische Visitenkarte, um uns vor jedem Gastspiel vorzustellen. Wir begannen mit dem Gitarristen Iring. Gunter, Jochen und ich deuteten auf ihn und sangen *Bimbo, Bimbo, hol die Gitarre raus*. Nach diesem Lied war Gunter an der Reihe, den wir mit dem Caterina-Valente-Hit *Ein kleiner Akkordeonspieler* vorstellten. Passend zu Jochen, dem schlaksigen Bassspieler, schmetterten wir dann *Friedolin, der Schlagbassist, der weiß noch nicht, was Liebe ist*. Am Ende der musikalischen Vorstellungsrunde sangen die drei anderen für mich *Bravo, bravo, beinah wie Caruso*. Danach begrüßte ich das Publikum. Da tobte die Menge meistens schon und ich trat ans Mikrofon und sang mein *Vagabundenlied*. Danach konnten wir singen, was wir wollten. Die Mädels kreischten und die Jungens pfiffen.

Als Weihnachten vor der Tür stand, lud Irene Florianund mich am ersten Feiertag zu Essen bei ihrer Familie ein. Es sollte ein Fressfest werden. Punkt

Die Crosbys: Gunter am Akkordeon, der Gitarrist Iring, Jochen am Bass und ich als Sänger (2. von links)

Zwölf standen wir bei Hulda auf der Matte und überreichten ihr unsere Geschenke. Das Wohnzimmer war weihnachtlich hergerichtet, der Tannenbaum geschmückt und jeder bekam ein kleines Päckchen. Es war ein wunderbarer Tag. Irene freute sich sehr, uns um sich zu haben und meinte im Überschwang: „Peter, du bist einfach ein Traummann." Das war zwar ein schönes Kompliment, aber ich wollte Irene keine falschen Hoffnungen machen. Also nahm ich sie zur Seite, gestand ihr, dass ich schwul war, und bat sie, es für sich zu behalten. Sie verstand mich und unsere Freundschaft wurde nur noch enger. Ich war es ihr und den anderen lieben Menschen schuldig, nicht mit gezinkten Karten zu spielen. Irene war zehn Jahre älter als ich und sie war ein echter Kumpel. Ich habe nie mehr so eine gute Freundschaft mit einer Frau erlebt. Sie wäre für mich durchs Feuer gegangen. Und ich auch für sie.

In der ersten Woche des Jahres 56 begann ich meinen Gesangsunterricht. Dort lernte ich auch die Sopranistin Annemarie und den Tenor Oskar, der auch schwul war, kennen. Die beiden hatten genau wie ich einen Vertrag mit dem Theater in Neustrelitz und so würden wir zu dritt im Herbst nach Mecklenburg gehen. Die ersten Stunden wurden nur mit Übungen verbracht und es machte mich stolz, dass ich mich nicht so dumm anstellte. Frau Engerer, die früher überall in Europa Konzerte gegeben hatte, schloss mich besonders in ihr Herz.

Mit dem Beginn des Unterrichts bekam ich vom Intendanten Gericke, einem bekannten Regisseur, meinen Vertrag aus Neustrelitz zugeschickt. Mein erster Vertrag als Sänger. Mein Ziel war in greifbare Nähe gerückt.

In der Karnevalszeit hatten wir jeden Samstag irgendeinen Auftritt. In Hildburghausen, Sonneberg, Themar, Waffenrod und im Volkshaus Eisfeld. Dort brachten wir alle Schnulzen aus dem Film *Bonjour Katrin* zu Gehör. Jeder Tag war ein Geschenk, die Menschen vergnügt und froh. Ich genoss es in vollen Zügen. Wenn ich an zu Hause dachte, tat es mir leid, dass meine Familie nicht dabei sein konnte.

Dann kam mir wieder eine neue Idee für die Crosbys, wir könnten im zweiten Teil unseres Programms als Damen auftreten. Gesagt, getan, jeder musste sich eine Perücke und Frauenkleider besorgen. Gunter ging als Rose vom Wörtersee, Jochen als Frau Löwenzahn und Iring, der Jüngste, als Gänseblümchen. Ich kam natürlich als Königin der Nacht – schwarze Perücke, weiße Bluse mit langem Rock, Stöckelschuhe und Regenschirm. Schon unser Aussehen war so lustig, dass wir an den Erfolg glaubten.

Mein Lied war *Ein Mann muss nicht immer schön sein*, Iring sang *Meine Mutti hat zu mir gesagt, das ist nichts für kleine Mädchen* und zusammen sangen wir dann *Hoch die Liebe, hoch die Röcke, hoch das Leben*. Als wir zum ersten Mal im Theater von Hildburghausen unser Programm als Damen brachten, tobte der ganze Saal und es gab eine Stimmung wie in Köln. Am Rosenmontag hatten wir einen Auftritt in Oberhof bei den Weltmeisterschaften im Skispringen. Als wir dann als Damen erschienen, sprangen die Sportler von den Stühlen und applaudierten. Bei unseren nächsten Auftritten machten die Veranstalter es zur Pflicht, dass wir auch als Frauen auftreten. So lief das jedes Wochenende, in ganz Thüringen.

Der Erfolg bedeutete auch, dass ich den Job als Strumpfstricker aufgeben konnte. Ich verdiente das Geld für den Gesangsunterricht – wie passend – mit dem Singen. Also trat ich aus dem Betrieb VEB-Textil aus. Die Proben fanden trotzdem immer noch dort statt.

Derweil kannte mich, oder besser gesagt die Crosbys, jedes Kind. Wenn ich auf der Straße ging, kamen die Leute auf mich zu und baten um ein Autogramm. Ich fühlte mich wie ein Star. Zum Glück hatte uns Wolfgang, als wir immer bekannter wurden, hübsche Autogrammkarten gemacht.

In Suhl sang ich schon die größten Tenorarien. Frau Scholz war stolz auf mich, doch sie gab mir den Rat, mich nicht auf meinem Erfolg auszuruhen. „Lernen müssen Sie, solange Sie singen. Auch in Neustrelitz", sagte sie und ich versprach ihr, mich daran zu halten. Wir begannen damit, ein großes Konzert vorzubereiten, in dem alle Schüler der Gesangsschule Scholz singen sollten. Wir studierten Duette, Terzette und Arien aus Opern und Operetten ein. Ich verstand mich sehr gut mit Annemarie, auch unsere Stimmen passten gut zueinander und so sangen wir manch schwere Duette.

In diesem Juni fuhr ich mit Irene und ihrer Mutter zu mir nach Hause in den Urlaub. Dort zeigte ich Irene und Hulda das Saarland. Die beiden fühlten sich bei meiner Familie sehr wohl und genossen die Tage in meiner Heimat. Auf der Rückfahrt nach Thüringen fuhren meine Mutter und

Annelie mit uns nach Eisfeld, wo sie einige Zeit bei Irene und ihren Eltern wohnen konnten. Damals war die Grenze zur DDR noch offen und jeder konnte rüber nach Ost oder West.

Die Crosbys bekamen eine Einladung von der Bezirksverwaltung zum Pressefest in Suhl auf fünf verschiedene Bühnen nacheinander aufzutreten. Die Gage war die größte in unserer ganzen Zeit. Am 7. Juli sollte es in Suhl auf dem Marktplatz beginnen. Gruppen, Sänger und Orchester aus der ganzen Republik und aus der ganzen Welt sollten auftreten. Wir sagten natürlich sofort zu und waren so aufgeregt wie noch nie.

Mama und Annelie erlebten eine ganze Menge während ihres Aufenthalts in der DDR. Sie genossen die guten Thüringer Klöße mit Braten bei Hulda, hörten mich bei einer FDJ-Versammlung singen und gingen mit mir in die Oper. In Meiningen wurde gerade die Zauberflöte, inszeniert von Herrn Reuther, aufgeführt. Die Rolle des Tamino, den ich gerade bei Frau Scholz einstudierte, sang ein Herr Helms. Seine geschiedene Frau sollte ich Jahre später kennen lernen. Wie klein die Welt ist, habe ich in meinem Leben sehr oft erlebt.

Im selben Monat sangen wir und einige andere Gruppen bei einer Livesendung des Mitteldeutschen Rundfunks im Theater in Hildburghausen.

Nun hatten wir es geschafft über die Stadtgrenzen hinaus bekannt zu werden und Gunter wollte mich am liebsten in Eisfeld bei den Crosbys behalten. Ich hatte auch ein komisches Gefühl, aber in meinem *Vagabundenlied* singe ich immer wieder: „Doch wenn's am Schönsten ist, dann muss ich wieder gehen."

Einen Tag vor unserem großen Auftritt beim Pressefest erschien in der Bezirkszeitung ein Bild von uns, den Crosbys, mit folgendem Text: „Sie kommen nicht nur, sie spielen auch: und zwar diese vier junge Männer aus Eisfeld, die sich seit einiger Zeit als Rhythmusgruppe ‚Crosbys' zusammengeschlossen haben und vielen längst ein Begriff geworden sind wie gesagt, sie kommen nicht nur, sie singen und spielen auch für uns."

Dann war es endlich soweit, es kam der 7. Juli, ein strahlend schöner Sommertag. Erst ging ich zu Irene und ihren Eltern, um mit ihnen und Mama und Annelie Kaffee zu trinken. Danach traf ich mich mit Gunter, Jochen und Iring, um noch ein letztes Mal vor dem großen Auftritt zu proben. Dabei nahmen wir uns noch einige Stücke vor, die wir, wenn alles gut lief, als Zugabe spielen wollten. Alle waren wir sehr aufgeregt und gespannt, was uns erwarten würde, dazu kam die Vorstellung, dass ich bald nicht mehr bei ihnen sein würde. Das brach mir fast das Herz. Nach der Probe ging jeder zu sich nach Hause.

Bei Irenes Familie gab es noch ein gutes Mittagessen. Dann mussten wir zum Bahnhof. Dort standen schon Gunter, Jochen und Iring mit ihren Instrumenten und Taschen bereit. Nun ging's in Richtung Suhl. Dort angekommen holte uns Florian mit seiner Schwester ab und sie nahmen Hulda, meine Mutter und Annelie mit zu sich nach Hause. Die Band und ich mussten erstmal zum Organisationsleiter des Fests, um herauszufinden, wann wir wo auftreten würden. Wir sollten so um 16 Uhr unseren ersten Einsatz auf dem Suhler Marktplatz haben. Ich war froh, dass Wolfgang sich um meine Leute kümmerte, die auch im Hause seiner Eltern übernachten konnten. Es war eine große Entlastung für mich, dass sie gut aufgehoben waren.

Die Stadt war voller Menschen und überall gab es Staus. Bei uns brach das Lampenfieber aus. Ich hatte mir zur Beruhigung einen Flachmann mit russischem Wodka eingesteckt. Überall hörte man Musik und alles wurde über den Stadtfunk ausgestrahlt. Wolfgang brachte die Damen und seine Eltern zum Marktplatz. Dort trafen wir auch Frau Martel Scholz und einige ihrer Schüler, die auf unseren Auftritt warteten.

Ich glaube, keiner kann sich vorstellen, wie ich in dieser Situation gelitten habe. Ich war in Panik, stammelte immer wieder: „Ich hab meinen Text vergessen." Die Bühne wurde geräumt, in fünf Minuten waren wir an der Reihe. Dann der Ruf: „Die Crosbys bitte auf die Bühne." Ich nahm einen Schluck aus meinem Flachmann und lief auf die Bühne. Vor mir standen tausende Menschen, die mich erwartungsvoll ansahen. Kreidebleich stand ich vor dem Mikrofon und begrüßte die Zuschauer.

Dann kamen die anderen raus und es ging los mit unserer musikalischen Visitenkarte, die gut ankam. Danach sang ich das *Vagabundenlied*. Als das Lied zu Ende war, ging ein Sturm des Beifalls los. Nach unserem normalen Programm sangen wir aus dem *Feuerwerk: Oh mein Papa*. Dann sangen meine drei Genossen den Refrain noch mal und ich sang eine Oktave höher darüber: „Oh, mein Papa war eine schöne Mann! Ei, wie er lacht, sein Mund wie sein, so breit und rot, und seine Aug' wie Diamanten strahlen! Oh, mein Papa war eine wunderbare Clown, oh mein Papa war eine große Kinstler."

Da tobte der ganze Marktplatz, aus tausend Kehlen rief es immer wieder: „Bravo, Bravo!" Noch heute bekomme ich eine Gänsehaut, wenn ich daran denke. In diesem Moment war ich der glücklichste Mensch auf der Welt.

Wir waren kaum runter von der Bühne, da stand ein Kleinbus bereit und fuhr uns zur Hauptbühne ins Stadion. Dort hatten wir erstmal eine Verschnaufpause und aßen mit Wolfgang, meiner Mutter und Annelie eine Thüringer Bratwurst und tranken kühles Bier.

Dann hieß es wieder „Fertig machen zum Auftritt" für die Crosbys. Es lief alles wieder so ab wie auf dem Marktplatz nur 80 000 Mal stärker, so viele Menschen hatte ich noch nirgendwo auf einmal gesehen. Es war umwerfend und ich war glücklich, meine Mutter und die anderen dabei zu wissen.

Die nächsten drei Auftritte folgten noch dem gleichen Muster. Auf der letzten Bühne und beim letzten Ton wurde ein riesiges Feuerwerk gezündet und wir standen im Mittelpunkt des Geschehens.

Am Ende waren wir von der Anspannung befreit und wir nahmen uns gegenseitig in die Arme und Jochen sagte: „Peter bleib bei uns, wir erobern die Welt."

Danach tranken wir noch ein paar Bierchen und gingen ins Hotel „Zur Post", wo wir untergebracht waren. Als wir im Bett lagen, trauten wir unseren Ohren nicht: Über den Stadtfunk dröhnten laut *Oh, mein Papa* und alle Lieder, die wir gesungen hatten. Es war wie im Traum.

Am nächsten Tag kamen wir alle noch mal in Suhl zusammen und gingen gut essen. Dann kauften wir eine Zeitung, in der ein Riesenbild von uns war mit dem Feuerwerk im Hintergrund und drunter war geschrieben: „Ein musikalisches Feuerwerk. Die vier Crosbys sprühten und strahlten."

Am 15. Juli war mein erster Auftritt als klassischer Sänger im Rahmen des Konzertes zugunsten des Nationalen Aufbauprogramms. Um 20 Uhr sollte das Konzert beginnen. Es war ganz ausverkauft und ich sollte nach dem Klaviersolo von Frau Engerer beginnen. Da bekam ich solche Nervenschmerzen im Gesicht, dass ich annahm, alle Zähne täten mir auf einmal weh. Man brachte mich mit einem Taxi in die nahe liegende Poliklinik und nach einer kurzen Untersuchung bekam ich eine Beruhigungsspritze. Punkt 20 Uhr stand ich auf der Bühne. Ich war weiß wie eine Wand und hatte ein ganz verzerrtes Gesicht. Ich sang wie im Tran aus *Undine* von Lortzing die Arie *Vater, Mutter, Schwestern, Brüder*. Es war grauenvoll.

Als ich dann aber meine Mutter, Annelie und Irene in der ersten Reihe sitzen sah, war die Angst wie weggeblasen und ich sang so gut wie nie zuvor. Frau Engerer schrieb mir später in ein Buch, das sie mir nach dem Konzert überreichte: „Meinem liebsten Schüler Peter Merten zum Gedenken an sein Studium, ans erste vollendete Lied und an unsere Zusammenarbeiten im schönen Konzert in Eisfeld. Deine Begleiterin Helene Engerer, Suhl, den 29. Juli 1956." Das Publikum war begeistert und Frau Scholz und Frau Engerer holten sich den verdienten Applaus ab.

Zwei Tage später fuhren Mama und Annelie wieder zurück ins Saarland. Sie hatten in der DDR vieles erlebt, das sie nicht für möglich gehalten hätten. Ich war traurig, aber auch ein bisschen erleichtert, als sie in den Zug stiegen, denn ihr Besuch war für mich auch manchmal anstrengend gewesen.

Am 22. Juli fand das alljährliche Sommerfest in Eisfeld statt. Das Fest war für mich ein ganz besonderes Ereignis, denn ich war gleich für zwei Auftritte verpflichtet worden. Erst sollte ich mit Annemarie einige Lieder aus Operetten zum Besten geben und direkt im Anschluss würde ich mit den Crosbys auf der Bühne stehen. Am Nachmittag ging ich mit den anderen Crosbys noch privat auf das Fest und amüsierte mich. Es gab alles, was das Herz begehrte: viele Imbissbuden für das leibliche Wohl, Orchester, Bands und Artisten aus der ganzen Welt.

Am Abend versammelten die Besucher sich dann vor der großen Freilichtbühne. Hinter der Bühne hörte ich das Stimmengewirr und ich bekam mein typisches Lampenfieber. Das Orchester spielte einige bekannte Stücke, dann sagte ein Moderator uns an. Wir sangen einige Lieder, die wir auch beim Konzert von Frau Scholz vorgetragen hatten, und auch ein paar, die wir extra für das Sommerfest einstudiert hatten. Zum Abschluss sangen wir das Duett „Niemand liebt dich so wie ich" aus Paganini. Die Zuschauer applaudierten uns ekstatisch. Mein erster Auftritt an diesem Abend war gelungen. Im zweiten Teil kamen nun die Crosbys zum Zuge.

Wie immer begannen wir mit unserer musikalischen Vorstellungsrunde, dann kam das Vagabundenlied und darauf folgten die Hits aus *Bonjour Ka-*

Beim Sommerfest in Eisfeld 1956

thrin. Zum Abschluss des Sommerfestes sang ich dann aus dem Feuerwerk das berühmte *Oh mein Papa*. Ich sang als schwebte ich auf Wolken, beim Refrain, als ich eine Oktave höher über dem Background der drei anderen sang, tobte das Publikum.

Dann kam der Bürgermeister auf die Bühne, bedankte sich bei uns, überreichte uns Blumen und präsentierte ein großes Bild der Crosbys, das im Schloss aufgehängt werden sollte. Das Fest endete mit einem spektakulären Feuerwerk. Dieser Abend war ein Meilenstein in meinem Leben. Wie weit ich nach nur einem Jahr in der DDR gekommen war. Im Westen hätte ich das nie erreicht.

Am nächsten Abend trafen sich all meine guten Freunde, die Crosbys, Irene und Hertha, Florianund noch viele andere, zu einer kleinen Abschiedsfeier im Wintergarten. Alle wünschten mir nur das Beste und ich solle sie nicht vergessen. Das habe ich versprochen und gehalten.

Am 29. Juli war es soweit, meine Koffer waren gepackt, die Meute brachte mich am Morgen zur Bahn und wieder ging es in eine ungewisse Zukunft. Ich war sehr neugierig aber auch traurig darüber, Eisfeld und die vielen lieben Freunde zu verlassen. Ich versprach, im nächsten Jahr zu Besuch zu kommen. Der Zug lief ein, Florianreichte mir das Gepäck, ich belegte einen Fensterplatz, der Schaffner rief: „Abfahrt!" und es gab kein Zurück mehr. Ich stand am Fenster und winkte, bis ich keinen mehr sah. Tränen standen mir in den Augen. Ein Abschnitt meines Lebens war beendet und ein neues Kapitel wurde aufgeschlagen.

2. Szene
Neustrelitz

Als der Zug in Neustrelitz einlief, bekam ich wahnsinnige Gesichtsschmerzen wie damals beim Konzert in Eisfeld. Ich verließ den Zug, rannte zum Bahnhofsvorplatz, stieg in ein Taxi und fuhr zur Poliklinik. Dort untersuchte man mich sofort und gab mir eine Spritze, die zehn Minuten später wirkte.

Dann machte ich mich auf den Weg zu meiner neuen Unterkunft. Ich würde mit Oskar Fromm bei einem Fräulein Donat wohnen. An der genannten Adresse angekommen stand ich vor einem niedrigen Haus. Eine kleine weißhaarige Dame öffnete die Tür, und nachdem ich mich vorgestellt hatte, begrüßte sie mich freundlich. Dann zeigte sie mir das Zimmer, das ich mit Oskar teilen sollte. Es war ein großes, helles und freundliches Zimmer mit zwei Schlafgelegenheiten, Möbeln im Biedermeier Stil und einem herrlichen Klavier. Ich belegte gleich neben einem großen Kachelofen mein Bett. Zu meinem Erstaunen war der Tisch in unserem Zimmer schon gedeckt. Es gab Butter und herrliches Bauernbrot, Wurst und Käse und auch selbst gekochte Marmelade. Fräulein Donat, die reines Hochdeutsch sprach, aber auch Mecklenburger Platt beherrschte, erzählte mir, dass sie vor dem Krieg Köchin im Schloss vom Grafen Strelitz gewesen sei.

Als ich bei Tisch saß und Kaffee trank, klingelte es und Oskar Fromm stand in der Tür. Er war mit Annemarie nach Neustrelitz gekommen und hatte sie zu ihrer Wohnung begleitet, die ganz in der Nähe war. Er setzte sich zu Fräulein Donat und mir an den Tisch. Später zogen wir uns um und machten und auf den Weg zum Theater. Oskar kannte den Weg schon von seinem Vorsingen im Frühjahr. Wir holten Annemarie ab und waren ausgelassen wie kleine Kinder, scherzten und lachten. Wir liefen durch einen wunderbaren Park, mit vielen Statuen und dem Grabmal der Königin Luise von Mecklenburg, kamen an der Orangerie vorbei, die unsere spätere Kantine wurde, und dann standen wir ehrfürchtig vor unserer neuen Arbeitsstelle, dem gerade drei Jahre alten Friedrich-Wolf-Theater. An seinem Haupteingang stand ein Zitat von Friedrich Schiller:

Der Menschheit Würde ist in eure Hand gegeben!
Bewahret sie! Sie sinkt mit euch!
Mit euch wird sie sich heben!

Es war ein großer Moment und wir waren stolz und freuten uns schon auf den nächsten Tag, denn dann begannen nach der Begrüßungszeremonie die ersten Proben. Wir gingen zum Künstlereingang und besichtigten das Haus. Es waren schon viele Leute da und arbeiteten. Wir sahen nach dem Probeplan für den nächsten Morgen. Nach der Begrüßung mussten wir in den Chorsaal zum Herrn Luettke: Probe zum Einstudieren der Oper *Carmen*.

Danach hatten wir Mittagspause und um zwei Uhr hatte ich eine Soloprobe für die Rolle des Leutnant Schweinitz in *Der Bettelstudent*. Abends stand für mich Unterricht mit dem Ballett auf dem Programm, wobei ich einen Zigeunertanz erlernen sollte. Es sollte also sofort zur Sache gehen. Wir waren zufrieden und tranken noch im Café Am Markt eine Flasche Wein bevor wir in unser Quartier zurückkehrten. Gegen Mitternacht fielen mir die Augen zu und auch Oskar schnarchte schon seit einigen Minuten.

In der Früh klopfte es an der Tür und Fräulein Donat brachte den Kaffee und frische Brötchen mit einem gekochten Ei für jeden. Sie hielt einige

Hühner und auch eine Ziege. Außerdem baute sie in ihrem kleinen Garten Salat und Gemüse an. Im Haus vermietete sie noch andere Räume, um einigermaßen zurechtzukommen. Ihre eigene Wohnung bestand nur aus einer Schlafkoje und einer Küche mit offenem Feuer, für das sie im Wald Reisig sammelte.

Nach dem Frühstück zogen Oskar und ich zum Theater, unterwegs schloss sich uns Annemarie an. Das Theater lag direkt am wunderschönen Zierker See und wir nahmen uns vor, in den freien Stunden dort baden zu gehen oder auch Boot zu fahren. Besser konnte man es gar nicht treffen.

Bei der Begrüßung im Zuschauerraum herrschte ein lautes Durcheinander, die Mitglieder des alteingesessenen Ensembles umarmten sich und tauschten Neuigkeiten aus, während wir etwas misstrauisch beäugt wurden. Der Intendant, ein etwas älterer, dicklicher Herr, bat um Ruhe, begrüßte die alten Kollegen und dann wurden wir auf die Bühne gebeten und einzeln vorgestellt. Oskar, Annemarie und ich wurden zusammen als Verstärkung für den Chor vorgestellt und zu mir bemerkte der Intendant noch, dass ich zusätzlich auf Soloaufgaben vorbereitet würde.

Nach der offiziellen Vorstellung begrüßte uns Herr Luettke, der ehemalige Chorleiter am Meininger Theater. Bei ihm hatten wir auch die ersten Proben mit den neuen Kollegen vom Chor. Vieles aus der Oper *Carmen* hatten wir schon mit Frau Engerer in Suhl bearbeitet, so dass es uns nicht besonders schwer fiel. Es war ein guter Start und ich fand auch die Kollegen sehr nett. Am Nachmittag hatte ich beim Kapellmeister Morgenstern eine Stunde Soloprobe für den *Bettelstudent*. Auch die meisterte ich mit Bravour.

Obwohl die Proben bisher problemlos geklappt hatten, war ich etwas nervös, als ich später am Tag den Ballettsaal betrat. Ich war zwar ein passabler Tänzer, doch vorm Ballett hatte ich gehörigen Respekt. Als ich der Ballettmeisterin Frau Müller gestand, dass ich vielleicht einige Schwierigkeiten haben könnte, winkte sie nur ab. Dafür wäre sie ja da, um diese Probleme abzustellen. Dann bekam ich Trainingskleidung aus dem Fundus und es ging los mit dem Zigeunertanz. So verging der erste Arbeitstag am Theater. Ich kam gut zurecht und ging abends müde aber voller Genugtuung ins Bett.

Um 10 Uhr am nächsten Tag begann die Probe, wieder mit *Carmen*, eine Stunde, dann *Bettelstudent*. Danach musste ich in den Ballettsaal, meinen

Zigeunertanz erlernen. Bei Frau Müller, die groß und schlank war und aussah wie eine Spanierin, ging es heiß her. Ich war immer schön nass geschwitzt, aber Spaß machte es. Wir probierten Hebungen mit den Mädchen und das kostete Kraft. Ich lachte und dachte an den Spruch im Nazireich „Kraft durch Freude". Der stimmte in diesem Fall und ich fand Gefallen an den Proben, zumal mich die Tänzer wie einen der ihren behandelten.

An diesem Tag gingen wir zum ersten Mal zum Mittagessen in die Orangerie. Die bestand aus einem imposanten Saal mit herrlichen Stuckarbeiten und vielen Statuen in Menschengröße. Eine Menge Leute vom Theater und aus den umliegenden Büros aß dort zu Mittag. An diesem Tag gab es Kartoffelsalat und gebratenes Fischfilet und einen Pudding zum Dessert – und das für eine Mark. Ein Glas Bier kostete 60 Pfennig.

Mein Gehalt betrug 360 Mark, Miete davon 15 Mark, Frühstück 10 Mark – da konnte man sich nicht beschweren. Für jedes Solo und jeden Tanz gab es pauschal 30 Mark im Monat.

Am Nachmittag ging ich mit einem Oboisten vom Orchester, Richard Triemer, und seinem Bruder Johannes, der Trompeter war, zum Zierker See baden. Wir nahmen ein Boot und fuhren zur so genannten Liebesinsel in der Mitte des Sees. Von dort aus hatten wir eine schöne Aussicht auf die gesamte Stadt. Richard und sein Bruder waren mir gleich sympathisch und ich ihnen wohl auch. Sie kamen aus Sachsen und waren schon drei Jahre im Orchester.

Ich erzählte, dass ich aus dem Saarland käme, und erklärte auch gleich, warum ich in die DDR gekommen war. Viele Leute verstanden nämlich nicht, warum man freiwillig vom Westen in den Osten ging. Unsere Gespräche waren sehr interessant und für den Abend luden die beiden mich gleich ein, mit ihnen in die Goldene Kugel essen zu gehen. Ich nahm dankend an. Die Goldene Kugel war ein Hotel gegenüber der Kirche und dem Café Am Markt. Dort wohnten viele vom Ballett und Chor.

Am Abend hatte ich eine Stunde Probe für *Carmen* im Chorsaal und dann frei. Ich traf mich mit den beiden Triemers zum Essen im Restaurant der Goldenen Kugel, das bekannt für seine Wiener Schnitzel war. Ich traf mich danach öfter mit Richard, der ein sensibler Mann war, mit dem ich mich gut verstand. Wenn ich mich heute an diese Zeit zurückerinnere, kann ich kaum noch glauben, dass wirklich alles so gut für mich lief.

Auch mit meiner Wohnsituation war ich zufrieden. Fräulein Donat erzählte mir ab und zu von ihrem Leben. Sie hatte im Osten keine Verwandten mehr, nur in Hamburg wohnte ein Neffe, der Kapitän eines Bananendampfers war und so durch die Weltmeere schipperte. Die Gespräche mit mir taten ihr sichtlich gut und sie mochte mich sehr. Oskar dagegen fand sie nicht besonders sympathisch. Er war ja auch schwul, aber so, dass man es von weitem roch. Vielleicht war das der Grund, warum Fräulein Donat ihn nicht mochte. Aber genau weiß ich das auch nicht.

Eines Tages sagte Oskar, er hätte einen kennen gelernt und würde wahrscheinlich in ein paar Wochen ausziehen. Das war mir sehr recht, denn ich wollte ja auch mein Liebesleben auskosten. So mit Oskar in einem Zimmer konnte ich ja niemanden mit nach Hause bringen.

Die Bühnenproben von *Carmen* unter der Regie von einem Herrn Richter waren spannend aber auch anstrengend. Abends waren Proben auf der Probebühne für den *Bettelstudent*. Da die vier Offiziere, zu denen ich gehörte, nicht immer dabei waren, hatte ich öfter frei als der Chor und konnte so die besten Bekanntschaften machen.

Die Zeit verging schnell und die Premiere von *Carmen* rückte näher. Am 4. September 1956 stand und tanzte ich zum ersten Mal auf der Bühne. Ich war stolz wie Oskar. Ich ließ viele Fotos machen und schickte sie meiner Familie und Irene, die sich immer noch sehr für mein Treiben interessierte.

Gleich danach am 10. September wurde *Der Bettelstudent* aufgeführt – mit Peter Merten als Leutnant Schweinitz in einer tollen Uniform und mit weißer Allongeperücke. Ich bekam viele Komplimente für meine Darstellung und schickte, um meinen Erfolg zu belegen, einige Fotos an Wolfgang. Die Premierenfeiern fanden immer in der Orangerie, der hauseigenen Kantine, statt und anschließend ging es ins Café Am Markt. Dort tanzte ich mit allen Kolleginnen und davon gab es eine Menge.

Der Herbst stand vor der Tür, mit dem Baden im See war es aus und so besuchten wir uns gegenseitig. An meinem Geburtstag lud ich einen Teil meiner besten Kollegen aus Chor und Ballett und einige Solisten, den Tenor Ullrich Kreutsch, einen wahren Riesen, die Sopranistin Gisela Großmann und die Tänzerin Monika Frost ein. Da opferte Fräulein Donat einen Teil ihres ersparten Geldes für mich. Sie bestellte Kuchen beim Bäcker gleich nebenan, besorgte Fleisch und machte einen wunderbaren Kartoffelsalat. Ich kaufte die Getränke und machte eine leckere Ananasbowle. Es war mein 25. Geburtstag und ich kann mich heute noch lebhaft daran erinnern.

Im Theater ging es mit den Proben zu *La Bohème*, in der ich den Parpignol singen sollte, weiter.

Am 1. November suchte ich die Wagnersängerin Aenne Kaltenbrunner auf, da ich bei ihr weiteren Gesangsunterricht nehmen wollte. Sie wohnte über dem Café Am Markt und konnte von ihrem Fenster aus das Treiben auf dem Platz gut beobachten. Frau Kaltenbrunner war eine richtige Walküre und hatte in ihrer Zeit als aktive Sängerin beachtliche Erfolge gefeiert. Ich berichtete ihr von meinem bisherigen Werdegang und bat sie, mich in den nächsten zwei Jahren für die Prüfung in Berlin vorzubereiten. Diese Prüfung mussten alle Sänger an Theatern in der DDR ablegen, um weiter beschäftigt zu werden. Insgesamt gab es drei Prüfungen über mehrere Jahre verteilt, nach deren Bestehen man diplomierter Opernsänger war. Im Januar wollten wir mit dem Unterricht beginnen – ich hatte ein gutes Gefühl dabei.

Am 11. November war dann die Premiere von *La Bohème*, die meine Lieblingsoper wurde, und ich sang zwei Sätze als Parpignol im Zweiten Bild. Dann liefen die Proben zur Operette *Frau Luna* unter Herrn Happach an. Das war eine willkommene Abwechslung von den tragischen Opern. Ich war die Zweitbesetzung für den Mars, der von Ulli Kreusch gespielt wurde. Paul Linckes Musik geht allen in die Beine, *Lasst den Kopf nicht hängen* oder *Berliner Luft* kannte jedes Kind. Die Aufführung wurde ein großer Erfolg. Ich nahm Fräulein Donat, die viele Hemmungen hatte, mit in eine Vorstellung. Nach der Vorstellung brachte ich sie nach Hause und sie bedankte sich sehr und meinte: „Sie sind ein guter Mensch und Gott vergelt's."

An Weihnachten bekam ich viele Päckchen von Annelie, Mama, Schwester Christel, Irene und Hulda und vielen mehr. Heiligabend war Oskar bei seinem Freund und so feierte ich allein. Fräulein Donat hatte ein köstliches Menü gekocht und mir außerdem einen Teller mit Gebäck hingestellt. Einen Weihnachtsbaum hatte ich natürlich nicht, aber Fräulein Donat hatte für mich einen Tannenstrauß geschmückt. Ich bat sie, zu mir rüber zu kommen und mit mir zu feiern. Aber sie lehnte ab und ging stattdessen in die Kirche.

Am ersten Feiertag sang ich in *La Bohème* und am zweiten in *Frau Luna* – das richtige Programm zu Weihnachten. Nun stand das Jahr 1957 vor der Tür, am Silvesterabend stand *Frau Luna* auf dem Programm und am Neujahrstag luden mich Richard Triemer und sein Bruder Hannes zum Essen ein. Ich aß den ersten Kaninchenbraten in meinem Leben und er schmeckte hervorragend. Dazu gab es Rotkraut und Kartoffeln und wir tranken einen guten ungarischen Wein. Abends feierten wir alle zusammen im Café Am Markt, es wurde viel getanzt und gelacht und nach allen Seiten geflirtet. 1956 war ein erfolgreiches Jahr für mich und wir tranken darauf, dass das kommende Jahr noch besser würde.

Ab Januar marschierte ich zwei Mal in der Woche zum Gesangsstudium. Dann kamen die Proben zu der russischen Oper *Eugen Onegin* von Tschaikowsky. Dort durfte ich meine tänzerischen Fähigkeiten in der Polonaise erneut beweisen.

Wir bespielten mit unserem Repertoire auch viele Bühnen im Mecklenburger Land, in Neubrandenburg, in Anklam, in Waren an der Müritz und dann auch einmal in einem großen Palast-Theater in Murchin, mitten auf dem Land, um auch den Bauern Zugang zur Kultur zu ermöglichen. Als wir dort mit *Frau Luna* gastierten, wurde plötzlich der Ulli Kreusch krank und ich musste für ihn einspringen. Wir waren schon alle im Theater, geprobt hatte ich den Mars schon, das Problem war das Kostüm. Der Ulli war fast zwei Meter groß und kräftig, ich dagegen schmal und 15 Zentimeter kleiner. Es nutzte nichts, ich musste in die Maske und dann wurde ich in das Kostüm vom Kreusch gesteckt, das mir hinten und vorne nicht passte. Der Mars hatte das Aussehen eines alten Römers, mit Panzerfaltenrock, einem Helm und Schnürsandalen bis zu den Knien. Ich sah aus wie eine Schießbudenfigur. Egal. Ich musste im Zweiten Bild im Palast der Luna eine große Treppe herunter stolzieren. Das Ballett war auf beiden Seiten der Treppe postiert und blies die Fanfaren – der Mars wurde angesagt.

Als ich in dem Kostüm, das ja nur so herum hing und mit dem Helm, der mir bis über die Augen rutschte, auftrat, versagte dem Ballett vor lauter Lachen das Blasen der Fanfaren. Ich stolzierte die Treppe wie eine Diva hinunter und verpasste meinen Einsatz. Geistesgegenwärtig ging ich bis zum Souffleurkasten und sagte: „Herr Kapellmeister, bitte noch einmal." Da lachte das ganze Orchester. Ich sang meine Strophe wie im Tran, dann wurde ich der Frau Luna vorgestellt und sie meinte: „Aber Kollege Mars, sind Sie krank gewesen, dass Ihre Kleider zu weit wurden."

Das Publikum, das ja nichts wusste, lachte kräftig und Happach meinte, man könnte das immer so lassen. Ich hätte meine Sache mit viel Humor durch gestanden. Wie schlecht mir vor dem Auftritt gewesen war, konnte er ja nicht ahnen. Die Sache ging wie ein Lauffeuer durchs Theater. In meiner Laufbahn sind mir viele solcher Missgeschicke auf der Bühne passiert und von einigen werde ich auch noch berichten.

Nach der Premiere von *Eugen Onegin* begannen für mich die Tanzproben für die tschechische Oper *Die Verkaufte Braut* von Smetana. In dieser Oper gibt es einen Tanz, den Furiant, den tanzte ich mit und musste ausgerechnet die dickste Tänzerin des Balletts mehrmals hochstemmen, das war wirklich schwere Arbeit. Alles klappte während der Generalprobe, aber zur Premiere hatte ich wieder die Nervosität. Ich musste mit einem Sprung auf die Bühne zu Waltraut, meiner Partnerin, sie dann in der Hüfte greifen und um mich herum heben. Wir hatten neue Stiefel für den Tanz bekommen und als ich sprang, rutschte ich aus und schlug ungebremst mit dem Gesicht auf den Boden. Ich blutete wie ein Stier und hatte noch ein weißes Hemd an, das sich rot färbte, dennoch sprang ich auf, wie von einer Tarantel gestochen, fasste Waltraut in die Hüfte und schwang sie herum. Außer den Kollegen bekam kaum einer meinen Sturz mit, und man muss wissen, dieser Tanz ist einer der schnellsten. Ergo, wenn man was machen muss, kann man es auch schaffen, aber nervenaufreibend ist es schon.

Mit der Premiere der *Verkauften Braut* im März begann für uns der Frühling und die Gefühle gingen schon mal mit einem durch. So saß ich eines Abends im Café Am Markt, da kam ein strammer Matrose in toller Uniform an meinen Tisch und fragte, ob er sich zu mir setzen dürfe. Natürlich durfte er. Er kam aus Rostock und sah auch genau so aus, wie man sich einen von der Waterkant vorstellt: groß, schlank, blond und blauäugig. Allein sein Anblick reichte aus, um mein Herz schneller schlagen zu lassen. Den wollte ich haben. Den oder keinen. Der Matrose, er hieß Stefan, und ich, wir unterhielten uns den ganzen Abend. Stefan machte sein Kapitänspatent und war nur für einen achttägigen Kursus in Neustrelitz. Ich weiß heute nicht mehr, wie lange wir zusammen saßen und eine Flasche russischen Rotwein nach der anderen tranken. Kamtschatka, an den Namen erinnere ich mich noch heute.

In der Nacht ging Stefan mit zu mir noch einen Kaffee trinken. Oskar war bei seinem Freund und so geschah, was geschehen musste. Wir liebten uns bis in den Morgen – Gott sei Dank hatte ich vormittags frei. Während er in Neustrelitz war, verbrachten wir jede freie Minute miteinander. Als er zurück nach Rostock musste, fiel uns der Abschied sehr schwer. Er versprach, sich wieder zu melden und tatsächlich sollte ich ihn wieder sehen – sechs Jahre später in Berlin.

Ich hätte noch soviel zu schreiben, weil alles so toll verlief, aber ich kann nicht alles aufzählen. Ich ging zwei Mal die Woche zum Gesangsunterricht und Frau Kaltenbrunner wachte scharf über meine Stimme: nicht rauchen, nicht zu viel trinken und viel schlafen. Geraucht habe ich nie.

Nun kam die letzte Premiere vor dem Urlaub. Es war *Die lustigen Weiber von Windsor* und zwar am 2. Juli. Ich spielte auch hier eine kleine Rolle, den Ersten Bürger. Alle Soli und Tänze, die ich mitmachen konnte, wurden extra bezahlt und damit konnte ich meine weitere Ausbildung finanzieren.

Als keine Proben und Aufführungen mehr anstanden, konnte ich endlich wieder ins Saarland fahren. Ich hatte mächtig Reisefieber, obwohl es ja „nur" nach Hause ging. Aber erst fuhr ich nach Eisfeld und verbrachte zwei Tage mit meinen alten Freunden und Bekannten, den Crosbys, meinen ehemaligen Vermietern, meine Kollegen aus dem Textilbetrieb und natürlich Irene und ihre Eltern. Hulda und Irene, die von meiner Mutter eingeladen worden waren, begleiteten mich dann auf meiner weiteren Reise mit dem Interzonenzug. Als wir dann in Türkismühle ankamen, und den saarländischen Dialekt hörten, wurde es mir warm ums Herz.

In St. Wendel angekommen holte uns mein Schwager Hans mit seinem Ford ab. Irene war beeindruckt von der schönen Umgebung und meinte, es wäre ebenso grün wie in Thüringen. Man hatte ja immer die Vorstellung, das Saarland sei voller Ruß und Kohlestaub von den Bergwerken. Aber das ist natürlich nur ein Klischee.

Die Begrüßung zu Hause war herzlich. Besonders Annelie und Mama freuten sich über die Gäste aus dem Osten. Ich kutschierte Hulda und Irene zu allen Sehenswürdigkeiten, die mir einfielen. Und wenn wir nicht gerade unterwegs waren, verbrachten wir die Zeit in unserem Garten mit dem großen Teich, auf dem zwei Entchen schwammen. Von dem befürchteten Kohlestaub haben Irene und Hulda dort sicher nichts gesehen. Nach zehn Tagen mussten die beiden schon wieder abreisen. Ich dagegen blieb noch eine Weile in der Heimat.

Mit Ewald, meinem besten Freund im Saarland, und anderen alten Freunden aus Bous unternahm ich wieder einen großen Ausflug und es ging wie immer sehr lustig zu. Ich bin heute noch froh, dass ich so gute Freunde hatte und ich kann nur hoffen, dass ich ihnen ein ebenso guter Freund war.

Am 28. Juli hieß es wieder Abschied nehmen von allen Lieben. Mein Vater versprach wieder, mich einmal zu besuchen. In Neustrelitz wartete schon Fräulein Donat mit Kaffee und Kuchen auf mich und erzählte das Neuste. Oskar Fromm war ausgezogen und ich hatte das Zimmer alleine. Ich war froh darüber und meine Wirtin auch, obwohl ihr ja dadurch die Miete ausfiel.

Die Spielzeit begann mit Richard Wagners *Fliegendem Holländer*. Neben den Proben ging ich wieder mit Freunden und Kollegen im See baden, sah mir Filme im Kino an und feierte die Feste, wie sie fielen. Eines Mittags schlug Richard vor, in der Ponybar zu essen. Dort bekam ich für 3,50 eine gigantische Roulade mit Kartoffeln und Salat. Die schmeckte schon gut, aber irgendwie etwas süßlich.

Als wir aufgegessen hatten, meinte Richard zufrieden, hier könnte man öfter essen, das Pferdefleisch sei wirklich sehr schmackhaft. Ich starrte ihn schockiert an: „Pferdefleisch?" Im nächsten Moment war ich schon auf dem Weg zur Toilette, wo ich alles wieder ausbrach. Die anderen lachten mich aus, aber ich hatte noch nie Pferd gegessen und die Vorstellung drehte mir buchstäblich den Magen um.

An einem freien Montag fuhr Fräulein Donat mit mir zu einer ihrer Bekannten nach Westberlin. Wir gingen ins KaDeWe und Fräulein Donat ließ sich nicht davon abbringen, mir einen teuren Anzug zu kaufen.

Nachdem wir dann auch noch essen gegangen waren, war Fräulein Donat insgesamt 1 000 Mark los. Ihre Freundin kaufte uns noch eine Menge Obst und lud uns ein, wieder zu kommen.

In dieser Spielzeit kam Wolfgang Pohle als neuer Solist zu uns. Er war ein schwarzer Bass und ein Komiker vor dem Herrn. Was wir über ihn gelacht haben ... Ich verstand mich sehr gut mit ihm und er half mir bei den Vorbereitungen für die Prüfung, die ich am 4. Dezember an der Hochschule für Musik in Berlin absolvierte und mit der Note „2+" bestand.

Nachdem *Der Vogelhändler* von Zeller Premiere hatte, ging es zu den Proben für die Operette *Die Müllerin von Granada* nach der Novelle *Dreispitz*. Darin spielte und sang ich meine bisher größte Rolle, den Francisco. Ein Buffo, der mir sehr lag. Kaum war die Premiere vorbei, ging es los mit den Proben zu *Ero der Schelm*, einer Oper mit vielen volkstümlichen Tänzen aus dem Balkan. Ich durfte einen Wirt spielen und mit dem Ballett in herrlichen Kostümen tanzen.

An Weihnachten überraschte mich Fräulein Donat, die ich seitdem Tante Lissi nennen durfte, mit einem teuren Tonbandgerät, ein Smaragd, der seinem Namen alle Ehre machte. Das Gerät wog stolze 40 Kilo. Ich fragte Fräulein Donat, also Tante Lissi, womit ich das verdient hätte. Es war ja nicht so, dass ich ihr auch teure Geschenke machen konnte. Eigentlich war es mir unangenehm, dass sie so viel Geld für mich ausgab und ich wollte den Smaragd nicht annehmen. Aber sie bestand darauf. Sie hatte ja keine Verwandten und lebte auch sonst sehr isoliert. Deshalb bedeutete es ihr sehr viel, dass ich ab und an mit ihr ins Kino oder ins Theater ging oder auch nur mit ihr plauderte.

Mit dem Smaragd konnte ich endlich meine Stimme überprüfen und Tonbänder nach Philadelphia an meine Tante Schwester Valentina schicken. Darüber freute ich mich ganz besonders. Wolfgang Pohle begleitete mich am Klavier. Das Echo aus den USA war enorm. Die Schwestern, Nonnen aus Irland und Belgien, meinten, als sie mich hörten, ich sei ein neuer Caruso und ich sollte nach drüben kommen, dort wäre ich bald ein Millionär.

Nun hatten wir wieder einen Jahreswechsel und zwar ins Jahr 1958, welches mir besonders viel Glück bescheren sollte.

Vom 3. Januar an gingen die Bühnenproben zu *Die lustige Witwe* los, darin sang und spielte ich den Vicomte Cascada, der die Operette eröffnete. In einem wunderbaren Frack sang ich „Verehrteste Damen und Herren, ich halt es für Gastespflicht, den Hausherrn dankend zu feiern, doch Redner - das bin ich nicht! Ich sag darum in aller Kürze, die bekanntlich immer die Würze: Der Baron gab heute sein Bestes. Wir bringen ihm ein dreifach Hoch!" Diese Einleitung ist mir heute nach 50 Jahren noch so geläufig als wäre es gestern gewesen.

Bei der Premiere lief alles wie am Schnürchen und Tante Lissi und Frau Kaltenbrunner, meine Gesangslehrerin, waren von der Vorstellung bezaubert. Im Anschluss feierten wir im Haus der Werktätigen, einem neuen Hotel, ein rauschendes Fest. In solchen Momenten war die DDR für mich ein echtes Wunderland. Vor Freude über meinen beruflichen Erfolg, die netten Menschen, einfach über alles, wollte ich dann nur noch singen und tanzen – was ich dann ja auch tat.

Im Mai spielten wir die Puccini-Oper *Tosca* und Helge Rosvaenge, der große Tenor, gab ein Gastspiel als Cavaradossi. Rosvaenge, der als Sänger meiner Meinung nach nur von Caruso übertroffen wurde, hatte eine ungewöhnliche Karriere gemacht. Er kam aus Dänemark und studierte in Altstrelitz an der Ingenieurschule. Als Hobby nahm er Gesangsunterricht und probierte sich dabei auch am Don José aus *Carmen*. Nun kam es, dass gerade diese Oper am Theater aufgeführt werden sollte, der Tenor aber plötzlich erkrankte. Fieberhaft suchte man nach einem Ersatz und fand schließlich den Laien Rosvaenge. Die Aufführung wurde ein gigantischer Erfolg und legte den Grundstein für Rosvaenges Karriere als Opernstar. Er sang an der Scala, der Met, der Staatsoper in Berlin und in Wien. Und diese Berühmtheit sang nun wieder in Neustrelitz.

Da stand ich kleiner Anfänger neben dem großen Kammersänger, hatte fünf Sätze zu singen in Tosca und war aufgeregt wie noch nie. Ich lief hinter der Bühne auf und ab, da fragte der Rosvaenge mich: „Mein junger Freund, sind Sie aufgeregt?" Ich bejahte das kleinlaut und fragte, ob es ihm auch so ginge. Dann meinte er: „Ohne dieses Lampenfieber geht es auch bei mir nicht. Um die Spannung zu halten, ist es sogar notwendig."

Daran musste ich von da an immer denken, wenn mein Herz vor einem Auftritt in der Hose hing. Oft musste man mich von der Toilette auf die Bühne holen, denn mein Magen spielte verrückt. Dann erst, auf der Bühne war alles verschwunden.

Diese Vorstellung werde ich auf jeden Fall niemals vergessen. Helge Rosvaenge bekam so lang anhaltenden Beifall, dass er durch den eisernen Vorhang die Bühne verlassen musste. Der eiserne Vorhang ist eine Stahlvorrichtung, die dem Brandschutz dient und den das Publikum normalerweise nicht zu Gesicht bekommt. In diesem Fall – und das habe ich nie wieder erlebt – wurde sogar das Licht ausgeschaltet, um dem Applaus endlich ein Ende zu setzen. Dieses Erlebnis allein wäre Grund genug gewesen, zum Theater zu gehen.

Der Rest der Spielzeit verlief wie gewohnt. Alle vier bis sieben Wochen gab es eine Premiere. Da gab es viel zu proben und zu lernen. Langeweile kam auf jeden Fall nicht auf.

Am 3. Juli trat ich meine Heimreise an, mit gutem Gefühl und Freude auf meine Lieben. Meine Schwester hatte mittlerweile drei Kinder, Klein-Christel, Hans Peter und Stefan. Sie lebten in Gehweiler in ihrem neuen Haus und hatten eine Wirtschaft. Annelie und Herbert waren auch in Gehweiler und bauten hinter unserem Haus einen Bungalow. Leo war auf Montage in Frankreich. Papa hatte seine Arbeit verloren, da die Redaktion der „Neuen Zeit" schließen musste. So waren eben die politischen Verhältnisse im Westen. Der Kommunismus war der Feind. Wegen Papas Arbeitslosigkeit wurde das Geld natürlich wieder knapp und Mama baute wie früher Kartoffeln und Gemüse im Garten an – eine mühsame Arbeit. Meine Familie war stolz auf mich, als ich von meinen Erfolgen berichtete und Fotos rumzeigte. Mir ging es besser als allen anderen und das bedrückte mich.

Während meines Urlaubs besuchte ich alte Freunde und Verwandte, auch Erich Pfeiffer, meinen alten Kumpel. Vieles hatte sich verändert, aber einiges war auch so, wie es scheinbar schon immer gewesen war. Ich genoss die Zeit daheim, aber ich freute mich auch wieder auf den Osten. Mit meinem Großvater ging ich über die Felder und freute mich, dass er noch gut drauf war. Am Ende stand dann wieder das Abschiednehmen und ab ging's wieder nach Neustrelitz.

Am 1. August ging die neue Spielzeit los. Im Theater waren wieder neue Gesichter zu sehen, während altbekannte nicht mehr da waren. So ist das nun mal am Theater und man gewöhnt sich mit der Zeit daran.

Als erste Premiere kam am 27. August *Gasparone* von Millöcker heraus. Ich sang und spielte den Capitano. Nach der Vorstellung lernte ich Moritz Frei kennen, einen Verwandten von meinem Kollegen Klaus, der ein großer Schauspieler und der spätere Intendant des Berliner Jugendtheaters war. Moritz hatte mich schön verzaubert und es entstand eine lange wunderbare Freundschaft. Er kam aus Görlitz und wann immer seine Zeit es erlaubte, besuchte er mich.

Immer wieder fuhren wir zu Gastspielen in die verschiedenen Regionen. Diesmal brachten wir *Lustige Witwe* auf die Freilichtbühne in Warren an der Müritz. Dort passierte mir ein echter Patzer. Das Orchester spielte die Ouvertüre und wir standen wie gewohnt im Palastbild auf der Bühne, ich wartete auf meinen Auftakt, der im Theater immer mit dem Öffnen des Vorhanges zusammenfiel, aber da hier kein Vorhang war, beobachtete ich krampfhaft Kapellmeister Morgenstern, und nach jeder Bewegung nach oben glaubte ich, mein Einsatz wäre da. Ich fing an zu singen: „Verehrteste Damen und Herren". Prompt schlug Herr Morgenstern ab und ich verstummte. So kam das drei Mal und beim vierten Mal war es zu spät und ich sang a capella. Ich traute mich in der Pause nicht in die Nähe des Kapellmeisters, so schämte ich mich. Er kam dann nach der Vorstellung zu mir und sagte: „Auch die Ouvertüre musst du kennen und deinen Einsatz wissen. Nur weil es so im Haus mit Vorhang leichter ist, einzusetzen, darf es nicht mehr passieren." Es war mir eine Lehre. Aber mir wurde der Kopf nicht abgerissen.

Der Barbier von Sevilla wurde am 12. September aufgeführt. Danach ging es los mit der Operette *Pariser Parfum* von Jacques Offenbach, hier hatte ich eine Rolle als Koch und wieder einen Einsatz mit dem Ballett.

Im Dezember bekam ich plötzlich eine Stirnhöhlenentzündung und musste krank machen, denn der Arzt sagte mir ich solle zwei Wochen aussetzen mit dem Singen. Ich bat darum, nach Hause fahren zu können und es wurde mir gestattet. So fuhr ich über Weihnachten nach Hause. An Silvester war ich wieder in Neustrelitz und rutschte mit Freunden ins Jahr 1959.

Vom 15. Februar bis Anfang März fand eine so genannte sozialistische Theaterwoche und die Feier zum fünfjährigen Bestehen des Friedrich-Wolf-

Theaters statt. Viele Berliner Bühnen waren zu Gast zum Beispiel das Maxim-Gorki-Theater und das Berliner Ensemble.

Am 29. März brachten wir Janaceks *Tiefland* zur Premiere. Ich war zu der Zeit voll mit den Proben zu *Boccaccio* beschäftigt, denn ich sang den Prinzen von Palermo, eine Rolle, die mir wie auf den Leib geschrieben war. Ostern war die Premiere. Moritz Frei war zu Besuch bei mir und ging in die Vorstellung. Sein Cousin war mein Diener und musste immer mit dem Schirm hinter mir herlaufen. Vielleicht fand Moritz die Vorstellung deswegen so gelungen.

Meine Ausbildung lief immer noch auf vollen Touren, Sprecherziehung bei Frau Schwarz jede Woche zwei Stunden. Im Ballettsaal machte ich zwei

Als Prinz von Palermo in Boccaccio

Mal in der Woche Übungen, damit ich fit für das Tanzen blieb.

Am 3. Juni fuhr ich nach Berlin, um Annelie am Bahnhof Zoo abzuholen. Sie wollte drei Wochen Urlaub bei mir verbringen. Fräulein Donat, Tante Lissi, begrüßte sie herzlich mit einem guten Mittagessen, ein riesiges Schnitzel mit Spargel in Sauce hollandaise und anschließend Schokopudding, den Annelie besonders mochte. Dann zeigte ich ihr die Stadt und das Theater, die Orangerie und den Zierker See. Am Abend ging es dann ins Theater, *Boccaccio*, wo sie mich zum ersten Mal in einer Hauptrolle erlebte. Anschließend ging ich mit einigen meiner Kollegen und meiner Schwester ins Café Am Markt. Dort fragte ich Annelie, ob sie Hunger hätte. „Nun ja, eine Kleinigkeit würde ich schon wollen." Als der Ober Freddy Freiheit kam, sagte ich: „Freddy, bring mal für mich und meine Schwester eine Illustrierte!" Da meinte Annelie: „Also lesen möchte ich jetzt nicht." Alles lachte, bis dann die wunderschöne Illustrierte Platte, eine Platte mit Brot, Wurst, Käse, Fisch, Ei und Tomate, kam und sie bewundernd sagte: „Ach so, das ist ja was Herrliches."

Ich versuchte, Annelie soviel wie möglich zu zeigen. Als sie in Berlin mit einem selbst geschneiderten Dirndl ankam, kaufte ich ihr gleich ein neues Kleid, denn so hätte ich mich blamiert, eine Schwester aus dem Westen und so schlecht gekleidet. Das hätte hier niemand verstanden. Aber sie sagte, dass es für neue Kleider wegen des teuren Hausbaus nicht mehr reichte.

Dann machten wir mit Wolfgang Pohle und seiner Freundin eine Fahrt mit dem Boot über den Zierker See und durch die Kanäle, eine Fahrt nach Rheinsberg zum wunderschönen Schloss, das Tucholsky für seinen Roman auswählte. Es war schön und sonnig war es zum Glück auch. Annelie war zufrieden und freute sich dennoch auf ihren Herbert zu Hause.

Am 4.Juli begann unser Jahresurlaub und ich fuhr mit Annelie über Berlin nach Hause. In Berlin schauten wir uns noch die damalige Stalin-Allee und den Alexanderplatz an. Nicht wissend, dass diese Stadt bald meine Heimat und Arbeitstelle sein würde.

In Gehweiler angekommen gab es das übliche Ritual. Alle freuten sich, uns wieder zu haben. Drei Tage später war Erich Pfeiffer wieder mit dem Wagen da und nahm mich mit nach Bous. Ich besuchte auch Tante Mim und Onkel Hermann und Tante Mim versprach, mich mit meiner Mutter zu besuchen. Zu Hause verlief alles ziemlich ruhig. Mein Vater war viel unterwegs und suchte nach Arbeit. Mit Vatter ging ich über die Felder und er sprach über die alten Zeiten.

Als der Urlaub sich seinem Ende zuneigte, packte ich meine sieben Sachen. Hans, Christel und Mama brachten mich zur Bahn nach St. Wendel. Mama versprach, mit Tante Mim bald nachzukommen. Die Beiden hatten in Finsterwalde einen Platz im Erholungsheim für Opfer des Nationalsozialismus bekommen.

Auf meiner Fahrt nach Berlin machte ich noch Station in Eberbach am Nekar bei der Firma Klein, die mich eingeladen hatte. Dort angekommen holte mich Rudi Klein, mein früherer Chef, persönlich vom Bahnhof ab und fuhr mit mir zu der großen Villa. Es hatte sich einiges seit meinem Weggang getan. Als ich ausstieg, kam mir schon Heli, die Hausgattin, entgegen und begrüßte mich herzlich. Ebenso freundlich waren die Tochter Luise und Sohn Manfred, die mittlerweile schon erwachsen waren. Luise war schon eine wunderschöne Blondine aber Manfred erst, braun gebrannt und stattlich - ein toller Typ. Als Kinder waren sie immer zu mir ins Bett gekommen und ich musste ihnen Geschichten erzählen.

Wir aßen etwas und Heli musste noch viele Vorbereitungen für ihren Besuch aus Berlin machen, Frau und Herrn Angerer, die am Abend kommen sollten. Sie sagte zu mir: „Du kannst inzwischen mit den beiden Kindern wie früher in die Stadt und ins Kino gehen." Das wollte ich liebend gerne. Luise und Manfred schlugen einen Film vor, den sie sehen wollten: es war ein amerikanischer Western.

Im Kino saß ich zwischen den Beiden, Manfred rechts und Luise links. Als der Film zu Ende war, gingen wir noch ein Eis essen. Als wir dann zu Hause ankamen, waren die Angerers schon da. Wir begrüßten uns höflich und dann ging es schon zu Tisch. Es wurde geplaudert, getrunken und fein gegessen. Ich hatte schon etwas getrunken und auch Manfred hielt tapfer mit. Als die Zeit kam, ins Bett zu gehen, sagte mir Heli, das Gästezimmer hätten Angerers bezogen. Ich sollte in dem Doppelbett von Manfred schlafen.

Am Morgen hatte Heli auf der großen Terrasse den Kaffeetisch gedeckt und Angereres saßen schon beim Frühstück. Zum Mittagessen fuhren wir nach Heidelberg ins Schlosshotel. Dann machten wir einen Verdauungsspaziergang und fuhren zurück nach Eberbach.

Am 4. Juli hieß es, Abschied auf unbestimmte Zeit zu nehmen. Frau Klein packte mir noch zwei schöne moderne Hemden, einen wunderbaren Pullover, eine Stange Zigaretten, einen guten Tropfen und Obst und Brote für die Fahrt ein. Ich war gerührt. Beim Abschied wurde ich von allen nochmals gedrückt und Karl sagte: „Peter, wenn du mal in Berlin bist, kommen wir dich besuchen." Das dauerte noch fast drei Jahre.

In Frankfurt warteten am Abend eine Masse Menschen auf den Interzonenzug. Ich zweifelte schon daran, dass alle mitkommen würden. Deshalb stellte ich mich direkt an den Rand des Bahnsteigs, damit ich als einer der ersten einsteigen konnte. Als dann der Zug einfuhr, drängelten die Leute so sehr, dass mein großer weißer Koffer auf die Gleise unter den Zug fiel. Ich rief nach dem Schaffner, der auch gleich zur Stelle war und das Malheur begutachtete. Der Koffer hatte sich so unter dem Zug verkeilt, dass er nicht wieder heraufgeholt werden konnte. Ein Bahnbeamter holte aber meine ziemlich verschmutzte Kleidung von den Gleisen und der Schaffner besorgte eine Kiste, in der ich sie behelfsmäßig verstauen konnte. Der Zug war aber inzwischen so voll, dass ich mit meiner Kiste keinen Platz mehr bekam. Da bot der Schaffner an, dass ich in seinem Bahnabteil Platz nehmen könnte. Das war natürlich sehr viel komfortabler als die ganze Reise über zu stehen. Der Schaffner, Andreas, war mir auch recht sympathisch. Ich hatte also Glück gehabt.

Andreas musste sich um den Zug kümmern und so blieb ich allein im Abteil, legte die Füße hoch und schlief ein. Kurz nach Fulda kam Andreas wieder und brachte mir einen Kaffee und einen Wurstweck mit. Er musste dann wieder arbeiten und erklärte, dass er später das Bett ausziehen würde, damit ich schon etwas schlafen könne.

Als der Zug anfuhr, kam Andreas richtete das Bett und erklärte, er käme nach der Grenzabfertigung auch dazu. Dann hörte ich Herlingshausen, die letzte Station im Westen, dann Bebra erste Station im Osten. Alles lief reibungslos und nun gab's Ruhe bis zum Bahnhof Zoo in West Berlin. Einige Zeit später kam Andreas und wollte mir noch ein Bier besorgen. Ich lehnte ab. Er kam rein, legte sein Jackett ab, setzte sich zu mir und wollte wissen, was ich in Neustrelitz so treibe. Ich erzählte ihm in kurzen Sätzen, dass ich aus dem Westen in den Osten gegangen wäre, um Opernsänger zu werden. Er erwähnte, dass er schon sechs Jahre auf dem Interzonenzug fahre und privat kaum Zeit hätte. Während ich ja schon im Bett lag, stand er noch etwas verlegen im Abteil und fragte, ob er sich zu mir legen dürfe. „Natürlich", sagte ich, „es ist ja dein Platz und ich bin dir wirklich unsagbar dankbar dafür, dass du meine Sachen gerettet hast." Er legte sich behutsam neben mich und das Rattern des Zuges machte uns schläfrig, so dass wir nicht mehr lange sprachen.

Andreas rückte näher an mich heran, legte seinen Arm um mich und ich hatte ein wohliges Gefühl. Wir lagen so eine Stunde bewegungslos, dann legte ich mich rum auf die Seite mit dem Gesicht zu ihm. Ich hörte seinen Atem, ließ wie aus Versehen meine Hand in seinen Schritt fallen und spürte den pochenden Stahl in seiner Hose. Andreas öffnete meine Hose und ich seine. Da standen sich zwei gegenüber und warteten auf Erlösung, die wir uns dann auch verschafften. Wie nach einem Gewitter schliefen wir danach ein. Es war schon hell, als wir in Berlin im Bahnhof Zoo einfuhren. Wir machten uns fertig zum Aussteigen, er musste seine Pflichten erfüllen und wir tauschten unsere Adressen aus und sicherten uns zu, dass wir uns einmal wieder sehen würden.

Am Bahnhof gab ich meine Kiste auf und lief in die Stadt, um mir einen neuen Koffer zu kaufen, wieder in weiß. Mit dem neuen Koffer ausgestattet fuhr ich dann weiter nach Neustrelitz zu Tante Lissi. In Neustrelitz gab es wieder viel zu erzählen. Wir brachten die Operette *Opernball* von Heuberger zur Aufführung. Danach den *Freischütz* von Carl Maria von Weber. Das war natürlich viel Arbeit, aber es machte immer mehr Spaß, dabei zu sein.

Am 7. September kamen Tante Mim und Mama von Finsternwalde, wo sie zur Kur weilten, mit einem Auto des Kurhauses nach Neustrelitz, um mich für zwei Tage zu besuchen. Ich hatte im Haus der Werktätigen ein Zimmer bestellt. Fräulein Donat freute sich, meine Mutter kennen zu lernen. Sie kochte für unsere Gäste was ganz Besonderes. Die Köchin von einem Grafen, das muss doch was Feines sein, zumal ich an dem Abend den Prinzen von Palermo gab und Tante Anna und Mama sich riesig auf das Theater freuten. Nach dem *Boccaccio* gingen wir ins Haus der Werktätigen noch einen Wein trinken. Beide Damen waren zufrieden und froh, mich auf der Bühne erlebt zu haben. Am nächsten Tag machten wir eine Fahrt nach Gransee mit einem Luxusschiff der weißen Flotte. Als der Abschied nahte, gab es wieder Tränen. Tante Anna sagte: „Wenn du heimkommst, dann musst du mir das Ave Maria singen." Versprochen.

Kurz nach ihrer Abreise musste ich selbst in Kur, denn ich hatte eine schlimme Bronchitis bekommen. In Bad Salzungen wanderte ich täglich an den Salinen vorbei und lernte auf diesen ausgedehnten Spaziergängen viele nette Leute kennen. Ich nutzte die Zeit auch, um im Theater in Eisenach vorzusingen. Die Stelle des Tenorbuffos war vakant. Ich sang einige Arien und überzeugte. Herr Reuther machte mit mir einen Solovertrag über zwei Jahre. Um diesen großen Schritt in meiner Karriere zu feiern, fuhr ich zur Wartburg und ging dort essen. Spontan lud ich zwei Damen dazu ein, mit mir ein Gläschen Sekt zu trinken. Es stellte sich heraus, dass beide alte Theatergängerinnen waren und sie freuten sich sehr, einen Sänger kennen zu lernen, den sie ab der nächsten Spielzeit in Eisenach auf der Bühne erleben konnten. Die ältere der beiden Damen, Frau Dienst, gab mir ihre Adresse und wünschte mir viel Glück. Sie wurde später in Eisenach eine meiner treuesten Verehrerinnen.

Zurück in Neustrelitz, ging der Alltag wieder los. Wir probten im Chorsaal die Neunte Sinfonie von Ludwig van Beethoven, die wir im November im Theater in Neubrandenburg zu Gehör brachten. Mein Leben lief so ganz normal mit Proben und Aufführungen, in der Oper *Enoch Arden* durfte ich wieder mit dem Ballett tanzen.

Am 18. Dezember kam früh morgens ein Herr von der Stasi und wollte mich sprechen. Er kam aus Berlin und warf mir vor, ein Verhältnis mit seinem Sohn gehabt zu haben, der erst zwei Tage später volljährig geworden sei. Das konnte ich nicht leugnen, aber ich machte deutlich, dass ich Hans, so hieß der junge Mann, nicht vergewaltigt hatte, sondern dass er es gewollt hatte. Er war Statist am Theater gewesen und war nach der Vorstellung mit uns ins Café Am Markt gegangen und danach mit zu mir. Der Stasi-Mann bot mir an, von einer Anzeige wegen Verführung Minderjähriger abzusehen, dafür sollte ich einige Dienste für ihn erledigen. Ich war entsetzt und versuchte, aus dieser Situation wieder herauszukommen. Ich argumentierte, dass es lächerlich sei, wegen zweier Tage so ein Drama zu veranstalten. Der

Junge wusste ja auch ohne mich sehr gut, was er wollte und wo er hingehörte. Meine Offenheit beeindruckte den Stasi-Mann wohl, aber bevor er ging, sagte er noch, wir würden uns wieder sehen. Ich begegnete ihm tatsächlich noch einmal, aber ich ließ mich von ihm nicht zum Spitzel machen.

Am zweiten Weihnachtstag hatten wir die Premiere der Fledermaus von Johann Strauß und ich glänzte in der Rolle des Prinzen Orlofsky. Ich sang wie auf Wolken in einem neuen Frack: „Ich lade gern mir Gäste ein, man lebt bei mir recht fein, man unterhält sich, wie man mag, oft bis zum hellen Tag."

Es war mein schönstes Weihnachtsgeschenk und alle waren zufrieden mit mir. Diesmal gab es eine riesige Fete im Café Am Markt. Es wurde getanzt, gelacht und viel getrunken. Ich tanzte öfter mit Herta Müller, weil wir in der Größe gut zusammenpassten. Alle waren da: Wolfgang Pohle mit seiner Freundin, die Triemers Brüder, die Ballettchefin Inge Juhe und einer aus dem Orchester, ein Schlagbassist, der mich nach der Premiere derart küsste, dass mir schwindlig wurde. Seinen Namen habe ich leider vergessen, aber er war eine Wucht.

Spät am Abend machten wir uns auf den Heimweg, Herta bat mich, sie noch nach Hause zu bringen. Ihr Mann, Inspizient an der Komischen Oper, sei noch in Berlin und hätte Dienst, er würde erst spät nach Hause kommen. Ich lehnte ab, denn sie wohnte in der Goldenen Kugel und die paar Schritte würde sie wohl ohne mich gehen können. Da fiel sie mir um den Hals und gestand mir ihre Liebe. Ich wich zurück und versuchte, sie wieder auf den Boden der Tatsachen zurück zu holen: „Aber Herta, du bist doch verheiratet und ich bin schwul." Da umarmte sie mich nur heftiger und ich stieß sie heftig von mir, so dass sie in den Schnee fiel, und sagte kalt: „Du benimmst dich wie eine Hure." Sie schrie mich an und rannte zur Goldenen Kugel. Ich ging unangenehm berührt nach Hause. Es war so gegen zwei Uhr nachts, ich lag vielleicht seit zehn Minuten im Bett, da klopfte es an mein Fenster und Inge Juhe und Wolfgang Pohle standen davor und riefen: „Peter, komm schnell, Herta hat sich am Fensterkreuz aufgehängt."

Ich sprang aus dem Bett, zog mich an und lief mit ihnen zur Goldenen Kugel. Herta lag auf dem Bett. Sie hatte einen roten Kranz um den Hals, aber abgesehen davon, war nichts geschehen. Ich ging zu ihr und fragte: „Was ist los mit dir? Hast du zu viel getrunken?" –„Du hast mich eine Hure genannt und mich von dir gestoßen." Inge Juhe berichtete, dass Wolfgang und sie an Hertas Zimmer vorbeigekommen waren und diese laut geschrieen hatte. Alarmiert wären die beiden ins Zimmer getreten, da hing Herta schon am Fensterkreuz. Wolfgang hatte sie losgemacht und aufs Bett gelegt. Ich setzte mich zu Herta ans Bett und versuchte sie zu beruhigen, obwohl ich selbst mit der Situation überfordert war. In dem Moment öffnete sich die Tür und Hertas Mann betrat das Zimmer. Er sah mich nur auf dem Bett sitzen und ging auf mich los. Wolfgang sprang dazwischen und machte dem Mann die Lage begreiflich. Er entschuldigte sich dann bei mir und ich ging aufgewühlt nach Hause.

Das war das Jahr 1959. Es hatte mir viel Schönes und auch manchen Ärger gebracht, aber der gehört ja dazu. Das Jahr 1960 brach an und wir feierten alle zum letzten Mal zusammen Neujahr. Wir spielten die *Fledermaus* mit viel Freude und ich lud meine Gäste ein.

Fräulein Donat war schon sehr traurig, weil ich sie im Herbst verlassen würde. Eines Nachts kam sie zu mir ins Bett und meinte, sie hätte schlimm geträumt. Ich ließ sie ruhig liegen, denn es war ihr wirklich sehr peinlich. Vielleicht fing sie deshalb in der Dunkelheit an, zu erzählen. Erst, dass sie noch nie mit einem Mann im Bett gelegen hätte, dass sie jeden Tag für mich bete und dann erzählte sie von einer Frau aus einem kleinen Dorf, die alle paar Wochen zu ihr käme und sie um Geld bäte. Sie würde es doppelt und dreifach zurück zahlen. Ich war erschrocken und fragte, wie viel Tante Lissi dieser Fremden schon gegeben hätte. Es war noch schlimmer als ich gefürchtet hatte. 20 000 Mark hatte Tante Lissi gutgläubig verliehen. Ich war wütend und sagte Tante Lissi, dass sie mich rufen sollte, falls diese Frau wieder käme. Sie kam aber nie wieder und das Geld war verloren.

Tante Lissi, die gar nicht begriffen hatte, was vor sich ging, war erschüttert, als ich es ihr klar machte. Von da an bat sie Gott jeden Abend auf Knien um Hilfe. Sie war wirklich sehr gläubig und so kam es auch, dass sie ihren gesamten Besitz einer Baptistengemeinde vermachte. Im Gegenzug dafür, so lautete die Abmachung, würden sich die Baptisten um sie kümmern. Und so geschah es auch. Als ich sie einmal von Eisenach aus besuchte, stand schon eine große Kirche in ihrem Garten.

Die Zeit raste dahin und ich konnte es kaum glauben, dass schon vier Jahre ins Land gegangen waren, seit ich in die DDR gezogen war. Es ist eine wunderbare Erfahrung, wenn man weiß, dass man alles tut, um seinen Traum zu verwirklichen und damit Erfolg hat.

Am 26. Februar sangen wir die *Ode an die Freude* aus der Neunten Sinfonie von Beethoven in Neubrandenburg. Anschließend gingen wir mit einer Gruppe schön essen. Überhaupt spielte damals das gute Essen immer eine große Rolle. Zu meiner Zeit in der DDR lebten wir wie die Maden im Speck. Was ich da immer für Schauergeschichten im Westen zu hören bekam, wenn ich in Urlaub fuhr, war ungeheuerlich.

Als ich mal im Sommer im Lokal meiner Schwester war, fragte mich jemand provokant: „Habt ihr im Osten überhaupt noch was zu essen? Was man so in der Bild lesen kann ..." Ich sagte natürlich die Wahrheit, dass es gutes Essen in Hülle und Fülle gab, und dass ich, wenn dem nicht so wäre, keinen Tag mehr im Osten bleiben würde. Da verprügelte mich Scheuer Hännes, weil er die Wahrheit nicht vertrug.

Am 29. Februar machte ich mein Examen als staatlich geprüfter Oper- und Operettensänger in allen Fächer. Ich hatte mich fünf Jahre lang bemüht und insgesamt drei Prüfungen abgelegt. Ich war ungeheuer stolz.

Im März hatten wir viele Proben zur Operette *Sensation in London*. Dort hatte ich eine große Aufgabe als Tänzer zu bewältigen. Dass ich auch im Tanz gut war, machte mich besonders stolz. Die Gehweiler Leut' hätten mich mal so erleben sollen, sie wären bestimmt anders eingestellt gewesen. Die hatten keine Ahnung was ich leistete. Wenn ich zu Hause war, sprach ich nie über meine Karriere, weil man mich im Dorf sonst für einen Aufschneider gehalten hatte.

Am 3. Mai fand meine letzte Premiere in Neustrelitz statt, *Sensation in London* Am 25. war ich mit Moritz Frei zum ersten Mal in der Komischen Oper und wir sahen und hörten Puccinis *Turandot* – unvergesslich. Die Ausstattung und die Musik. Eine der besten Opern der Welt unter der Leitung von Walter Felsenstein.

Am Ende des Monats machten wir mit dem gesamten Ensemble einen Betriebsausflug mit dem Schiff nach Rheinsberg. Es war eine Gaudi und wir sangen und scherzten. So viele freundliche Kollegen auf einmal habe ich nie mehr erlebt.

Am 3. Juli kam meine letzte Vorstellung *Fledermaus*, in der ich noch mal meinen Orlofsky spielte und sang *Im Feuerstrom der Reben* ... Ich wurde auf den Brettern, die die Welt bedeuten, vom Intendanten herzlich verabschiedet und bekam ein großes, schönes Bild vom Theater Neustrelitz in besonderer Erinnerung eines guten Freundes. Ich brach in Tränen aus. Von den Kollegen bekam ich viele Blumen und sie gaben mir ein „Toi, Toi, Toi" für Eisenach mit auf den Weg.

Am 17. Juni sangen wir zur 800 Jahrfeier in Schwerin die Neunte von Beethoven unter dem jungen wilden Dirigenten Kurt Masur. Er sah toll aus und ich habe seinen Weg bis heute verfolgt.

Ein paar Tage später fuhr ich noch einmal mit Tante Lissi nach Berlin West zu der Freundin Biller. Mein letzter Liebesdienst für eine wunderbare Wirtin, der ich viel zu verdanken hatte.

3. Szene
Eisenach

Am 4. Juli war es so weit. Ich packte meine Sachen zusammen, Tante Lissi gab mir noch einen Koffer voll Bücher mit und dann machte ich mich auf den Weg nach Eisenach. Ich hatte schon im Voraus einen Brief von meiner neuen Vermieterin bekommen. Sie freute sich sehr, einen Sänger als Mieter zu bekommen, Künstler genossen in der DDR ein hohes Ansehen. Als ich an der angegebenen Adresse ankam, wurde ich auch sofort mit Kaffee und Kuchen begrüßt.

Schon einen Tag später fuhr ich wie gewohnt in den Sommerurlaub nach Hause. Papa und Mama hatten viel gearbeitet und ums Haus war alles in Ordnung und der Garten war voll Gemüse und Salat. Die Enten auf dem Weiher waren reif für die Pfanne doch keiner von uns konnte den Tieren was tun. So wurden sie am Leben gelassen. Meinen Geschwistern und ihren Familien ging es gut. Annelie und Herbert hatten ihr Haus fertig gebaut und Christel und Hans betrieben wie gewohnt die Wirtschaft. Vatter saß fast nur noch vorm Fernseher, was mir nicht besonders gefiel. Also nahm ich ihn mit in die Stadt, was sonst keiner gemacht hätte.

Am 12. Juli fuhr ich nach Saabrücken und dann nach Bous, um alte Freunde zu besuchen. Alle freuten sich über meinen Erfolg doch keiner hätte wohl einen ähnlichen Weg wie ich eingeschlagen. Sie waren zufrieden im Saarland mit ihrer Arbeit und ihren Beziehungen. Und um diese festen Beziehungen beneidete ich sie. Ich war immer auf der Suche nach einer Partnerschaft, aber das war nicht so einfach. Für Sex gab es genug Willige, doch die meisten meiner Sexfreunde waren hetero und standen deshalb nicht offen zu mir. Außer Erich, der bi war und auf mich stand. Als Kumpel gab es keinen Besseren, aber ich brauchte mehr Gleichgesinnung in politischen Fragen und auch einen ähnlichen Musikgeschmack und das ist halt schwer unter einen Hut zu bekommen. Gesucht habe ich immer, mein Leben lang. Wenn ich jemanden liebte, hatte der in den meisten Fällen kein Interesse an einer festen Beziehung.

In Neustrelitz hatte ich ein paar Mal Sex mit Christopher Hartmann, einem großen Tänzer, gehabt und er hatte alles, was ich suchte, doch er war verheiratet. Er besorgte mir die Zeitschrift „Der Kreis", eine homosexuelle Schrift. Dort las ich mit fast 30 Jahren zum ersten Mal, dass es Millionen von Menschen gab, die so fühlten wie ich und immer auf der Suche nach einem Partner waren. Homosexualität war damals ja ein absolutes Tabu-Thema und ich konnte mit kaum jemandem offen über meine Empfindungen sprechen.

In dieser Zeitung, die mir Hartmann gab, waren zwei Annoncen von Gleichgesinnten, einer aus Brebach bei Saarbrücken und einer aus Saarlouis. Aus Verzweiflung schrieb ich ihnen, um mich mit ihnen zu verabreden. Den Ersten, einen Hans Saar, besuchte ich am 26. Juli früh um 8 Uhr. Ich stand vor einem großen, zweistöckigen Haus, klingelte und es öffnete ein schmaler bleicher Typ. Hätte ich mich nicht geschämt, wäre ich sofort umgekehrt. Er bat mich herein, er duzte mich gleich und erzählte, dass er Schauspieler wäre und nun auch Ferien hätte. Die Wohnung war sehr elegant, das Haus gehöre ihm und seiner Schwester. Auf dem Boden stand ein Schallplattenspieler und eine Menge LPs lagen kunstvoll arrangiert auf dem Boden. „Typisch Homo", dachte ich. Die Callas obenauf, *Lucia di Lammermoor*. Er legte sie auf, zündete eine Kerze an, brachte mir einen Kaffee und setzte sich zu mir. Als wir die Wahnsinnsarie hörten, verstummte unser Gespräch und nach einer Weile sagte ich ihm, ich hätte noch einen anderen Termin. Er war Feuer und Flamme für mich und hätte mich am Liebsten gleich vernascht. Ich konnte ihn verstehen, aber er war nun mal so gar nicht mein Fall. Als ich mich verabschiedete, meinte er, er würde mir schreiben und mir alles Gute für meinen Weg wünschen. Dann schenkte er mir die teure Callasplatte und ich verließ ihn.

Einen Tag später fuhr ich zum Treffen mit Paul Louis. Er war ein großer, stattlicher Kerl und er fand mich wohl sehr attraktiv. Er lud mich zum Essen ein und wir sprachen über dieses und jenes. Paul war ein potenter Kerl und wollte mit mir Analverkehr, was er gleich heraussagte. Ich wich ihm immer aus und er begriff schnell, dass ich das nicht wollte. Nach dem Essen gingen wir noch in Saarlouis spazieren und noch einen Kaffee trinken. Unser Gespräch war sehr interessant. Er erklärte mir, dass er auch immer an die verkehrten Typen käme. Entweder zu hart oder zu weich. Wir gingen zum Bahnhof und ich erzählte ihm noch meine Story von dem Raubmörder, den ich 47 im Bahnhof unter den kuriosesten Umständen kennen gelernt hatte. Dann sagten wir uns Auf Wiedersehen und wollten in Verbindung bleiben. Ich stieg in den Zug und fuhr nach Hause.

Zu Hause lief alles ab wie gewöhnlich. Am 8. August fuhr ich zurück nach Eisenach. Meine neue Behausung war ein sehr schön eingerichtetes Zimmer mit Doppelcouch, einem großen Schreibtisch, zwei Sesseln, einem Couchtisch und einem großen Schrank. Die Vermieterin, eine resolute Person, rothaarig und Katzenliebhaberin, hatte eine stattliche Schallplatten Sammlung und sagte mir, wann immer ich möchte, könnte ich sie hören. Sie ging in jede Premiere, und rühmte sich ihrer Mitbewohner. Neben mir wohnten nämlich noch zwei Schauspieler bei ihr. Martin Trettau und Volkmar Kleinert, die beide heute ziemlich bekannt sind. Mit denen hatte ich gleich Kontakt, Trettau war von beiden der Intellektuelle, Volkmar Kleinert lag mir mehr und so manchen Abend haben wir entweder bei mir oder bei ihnen Skat gespielt oder philosophiert. In jedem Falle interessante Typen.

Wenn ich aus dem Fenster sah, blickte ich auf den Palast des Bischofs von Thüringen mit seinem riesigen Park. Zum Theater mussten wir immer zehn Minuten laufen. Eisenach war mir damals eine vertraute schöne Stadt mit herrlichen Cafés und Restaurants. Das war für mich immer sehr wichtig, um meine Sippe verwöhnen zu können, wenn sie zu Besuch kam.

Da die Spielzeit erst Ende August begann, hatte ich noch genug Zeit die Stadt zu erkunden und auch für einen Besuch in Eisfeld bei Irene. Ich brachte einen charmanten 25-jährigen mit, den ich kurz zuvor kennen gelernt hatte. Irene lobte meine Wahl, denn mein Begleiter war nicht nur charmant sondern auch gut aussehend. Irenes Mutter Hulda machte wieder ihre himmlischen Klöße mit der leckeren Soße. Es war eine schöne Zeit. Das Gefühl, gute Freunde zu haben, ist nicht mit Geld und Gold aufzuwiegen.

Am 29. August begann die Saison und man spielte gleich aus der alten Spielzeit die Stücke *Bettelstudent*, *Martha* und *Troubadour*. Ich kam kaum nach mit dem Nachstudieren. Dann wurde ich eingebaut, es war eine harte Zeit. Meine eigentliche Solo-Premiere war am 28. September in *Die Welt auf dem Mond*. Dort gab ich den Scholaren, eine interessante Inszenierung, Musik von Händel, die neu für mich war.

Am Tag danach hatte ich einen Auftritt mit meinem *Vagabundenlied* in der Sendung *Musik, die wir lieben* des Berliner Rundfunk.

Ende Oktober besuchte mich dann mein lieber treuer Freund Moritz Frei, der zu dieser Zeit in Karl-Marx-Stadt wohnte.

Am 1. Dezember bekam ich eine Einladung zum Vorsingen an der Komischen Oper, die dringend Tenöre suchte. Es war das erste Mal, dass ich mit dem Flugzeug flog; von Erfurt nach Berlin. Mit 13 anderen Bewerbern sang ich dort dem Chordirektor vor, aber ich wurde leider nicht genommen.

Heiligabend fuhr ich nach Eisfeld, um dort Weihnachten zu feiern. Ich traf meine alte Truppe außer Iring, der nach dem Westen abgehauen war. Dort bekam er scheinbar keinen Boden unter die Füße und brachte sich schließlich um. Als ich das hörte, war ich erschüttert. Von solchen Schicksalen wurde nie gesprochen oder in den Zeitungen berichtet.

Silvester 1960 kam dann endlich meine Lieblingsoperette *Fledermaus* heraus, in der ich wieder den Prinzen Orlofsky sang. Alles lief wie am Schnürchen. Als der letzte Vorhang fiel, bekam ich Unmengen an Blumen von Frau Dienst, der Dame, die ich auf der Wartburg kennen gelernt hatte, meiner Vermieterin, der Nachbarin und anderen Verehrerinnen. Wir gingen dann zusammen in den Thüringer Hof, wo man extra einen Raum reserviert hatte. Das war ein neuer Höhepunkt meiner Karriere. Ich wünschte, meine Familie und Irene wären dabei gewesen.

Das Jahr 60 ging gut zu Ende und das Jahr 61 stand nun vor mir mit neuen Überraschungen. Am 8. Januar machte ich meinen Solovertrag mit Intendant Rückert. Bisher hatte ich ja nur einen Vorvertrag gehabt, wie es eben damals in der DDR üblich war. Er sagte er hielte große Stücke auf mich.

Im Januar hatte ich 12 Tage frei und fuhr nach Gehweiler, um auf der Rückreise in Frankfurt auszuloten, ob ich mal einen Vertrag im Westen bekommen könnte. Ich sprach mit einem Herrn Schmitz, der Chef vom Bühnennachweis war. Er meinte, ich solle mir einen Agenten nehmen, dann ginge alles schneller. Aber der kostete 20 % der Gage und ich war nicht bereit dazu, das zu bezahlen.

Am 1. April war die Premiere von *Vetter aus Dingsda*. Ich spielte den August Kuhbrot. Ich sang zum ersten Mal eine Hauptrolle in der Operette. „Ich bin nur ein armer Wandergesell, gute Nacht liebes Mädchen gut Nacht." Eine Rolle, die mir wie auf den Leib geschrieben war.

Als August Kuhbrot in Der Vetter aus Dingsda

In Gotha sang ich den Orlofsky am 15. April in einem wunderschönen alten Theater aus der Fürstenzeit, am nächsten Tag dann in Unterbreizbach, einem Wintersportort. Ich war immer auf Achse und dann immer noch auf Suche nach einem richtigen Freund, Moritz kam nur für ein paar Tage, das war mir zu wenig, obwohl er ein Schatz war. Dann lernte ich den Judoka Ludwig Maier kennen und verliebte mich in ihn. Wir hatten uns gesucht und gefunden.

Bei meiner Vermieterin im Haus wohnte im zweiten Stock eine polnische Familie mit einem erwachsenen Sohn namens Sascha. Er klopfte so manches Mal an mein Fenster und dann kam er zu mir, trank noch einen Schnaps und dann amüsierten wir uns, er war wie ein Profi. Es war ein schönes Gefühl, dass er das Verlangen hatte, mit mir zu schlafen, ohne groß nachzudenken. Er war ein toller Bursche.

Am 3. Mai kam meine Schwester Christel zu Besuch. Sie übernachtete während ihres Besuchs bei der Sängerin Beata Wild, die früher mit dem Tenor Knut Wild verheiratet gewesen war. Wir hatten zu dieser Zeit ein freundschaftliches Verhältnis.

Drei Tage nach Christels Ankunft gesellten sich auch Irene und Hulda dazu. Ich nahm sie mit nach Gotha zur Vorstellung der Fledermaus. Irene fand die Vorstellung gelungen und war stolz darauf, dass ich es aus eigener Kraft so weit gebracht hatte. Es war manchmal auch schwer. In Eisenach musste ich fünf verschiedene Stücke in vier Wochen auswendig lernen und das forderte schon eine Menge Disziplin.

Dann ging es mit großen Schritten an den *Tannhäuser* von Wagner, der am 14. Mai live von der Wartburg gesendet werden sollte. Wir waren schon alle sehr gespannt, wie das ablaufen würde. Ich spielte den Schreiber, eine kleine aber schöne Rolle.

Am 10. Mai gingen die Stellproben auf der Wartburg los. Es war wunderschönes Wetter und wir Ritter kamen hoch zu Ross von unten durch das Tal, während die Pilger zu Fuß den Berg hinaufgehen mussten.

Am 13. Mai hatten wir im Haus noch die Premiere *Die verkaufte Braut,* das war sehr eng und meine Schwester musste sich um sich selbst kümmern. Ich tanzte wieder mit dem Ballett. Smetanas Musik ist umwerfend, man spürt den Frühling darin.

Dann war es soweit: *Tannhäuser* wurde aufgeführt. Meine erste Fernsehsendung und dann gleich live. Dazu noch auf der wunderbaren Wartburg, die im schönen Wonnemonat Mai besonders gut aussah, rund herum das frische Grün des Thüringer Waldes. Erika Radtke, die Fernsehansagerin, moderierte das ganze Geschehen. Und die Pracht der Kostüme ... Leider gab es noch kein Farbfernsehen.
Der Chor der Gäste mit dem Einzugschor: „Freudig begrüßen wir die edlen Hallen, wo Kunst und Frieden immer nur verweil. Dann im Inneren der Burg der Sängersaal, wo der Gesangswettstreit stattfand." Alles Original, das hätte sich Wagner nie träumen lassen – *Tannhäuser* am Originalort.
Als dann Hunderte von Pilgern durchs Tal herauf kamen mit dem Gesang: „Zu dir weih ich mein Jesu Christ, der du für uns gestorben bist" – einfach ergreifend. Meine Schwester Christel konnte alles genau miterleben.

Ritt zur Wartburg

Am 16. Juni hatten wir Premiere von dem Musical *Abenteuer im Atlantik*, eine Uraufführung. Es war eine lustige Sache und spielte auf einem Luxusliner. Ich habe später nie mehr was davon gehört, obwohl es ganz nett war.

Zu Beginn der Spielpause fuhr ich mit Christel zurück nach Gehweiler. Meine Fahrten in den Westen waren ein Privileg. Nicht jeder DDR-Bürger konnte einfach so über die Grenze in die BRD fahren. Ich durfte das auch nur, weil ich ja aus dem Westen stammte.

In Gehweiler angekommen verlief alles wie gehabt. Ich ging mit Freunden ins Kino oder tanzen und es gab natürlich immer was zu erzählen. Ich fuhr auch nach Saarbrücken, um herauszufinden, ob ich dort an das Stadttheater kommen könnte. Aber es gab keine Vakanz.

Als der Urlaub zu Ende ging, war eine traurige Stimmung zu Hause, weil mein Großvater immer älter wurde und man nie wusste, ob wir uns noch einmal wieder sehen würden. Als ich meinen Koffer packte, freute ich mich aber schon auf die neuen Aufgaben und derer gab es viele und vor allem sehnte ich mich nach meinen neu gefundenen Freunden Ludwig Maier und Klaus Nickelt, die mir in Eisenach zu den liebsten Menschen wurden. Klaus hatte ich über Ludwig kennen gelernt. Auch ein sehr netter, attraktiver Mann.

Anfang August zog ich um. Meine Vermieterin hatte sich nach und nach als sehr schwierige Person entpuppt und als dann die Schauspielkollegen auszogen, war es auch für Zeit meine Zelte abzubrechen. Ich fand zum Glück schnell ein Zimmer und zog mit meinem großen Koffer und beladen mit Blumen und Geschenken meiner Verehrerinnen und Verehrer aus.

Frau Dienst kam immer noch ins Theater und lud mich auch zum Essen ein. Außerdem war ich auch öfter mit Beata Wild zusammen. Bei ihr traf ich mich mit Ludwig und anderen Freunden und Kollegen. Sie wusste von meiner Veranlagung und respektierte sie. Das glaubte ich zumindest damals.

Mit Klaus Nickelt hatte ich eine romantische Beziehung und wir fuhren mal nach Eisfeld zu Irene, die sich wieder einmal wunderte, wie ich an so attraktive und freundliche Männer kam.

Im Theater ging alles seinen geregelten Gang. Wir studierten den *Waffenschmied* und ich wurde wieder mit dem Harald Joachim doppelt besetzt als Georg. Ich war so stolz auf diese Rolle, denn die Arie erinnerte mich an den schönen Georg in Saarbrücken und daran, dass ich mir damals wünschte, den auch mal zu singen. Es kam schneller dazu, als ich es mir hätte erträumen können. „Man wird ja einmal nur geboren, darum genieße jedermann, das Leben, ehe es noch verloren, soviel als man nur immer kann." Bis heute kann ich sagen, ich hatte das Glück so ein Leben führen zu können, denn ich liebte alle Freunde und meinen schönen Beruf.

Die Premiere von *Waffenschmied* war am 19. August. Dann ging es weiter mit den Proben zu *Die listigen Frauen*, einer Operette von Jacques Offenbach. Dort sang und spielte ich zum ersten Mal eine komische Rolle und zwar den Eleonor, Sohn des Grafen von Campistrous. *Die listigen Frauen* kamen zur Erstaufführung am 26. September und ich wurde in der Presse sehr gelobt.

Ende September fuhr ich mit Klaus Nickelt nach Eisfeld zu Irene, meiner treuen Freundin. Klaus und ich gingen in den Schlosspark und ich hing meinen Erinnerungen an die schöne Zeit mit den Crosbys nach, die ja nun schon lange zu meiner Vergangenheit zählte und ich zeigte Klaus im Schloss das Bild von uns, das immer noch dort hing. Dann wurden wir, Irene und wir beide, vom Bürgermeister Meusel zum Kaffee eingeladen, eine schöne Ehre. Ich muss bei der Gelegenheit wieder die wunderbaren Thüringer Klöße erwähnen mit dem herrlichen Braten und Soße, wie sie nur die liebe Hulda hin bekam. Auch mein Freund Klaus war begeistert.

In Eisenach feierte ich meinen 30. Geburtstag in meiner neuen Wohnung und viele Kollegen und Freunde erschienen: Ludwig, Peter, Moritz, Beata, unser Solotänzer Hose und ein schwuler Chorsänger, der auch ein drolliger Kerl war. Ich hatte eine delikate Bowle gezaubert und alle brachten wunderbare Geschenke und Blumen.

Irene schickte mir wie immer ein Paket und auch von zu Hause kamen viele Päckchen. Aus Amerika schickte mir meine Tante 50 Dollar im Brief, was ja sehr riskant war, und sie lud mich nach Philadelphia ein.

Im Theater stand die Erstaufführung des ungarischen Lustspiels *Frühlingswalzer* bevor. Dort spielte ich einen der Schüler. Am 28. Oktober fand die Premiere statt und die Premierenfeier wurde wieder im Thüringer Hof gefeiert. Wir hatten einen schönen Erfolg damit und spielten es auf allen Bühnen in allen Abstecherorten, also Gotha, Nordhausen, Mühlheim, Friedrichroda, Sonnenberg.

Noch eine Rolle von mir:
Ottokar in Der Zigeunerbarun

Im November mühten wir uns mit dem *Fliegenden Holländer* herum, meine zweite Inszenierung. Die Premiere war am 24. November. Danach hatte ich nur mit meiner schönen Rolle in *Boccaccio*, dem Prinzen Pietro von Palermo, zu tun. Kaiser machte die Regie und schrieb für mich einen riesigen Prolog über Decamerone, ein Sittengemälde des 16. Jahrhunderts in Venedig, den ich als Student verkleidet den Menschen vortrug. Es geschah wie folgt: Ein großes rotes Herz bespannt mit einem Pergamentpapier stand vor dem Hauptvorhang und vor dem Souffleurkasten, während der Ouvertüre kam ein Einschnitt, das Orchester blieb stumm, ich zerfetzte das Papier mit einem Degen und sprang auf die vordere Bühne. Dort brachte ich den Prolog zu Gehör, danach ging ich zurück hinter den Vorhang. Das Orchester spielte nach der Fermate weiter und beim Öffnen des Vorhanges tanzte das Ballett seine Tarantella. Die Premiere fand am zweiten Weihnachtstag statt, und wurde ein riesiger Erfolg. Schöner konnte man das Jahr 61 nicht beenden.

Das Jahr 1962 begann mit einer Stirnhöhlenentzündung und ich wurde in Weißensee operiert. Ich hatte schlimme Schmerzen und dauernd Fieber. Aber auch das überwand ich, am 14. Januar stieg ich wieder voll ein und absolvierte alle meine Vorstellungen.

La Bohème, meine Lieblingsoper, kam am 15. Februar raus und ich sang wieder den Parpignol. In Eisenach wurde viel von den Sängern verlangt. Zehn Opern und Operetten durchschnittlich in einem Jahr und 20 Abstecher an verschiedene Orte. Das musste man erst mal durchstehen.

Am 19.April fuhr ich mal wieder für drei Tage nach Eisfeld und besuchte neben Irene und ihren Eltern auch Hertha. Baums Dora hatte einen Grenzer geheiratet, erzählte Hertha, die ja durch das Wohnungsamt, das sie leitete, informiert wurde. Lilis Mutter sei gestorben, sie selbst, die mir den Weg ebnete, sah ich nie mehr, was mir sehr Leid tut.

Im Mai zog ich in die Wohnung zu Beata, die ein freies Zimmer hatte. Das war mein größter Fehler, mich in die Hände einer Frau zu begeben. Obwohl ich auch dort schöne Zeit verleben durfte, würde ich es niemals mehr tun. Beata war so berechnend, dass sie sogar ihren Sohn Philipp für mich opfern wollte. Sie kannte meine Veranlagung und hoffte trotzdem immer, dass ich den Weg in ihr Bett finden würde. Sie schlief in dem Zimmer, das mir zugedacht gewesen war, und ich sollte mit Philipp in ihrem Ehebett schlafen. Ich wehrte mich und war ja auch gar nicht an ihrem Sohn interessiert.

Nach ein paar Wochen hatten wir uns an den Zustand gewöhnt. Wir frühstückten zusammen und kochten auch Mittagessen und luden ihre und meine Freunde ein. Oft tat sie das hinter meinem Rücken. So arrangierte sie eine Party mit Kollegen vom Theater, meinen Freunden Klaus und Ludwig und einer meiner großen Verehrerinnen. Als der Abend begann, wusste keiner unserer Freunde, dass noch andere Gäste kommen würden. Ich besorgte genügend Getränke und Beata sorgte für das leibliche Wohl. Es wurde ein netter Abend, bis wir später ein Pfänderspiel machten. Da traf das Los mich, meine Verehrerin zu küssen. Ich machte nun keine halben Sachen und küsste die Dame richtig, auf du und du. Da stand Beata wie eine Furie auf und schlug ihrer Geschlechtsgenossin hart ins Gesicht und schrie: „Das wollte ich nur sehen, wie weit ihr beide geht." Ich lernte dabei was über die weibliche Psyche: Traue nie einer Verschmähten. Sie können es nicht verschmerzen, Verlierer zu sein.

Ich entschuldigte mich für Beata, sie sei betrunken gewesen. Aber der Riss war da. Die Party war aus und alle verschwanden.

Am Tag nach dieser Feier musste ich zur Soloprüfung nach Berlin, denn ich hatte ja von der vorhergehenden Prüfung nur eine Arbeitserlaubnis, weil ich fünf Opern oder Operettenpartien kennen musste. Ich fuhr am 28. Mai nach Berlin, legte meine Prüfung mit Erfolg ab und war damit ein diplomierter Opernsänger.

Gleich darauf hatte ich dann ein Vorsingen am Metropol-Theater im früheren Admiralspalast, einem der größten Operettenhäuser Europas mit einer langen Geschichte. Dort wurde ich dann als Erster Chortenor verpflichtet mit Solo und verdiente gleich doppelt soviel wie in Eisenach. Ich konnte es gar nicht fassen, dass ich auf der großen Bühne des Metropols vor bis zu 2 000 Zuschauern stehen würde.

Wer mein Buch liest, wird mir bestätigen, dass es wie im Märchen klingt. Euphorisch fuhr ich nach Adlershof ins Fernsehstudio und bekam einen Vertrag als Orlofsky in der Live-Übertragung der *Fledermaus* aus dem Dresdner Zwinger mitzuwirken. Welch ein Sprung, es war kaum zu glauben.

Am 1. Juli fuhr ich mit Beata zu den Fernsehproben nach Dresden, dort machten wir eine Tour durch das Elbflorenz, das noch große Lücken hatte. Beata fuhr dann zurück nach Eisenach. Ich zog ins Schloss Lauben, das einer Kurtisane von August dem Starken, gehört hatte, und wohnte dort mit der gesamten Besetzung von der *Fledermaus*. Dabei war auch mein guter Freund und Chef vom Fernsehen, der ehemalige Intendant der Komischen Oper, Hannes Reuther, mit seiner ersten Frau Roxandra, die die Adele spielte und sang.

In Dresden besuchte mich Moritz Frei und wir besichtigten Schloss Moritzburg, den Meißner Dom und die Porzellanmanufaktur Meißen. Danach fuhren wir noch nach Leipzig und von dort aus machte ich mich auf nach Berlin, um mein neues Zimmer in der Auguststraße zu beziehen. Dann fuhr ich nach Eisenach, um meine letzten Sachen zu holen.

Als ich in die Wohnung kam, lag ein Brief von Beata auf dem Tisch, ein Abschiedsbrief an ihre Jungs: „Peter verlässt mich wie euer Vater, ich kann so nicht mehr leben!"

Ich stürmte ins Schlafzimmer und da lag Beata bewusstlos mit Schaum vor dem Mund. Geistesgegenwärtig rief ich sofort den Rettungswagen und holte die Untermieterin rauf. Nach einer Viertelstunde kamen die Sanitäter und nahmen Beata mit. Ich war völlig aufgelöst und rief Freunde an, denn ich wusste nicht, was ich jetzt tun sollte. Alle rieten mir, meine Sachen zu nehmen und nach Berlin zu fahren. Beata sei hysterisch, ich solle mich nicht um sie kümmern. Das beruhigte mich zwar etwas, aber ich rief auch noch im Krankenhaus an, um mich nach Beatas Zustand zu erkundigen. Eine Freundin von ihr berichtete, dass Beata der Magen ausgepumpt worden sei und sie schon am nächsten Tag wieder nach Hause könne. Mir riet sie, immerhin Hannas beste Freundin, nach Berlin zu fahren. Beata habe mir mit diesem Selbstmordversuch nur schaden wollen. Also verabschiedete ich mich von meinen Freunden, nahm meine sieben Sachen und fuhr nach Berlin.

4. Szene
Berlin

In Berlin erkundete ich zuerst den Weg von meiner Wohnung zum Theater. Meine neue Wirtin hieß Reimer und war allein stehend. Ihr Mann war im Krieg gefallen. Sie war eine nette weißhaarige Berlinerin und ich kam gut mit ihr aus. Das Zimmer sollte nur solange meine Bleibe sein, bis ich eine eigene Wohnung bekam.

Es waren überall noch große Baulücken in Ostberlin und der Aufbau ging nur schleppend voran. Der Grund war, dass viele Menschen, die ihr Studium oder ihre Lehre absolviert hatten, die DDR verließen. Dadurch fielen die meisten Arbeitskräfte aus, die verblendet oder auch verführt waren. Egal, es war ein schlimmes Signal und der so genannte Kalte Krieg begann.

Ende August begann meine Zeit am Metropol-Theater mit der Begrüßungsfeier. Ich war ziemlich aufgeregt, denn so viele Kollegen hatte ich weder in Eisenach noch in Neustrelitz gehabt. Fast 800 Angestellte gab es: Chor, Ballett, Orchester und Solisten, Bühnenarbeiter, Maskenbildner, Kostümschneider. Der Intendant Pitra hielt eine kurze Rede und stellte uns Neue vor, wie überall. Am Nachmittag lernte ich den Kollegen Heinz Schulz vom Chor kennen, der dann einer meiner besten Freunde wurde, bis heute.

Für die Fernsehinszenierung der *Fledermaus* bekam ich gleich fünf Tage frei und fuhr nach Dresden. Wir wohnten wieder alle zusammen im Schloss Lauben in Weinböhla. Am 8. September fingen die Proben im Dresdner Zwinger an. Eine herrliche Kulisse, das Nymphenbad war wie gemacht für solche Operetten. In der Fernsehzeitung stand: „Erika Radtke lädt ein zu einem Johann-Strauß-Abend in den Dresdner Zwinger.

Als Gäste erscheinen:

Gabriel von Eisenstein	Achim Wichert
Rosalinde, seine Frau	Evelyn Bölicke
Frank, Gefängnisdirektor	Richard Stamm, Intendant der Dresdner Operette
Prinz Orlofsky	Peter Merten
Dr. Falk, Notar	Werner Heintsch
Adele, Stubenmädchen von Rosalinde	Roxandra Horodny
Ida, ihre Schwester	Thea Jähne

Chor und Ballett der Staatsoper Dresden
Dramaturgie   Johannes Reuther
Aufnahmeleiter   Fritz Densau
Choreographie   Tom Schilling
Regie   Wolfgang Nagel"

Es war eine Elite-Besetzung und ich gehörte dazu. Am 14. September war die Live-Übertragung. Das Ballett tanzte den Kaiserwalzer um das Nymphenbad, da riss das Tonband und die Musik verstummte. Aber das Ballett tanzte genau so weiter, als hörten die Tänzer die Musik. Es war fast wie ein Wunder.

Bei meinem Auftritt standen zwölf Jünglinge mit Fackeln an einer großen Freitreppe und der Haushofmeister stellte mir die geladenen Gäste vor. Ich kam die große Freitreppe hinunter und sang: „Ich lade gern mir Gäste ein, man lebt bei mir recht fein, man unterhält sich, wie man mag, oft bis zum nächsten Tag." Es war wunderschön. Schade, dass wir es nicht in Farbe bringen konnten.

Als Orlofsky in der Fledermaus

Evelyn Bölicker als Rosalinde und ich als Orlofsky (links)

Nach der Übertragung lud uns Richard Stamm, der Intendant des Dresdner Operetten-Theaters in seine Villa ein und alles, was man sich wünschen konnte, wurde aufgefahren.

Am Tag nach der Aufführung ging es zurück nach Berlin, wo eine traumhafte Zeit auf mich wartete. Die Stadt allein war schon etwas ganz anderes als Neustrelitz oder Eisenach. Das Nachtleben war elektrisierend, die Möglichkeiten vielfältig. Ich begegnete prominenten Künstlern genau so wie Klofrauen. Das konnte wohl nur in Berlin so passieren. Und natürlich sang ich am großen Metropol-Theater.

In Berlin kam am 30. September *Orpheus in der Unterwelt* heraus. Die Premiere war schon Wochen vorher ausverkauft und ich fieberte dem Abend entgegen. Als die Vorstellung begann und der Vorhang sich hob, applaudierte das Publikum allein wegen des wunderbaren Bühnenbildes. Das erlebte ich im Metropol-Theater zum ersten Mal.

Nach der Premiere wurden eine Menge Kollegen und auch ich von einem

Herrn Robert Brandt, der Ausstatter bei der UFA gewesen war und jetzt bei der DEFA arbeitete, eingeladen. Wir zogen in die Schönhauser Allee, wo Robert Brandt zusammen mit seinem gut aussehenden Freund Paul eine riesige Wohnung bewohnte. In der Wohnung stand in einem großen Raum ein toller Flügel mit Bildern großer Künstler, deren Filme von Brandt ausgestattet worden waren. Ich entdeckte Horst Buchholz, der, nach Aussage von Robert, angeblich nur in Westberlin in Schwulenkneipen verkehrte. Ebenso standen da Bilder von Hardy Krüger, den Brandt auch persönlich kannte, und Hildegard Knef und vielen mehr. Ich kam mir so klein vor und konnte es nicht fassen, dazu zu gehören. Einfach umwerfend.

Im Oktober kam Irene nach Berlin und besuchte mich kurz. Immer wieder freuten wir uns, einander zu sehen. Sie hatte mich im Fernsehen gesehen und ganz Eisfeld sprach darüber. Sie sagten „unser Peter", und alle waren stolz, dass ich es geschafft hatte.

Es lief wirklich wie geschmiert. Endlich bekam ich auch eine kleine Wohnung und kaufte mir meine ersten Möbel und ein teures Klavier. Aber ich verdiente ja gut und meine eigene Wohnung mit eigenen Möbeln machte mich glücklich. Jetzt konnte ich mich auch endlich ins Ostberliner Nachtleben stürzen.

Alles traf sich nach der Vorstellung im Esterhazy Keller bei Walter Scholz, da konnte man bis in die Früh sitzen, essen und trinken und immer gab es was abzuschleppen. Ich kann mich nicht einmal mehr an all meine Techtelmechtel erinnern. Ich war allerdings nicht der einzige, der nichts anbrennen ließ. Das war völlig normal. Und wenn mal kein attraktives Opfer in Sicht war, lohnte sich auch immer ein Schwatz mit Else, die im Esterhazy Keller die Toiletten betrieb und alle Künstler von Berlin kannte. Sie war ein echtes Unikat.

Zu Beginn meiner Karriere am Metropol hatte ich auch viel Freizeit. Der Spielplan am Metropol war sehr vielseitig und die Stücke wurden jahrelang gespielt. Also sah ich mir erst einmal die noch laufenden Produktionen an, ich selbst hatte ja erst eine. Orpheus kam höchstens acht Mal im Monat, so hatte ich, wenn was anderes auf dem Spielplan war, abends frei.

Das Jahr 62 neigte sich seinem Ende zu, da wurde ich wieder krank und bekam eine Stirnhöhlenvereiterung und musste in die Klinik. Am 4. Januar wurde ich operiert. Gleich nach der Operation machte ich in dem Fernsehspiel *Komm mit nach Montevideo* mit Rolf Herricht, dem besten Komiker der DDR, mit. Ich sang anstelle von Manfred Krug, der krank geworden war, im Playback einen Twist.

Am 20. Januar sang der Chor des Metropols in einer Fernsehübertragung zum vierten Parteitag vor Nikita Chruschtschow, Präsident der Sowjetunion, und Staatsrat-Vorsitzendem Ulbricht – eine Monstershow.

Am 25. Januar war die Premiere meines zweiten Stückes *Im weißen Rössel*. Für dieses Stück gab es jahrelang keine Karten. Erfolg garantiert.

Der Februar war frostig und als im Metropol die Heizung ausfiel, musste das Theater schließen. Da mussten wir in den Räumen der Staatsoper unter den Linden proben. Das war auch eine verrückte Zeit. Erst im März wurde das Metropol-Theater wieder geöffnet. Zwischen all den Tagen von Probe und Vorstellung und Fernsehen gab es auch immer noch das interessante Nachtleben. Endlich hatte ich eine eigene Wohnung und da war immer was los. Ich hatte am laufendem Band Besuch von irgendwo her. Meistens gingen wir abends in den Esterhazy Keller, wo sich die Nachtschwärmer der neun Ostberliner Theater trafen. Dort verabredete man sich, um zu essen und trinken und dann im Dunkeln zu verschwinden, meistens in den Wohnungen von Freunden oder Fremden. Man kann es sich gar nicht vorstellen, was es für ein Treiben war. Jeder kannte jeden.

Am 31. März fand die Uraufführung des Musicals *Mein schöner Benjamino* statt. Pitra, unser Intendant, hatte die Regie. Ich mochte den Intendanten sehr Als ich so sechs Wochen in Berlin gewesen war, hatte er mich zu sich ins Büro gerufen und gesagt, er hätte einen anonymen Brief aus Eisenach bekommen, der bestimmt von einer verschmähten Frau stamme, so viel Schmutz könne ein Mann gar nicht begehen. Da erzählte ich ihm von Beata und ihrem Selbstmordversuch und erwähnte, ich hätte noch den Abschiedsbrief an ihre Jungs, in dem ganz was anderes als in dem anonymen Brief stünde, ich wäre der Beste, der Liebste und so weiter. Pitra riss daraufhin den Brief in Stücke und meinte, man müsse solche Menschen mit Verachtung strafen.

Bald nach der Premiere musste ich zu den Proben für die Fernsehinszenierung von *Paganini* in der Serie *Musik, die wir lieben* in Leipzig. Ich durfte den Buffo Pimpinelli spielen. Man kann es kaum glauben, wie viele Angebote ich bekam.

Meine Mutter Ida kam am 1.Juni zu mir in die Ferien und sie freute sich über die schönen Tage, weil ich ihr alles bieten konnte, was sie zu Hause nicht hatte. Wir gingen spazieren, machten Schaufensterbummel, sahen uns im Kino Filme an, gingen ins Theater und natürlich gingen wir jeden Abend wo anders essen.

An einem Nachmittag fuhr ich mit ihr und Dame Else, der Toilettenfrau aus dem Esterhazy Keller, zum Flughafen Schönefeld und dann in den Tiergarten, einem der schönsten und größten Zoos der Welt. Abends waren sie beide so kaputt, dass sie sich hinlegen mussten. Elschen war mir eine gute Vertraute und sie konnte so richtig Berlinern. Meine Mutter fuhr am 15. Juni wieder zurück ins Saarland.

Am 5. August war ich im ZK der SED bei dem persönlichen Sekretär von Honecker. Er hieß Hubert Ruhmke und hatte das Ressort Reisen unter sich. Ich hatte einen Reisepass beantragt, damit ich im Urlaub nach Hause fahren konnte. Ohne Genehmigung kam man ja nicht über die Grenze. Aber ich hatte nie Probleme damit, die Reiseerlaubnis zu bekommen.

Ein paar Tage, nachdem ich meinen Pass abgeholt hatte, besuchte mich Irene für einige Tage und dann fuhr ich wieder ins Saarland. Meine Mutter war gut angekommen und so verbrachte ich eine Zeit zu Hause bei meinen Eltern. Wir hatten im Sommer immer viel Besuch, so auch in diesem. Wir freuten uns immer auf Gäste, besonders auf die, die wir auch mal besuchen konnten. Dann gab es immer viel ums Haus zu tun, die große Einfahrt zu kehren, 4 000 Quadratmeter Rasen zu mähen, eine Hecke, die unser Grundstück umgab, musste geschnitten werden und so weiter. Großvater war auch meistens bei uns, wenn ich zu Hause war. Sonst wohnte er über seiner Bäckerei, die inzwischen Onkel Viktor betrieb. Den Bauernbetrieb hatte er aufgegeben, denn die drei Pferde, die sechs Rinder und die zwei Schweine machten natürlich eine Menge Arbeit. Als Vatter keine Tiere mehr hatte, begann meine Mutter zwei Rinder und 60 Hühner zu halten und verkaufte Milch und Eier, um etwas dazu zu verdienen.

Die Zeit verging wie im Flug und schon war ich wieder auf der Fahrt nach Berlin. Ich liebte die Hektik der Stadt, immer war was los. Mittlerweile gab es die Mauer, den so genannten „Antifaschistischen Grenzwall" gegen den Westen, der die DDR am liebsten gleich aufgefressen hätte. Ich kannte ja die Hetze der Springer-Presse ganz genau. Als die Mauer stand, ging der Aufbau Ost erst richtig los. Denn nun blieben die Arbeitskräfte im Lande und konnten für eine bessere Zukunft sorgen. Aber lassen wir die Politik, die ja immer zwei Seiten hat und ein Bock stößt selten alleine.
Zu meiner Zeit in Berlin kamen 30 bis 40 % des Ensembles am Metropol und auch an den anderen Theatern aus dem Ausland. Aus Österreich, Holland, Belgien, Frankreich und Asien. Gerade die Musiker kamen aus aller Welt.

Alle diese Künstler hatten einen Treffpunkt und das war die berühmte Möwe, der Nachtklub für die Kulturschaffenden. Da kannte jeder jeden, und wenn irgendein großes Theater aus dem Ausland ein Gastspiel gab, dann feierte man mit den Ostlern zusammen in der Möwe. Dort lernte ich auch einige berühmte Künstler kennen. Ernst Schulz zum Beispiel. Den Schulz habe ich öfters mal nach Hause bringen müssen, weil er gerne zu tief ins Glas schaute. Er war ein sehr begabter Schauspieler und der Aturo Ui war seine Paraderolle. Beim Gastspiel in England nannte man ihn den zweiten Chaplin. Er stand auch nur auf Männer, das muss ich einfügen, weil viele es nicht wahr haben wollten.

Also, es gab viele interessante Begegnungen in dieser berühmten Möwe und ich brachte alle meine Freunde immer mit dorthin. Dort traf ich auch Manfred Krug. Krug kam ja auch aus dem Westen und machte im Osten Karriere als Schauspieler und Sänger. Er kam immer in Pantoffeln und Jeans in die Möwe, so sehe ich ihn heute noch vor mir. Der typische Kapitalist, der vergaß, was er der DDR verdankt.
Am 9.September begann die neue Spielzeit, mit all dem, was dazu gehört. Ich war ja nun Berliner und eine kleine Schraube im Getriebe. Das Wiedersehen mit all den Kollegen hat was Rührendes: „Wo warst du im Urlaub" – „Zu Hause", – „Ach, ich war am Schwarzen Meer.", – „Ich in Rumänien.", der war in Bulgarien, ein Anderer in China, ein Dritter in Ungarn, und so weiter. Alle waren gut gelaunt und freuten sich auf die Arbeit. Im Westen

wurde ich immer und immer wieder gefragt, habt ihr denn da drüben zu essen, gibt es denn auch Briefmarken. Man kann sich nicht mehr vorstellen, wie dumm die Menschen waren, und mit dieser hässlichen Überhelichkeit hatte ich des Öfteren zu tun.

Mitte September traf ich bei einer Mikrofonprobe für eine Fernsehsendung Christopher Hartmann, meinen ehemaligen Kollegen aus Neustrelitz. Er war mittlerweile Erster Solotänzer und Choreograf am Friedrichstadtpalast. Er wohnte mit seiner Frau Doris und Söhnchen in Weißensee. Er lud mich zu sich nach Hause ein und bot mir an, im Gästezimmer zu übernachten. Mitten in der Nacht kam er zu mir ins Bett und ich fragte ihn, was Doris dazu sagen würde. Er meinte „Nichts.", sie wisse, dass er gute Freunde genau so lieben müsste wie sie. Damit gab es für ihn kein Problem. Ich mochte ihn sehr, weil er ein ganzer Mann war und kein Weichei, wie so viele Tänzer, auch bei uns am Metropol.

Am 30. September bekam ich als Antwort auf meinen Antrag in den Westen zu reisen eine Einladung vom Staatsrat Erich Honecker in das Staatsratgebäude. Honecker kannte meinen Vater aus dem kommunistischen Widerstand im Dritten Reich. Ich trat in eine große Empfangshalle, eine riesige Treppe führte hoch zum Büro von Erich. Herr Ruhmke, sein Sekretär, zeigte mir die Tür und sagte: „Du wirst erwartet." Voller Ehrfurcht und nervlich angespannt, betrat ich dann das einfach eingerichtete Büro, in dem mir Honecker entgegen kam und mich begrüßte: „Na endlich mal einer von daheim." Honecker kam ja auch aus dem Saarland. Er gab mir die Hand und sagte: „Deinen Vater kenne ich schon viele Jahre, nun lerne ich dich auch mal kennen und will dich fragen, was du für Probleme hast." Dazu meinte er noch, wir wollen mal Saarländisch miteinander babbeln. Das fand ich sehr sympathisch. Dann rief er den Sekretär herein und bestellte Kaffee und Kuchen. Er fragte mich, wie es zu Hause gehe, was mein Vater treibe und wo mich der Schuh drücke.

Ich bedankte mich erstmal für meine Reiseerlaubnis und für die Aufenthaltsgenehmigungen für meinen Schwager und meinen Cousin, die mich bald besuchen wollten. Dann fragte ich ganz direkt nach dem Grund für den Mauerbau. Er erklärte es mir mit seinen Worten, so wie ich es auch verstand. „Wir sind im Kalten Krieg und Berlin ist geteilt und überall versuchen die

Westmächte ihren Vorteil daraus zu ziehen. Oder glaubst du, unsere Arbeiter, die nach dem Westen abwandern, fehlen uns nicht in der Wirtschaft? Zwei Giganten, die SU und die USA, stehen sich gegenüber und warten nur auf den großen Knall. Und sollen wir das respektieren?" So wurde unser Gespräch noch recht politisch. Ich war schon zwei Stunden dort, da klingelte das Telefon und ich hörte eine Stimme sagen: „Erich, hier ist Walter Ulbricht", da brachen wir unser Gespräch ab. Er verabschiedete sich recht herzlich und sagte, wann immer ich Probleme habe, solle ich es ihn wissen lassen. Beeindruckt von diesem Treffen ging ich nach Hause und ich bekam ein ganz anderes Bild von denen da oben.

Einige Tage später kamen mein Schwager Hans und der Mann meiner Cousine Maria, Herbert, zu Besuch. Zunächst waren sie ja noch skeptisch, ob meine Lobeshymnen auf den Osten auch stimmten. Aber schon das Hotelzimmer überzeugte sie. Während ihres Urlaubs gingen wir gut essen und besichtigten Sehenswürdigkeiten. Außerdem sahen mich die beiden natürlich auf der Bühne und nachts gingen sie mit Begeisterung in die Bars. Als sie wieder abfuhren, waren sie zufrieden und hatten ein neues Bild vom Osten.

Ich sang am 30. September mein erstes Konzert mit Hannes Reuther am Klavier für die Volkssolidarität in Berlin Mitte. Dann folgten noch zwei am 8. Oktober im Roten Rathaus und noch weitere am 11. und 13. Oktober. Die Konzerte waren sehr beliebt bei den alten Berlinern.

Den ganzen November hatten wir jeden Morgen Probe zur *Lustigen Witwe*, ein wunderbares Stück, das ich ja durch die Rolle des Cascada in Neustrelitz kannte. Hier spielte ich einen Kavalier.

Ab dem 1. Dezember bekam ich zum ersten Mal eine Leistungszulage für besondere Aufgaben. Dafür gab es monatlich 35 Mark – das war die Miete. Am 22. Dezember stand die Premiere auf dem Spielplan. An Weihnachten spielten wir am ersten Tag die *Witwe* und am zweiten Tag *Orpheus in der Unterwelt*.

Zu meiner Zeit in Berlin hatte ich neben dem Esterhazy Keller und der Möwe noch ein anderes Stammlokal. Das Café Presseclub im selben Haus wie das Metropol, unter der Diestel, dem berühmten Kabarett. Im Pressecafé verabredete ich mich oft mit meinen Liebhabern oder Verehrern. Waltraut, die Kellnerin des Cafés, lachte schon, wenn ich in der Tür stand, begrüßte mich und brachte mir einen Windbeutel und ein Kännchen Kaffee an meinen Platz. So waren wir aufeinander eingespielt. Dort im Café wurde viel gelacht aber auch geweint, wenn Freunde auseinander gingen. Es war eine der aufregendsten Zeiten in der DDR.

Das Pressecafé genoss den Ruf Tummelplatz der Westler zu sein, um Devisen ins Land zu bringen. Denn es lag direkt vis-a-vis vom Tränenpalast. Alle Geschäfte gingen von dort aus, ob Zigaretten oder Schnaps, alle Dinge wurden dort gehandelt. Im Bahnhof Friedrichstraße war der Intershop, wo man alles mit Westmark kaufen konnte. Das wurde dann in Ost verhökert und mit den Ostmark konnten die Westler Taxi fahren, zum Frisör gehen, ins Theater und dann besonders in die Nachtbars. Danach hatten sie immer noch Geld übrig, in Westberlin hätten sie gerade Mal ein Essen davon bezahlen können. Also schwarzer Markt im großen Stil mit Duldung des Staates, weil er Devisen bekam. Ich bekam immer Geld von meiner Tante aus Amerika, Dollars, da konnte ich mir schon manches leisten und meine Freunde verwöhnen.

Silvester 63 wurde *Orpheus* gegeben, da kam richtige Stimmung auf. Ich hatte für Freunde schon Wochen vorher Karten bestellt und auch einen Tisch in der Möwe, um anschließend ordentlich zu feiern.

Einer meiner besten Freunde in Berlin war Heinz Schulz. Er hatte eine Tochter und drei Söhne, die alle so gut erzogen waren, wie ich sonst bei keinem erlebte. Seine Frau Andrea war früher Tänzerin gewesen und leitete dann zu meiner Zeit das Anrechtsbüro, wo ich bei besonderen Vorstellungen meine Karten herbekam. Ich muss auch noch zwei Damen erwähnen, die mir die ganzen Jahre die Treue hielten. Beide waren ehemalige Sängerinnen. Eine von ihnen, Traudel Gescheitle aus Stuttgart, hatte mit mir in Eisenach gesungen. Die zweite war Christa Niko, auch Sängerin. Beide hatten eine Professur für Gesang an der Berliner Hochschule für Musik. Bei beiden hatte ich auch eine Zeit lang Unterricht.

Ich verdiente gut und so zog ich in eine größere Wohnung in der Wilhelm-Pieck-Straße. Mein bester Freund Moritz Frei kam aus Chemnitz, um mir beim Umzug zu helfen. Wir hatten schöne Tage und es tat gut, jemanden bei sich zu haben, den man liebt. Wir gingen in die Möwe und den Keller Esterhazy und vor allem schaute sich Moritz alle Stücke an. Wir gingen auch ins Kino, denn ich hatte ja abends frei, wenn ich nicht in den verschiedenen Produktionen, die vor meiner Zeit liefen, besetzt war. Die Stücke wurden ja über Jahre verteilt immer wieder gebracht. Zeitweise hatten wir 16 Stücke im Spielplan und das Metropol war immer ausverkauft.

Am 10. Februar stand plötzlich mein früherer Chef Herr Klein vor meiner Tür. Er wäre geschäftlich in Berlin und wollte doch mal sehen, was aus mir geworden wäre. Wir sprachen über die alten Zeiten und erwähnten auch die Sache mit der Eifersucht, die er nur schwer kontrollieren konnte. Er meinte Heli, seine Gattin, käme nach und würde mich auch besuchen und zwar am Valentinstag. Sie kam tatsächlich, mit einem großen Blumenstrauß und einer Flasche Sekt, und freute sich, mich einmal wieder zusehen. Sie erzählte, dass Luise geheiratet hätte und Manfred für eine Firma in Südkorea wäre. Ich zeigte Heli meine Fotos von Neustrelitz und Eisenach und von den Fernsehproduktionen in Berlin, Leipzig und natürlich Dresden. Sie waren kurz in Gehweiler und besuchten meine Eltern. Also musste ihnen doch sehr an mir gelegen haben.

Überraschenden Besuch bekam ich auch im März. Plötzlich stand der Matrose Stefan aus Rostock vor meiner Tür. Ich hätte ihn fast nicht erkannt, so lang war unsere Begegnung in Neustrelitz her. Aber er umarmte mich, als hätten wir uns erst gestern getrennt.

Wir tranken Kaffee und sprachen unentwegt über die Vergangenheit. Stefan war jahrelang in Moskau gewesen und hatte dort an der Universität Kybernetik studiert. Ich weiß bis heute nicht, was das war. Er wäre noch verheiratet und sein Sohn schon 10 Jahre alt. Dann hatte er noch eine Überraschung für mich parat: er packte eine Flasche von dem Wein aus, bei dem wir uns kennen gelernt hatten. Es war der russische Kamtschatka, ein sehr süßer Rotwein, den ich gerne trank. Dass ein Mann nach so vielen Jahren noch an mich dachte und sich auch noch an alles erinnerte - das war für mich ein Geschenk.

Als der Abend sich dem Ende zu neigte und ich glaubte, Stefan müsse nun zurück nach Rostock, wo er eine hohe Funktion vertrat und seine Frau auf ihn wartete, fragte er mit spitzbübischem Charme: „Darf ich hier bleiben und morgen erst fahren?" Ich muss sagen, meine Gefühle von damals waren völlig verblasst. Ich zog meine Schlafcouch aus, wir sagten uns gute Nacht und ich schlief auch gleich ein, was mir früher nie passiert wäre. Nach einer Zeit nahm Stefan mich in die Arme und da war natürlich alles wieder da. Es kam über uns wie ein Sturm.

Am nächsten Morgen machte ich Kaffee und ging nach unten frische Brötchen holen, denn im gleichen Haus war eine Konditorei, und trank mit Stefan gemütlich Kaffee und dann fragte ich ihn: „Was in der Nacht passierte, hast du das nur mir zuliebe gemacht, weil ich doch nun mal so bin, oder steckt da mehr dahinter?" Da hörte ich von ihm, einem eingefleischten Hetero: „Peter, glaube mir, was ich jetzt sage: Ich liebe meine Frau und Sohn, sie sind für mich das I. Aber du bist für mich der Punkt auf dem I." Das überraschte mich und es machte mich stolz, von einem Mann zu hören, dass er mich mag, so wie ich bin. Ein größeres Kompliment konnte keiner machen. Wir verabschiedeten uns recht herzlich und ließen alles offen. Mein Dank gilt ihm bis heute, wir haben uns nie mehr getroffen.

Im Theater liefen die Proben für die Operette *Kinokönigin*, in der ich mein freies Stück hatte, also frei von Proben, und dann nur die Vorstellung, in der ich besetzt war. Ein wirklich schönes Leben. Ein normal arbeitender Mensch kann das kaum nachvollziehen. Ich war privilegiert und – wie man den Homos nachsagt – „verzaubert".

Im April fragte mich der Parteisekretär Degenkolb, ob ich nicht in die SED gehen wollte. Ich wäre ein positiver Mensch, engagiere mich für die Volkssolidarität, wäre aktiv in der Gewerkschaft, leite seit einem Jahr die Kasse der gegenseitigen Hilfe und fiele überall positiv auf in den Diskussionen. Ich ließ alles noch offen, denn ich wollte nicht festgelegt werden. Es war in der DDR üblich, nur die Besten in die Partei zu nehmen, denn die mussten auch Vorbild sein. Von 800 im Metropol waren nur 80 Parteigenossen. Und die sollten nicht anfechtbar sein. Ich dagegen war durch meine Veranlagung sehr gefährdet.

Eines Tages war ein Genosse so blöde zu mir, ein Herr Kähler den nicht alle mochten. Er war klein und dick und kein Mensch, der einem sympathisch sein konnte. Er provozierte mich eines Tages, aus welchem Grund auch immer, indem er in der Garderobe, wo wir mit acht Kollegen saßen, außer mir noch drei andere Homosexuelle, „Arsch an die Wand! Die Schwulen kommen" rief. Das schockierte mich so sehr, dass ich zur Frau Morgenstern ging. Sie war stellvertretende Intendantin und Regisseurin. Sie sagte mir zu, Köhler zur Rede zu stellen. Der Paragraf 175 war ja in der DDR nach dem Krieg aufgehoben worden und hatte nicht wie in der freiheitlichen BRD noch seine Gültigkeit. In der DDR konnte keiner wegen seiner sexuellen Orientierung bestraft werden, aber in Westdeutschland. Ich kannte viele Fälle in Köln und Düsseldorf, die in den Zeitungen standen. Aber das ist lange her. Ich jedenfalls fühlte mich als Homosexueller in der DDR gut aufgehoben, trotz solcher Beleidigungen wie der vom Herrn Köhler.

Die Premiere *Kinokönigin* war am 10. April. Die Feier war wie immer in der Möwe, wo ich Wolf Biermann kennen lernte. Er wohnte in meiner Nähe und gab mir seine Adresse und Telefonnummer. Ich sollte zu ihm kommen, um zwei Lieder von ihm zu studieren, um sie bei einer Veranstaltung zu singen. Er war damals ein großer Genosse und schwor auf Marx und Engels. Dann kritisierte er die Regierenden so sehr, dass er in Ungnade fiel. Ein richtiger Parasit, den ich nach diesen Geschehnissen nicht mehr ernst nehmen konnte.

Am 1. Mai gingen wir geschlossen wie in jedem Jahr zur Demonstration über den Karl-Marx-Platz. Es war ein richtiges Vergnügen und mittlerweile kannte ich auch die Kritiker in unseren Reihen, die immer alles besser wussten, auch dass der Westen das bessere System besitzt. Jubelten aber alle mit, schwenkten Fahnen beim Vorbeizug an den Tribünen.

Am 16. Mai sang ich wieder für die Rentner, am Klavier Hannes Reuther. Es war mir immer sehr wichtig, die alten Menschen zu erfreuen.

Im Metropol kam eines Tages Bernd, ein Beleuchter des Theaters, der öfter schon mit mir zusammen gekommen war, mit einem großen stattlichen Amerikaner an. Sein Name war Stanley Little. Er kam aus Heidelberg, wo er an einer amerikanischen Schule Deutsch und Russisch lehrte. Bernd hatte ihn unter den Linden bei einem Verkehrsunfall kennen gelernt und Stanley wollte unbedingt den Osten kennen lernen, um zu verstehen, warum es die Mauer gab. Wir kamen schnell in ein Gespräch und ich erzählte ihm meine Geschichte, warum ich hier am Theater war und nicht in meiner Heimat leben konnte. Für ihn war alles unvorstellbar, ihm wurde in Amerika nur vorgemacht, in der DDR stehe hinter allen Menschen einer mit einer Waffe. Eine kindliche und naive Vorstellung. Stanley war Musikliebhaber, besonders Wagner hatte es ihm angetan. Sein Haus in den Staaten hatte er wie Wagners Villa Wahnfried genannt. Stanley war ein lieber Mann, aber mir etwas zu überschwänglich. Seine Briefe endeten immer mit „tausend Küssen" oder „Dich umarmend, bis wir uns wieder sehen". Das war mir etwas zu viel, da ich doch nie irgendwas mit ihm gehabt hatte. Als er in Deutschland war, besuchte Stanley sogar meine Eltern. In den USA schrieb er an meine Tante, Schwester Valentina, und traf sich mit ihr in Philadelphia. Sie schickte ihm meine besungenen Tonbänder und er war happy, mich zu hören. Wir trafen uns damals noch mehrere Male, und er hätte mich am liebsten eingepackt und mitgenommen. Es war eine schöne Geschichte und er schickte mir immer viele Dollars zum Einkaufen im Intershop.

Eines Abends ging ich alleine in einen Film mit Lieselotte Pulver: *Ich denk so gern an Piroschka*. Er war immer ausverkauft. Ich hatte mir schon Tage vorher eine Karte besorgt und freute mich auf den Film. Als ich meinen Platz fand und mich hinsetzte, waren noch zwei Plätze neben mir frei. Ich wünschte mir einen Jungen neben mich, weil mir das mehr Spannung gebracht hätte.

In letzter Minute kam ein Pärchen, bepackt mit Motorradhelmen, zwängte sich in die Reihe und ich dachte nur, als ich den Jungen sah, hoffentlich setzt der sich neben mich und nicht seine Begleitung, eine junge Frau, wahrscheinlich seine Freundin. Gesehen, gehofft und so geschah das Wunder. Er legte die Helme auf den Boden und setzte sich neben mich, wir musterten uns kurz, dann ging das Licht aus und der Film begann. Es war sehr heiß an diesem Tag und meine Gedanken kreisten um den Nebenmann. Der legte seinen rechten Arm um die Freundin und ich dachte, es wäre doch schön, an dem Glück teilzunehmen. Ich drückte mein Knie leicht gegen seins, wenn er nicht reagierte, war es einen Versuch wert gewesen. Keine zwei Minuten später nahm er den Arm von seiner Freundin und drückte mit seinem Knie zurück. Dann trafen sich unsere Fingerspitzen auf der Lehne zwischen uns und man konnte es knistern hören. Es war ein berauschendes Gefühl, wenn auch sonst nichts passierte. Es ist einfach grandios. Wenn die anderen solche Gefühle nicht erzeugen können, sind sie meistens arm dran. Der Film neigte sich dem Ende zu und ich war gespannt, wie das mit meinem Nebenmann ausgehen würde, wenn das Licht wieder an war. Schluss mit dem Film, beide eine Erektion in der Hose und nun was damit anfangen? Er und sie standen auf und während des Rausgehens sagte er so laut, dass ich es hören musste: „Ich bring dich mit dem Moped zur S-Bahn und ich habe noch was zu erledigen." Also schlenderte ich in Richtung Alexanderplatz. Dort stellte sich der Kerl mit seinem Fahrzeug hin und hatte mich schon bemerkt. Sie küsste ihn und ging in den Bahnhof. Er schloss sein Moped ab, kam auf mich zu und bemerkte nur: „Wollen wir im Berolina Keller noch was trinken, um uns kennen zu lernen?" So schossen wir in den Keller, um einen zu trinken.

Wir stellten uns vor, er hieß Hans und studierte Medizin. Er war von den Gefühlen, die ich in ihm auslöste, verwirrt, aber ich konnte ihn etwas beruhigen. Wir plauderten noch etwas und dann gingen wir zu mir. Es war schön, wie immer wenn man spontan liebt. Hans verabschiedete sich mit dem besten Dank und fuhr um eine Erfahrung reicher nach Hause. Bald kam er mich wieder besuchen. Wie schlimm, wenn es im Leben nicht ab und an eine solche Situation gäbe.

Im Juni war ich in der Charité und sprach mit einer Therapeutin über meine homosexuelle Seite. Ich wollte von einem Experten hören, dass Homos keine Ungeheuer sind, wollte wissen, ob man mich vielleicht doch zu einem Hetero umerziehen könnte. Meine Freundinnen Christa Niko und Traudel Gescheitle hatten mich stark verunsichert, weil sie meinten, man müsse mich doch umpolen und „normal" machen können. Manchmal sehnte ich mich auch danach, hetero zu sein, weil dann vieles einfacher gewesen wäre. Ich erzählte der Therapeutin von meinen Empfindungen und auch davon, wie ich meine Neigung lebte, dass ich immer wunderbare Freunde hatte, die meisten davon hetero oder bi. Die hatten keine Probleme damit. In der breiten Masse der Bevölkerung lag mein Problem, denn die meisten fanden Homosexualität abnormal, dabei gab es solange die Erde besteht auch in der Natur und Tierwelt die gleichen Symptome. Die Therapeutin hörte mir aufmerksam zu und sagte mir schließlich, nicht ich sei krank, sondern die Gesellschaft.

Heute nun ist man soweit, dass Männer heiraten dürfen. Ich wäre nie so einen Weg gegangen. Meinen Eltern verschwieg ich meine Homosexualität immer, wahrscheinlich wussten sie es, aber thematisiert wurde meine Neigung nie.

Annelie, der ich natürlich auch nichts von meinen Liebeleien mit Männern erzählte, kam am 5. Juni auf dem Ostbahnhof an, um ihren Urlaub bei mir zu verbringen. Wir fuhren gleich zu mir, ich hatte gekocht. Dann legte sich Annelie hin, denn die Fahrt war anstrengend gewesen. Ich ging zur Vorstellung und kam dann um 23 Uhr nach Hause, wo meine Schwester immer noch fest schlief. Am nächsten Tag musste ich ins Theater zur Probe für ein Konzert, das in Rahnsdorf stattfinden soll. Annelie hatte gekocht, als ich nach Hause kam. Wir unterhielten uns über zu Hause und dann zogen wir in die Stadt. Ich zeigte ihr alle neuen und alten Baustellen und sie war beeindruckt. Ich fragte sie, was sie am liebsten sehen wollte. Aber sie wollte alleine losziehen und meinte: „Mach dir keine Sorgen um mich, ich finde mich schon zurecht." Als sie aber nach der abgesprochenen Zeit nicht da war, wurde ich unruhig und ging auf die Straße, um sie zu finden. Dann kam sie ganz erschöpft um die Ecke und hatte sich verlaufen. Abends gingen wir zusammen ins Theater, nahm sie mit in die Kantine, da kam Wolfgang Pohle, den sie noch von Neustrelitz aus kannte. Der setzte sich zu ihr und ich ging in meine Garderobe, um mich für die Vorstellung *Weißes Rössel* fertig zu machen.

Am Nachmittag waren wir von meiner Gesangslehrerin Christa Niko zum Kaffee eingeladen. Am Abend gab es dann Theater in der Komischen Oper, *Das schlaue Füchslein* von Janacek war auf der Bühne. Eine wunderbare Vorstellung und nicht nur Annelie war begeistert. So verging kein Tag ohne gut zu essen und viel Kultur und natürlich stellte ich meiner Schwester auch meine Freunde vor.

Am 22. August war Ende der Spielzeit. Wir machten noch eine Schifffahrt auf dem Müggelsee und einen Tag später fuhren wir gemeinsam nach Hause, denn ich hatte pünktlich meinen Reisepass bekommen. Herbert, Annelies Mann, war froh, dass sie wieder zu Hause war. Mein Bruder Leo, Papa, Mama und meine Wenigkeit fuhren dann in die Heimat meines Vaters Burgbrohl und besuchten die Verwandten. Dann ging es eine Station weiter nach Bad Godesberg zu unserer Cousine Inge, die uns gleich anbot, in ihrem großen Haus zu übernachten. Am nächsten Tag ging es auf die Godesburg zum Essen mit Inge und ihrem Mann. Am Nachmittag waren wir zum Kaffee bei einer Tante Käthe und ihrer Tochter eingeladen. Auf der Rückfahrt fuhren wir die ganze Strecke am Rhein und an der Mosel entlang. Ich fuhr nach der Tour mit dem Zug nach Bous, um die alten Kumpels zu besuchen. Erich Pfeiffer kündigte an, mich bei Gelegenheit in Berlin besuchen.

Bald darauf fuhr ich zurück nach Berlin, wo ich inzwischen auch viele Freunde hatte, die auf mich warteten. Da ist ein Wolfgang zu erwähnen, der in meiner Nähe wohnte. Den lernte ich ganz ungewöhnlich kennen, in einem Tanzcafé am Luxemburger Platz, ganz in der Nähe von meiner Wohnung. Ich war mit einem Bekannten ein Glas Wein trinken und da saß dieser Wolfgang mit zwei Damen am Tisch und trank auch Wein. Er war braungebrannt, groß und breitschultrig und hatte schmale Hüften. Ein Bodybuilder, dachte ich und schickte ihm einen Schnaps an den Tisch. Er schaute ganz entgeistert zu mir rüber. Ich hatte mir auch ein Glas Wodka bestellt. Als ich dann mein Glas hob und ihm zuprostete, dachte ich, entweder er nimmt es trotz der Damen an oder er haut mir eine runter. Er trank mit mir aus, stand auf und kam an unseren Tisch: „Kennen wir uns oder womit habe ich die Ehre?" Ich sagte ihm, dass ich ihn bewundere und er eine tolle Figur habe. Warum soll ein Mann einem anderen nicht auch ein Kompliment machen dürfen? Dann stellte ich mich vor und sagte dann keck: „Heute sind Sie ja voll besetzt, wenn Sie aber Lust auf ein Duell mit natürlichen Waffen haben, erwarte ich Sie morgen Abend nach der Vorstellung am Metropol, im Pressecafé. Es hat mich gefreut, und noch einen schönen Abend." Wir bezahlten und gingen raus. Mein Bekannter war völlig baff und meinte: „Du hast ja Mut, einen, der mit zwei Weibern da sitzt und trinkt, einfach anzusprechen." Darauf sagte ich ihm: „Wie soll ich denn sonst an solche Männer kommen. Die Sorte würde nie von sich kommen oder jemanden ansprechen. Also Lektion I, wer nicht wagt, der nicht gewinnt."

Am nächsten Abend ging ich ins Pressecafé und wer saß gleich am ersten Tisch, meine neue Eroberung Wolfgang. Wir begrüßten uns höflich, ich setzte mich zu ihm und schon kam Kellnerin Waltraud angesprungen und fragte: „Peter, wie immer?" „Nein", sagte ich ihr, „heute bitte einen Sekt, für mich und meinem Gast." Sie brachte den Sekt und gab mir noch ein Zeichen, dass ihr meine Wahl gefiel. Sie kannte mich ja ganz genau, denn wenn sie mal nicht viel zu tun hatte, hielten wir immer ein Schwätzchen.

Der Abend im Pressecafé verlief gut. Wolfgang war wirklich ein Bodybuilder und betrieb viel Sport. Er arbeitete bei einer großen Baufirma und wohnte noch bei seiner Mutter. Wir zogen am späten Abend noch in die Möwe, die er noch nicht kannte, denn dort kam man nur hinein, wenn man Kulturschaffender war oder zumindest der Gast eines Kulturschaffenden. Er staunte über die vielen bekannten Schauspieler und fühlte sich sichtlich wohl. So hatte meine Bekanntschaft ihm auch was Neues geboten und das sprach ja wieder für mich. Wir liefen in der Nacht die Wilhelm-Pieck-Straße hinunter, und als wir bei meiner Wohnung ankamen, fragte ich ihn, ob er noch Lust hätte, mit hoch zu kommen. Die Wohnung lag im Hinterhaus, drei Treppen hoch. Ich machte noch einen starken Kaffee, dann zeigte ich ihm ein paar Fotos und dann saßen wir nebeneinander. Ich fragte ihn ganz naiv: „Willst du mit hier schlafen?" Da sagte er frech zu mir: „Dafür sind wir doch jetzt hier." Seine Direktheit verblüffte mich und reizte mich ungemein. Ich zog die Couch aus und er sich, sein Körper war ein Traum, wie auf einem heutigen Poster.

Ich räumte das Geschirr noch in die Küche und dann ging es erregt ins Bett. Als ich nun da neben ihm lag und nicht wusste, wie ich ihn berühren soll, legte er sich auf den Bauch und sagte auf Berlinerisch: „Nun zeig's mir mal richtig. Bums mich richtig durch!" Ich war wie erstarrt, denn auf Anal stand ich ja nun nicht. Aber er war so männlich und ich wollte nicht versagen. Es war eine tolle Nummer.

Danach sahen wir uns öfters mal am Wochenende, gingen in die Möwe oder sonst wohin. Es gab ja so viele Möglichkeiten, wir verstanden uns gut. Er hatte später eine Freundin und dann schlief unser Verhältnis ein.

Den ganzen August durch hatten wir Probe zu der Uraufführung von *Mein Freund Bunbury* von Oscar Wilde, ein berüchtigter Homo in England und ein großer Dramatiker. Frau Morgenstern hatte die Regie und sie machte ein tolles Stück daraus. Ich durfte mit meinem Freund Heinz Schulz abwechselnd den Anthony spielen, eine schöne Rolle.

Im November hatte ich mal was Unangenehmes zu bestehen und zwar musste ich als Zeuge vor Gericht erscheinen, denn eine Bekanntschaft hatte mich in meiner Wohnung bestohlen, Sachen im Werte von 1 000 Mark West. Er schlief bei mir und wurde schon von der Polizei gesucht wegen mehrerer Delikte. Auch das gab es in meinem Leben, man kann ja nie in jemanden hinein sehen.

Am 3. Dezember war ich auf der Kreisleitung der SED bei einem Herrn Petzhold wegen Aufnahme in die Partei. Der Intendant hatte mich davon überzeugt, in die Partei einzutreten. Ich sei ein positiver Mensch und solle mich auch für den Fortschritt entscheiden. Da ich in der DDR wirklich zufrieden war und alle meine Wünsche erfüllt wurden, hatte ich mich schließlich dazu entschieden.

Die Premiere der Operette *Banditen* von von Suppé fand am 17. Dezember statt. Wieder eine große Feier im Theater und anschließend ging es in die Möwe. Dort waren alle Nachtschwärmer von Ost Berlin zugegen. Auch, wie immer, Manfred Krug, Wolf Biermann, Jürgen Frohriep, Ernst Schulz und Armin Mueller-Stahl und last but not least Reiner Schöne. Es war ein Fest der Feste, es wurde getanzt und gesoffen, was das Zeug hält und ich war mitten drin.

Am Ende des Jahres 64 feierte ich wieder in der Möwe. Fast alle anderen waren auch zugegen und um Mitternacht fielen sie sich alle um den Hals.

Das Jahr 1965 fing an, wie das Alte aufgehört hatte. Abends Vorstellung mit dem neuen Stück, Banditen. Danach ins Pressecafé, allen ein neues Jahr wünschen. Am Morgen gingen die Proben zu dem Musical *Kiss me Kate* von Cole Porter los. Dann nahm ich Gesangsunterricht bei Christa Niko, in der Musikhochschule Hans Eisler. Die Stimme musste immer trainiert werden, wie die Muskeln eines Sportlers.

Im Februar kam mein Schwager Herbert zu Besuch. Auch dem zeigte ich den ganzen Ostteil von Berlin: das Brandenburger Tor, den Treptower Park und den Flugplatz Schönefeld. Ging abends mit ihm überall hin, wo man mich kannte. Er staunte nur so und oft sagte er: „Du hast es richtig gemacht, in Gehweiler wäre dein Können verloren gegangen." Als er wieder abfuhr, bedankte er sich für den schönen Urlaub und sagte „Tschüss, bis zum Sommer daheim."

Die Zeit bis zum Sommer war gefüllt mit Proben, einer Plattenaufnahme von *Bunbury* und Fernsehaufzeichnungen. Ich hatte wirklich viel zu tun, aber es machte mir Spaß.

In meinem Sommerurlaub unternahm ich wieder einen Versuch, bei einem Theater im Westen unterzukommen. Anfang Juli sprach ich mit dem damaligen Intendanten in Saarbrücken, Wedekind. Herr Wedekind, der einen guten Kontakt zum Osten hatte, ließ mich auf der Hauptbühne vorsingen und zwar für die Operette. Ich sang „Es kommt auf die Sekunde an, bei einer schönen Frau, wer so soviel nur von Frauen versteht, der weiß das ganz genau". Danach sang ich aus *Land des Lächelns: Dein ist mein ganzes Herz*. Wedekind kam auf die Bühne zu mir und sagte: „Es hat mir gefallen, als Buffo würde ich Sie schon nehmen, aber eine Vakanz hier gibt es nicht, aber bleiben wir in Verbindung, sollte sich was ändern, lasse ich es Sie wissen."

Ein paar Tage später fuhr ich nach Heidelberg, um auch dort zu versuchen, eine Vakanz zu bekommen. Aber auch dort: für diese Spielzeit besetzt. Nachmittags fuhr ich nach Eberbach, um Familie Klein zu besuchen. Wir sprachen von alten Zeiten. Luise war in eine unglückliche Ehe geschlittert und war immer noch in Südkorea. Es war ein schöner Nachmittag und ich fuhr über Mannheim zurück, wo ich noch ein Gespräch mit der Generalsekretärin im Nationaltheater hatte. Alle versprachen am Ball zu bleiben, aber es gab keine Zusagen. Danach freute ich mich wieder auf Berlin und war glücklich zu wissen, dort gebraucht zu werden. Ich hatte wenigstens das Privileg, überall im Westen anklopfen zu können, das war damals schon viel Wert.

So fuhr ich mit der Erkenntnis, dass im Westen ein harter Konkurrenzkampf herrscht, zurück in den Osten. In Berlin gab es wieder eine Menge Arbeit für mich. Ich kann schlecht all meine Auftritte aufzählen, es waren einige und ich bekam immer wieder die Bestätigung, dass ich viel erreicht hatte.

Nun wurde ja viel in Berlin gebaut, die Kongresshalle am Alexanderplatz, das Interhotel in der Karl-Marx-Allee, dann das große Hotel Haus Berlin am Alex, mit vielen Restaurants und großer Grill-Bar, wo wir uns auch oft zum Essen trafen, das Haus des Lehrers und dann der große Fernsehturm, der hoch in den Himmel reicht und die Attraktion Ostberlins war. Wir nahmen alles in Anspruch mit einer Selbstverständlichkeit, als ob es uns gehörte. Ich war bei jeder Eröffnung und Einweihung dabei und mächtig stolz, Bürger der DDR zu sein.

Im Herbst kamen meine Schwester Annelie und Ria Haßdenteufel, eine frühere Schulfreundin, mit deren Eltern auch meine Eltern gut befreundet waren, zu Besuch. Sie war in Heidelberg bei den Amerikanern beschäftigt. Ich war froh, dass sie mich mal besuchte, um auch die Situation im Ostteil Berlins, der Hauptstadt der DDR, erleben zu können. Aber hauptsächlich, um mich auf der großen Bühne des Metropols zu erleben. Ich hatte Wochen vorher ein Doppelzimmer im neuesten Hotel, Stadt Berlin, bestellt, und auch die Aufenthaltsgenehmigung für zehn Tage besorgt. Meine Schwester konnte es kaum glauben, in so einem großen Haus wohnen zu können. Unsere Begrüßung war herzlich und ich wollte mich von der besten Seite zeigen, um auch auf Ria einen guten Eindruck zu machen.

Der Urlaub war ein riesiger Spaß, aber sehr anstrengend. Annelie und Ria hielten mich ganz schön auf Trab. Nach den zehn Tagen fuhren sie wieder zurück in den Westen. Ria war so beeindruckt von der DDR, dass sie sogar einen enthusiastischen Reisebericht darüber verfasste.

Das neue Jahr begann ich in der Möwe mit Gerhard und Manfred. Wir zogen dann noch in den Esterhazy Keller. Dort traf ich Dieter Schäfer, einen meiner großen Fans, und einen seiner Freunde. Wir hatten uns lange nicht gesehen und nun gab es viel zu erzählen. Er hatte auch einen riesigen Verschleiß an Jungens, aber er war ein toller Gastgeber. Er kannte Gott und die Welt und wenn man jemanden kennen lernte, der Dieter nicht kannte, dann war das schon ein Wunder. An Dieter denke ich immer, wenn ich irgendwo mal ein Essservice mit Zwiebelmuster sehe, denn bis zu einem Essen bei ihm kannte ich es noch nicht.

Am 19. Februar beantragte ich schließlich die Aufnahme in die Partei. Im März fuhr ich nach Jahren zum ersten Mal zu meiner guten Tante Lissi. Als sie die Tür öffnete, erkannte sie mich erst gar nicht, weil ihr Augenlicht so schlecht geworden war. Aber als ich sie umarmte, rief sie: „Peter, mein Peter warum kommst du erst jetzt? Ich habe immer auf dich gewartet. Bei mir hat sich soviel getan, in meinem Garten steht nun ein großes Gotteshaus und der Herr hat mich erhört. Auch dass ich dich noch einmal sehen wollte." Ich nahm sie nochmals in den Arm und versicherte, sie nie vergessen zu haben. Sie freute sich darüber, dass ich an einem großen Theater war und soviel im Fernsehen zu sehen war. Sie machte gleich einen Kaffee und holte von der Ecke etwas Streuselkuchen, den ich so gerne aß. Nachmittags besuchte ich die alten Kollegen, die noch da waren, ging zu meiner früheren Lehrerin Frau Kaltenbrunner, die sehr krank war, und dann noch in mein geliebtes Café Am Markt, wo immer noch die gleichen Kellner arbeiteten. Als ich abends nach Berlin zurückfuhr, drückte Tante Lissi mir 1 000 Mark in die Hand, mit der Bitte sie noch mal zu besuchen.

Am 20.April wurde ich in einer Feierstunde als Kandidat der SED aufgenommen. Meine Bürgen waren Heinz Schulz und Christa Niko, die mein großes Vertrauen genossen.

Nun kamen die ersten Bühnenproben für das Musical *My fair Lady*, in dem ich einen der vier Cockneys sang. Es war für mich das stärkste Stück überhaupt.

Im April flog der gesamte Chor des Metropols für drei Tage nach Prag, um sich dort *Can-Can* von Cole Porter anzusehen und die Goldene Stadt zu besichtigen. Auch dort machte ich eine interessante Bekanntschaft. Am Abend des ersten Tages standen meine Kollegen und ich an der Kasse des ABC Operettenhauses, da sprach mich ein Herr an. Er war wohl ein paar Jahre älter als ich und fragte, ob wir aus Berlin kämen. Er würde dort demnächst einen Film drehen und es wäre gut, schon vorher Berliner kennen zu lernen. Ich dachte mir nichts dabei, plauderte kurz mit ihm und ging dann mit den anderen in die Vorstellung von *Can-Can*. Das Ballett war großartig. Nach zwei Stunden kamen wir wieder aus dem Theater und derselbe Herr sprach mich wieder an. Ob mir die Vorstellung gefallen habe? Ich bejahte und da stellte er sich als Franz Melnik, Leiter des eben bewunderten Balletts vor. Er fragte, ob ich Lust hätte, mit ihm loszuziehen. Ich ließ mich nicht lang bitten und Franz lud mich zunächst zum Essen ein.

Wir gingen in ein altes wunderschönes Lokal in der Altstadt und aßen Prager Schinken mit Weißbrot und tranken einen himmlischen Weißwein. Immer wieder kamen Leute an den Tisch und begrüßten meinen Gastgeber und einer ließ sich eine Autogrammkarte unterschreiben. Ich dachte: Mein

Gott, der ist ja bekannt wie ein bunter Hund. Wir verließen das Lokal und fuhren mit einem Taxi zu mehreren Bars und Etablissements, die kein Tourist zu sehen bekommt. Überall wurde er mit Handschlag begrüßt, kaufte bei dem fliegenden Blumenverkäufer Rosen und verschenkte sie an die Kellnerinnen. So wurde es drei Uhr, ich hatte einen dicken Kopf und sehnte mich nach meinem Bett. Die Kollegen und ich wohnten alle in einem Riesenhotel am Karlsplatz. Wir fuhren also dort hin und ich wollte mich gerade bedanken und verabschieden, da sagte Franz zu mir: „Ich würde gerne mit kommen in dein Zimmer." Zum Glück hatte ich ein Einzelzimmer.

Franz ging dort an die Minibar, holte einen Piccolo heraus, schenkte zwei Gläser ein und sagte zu mir: „Nun müssen wir auf ‚Du und Du' trinken, was man ja in der Öffentlichkeit nicht überall tun kann."

Ich stieß mit ihm an, trank und er nahm mir das Glas aus der Hand und küsste mich so wild, dass mir Hören und Sehen verging. Dann zog er sich aus und forderte mich dazu auf, das Gleiche zu tun. Es ging alles so schnell, schon standen wir unter der warmen Dusche, er massierte meinen Rücken und kniete sich hinter mich und leckte meinen Anus. Das war neu für mich, aber es gefiel mir. Dann legten wir uns aufs Bett, verschafften uns gegenseitig einen Abgang und schliefen ein.

Am Morgen gingen wir gemeinsam zum Frühstück und alle wunderten sich. Meine guten Kumpels sagten nur: „Du hast ja wieder den Vogel abgeschossen." Ich war ja froh, dass mir so was passiert, denn irgendwo hinzufahren, einen Kasten Pils mit ins Zimmer zu nehmen und sich die Hucke voll zu saufen, das liegt mir nicht. Zum Glück begegneten mir immer nette Menschen wie Franz, so dass ich andere Abendbeschäftigungen hatte.

Franz war verheiratet, hatte einen Sohn, wie er mir erzählte und seine Frau, eine Kinderärztin, käme damit klar, dass er ab und zu mit Männern ins Bett ging. Bevor er ging, verabredeten wir uns noch für den Abend. Tagsüber besichtigte ich mit meinen Kollegen die Stadt, die wirklich wunderschön ist. Wir besuchten das Schloss und die Altstadt mit den engen Straßen und kleinen Häuschen, bei denen man aus der Regenrinne trinken könnte, und unternahmen eine Fahrt auf der Moldau.

Abends traf ich mich dann mit Franz. Wir gingen in ein Café, in dem schon Mozart seinen Kaffee getrunken hatte. Wie unterhielten uns und

Franz berichtete über das Filmprojekt in Berlin, besser gesagt Potsdam. Der Film hieße *Reise ins Ehebett*. Ronny Kurz würde mitspielen, den Franz auch schon einmal vernascht habe. Danach würde Franz nach Las Vegas in die USA fliegen, um die Choreografie für eine Frank-Sinatra-Show zu machen. Vom Café gingen wir zum Operettenhaus, wo er mir sein Ballett vorstellte. Das war schon alles ziemlich beeindruckend. Am nächsten Tag flogen die Kollegen und ich wieder zurück nach Berlin.

Im Juni sprach ich mit Sekretär Ruhmke wegen der Fahrt nach Hause und einer Einfuhrgenehmigung für einen Wagen. Meine Tante wollte mir einen Gebrauchtwagen schenken, einen Simca 1000.

Am 2. Juli wurde meine Aufnahme in die SED von der Kreisleitung Stadtmitte bestätigt. Später fand die Feierstunde zur Übergabe des Dokuments, der Bestätigung meiner Parteimitgliedschaft, mit Paul Verner statt. Ich war mächtig stolz, zu ihnen zu gehören. Aber die Pflichten waren mehr geworden. Ich musste zu Versammlungen gehen, in Kinderferienlagern aktiv sein, im Theater die Kasse der Gegenseitigen Hilfe leiten und vieles mehr.

Im selben Monat fuhr ich in den Urlaub nach Hause. An und für sich war alles wie immer, Opa und Mama freuten, sich, mich zu sehen, mit Papa gab es endlose Diskussionen, über Politik wurde bei uns immer heftig gestritten. Aber dann hatte noch meine Tante ihren Besuch angekündigt.

Mama, Leo und ich holten Tante Anna, Schwester Maria Valentina aus Amerika, vom Flughafen ab. Es war ein langes ungeduldiges Warten auf einer Terrasse beim Tower, bis dann endlich die Maschine aus Philadelphia landete. Wir begrüßten meine Tante freudig. Sie sah ziemlich mitgenommen aus und wollte sofort nach Hause. Also fuhren wir direkt nach Gehweiler, wo wieder eine große Willkommensfeier wartete. Die ganze Verwandtschaft hatte sich im Elternhaus, der Wirtschaft Cullmann, versammelt und die ganze Lokalprominenz, Pfarrer Bürgermeister Landrat und eine Kapelle von Hirstein waren zur Begrüßung gekommen. Nach dem Spektakel wollte Tante Anna nur ruhen. Sie hatte uns verschwiegen, dass sie Leukämie im Endstadium hatte. Trotz ihrer Krankheit versuchte sie, uns nicht zu belasten und tat so, als ob alles in Ordnung sei. Sie bezahlte mir sogar mein erstes eigenes Auto, einen Simca 1000. Was war ich stolz ...

Aber bald konnte Tante Anna die Schmerzen nicht mehr ertragen und musste ins Krankenhaus. Sie lag im Marienkrankenhaus, das von ihren Mitschwestern, den Steyler Nonnen, betrieben wurde. Sie bekam ein Einzelzimmer, doch das Krankenhaus war eine Reparaturbaustelle und den ganzen Tag donnerten die Maschinen. Meine Tante bat meine Mutter, sie solle sie heim holen. Meine Schwester Annelie pflegte sie dann, so gut sie konnte. Ich saß oft bei meiner Tante am Bett und sie sagte: „Gell Peter, wenn es mir wieder besser geht, fährst du mich an den Rhein, den möchte ich nochmal sehen" Ich verabschiedete mich am 11. August und mein Herz schrie nach Gott, als ich Tante Anna noch mal drückte und gegen Osten fuhr. Wie gerne hätte ich ihren letzten Willen erfüllt. Auch wollte sie mich immer live auf der Bühne erleben. Doch sie starb am Tag nach ihrem 64. Geburtstag im Oktober. Gott hab' sie selig.

Als ich nach der ersten langen Fahrt mit meinem neuen Auto meine Wohnung in Berlin betrat, standen wunderschöne Blumen auf dem Tisch, der mit Kaffee und Kuchen gedeckt war. Das hatte meine Nachbarin Frau Kristen für mich getan, die Wohnung tip top in Ordnung gebracht, Gardinen gewaschen, Fenster geputzt. Alles paletti. Ich hatte ihr die Schlüssel gegeben, um meine Blumen zu gießen, was ich auch bei ihr tat, wenn sie mal ein paar Tage bei ihrer Tochter in Westberlin weilte. Ich brachte ihr einige Präsente mit, doch sie wehrte ab: „Nein Herr Merten, Sie sind immer so gut zu mir, besorgen Karten fürs Theater, bringen mir die schweren Kohlen nach oben und so weiter." Das war der Osten, dort gab es noch Nachbarschaftshilfe. Die währte bis Frau Kristen später in ein Altenheim Mahrzahn einzog.

Die Spielzeit begann und am 9. September war die wunderbare Premiere von *My fair Lady*. Ein Riesenerfolg und es gab monatelang keine Karten. Die *Lady* lief weit über 1 000 Mal ausverkauft über die Bühne. Der berühmte Kritiker Luft im Westen behauptete, es sei besser als in Westberlin und selbst in den USA gewesen. Das soll ja was heißen.

Etwa zu der Zeit lernte ich den Pianisten Claus Teufel kennen, der in einem Schrammelorchester in Bars und Tanzcafés am Flügel saß. Er war auch einer, der „verzaubert" war, sprich schwul, ein toller Künstler. Der schlug vor, dass wir einige Schlager zusammen einstudieren sollten und sie dann mit einer kleinen Band zu präsentieren. Der Vorschlag gefiel mir und so begannen wir zu proben. Der erste Auftritt sollte im neu eröffneten Lindencorso, Ecke Unter den Linden und Friedrichstraße, stattfinden. Das Lindencorso war ein Hotel mit Restaurant, Tanzcafé und einer tollen Bar.

Von da an ging ich jeden Abend nach der Vorstellung, sofern ich Dienst hatte, ins Lindencorso, hörte mir die Titel, die ich singen sollte, genau an und Claus studierte zu Hause mit mir die Songs am Klavier ein. Mir flatterten bei der Premiere wieder gehörig die Nerven. Nachdem ich ein paar Wodka intus hatte, sagte der Bandleiter, Herr Kramme an: „Meine Damen und Herren, heute Abend hören sie zum ersten Mal einen Sänger aus dem Metropol, Peter Merten, der mit uns musiziert."

Ich kam mit Herzrasen auf das Podium vors Mikrofon und sagte: „Ich singe nun das *Vagabundenlied*, das mir soviel Glück gebracht hat." Dann ging's los, Claus griff in die Tasten. Meine Stimme klang so laut und fremd für mich, „Ein kleines Lied auf allen Wegen, mehr hab ich nicht ich bin ja nur ein *Vagabund* ..."

Alle Gäste strömten auf die Tanzfläche und lächelten mir zu, der Song war zu Ende und die Tanzenden spendeten einen freundlichen Applaus. Dann sang ich den Grand Prix Siegertitel von Udo Jürgens *Merci Chérie*, da tobten die Leute. Claus und Herr Kramme gaben mir ein Zeichen – wunderbar. Dann eine Tanzpause. Ich ging mit Claus an die Bar und wir stießen mit einem Glas Sekt an und Claus sagte: „Nun kommt viel Arbeit auf uns. Du musst unser ganzes Repertoire studieren, mit fünf oder acht Titeln kommst du nicht weg."

Nach der Pause sang ich *Capri c'est fini* und *Strangers in the Night* von Frank Sinatra. Der Abend wurde ein voller Erfolg. Am darauf folgenden Samstag war das Haus voll und ein Bild von der Band und mir hing am Eingang vom Lindencorso. Viele Kollegen, die aus Neugier gekommen waren, waren durchaus angetan. Das Jahr ging zu Ende und ich sang mich an Silvester nach der Aufführung der *Lady* im Lindencorso in die Herzen des Publikums. Danke Claus für deine Hilfe.

Das Jahr 1967 begann, wie das alte Jahr aufgehört hatte. Nach der Vorstellung von *My fair Lady* ging ich ins Lindencorso und lernte die Schlagersängerin Vera Schneidenbach kennen, die an diesem Abend auch sang. Dann kam ein junger Mann, der beim Rundfunk arbeitet, Rolf Müller. Mit dem hatte ich mich den ganzen Abend beschäftigt und er wurde auch mein Opfer, er war sehr nett und wir verstanden uns soweit gut. Gegen 1 Uhr sang ich drei meiner Titel und ging danach mit Rolf zu mir. Dann lief das immer so mit dem Lindencorso. Jeden Abend brachte mein Hobby mir 30 Mark.

Am 14. Januar war Premiere von *Die Keusche Susanne*, ich spielte einen Studenten. Der Kollege Reiner Schöne hatte den ursprünglichen Termin aus egoistischen Gründen platzen lassen, um in München die Hauptrolle in *Hair* anzunehmen. Er ließ 600 Kollegen im Stich. Ein Kollege musste in drei Tagen die Rolle lernen und übernehmen. Das war sehr hart für das gesamte Ensemble. Der Schöne ist später im Westen mit seiner Drogenabhängigkeit bestraft worden. Heute hat man ihn wieder als alten, verlebten Mann auf der Mattscheibe.

Zwei Tage nach der Premiere fuhr ich nach Neustrelitz, Bekannte besuchen, besonders Tante Lissi. Sie wurde immer gebrechlicher und ich konnte so wenig für sie tun. Im Hause wohnte ein Ehepaar, das sich um sie kümmert. Sie ging noch jeden Morgen in die Kirche in ihrem Garten.

In Karlshorst sang ich bei der Konzert- und Gastspieldirektion vier Schlager. Ich sollte auf eine Tournee gehen, da ich aber am Metropol fest angestellt war, ging das nicht. Mein Plan war, in diesem Jahr nicht nach Hause zu fahren, sondern das sozialistische Ausland kennen zu lernen. Ich machte an der Humboldt-Universität einen Schnellkursus zum Reiseleiter. Meine erste Fahrt ging mit dem Bus nach Polen, in die Städte Szczecin, Kolobrzeg und Sopot eine wunderbare Stadt an der polnischen Ostsee. Von dort ging es auf die Halbinsel Hel und zurück nach Marienburg, wo früher die Kreuzritter hausten und ihre Feldzüge planten. Polen war wirklich eine Reise wert.

Dann wurde ich eingesetzt, einen Zug mit 300 Touristen nach Budapest zu begleiten. Ich musste dafür sorgen, dass die Leute gut untergebracht waren und dass das Preisverhältnis stimmte. Wir waren im Zentrum im Hotel Gellert untergebracht, mit großem Thermalbad und einem der schönsten Cafés von Budapest. Jeder konnte seinen Tag verbringen, wie er wollte. Es wurden Busrundfahrten angeboten und es war nicht weit zu Fuß auf die wunderbare Margaretheninsel mit FKK-Strand und tollen Bädern. Im Hotel schenkten mir die Keller so viel Aufmerksamkeit, dass ich völlig verwirrt war. Mal gab's einen Tokayer, mal gaben sie mir einen Espresso oder einen Schnaps aus. Ich fragte dann einen, der ganz gut Deutsch sprach, wieso sie so um mich herum sprängen. Der Kellner sagte mir, ich wäre der erste deutsche Reiseleiter, bei dem es keine Sonderwünsche gäbe. Käme ein Bus aus Westdeutschland, würden sie überhäuft mit Reklamationen, einem sei das Zimmer zu laut, dem anderen zu klein, dem nächsten zu hoch. Deshalb schätzen die Kellner, dass ich so ruhig war, was mich natürlich freute.

An einem Abend ging ich in das berühmte Museumscafé, das ein berühmter Treffpunkt der internationalen Homos war. Dort setzte sich ein besonders hübscher Kerl an meinen Tisch, der fast blond und nicht schwarzhaarig wie die meisten Ungaren war. Er sprach etwas Englisch und ein wenig Deutsch, aber was wir uns zu sagen hatten bedurfte keines Dolmetschers. Wir gingen nach ins Hotel und machten Liebe. Beim Abschied wollte ich ihm einen Schein geben, da war er ganz entrüstet, gab mir einen Kuss und verschwand. Am nächsten Morgen sagte mir ein Kellner beim Frühstück, er hätte mich gestern mit dem beliebtesten Stricher der Stadt gesehen. Ich sagte verblüfft, dass er aber gar kein Geld genommen habe, und der Kellner meinte, dass er mich dann wohl sehr gemocht haben müsse.

Wenn ich heute über solche Begegnungen schreibe, kommt es mir vor, als wenn ich es nur so erzähle. Aber ich habe alles, so wie ich es wiedergebe, erlebt und nichts dazu erfunden. Eher was weggelassen, so wahr mir Gott helfe. Ich war eben ein Verzauberter.

Von Budapest aus fuhr ich mit einigen von der Reisegruppe an den Plattensee Balaton. Ich war entzückt von der Landschaft und dann noch das herrliche Wetter, der See war bestickt mit Segelbooten. Die Strände waren voller Menschen, meistens aus Deutschland – Ost und West. Die Westler waren arroganter, wohlgemerkt nicht alle, aber viele. Sie glaubten, dass sie sich mit Westmark alles kaufen könnten.

Am nächsten Tag fuhr ein großer Teil der Gruppe mit in die Puszta, dort in der Weite, die wundervollen Pferde. Am 10.August ging es ohne eine Panne zurück nach Berlin und alle, mit denen ich noch im Zug sprach, waren voll des Lobes.

Am 15. begann die neue Spielzeit, vorbereitet wurde der *Bettelstudent*, eine schwungvolle Operette von Karl Millöcker, *Ach ich hab sie ja nur auf die Schulter geküsst*.

Am 9. September kamen meine Mutter und Christel zu Besuch und ich hatte wieder alle Hände voll zu tun, um es ihnen so schön wie möglich zu machen. Ich freute mich, die beiden bei mir zu haben und ich sang ja auch so oft in der *Fledermaus*: „Ich lade gern mir Gäste ein." Wie immer unternahmen wir viel, gingen ins Kino und Theater, besuchten meine Bekannte, besichtigten Sehenswürdigkeiten und gingen schick essen. Der Abschied fiel mir mal wieder schwer.

Ich sang natürlich immer noch im Lindencorso. Eines Abends kam ein unbekannter Sänger, der für vier Wochen einen Vertrag in der benachbarten Nachtbar hatte, ins Tanzcafé und bewunderte meinen Gesang. Es war Roberto Blanco. Wenn ich ihn heute im Fernsehen bemerke, stellte ich fest, dass er sich künstlerisch nicht entwickelt hat, sondern immer noch wie vor 50 Jahren singt, *Ein bisschen Spaß muss sein*. Und sein Deutsch ist katastrophal. Aber so lange diese Pseudo-Künstler im Fernsehen Play-back singen dürfen, fällt es den Leuten gar nicht auf. Der Masse kann man wirklich alles vormachen, wenn man nur aussieht wie Hansi Hinterseer. Wenn ich den im Rundfunk höre, zieht es mir die Schuhe aus. Und mit dieser banalen Kunst macht er Millionen. Dabei haben wir großartige Sänger an den Bühnen, doch die bekommen solche Gelegenheiten natürlich nicht, weil sie keine Sportkarriere hinter sich haben. Dabei habe ich zum Beispiel fünf Jahre Gesangsunterricht genommen und musste meine Stimme bis zu meiner Pensionierung ständig trainieren. Aber lassen wir das Thema.

Nun komme ich auf eine andere Schiene, denn ich war an einem Nachmittag in meinem Pressecafé und saß mit vier Spitzensportlern am Tisch.

Die vier Jungs unterhielten sich wie gewöhnlich über jede Frau, die den Laden betrat, und machten ihre Witze. Auf Nachfrage des Boxers Otto, was ich so lieben würde, sagte ich knallhart, um zu provozieren: „Ich habe da keine Probleme, denn ich finde das Stärkste, was es gibt, ist eine Männerfreundschaft, die auch nichts auseinander bringt, schon gar keine Frau." Dann sagte ich noch mit Nachdruck: „Männerliebe ist die Reinste!" Den

Vieren stand der Mund offen und eine heftige Diskussion ging los. Erst meldete sich der Boxer Otto und sagte, er stimme mit mir überein und wäre interessiert, mich näher kennen zu lernen. Die anderen hielten sich zurück. Nun sagte mir der Fußballspieler Boris: „Ich bin schon so lange mit Otto befreundet und nichts kann sie trüben." Er meinte die Freundschaft. Nun hatte ich wie eine Wespe in das Befinden dieser Typen gestochen. Sie wunderten sich über mich und gleich fingen sie an, unsicher zu werden und ich konnte spüren, dass ich sie auf dem rechten Fuß ertappt hatte. Ich hatte im Lauf der Wochen Sex mit Dreien der Sportler. Nur Otto blieb standhaft.

Nach dem Gespräch mit ihnen an diesem Tag musste ich zum Dienst und sagte zu Boris neben mir: „Wenn du mehr über diese Dinge wissen möchtest, kannst du mich nach der Vorstellung um 22 Uhr hier abholen." Ich rief die Kellnerin Traudel und bestellte bei ihr guten Cognac für die vier Herren, sagte „Auf Wiedersehen" und ging ins Theater.

Im Theater gab es wie immer irgendeinen Zoff, mal wurde über den Probeplan oder über die Besetzungen gemeckert. Etwas war ja immer etwas nicht in Ordnung. Ich zog mich in die Maske zurück und ließ mich fertig machen für den Anthony, denn es kam *Bunbury* zur Aufführung.

Ich schminkte mich nach der Aufführung gerade ab, da kam ein junger Student der Mathematik zu mir und wollte wissen, ob der Tänzer Kaminski schwul sei. Ich war einerseits erschrocken, dass er ausgerechnet mich fragte, andererseits war ich auch ziemlich erbost. Er sagte, er habe ihn zu einem Drink eingeladen und er wüsste nicht, wie er sich verhalten sollte. Da sagte ich ihm: „Wenn dir nichts daran liegt, sage dem Kollegen einfach ‚Nein, ich habe schon was vor', aber wenn du neugierig bist, frage ich dich, ob du mit mir einmal einen trinken gehst." Er bejahte das sofort. Dem Kerlchen wollte ich wohl beweisen, dass er auch kein Saubermann war. Wir verabredeten, dass er mich ansprechen würde, wenn er das nächste Mal im Theater war, wo er bei der Technik half.

Ich schminkte mich endlich ab und ging erwartungsvoll ins Pressecafé, um nach Boris zu suchen. Der war nicht da, aber Traudel brachte mir was zu trinken und einen Zettel auf dem stand: „Komme etwas später, komme aber bestimmt." Eine halbe Stunde verging, da brachte die Drehtür des Pressecafés Boris zum Vorschein. Ich bezahlte gleich und verschwand mit ihm in den Esterhazy Keller. Dort aßen wir eine Kleinigkeit und tranken ein Glas Wein. Mittlerweile war es schon 24 Uhr und ich schlug vor, zu mir zu fahren. Also ins Auto und ab in die Wilhelm Pieckstr. 94. Als wir durch den Torbogen in den Hinterhof gingen, fasste Boris mich an der Hand, drückte mich gegen die Wand und küsste mich so gewaltig, dass er mir alle Winde aus den Segeln nahm. Er war einer der schärfsten Liebhaber, die ich kennen lernte, und das soll was heißen. Boris war verheiratet und hatte schon zwei Kinder.

Am 24. November spielte ich in dem Fernsehfilm bei der DEFA Babelsberg *Treffpunkt Genf* den Empfangschef. Regisseur war Rudi Kurz, unter dessen Regie ich im Laufe der Jahre viele Filme machte.

Eines Abends, als ich die Kantine verließ, stand der Student der Mathematik auf dem Flur und fragte mich, ob ich denn heute Zeit hätte für ihn. Da ich keinerlei dringende Dinge zu erledigen hatte, schlug ich ihm vor, in die Möwe zu gehen, da wäre ja immer was los. Ich hatte keinen Bock, gleich wieder Verführer zu spielen. In der Möwe tönte es aus allen Ecken: „Hallo Peter, warst aber lange nicht da!" Das war mir peinlich und ich wäre am liebsten gleich wieder gegangen, aber ich wollte Gerhardt, so hieß der Knabe, nicht gleich denn Abend vermiesen. Also blieben wir. Wir tranken eine Cola mit Whiskey. Ich wagte ein Tänzchen mit einer Kollegin, so gegen 1 Uhr machte ich Gerhardt den Vorschlag, nach Hause zu fahren. Im Auto fragte ich ihn, wo ich ihn hinbringen sollte, er wohne in Weißensee und da fuhr keine S-Bahn mehr hin. „Gut, dann kommst du mit zu mir." Bei mir angekommen fand er meine Wohnung gemütlich, ich kochte einen Kaffee und zog danach meine berüchtigte Schlafcouch aus. Ich hatte schon oft erlebt, dass die, die Homosexualität vehement ablehnten, die Heißesten im Bett waren. Gerhardt jedenfalls fand Gefallen daran und ich musste ihm sagen, dass es nur eine einmalige Sache gewesen war.

Ab dem 15 November nahm ich Gesangsunterricht zur Kontrolle der Stimme bei Frau Inge Walter, die auch an der Hochschule lehrte. Sie wohnte in meiner Nähe in der Chausseestraße und ich kam gut mit ihr klar. Die Stunde kostete 15 Mark und das zweimal pro Woche, war erschwinglich.

Am Tag vor Heiligabend fuhr ich mit meinem weißen Simca und mit dem Fußballer Boris nach Neustrelitz und mietete uns ins schöne Hotel Haus der

Werktätigen ein. Ich wollte uns beiden ein Weihnachtsgeschenk machen. Wir fuhren mit Blumen und einem Geschenk zu meiner Tante Lissi, wünschten ihr ein frohes Fest, und dass sie noch lange auf dieser Erde weile. Sie gratulierte mir zu meinen Fernseherfolgen. Sie schenkte mir wieder eine Kiste mit alten Büchern, die ich bis heute noch in Ehren halte.

Ich zeigte Boris die Umgebung von Neustrelitz, den schönen See und wir fuhren ins Café Am Markt, damals meine gute Stube. Da erinnerte ich mich an all die schönen Stunden, die ich dort mit Freunden verbracht hatte.

In meiner Zeit in Neustrelitz war alles noch viel unkomplizierter gewesen und ich frage mich, warum.

Abends ging es dann ins Hotel, wir aßen dort zu Abend und um 20 Uhr begann im großen Saal der Tanz. Da ich ja ein großer Tänzer war, holte ich mir eine Dame zum Tanzen und wir zwei schwebten über das Parkett. Boris kümmerte sich auch um eine Dame. Der Abend war im Grunde schnell vorbei, um 1 Uhr war Zapfenstreich und wir zogen uns in unser Zimmer zurück. Wir gingen noch beide in die Wanne, dann ins Bett – Boris war unersättlich.

Am Heiligen Abend fuhren wir nach Berlin zurück, ich setzte Boris an seiner Wohnung ab und gab ihm noch ein paar Geschenke für seine Kinder mit, die ich im Auto versteckt hatte.

Weihnachten bekam ich viele Päckchen von zu Hause und von der Familie Klein. Abends klopfte ich bei meiner Nachbarin Frau Kristen, rief sie zu mir rüber und trank mit ihr, die ja auch alleine war ein Glas Sekt, und beschenkte sie mit Pralinen und Kaffee aus dem Westen. Sie hatte Tränen in den Augen, weil ihre einzige Tochter, die im Westen der Stadt wohnte, nicht mal eine Karte für ihre Mutter übrig hatte.

An den beiden Festtagen hatte ich Vorstellung. Am ersten Feiertag hatte mich außerdem Christa Niko zum Essen eingeladen, es gab Rinderroulade, Klöße und Rotkraut, Wein und anschließend einen Schokopudding mit Erdbeeren und Sahne. Dann musizierten wir zusammen, und sangen einige bekannte Duette. Am nächsten Tag sollten wir beide zu Traudel nach Pankow zum Essen kommen, aber ich bekam Besuch von einem langjährigen Freund Erich Peiffer aus meinem Geburtsort Bous an der Saar. Erich war früher sehr in mich verliebt gewesen und wir hatten auch Sex miteinander gehabt.

Inzwischen hatte er den Hof seines Vaters übernommen, war verheiratet und hatte drei Kinder. Aber er war nicht glücklich. Er blieb fünf Tage bei mir und ich bemühte mich, ihm eine schöne Zeit zu machen. Wir führten lange Gespräche und er erzählte, dass er immer noch an mir hänge. Sein Vater habe sein Leben lang ein Verhältnis mit einem anderen Mann gehabt. Die Familie, besonders natürlich Erichs Mutter, hatte sehr darunter gelitten. Aber heute, sagte Erich, könne er seinen Vater endlich verstehen. Eine Beziehung zu einem Mann sei etwas ganz Besonderes. Ich war über seine Offenheit ziemlich erstaunt, denn früher in Bous hatte ich schon Gerüchte über seinen Vater gehört, aber Erich hatte nie ein Wort darüber verloren. Er sagte: „Du lebst hier ja wirklich schön und kannst deine Träume ausleben, ich dagegen, mit Hof, Frau und Kindern, lebe richtig isoliert."

Erich fuhr am 30. wieder nach Hause, sehr traurig, denn ich konnte seine Gefühle nicht erwidern. Es war schwer für mich, ihn abzuweisen, und ich versicherte ihm, trotzdem ein guter Freund zu bleiben. Ein Jahr später starb er und ich machte mir Vorwürfe, ihn nicht mal beim Abschied gedrückt zu haben. Wie muss er gelitten haben.

In Teufelein mit Chick

Den Jahreswechsel verbrachte ich zu Hause und ging nicht mal in die Möwe, wo alle sich trafen. Das Jahr 1968 brachte mir so viel Glück, dass ich es heute nicht mehr ganz nachvollziehen kann.

Als Erstes spielte ich eine wichtige Nebenrolle in dem DEFA-Film *Teufeleien mit Chick* unter der Regie von Karl-Hein Boxberger.

Im März hatte ich ein Fotoshooting für Plakate und Werbebroschüren der Aktiengesellschaft Mitropa, die Speise- und Schlafwagen betrieb. Mein Bild hing also plötzlich in allen Bahnhöfen der DDR.

Eine Woche vor Ostern saß ich mit ein paar Kollegen, Musikern vom Friedrichpalast, im Pressecafé, trank einen Kaffee und diskutierte über dies und das. Das Café war proppenvoll, nur ein Stuhl an unserem Tisch war noch frei. Da kam eine stattliche, gut aussehende Dame im schwarzen Lederkostüm mit ebenso schwarzen Haaren herein und sah sich nach einem Platz um. Meine Kollegen sagten gleich: „Hoffentlich kommt die an unseren Tisch." Ich war weniger begeistert: „Wieder die alte Masche, kommt aus dem Westen, um zu zeigen, wie reich sie ist." Ich hasste so was wie die Pest. Ich hatte es kaum gesagt, schon stand sie an unserem Tisch und fragte mich: „Ist dieser Platz noch frei?" Einer der Musiker sprang auf und meinte: „Natürlich, nehmen Sie bitte Platz." Ich wand mich ab, um mein Desinteresse zu bekunden. Die Dame in schwarz bestellte Kaffee und Käsekuchen. Ohne Sahne – sie sei schon fett genug.

Dass sich die Dame ausgerechnet zu uns setzte, war wirklich ein fantastischer Zufall. Ich wollte mich ja zunächst nicht mit ihr beschäftigen, aber dann sagte sie, dass sie das erste Mal im Osten sei. Sie wolle unbedingt in die berühmten ostdeutschen Theater gehen. Da wurde ich natürlich aufmerksam und empfahl ihr *My Fair Lady* im Metropol. Sie wollte schon ablehnen, weil sie schon in Westberlin in dem Musical gewesen sei, aber da packte mich der Ehrgeiz. Ich überredete sie und flitzte dann schnell zum Metropol, um noch irgendeine Karte zu ergattern. Das Stück war ausverkauft, aber ich bekam von der Kollegin an der Kasse eine Karte für den Arztsitz. Dritte Reihe, ein sehr guter Platz.

Stolz ging ich ins Café zurück, legte der Dame die Karte auf den Tisch und sagte: „Ich wünsche Ihnen dann einen vergnüglichen Abend!" Schon zückte sie ihren Geldbeutel und fragte, was ich dafür bekäme. – „Nichts", erwiderte ich. „Es ist eine Freikarte." – „Nein, das kann ich nicht annehmen. Das glaubt mir keiner zu Hause, kaum im Osten und dann eine Theaterkarte frei, wo die doch so teuer sind im Westen." Sie wollte nun unbedingt was für unseren Tisch bezahlen. Aber alle lehnten es, wenn auch mit schwerem Herzen, ab. Ich musste dann gehen, da ich mich für meine Rolle im *My fair Lady* fertig machen musste. Aber das sagte ich natürlich nicht und ließ die Dame aus dem Westen im Ungewissen.

Die wollte mir noch unbedingt irgendeinen Gefallen tun und war sehr beharrlich. Da erklärte ich ihr, dass ich einen crèmefarbenen Simca fahre, er habe eine Roststelle und sie könne mir eine Spraydose besorgen, aber nur gegen Bezahlung. Mit diesen Worten verabschiedete ich mich. Sie rief mir hinterher: „Wann und wo wollen wir uns dann treffen?" Ich schlug ihr vor, um 12 Uhr im Restaurant Lindencorso auf mich zu warten. Ich zog los in die Garderobe und die Musiker zum Friedrichpalast. Allein das Gefühl, der Dame die Karte besorgt zu haben und dass sie mich nun live auf der Bühne erleben würde, war grandios. Ich kannte dieses Mitleidsgefühl der Westdeutschen, die alles mit Geld regeln wollen. Wir im Osten hatten mehr Respekt verdient.

Am nächsten Tag fuhr ich so gegen 12 Uhr ins Lindencorso. Als ich ins Restaurant kam, saß die Dame gleich am ersten Tisch. Im grünen Lederkostüm sah sie aus wie eine Filmdiva. Um sie herum standen zwei große Tüten aus dem Intershop. Ich begrüßte sie und sie meinte: „Sie sind mir ein Schlingel, mir nicht vorher gesagt zu haben, dass Sie mitwirken. Nun, ich muss Ihnen wirklich zugestehen, es war eine tolle Vorstellung und meinem Empfinden nach zehn Mal besser als die im Theater des Westens."

Dann schlug sie mir vor, die Tüten ins Auto zu bringen. Sie habe nicht die genau Farbe meines Autos gewusst und deshalb gleich drei verschiedene Spraydosen gekauft. Außerdem hatte sie noch eine Stange Zigaretten, Schokolade und eine Flasche Cognac für mich gekauft. Ich wollte ablehnen, ich sei Nichtraucher und würde auch nicht in Mengen trinken. Das ließ sie nicht gelten, ich hätte ja sicher Freunde, denen ich etwas Gutes tun könne. Da stecke ich in der Zwickmühle, ich wollte mich nicht kaufen lassen.

Gut, dann machte ich im Gegenzug den Vorschlag, mit meinem Simca auf die Fischerinsel in eines der neuesten und schönsten Restaurants zu fahren und sie zum Essen einzuladen. Wir fuhren dort hin und bekamen einen schönen Tisch in der Nähe des Klavierspielers, der für die Tischmusik sorgte. Wir aßen das Teuerste auf der Karte, Seezunge mit Salzkartoffel und Grünem Salat. Preis 12,50 Mark. Da sagte die Dame, deren Namen ich immer noch nicht kannte: „Das kostet bei uns, je nach Lokal, das drei- bis vierfache!" Nach dem Essen stellten wir uns einander endlich vor, denn mit wem ich da gerade gegessen hatte, wusste ich zu dem Zeitpunkt nicht. Die Dame aus dem Westen hieß Lieselotte Brachetti und kam aus Essen. Ihr Mann war gerade in Hongkong und kaufte für Karstadt Ware ein. Wir erlebten dann noch eine kleine Überraschung, als wir feststellten, dass sie Verwandte in St. Wendel hatte, die auch ich kannte. Zufälle gibt es …

Als ich bezahlen wollte, 35 Mark Ost, schob Lilo, so wollte sie genannt werden, einfach mein Geld beiseite und gab dem Keller kurzerhand 50 Westmark. Das waren 250 Mark Ost – der Kellner wäre ihr fast um den Hals gefallen. Wir fuhren von der Fischerinsel nach Köpenick und am Abend – ich hatte frei – gingen wir zusammen in die Staatsoper. Dort brachte man an dem Abend *Madame Butterfly* also einen Puccini, den ich sehr liebte. Nach der Vorstellung brachte ich Lilo zum Tränenpalast, dem Übergang für die Westler, denn die mussten bis 24 Uhr Ostberlin verlassen haben, außer sie hatten, wie die meisten meiner Besucher, eine Aufenthaltsgenehmigung. Wir verabschiedeten uns und sie fragte mich, ob sie mich morgen noch mal belästigen dürfe. Ich sagte dann für ein Rendezvous im Pressecafé zu.

Ich fuhr nach Hause. Boris stand vor meiner Tür und meinte: „Wo bleibst du denn solange?" Ich erzählte von meiner Begegnung und was wir so erlebt hatten. Ich war hundemüde von dem Fahren und Rumlaufen und wollte nur noch schlafen. Doch Boris meinte: „Ich habe so auf dich gewartet und du kannst mich nicht so fortschicken." Und bevor ich mich schlagen ließ, willigte ich in ein Schäferstündchen ein.

Am Nachmittag kam ich etwas müde ins Pressecafé und Frau Lilo saß dort, schon wieder bepackt wie ein Esel mit Tüten mit Hemd, Pullover, Krawatte, Martini, Pralinen und sonst noch so Spielzeug. Dann bat sie darum, mich mal in meiner Wohnung besuchen zu dürfen. Mir war etwas mulmig dabei. Immerhin war sie ja recht wohlhabend und bestimmt luxuriösere Wohnungen als meine gewohnt. Aber bei mir angekommen, stellte sie fest, dass meine Junggesellenwohnung gut zu mir passe. Ich kochte Kaffee und ging runter in die Konditorei und holte die guten Windbeutel. Danach zeigte ich ihr ein paar Fotos von mir, sie machte die Flasche Martini auf, füllte die Gläser und meinte: „Nun, da ich die Ältere bin", – es waren genau neun Jahre – „darf ich das Du anbieten?" Also tranken wir mit den Armen umschlungen die Gläser leer. Dann streckte sie mir ihren Mund entgegen und ich küsste sie auf die beiden Wangen. Da sagte sie: „Nun hast du mich gleich 20 Jahre älter gemacht", denn sie hatte auf einen Zungenkuss gehofft. Ich bemerkte dann verwirrt, dass ich nicht so schnell kapiere und sie mich so nehmen müsse, wie ich sei.

Dann brachte ich sie noch zum Berliner Ensemble, in die *Mutter Courage* mit der Weigel. Die Karte bestellte ich telefonisch bei Ekkehard Schall, dem Schwiegersohn von der Weigel und Brecht persönlich, fuhr Lilo zum Theater und ging dann zum Dienst ins Metropol. Am nächsten Tag gingen wir ins Berolina essen und dann fuhren wir auf den höchsten Platz in Berlin, dem Café im Fernsehturm, wo man in einer Stunde rundherum fuhr und eine tolle Aussicht über Ost- und Westberlin hatte. Während der Drehung unterhielten wir uns wieder über Gott und die Welt. Es war als würden wir uns schon ewig kennen.

Als wir uns genug gedreht hatten, machten wir uns auf den Weg zu meinem Freund Heinz Schulz. Er wohnte mit seiner Frau Andrea und den vier Kindern in einer modernen Wohnung im Plattenbau. Lilo mochte die ganze Bande auf Anhieb und war von der Gastfreundschaft der Schulzes ganz gerührt. Heinz und Andrea zeigten ihr die ganze Wohnung und Lilo merkte mal wieder, dass ihr Bild vom Osten nicht ganz der Wahrheit entsprach. Jeder glaubt eben nur, was er selbst gesehen hat.

Am Karfreitag kam Lilo zum letzten Mal in den Ostteil. Wir gingen zum Essen ins Lindencorso. Als ich Lilo erzählte, dass ich an Ostern oben im Tanzcafé singen würde, wurde sie ganz wehmütig. Ich versicherte ihr, dass sie mich sicher ein anderes Mal noch singen hören würde. Aber der nahende Abschied trübte unsere Stimmung. Ich brachte sie abends noch bis zum Übergang, dankte für die netten Geschenke, bestellte Grüße an ihren mir noch unbekannten Mann und verabschiedete mich.

Bald danach bekam ich den ersten Brief aus Essen und kurz danach sogar ein Paket. Dann einen Notizblock mit der Aufschrift „Sprüche aus der satten Welt!!" Lilo hatte innen auf jede Seite einen Spruch geschrieben:

„Wie nach dem Übermaß von Näschereien, der Ekel pflegt am heftigsten zu sein.

Das Leben ist nicht leichter als der Tod.

Einsam machen Not und Alter, Guttat mehr noch als die Beiden, Dank ist Last, der träge Schuldner liebt, den Gläubiger zu meiden.

Könnte ich denken, was ich wollte und vergessen, was ich möchte, heller wären meine Tage, stiller wären meine Nächte.

Liebe den Freund, doch suche dir den, der gütig und ernst ist, wenn dein Fehler, ihn nicht kränkte, nimmer hat er dich geliebt.

Hoffe in niemanden einen Freund zu finden, als wer einen Freund in dir gefunden hat.

Am tiefsten schmerzen Wunden, geschlagen von Menschen, die der Freundschaft Maske tragen.

Was man zu jeder Zeit mit echter Lust genießen kann, das ist gewiss das Echteste."

Ein Brief geschrieben an Ostern 68 von Lilo.

Lieber Peter!
Mit einem Schreiben wird es wohl nicht viel werden, ich glaube, Du bist ein besserer Unterhalter und Fremdenführer. Jeder hat so seine Schwächen. So langsam werde ich wieder wach und redselig, bei Dir und mit Dir kam ich mir so senil und blöde vor wie nie in meinem Leben. Dass Du es so lange mit mir ausgehalten hast, ist ein Wunder.
Hoffentlich hast du an Ostersamstag nicht so lange auf einen Anruf gewartet. Es war

mir einfach nicht möglich, unseren Vater davon zu überzeugen, dass Du mit uns zusammen sein wolltest. Er kann den Name Peter schon nicht mehr hören, und ich bremse jetzt, obwohl ich überzeugt bin, wenn er Dich kennen lernt, ist er so begeistert von Dir und Deinem Charme, wie ich. Ihm fehlt leider meine überreiche Fantasie.

Und würde auch Dich erst unter die Lupe nehmen, und würde auch Dich erst sehr nüchtern und abwartend visitieren. Ich glaube, dass auch Du mit größter Vorsicht und Zurückhaltung jeden Fremden unter die Lupe nimmst, Ich habe dir einfach nicht alles abgenommen und glaube, dass du Dich im Innern oft über mich amüsiert hast. Die rosarote Brille ist nicht immer in Anwendung zu bringen. Den amerikanischen Film "Die Faust im Nacken", hatte ich oft im Gedächtnis. Was hattest Du eigentlich in mir gesehen, die Touristin oder eine versponnene Idealistin??

Liebst du die abwesende Fotografin Idealfrau oder Hardy, Mir war es nicht ganz klar. Warum sind die Männer nur so feige, und machen aus ihren Herzen eine Mördergrube, weil sie von vorneherein annehmen, jede Frau sei eifersüchtig.

Leider ist diese Sucht mir fremd und ich hasse Unehrlichkeit.

Glaubst Du, in den nächsten Jahren uns hier besuchen zu können, auch ich könnte Dir von meinem Mann eine Aufenthaltsgenehmigung für unbegrenzte Zeit zu senden.

Glaube und Hoffnung sollen ja angeblich Berge versetzen. Du bist uns also jederzeit herzlich willkommen, damit Dus weißt. Deine Hände und Zähne hast Du gewiss bis dato in Ordnung, diese Liberty Münze soll für Goldzahnersatz sein!!!

Ob Du diesen dritten Schrieb auch bekommen wirst, überlassen wir der guten alten Post. Halte dich munter und lache viel, dann bist du besonders sexy.
Mit Grüßen Lilo

So begann eine fast 25 Jahre währende Freundschaft. Ich bekam fast jeden Tag einen langen Brief und alle acht Tage ein Paket.

Im Mai besuchten mich nacheinander ein alter Schulfreund und mein Bruder Leo mit seiner Frau Renate. Zusammen machten wir Berlin unsicher und als sie abreisten, meinte Renate, das sei wirklich ihr schönster Urlaub gewesen.

Im Juni war die Premiere von Cole Porters *Can-Can*. Arbeit gab es in meinem Leben ja auch noch. Nach dem Ende der Spielzeit fuhr ich als Reiseleiter mit einer Touristengruppe nach Rumänien. Wir wohnten in der Nähe von Brasov, früher Kronstadt, in den Karpaten. Unser Hotel war das

Sporthotel, eine echte Luxusherberge. Außer uns wohnten dort Amerikaner, Engländer und vor allem rumänische Spitzensportler, unter anderem die Fußballnationalmannschaft, die sich auf die Olympiade in Mexiko vorbereitete. Im Hotel trat ich jeden Abend mit einer rumänischen Band in einem großen Saal auf. Ich fühlte mich wie eine Bienenkönigin inmitten ihres Schwarms. Die Sportler waren verrückt nach mir. Schon am zweiten Tag bandelte ich mit dem Schönsten der Fußballer an. Als er an einem Sonntagmorgen noch bei mir schlief, riss plötzlich der Portier die Tür auf, sah uns und rief: „Oh großes soziales Unglück!" Die Frau und die Kinder meines Bettgefährten standen unten im Foyer und der Portier war natürlich wenig begeistert, den Ehemann und Vater ausgerechnet in meinem Bett zu finden.

In den drei Wochen meines Aufenthalts hatte ich Sex mit fünf der Fußballspieler und mit einem Leichtathleten. Im Trainingscamp durften die Sportler ja ihre Frauen nicht sehen und da waren sie empfänglich für meinen Zauber. So versüßten sie mir meinen Urlaub in Rumänien.

Am 2. Juli war ich wieder in Berlin und das normale Leben nahm seinen Lauf. Meine Nachbarin hatte meine Wohnung auf Hochglanz gebracht, Blumen standen auf dem Tisch und eine Menge Post war gekommen, drei Pakete von Lilo und etliche Briefe. Für jeden Tag einen Brief, weil sie nicht nach Rumänien schreiben konnte, die Post wäre zu spät angekommen. Ich blieb nur drei Tage, dann bekam ich die Genehmigung mit dem Wagen auszureisen. Ich schätzte dieses Privileg und man konnte immer auf mich zählen. Ich hätte die DDR, die mir so viele Möglichkeiten bot, nie unter verbotenen Umständen verlassen. Also packte ich mit ruhigem Gewissen meinen Koffer, setzte mich in mein Auto und brauste los in Richtung Essen.

In Essen besuchte ich Lilo und ihren Mann. Die Freude war riesengroß und Lilos Mann Hermfried akzeptierte mich gleich. Lilo hatte alles wunderbar hergerichtet, es gab Kaffee und Kuchen, weil sie wusste, dass ich ein großer Kuchenesser bin. Danach zeigte sie mir das Gästezimmer, das für mich hergerichtet war. Sie sagte: „Du kannst dich umziehen, wenn du willst, du findest alles im Schrank." Ich öffnete den Schrank und da hingen drei nagelneue Anzüge in braun, grau und beige, passende Krawatten, zwei neue

Hemden und in dem Nachttisch, man höre und staune, 1 000 Mark West und von Hermfried eine goldene Uhr. Ich war erstaunt, dass man mir soviel entgegen brachte, ich zierte mich und sagte, dass könne ich überhaupt nicht annehmen. Lilo sagte, ihr Mann wäre ganz auf ihrer Linie und durch mich käme Farbe in ihr Leben. Dann saßen wir an ihrer wunderschönen Hausbar und schlürften Champagner zum Empfang. Ich dachte, ich würde träumen. Ich diskutierte mit Hermfried über meinen Beruf und die Politik. Hermfried kam viel in der Welt herum. Für Karstadt war er auch oft im Osten und konnte sich deshalb ein eigenes Bild von der DDR machen und hatte nicht die üblichen Vorurteile. Ich fühlte mich wohl bei den beiden. Hermfried war ein netter Kerl und Lilo eine gute Freundin. Beide wussten außerdem, dass ich schwul war und sie akzeptierten es.

Am nächsten Tag machten wir mit Hermfried eine Fahrt nach Düsseldorf. Wir liefen über die berühmte Königsallee und gingen toll essen. Dann besuchten wir die Messehallen und den Miniaturpark Minidomm, wo viele bekannte Sehenswürdigkeiten aus Deutschland und aller Welt in Miniatur standen, der Kölner Dom, das Brandenburger Tor, Schloss Neuschwanstein, und so weiter. Abends gingen wir noch in einen Film und in eine Nachtbar mit Programm. Am nächsten Tag belud ich meinen Wagen und Lilo gab mir noch Geschenke für meine Familie mit. Bepackt wie ein Weihnachtsmann fuhr ich des Morgens in Richtung Heimat. Ich machte noch einen Umweg über Neuenahr, wo ich zwei Nonnen aus den USA abholte. Sie waren mit meiner Tante befreundet gewesen und wollten unbedingt ihr Grab besuchen. Meine Mutter erwartete uns schon mit Kaffee und Kuchen. Sie war glücklich, mit Freun-

Mit Lilo in Essen

dinnen ihrer Schwester über sie sprechen zu können. Die beiden Nonnen besuchten dann das Grab und trafen Verwandte im Saarland bevor sie wieder nach Amerika flogen.

Zu Hause war es – abgesehen von dem Besuch aus den Staaten – wie immer. Vatter, inzwischen schon über 90, freute sich am meisten, mich wieder zu sehen. Ich war sein erklärter Lieblingsenkel. Mein Vater blieb immer derselbe, drehte seine Zigaretten und trank seinen Schoppen Pfälzer Wein. Annelie und Herbert werkelten immer noch an ihrem Haus.

Eines Tages standen Lilo und Hermfried vor der Tür. Sie wollten mich besuchen und meine Eltern kennen lernen. Sie blieben zwei Tage, besuchten ihre Verwandten in St. Wendel und Hermfried diskutierte mit meinem Vater über Gott und die Welt.

So verging der Sommer im Fluge und ich fuhr wieder in Richtung Berlin. In Berlin wieder angekommen ging das normale Leben gleich wieder los, Proben, Vorstellungen, Fernsehen, Singen im Lindencorso und vor allem meine vielen Freunde nicht zu vernachlässigen. Konicek aus Prag machte seinen Film fertig, besuchte mich und ich zeigte ihm Berlin bei Nacht, Pressecafé, Möwe, Esterhazy Keller, Berolina und die Museen waren unsere Stationen. Dann nahm er mich mit nach Babelsberg ins Studio, wo der Film *Reise ins Ehebett* synchronisiert wurde.

Meine nächste Aufgabe war eine Rolle in dem Film *Hans Beimler, Sohn seiner Klasse* in der Regie von Rudi Kurzer. Der Film handelte von Hans Beimler, dem Antifaschisten, der in der Nazizeit aus Deutschland floh und nach Spanien ging und dort gegen Franco kämpfte, bis er ermordet wurde. Als ich meinem Vater von diesem Projekt erzählte, sagte er mir, er habe Beimler sehr gut gekannt. Bevor Beimler nach Spanien ging, wäre er tagelang unser Gast in Bous gewesen. Beimler sei ein begabter, netter und furchtloser Genosse gewesen. Die DDR setzte ihm mit dem Film ein Denkmal. Als ich dem Regisseur Kurzer die Geschichte meines Vaters später erzählte, meinte er, das hätte unbedingt in den Film gehört mit meinem Vater als Zeugen. So erlebte ich immer wieder Extras, über die ich nur staunen konnte.

In diesem Jahr hatte ich wirklich allerhand zu tun. Ich trat in Filmen auf, sang im Metropol und mein Privatleben kam auch nicht zu kurz. So raste das Jahr an mir vorbei.

Das nächste Jahr sollte etwas ruhiger werden. Im April besuchte mich meine Mutter für zwei Wochen und in den Osterferien waren die Brachettis in Westberlin und besuchten mich täglich. Wer hat schon solche Freunde? Meine Kollegen sagten immer: „Wie kommst du an solche Frauen, wo du doch schwul bist?" Ich bemerkte nur: „Der Herr gibt's und der Herr nimmt's." Es gab viele Menschen, die mich beneideten. Von den Kollegen war ich auch derjenige, der die meisten Fernsehauftritte hatte. Vagabundenglück eben.

Am 12. Mai machten wir mit der gesamten künstlerischen Abteilung eine Fahrt in den Spreewald. Es war eine lustige Fahrt auf den Kanälen und wir sangen aus vollem Herzen alle bekannten Volkslieder, aßen im Freien bei schönstem Wetter und waren bei bester Laune. Nur die Mücken waren eine Plage.

Ich bekam danach eine schlimme Kehlkopfentzündung und musste in ärztliche Behandlung ins Krankenhaus. Doktor Bohde, ein Spezialist, meinte, ich hätte Knötchen auf den Stimmbänder und müsste in die Charité zu einer Musiktherapeutin, sonst könnte ich eines Tages nicht mehr singen. Mit der Musiktherapie war ich bis zum Ende des Monats beschäftigt. Anfang Juli wurde ich endlich gesund geschrieben. Da hatte die Spielpause schon begonnen und ich machte mich mit meinem Simca 1000 auf den Weg zu Lilo und Hermfried, bei denen ich sieben Tage bleiben wollte.

Von Essen aus fuhren wir jeden Tag woanders hin, Dortmund, Oberhausen, Mühlhausen, Köln, Hattingen, an den Balduaisee. Wir waren nur auf Achse. Alle Freunde von Brachettis wollten mich kennen lernen, weil ich ja so was wie ein Exot war. Sie wollten mich mit ihren großen Häusern, dem Luxus und dem Geld beeindrucken, aber das interessierte mich nicht. Ich führte ja ein schönes aufregendes Leben in der DDR, während Lilos Freunde sich mit ihrem ganzen Geld in ihren Häusern zu Tode langweilten. Dass ausgerechnet jemand aus der DDR neuen Schwung in Lilos Leben brachte, konnten die sich nicht vorstellen. „Der kann ja nur einer von der Stasi sein", wurde da behauptet. Da laut Bild ja ohnehin jeder aus der Ostzone ein Spion war, hab ich diesen Vorwurf auch immer nur mit einem freundlichen „Ja" beantwortet. Alles im allem war es für mich interessant, aber getauscht hätte ich mit niemandem.

Am 14. Juli kam ich in Gehweiler an. Alle waren versammelt: mein Großvater, der am meisten darunter litt, dass ich die meiste Zeit nicht da sein konnte, meine Eltern, meine Geschwister und Annelies Mann. Mein Schwager Hans lag in der Uniklinik in Mainz und ich fuhr mit meiner Schwester Christel hin, um ihn zu besuchen. Er hatte Raucherbeine und bekam künstliche Venen eingesetzt.

Im August fuhr ich wieder für paar Tage nach Essen, Hermfried musste in der Karstadt Zentrale viel arbeiten und kam immer spät zurück nach Hause. Dann legte er Tag für Tag einen großen Schein in eine Schublade mit dem Hinweis: „Macht euch einen schönen Tag." Lilo und ich zogen schon gleich nach dem Frühstück los, um alle Orte um Essen zu besichtigen. Das ganze Ruhrgebiet lernte ich so kennen. Am häufigsten fuhren wir nach Düsseldorf, dort gingen wir ins Kino, Essen und tranken Kaffee und aßen Apfelstrudel mit Vanilleeis und Sahne.

An einem Abend waren wir im Kommödchen, dem satirischen Kabarett mit der berühmten Lore Lorenz, deren Sendungen ich nie verpasste, es sei denn, ich hatte selbst auf der Bühne zu tun. So verliefen die Tage wie im Flug und ich dachte immer: „Ich habe das große Los gezogen."

Nach einer Woche fuhr ich von Essen aus wieder nach Berlin. Mein Auto war voll gepackt mit Geschenken für meine Freunde und natürlich auch für meine Nachbarin Frau Kristen. Sie hatte meine Wohnung und vor allem meine Blumen versorgt. Es hatte sich wieder eine Menge Post von überall her, Postkarten von reisenden Freunden in der ganzen Welt, angesammelt.

An meinem Geburtstag hatte ich meine Bude wieder voll mit Gästen, auch die beiden Brachettis waren aus dem Ruhrpott an die Spree gekommen. Für Außenstehende kaum zu fassen, dass sie sich soviel Mühe machten, immer den weiten Weg zu kommen. Lilo meinte, als ich sie darauf ansprach: „Es lohnt sich immer, mit dir zusammen zu kommen."

Im selben Monat spielte ich für die Serie *Der Staatsanwalt hat das Wort* den Freund des Schauspieler Jürgen Frohriep. Dann sang ich Professor Hänsel, seines Zeichens Chordirektor an der Komischen Oper, die ja jedes Jahr in Paris die Goldene Palme gewann, und Walter Felsenstein, einem der berühmtesten Intendanten und Regisseure in der Welt, vor. Sie planten schon für die nächste Spielzeit und wollten noch zwei neue Tenöre dazu engagieren.

Ich hatte allerdings wieder so eine schlimme Halskrankheit, dass man mir empfahl noch ein Jahr zu warten.

Nun kam Silvester und ich lag alleine in meinem Bett, was ja sehr selten vorkam. Ab dem 8. Januar 1970 machte ich meinen Dienst wieder ordnungsgemäß. Proben im Metropol für ein neues Stück, dann noch die Aufführung des *Vogelhändlers*, Einstudieren neuer Lieder und Schlager fürs Lindencorso und Konzerte für die alten Berliner.

Im Februar fing ein hübscher blonder Beleuchter namens Wolf bei uns an. Ich fand ihn sehr attraktiv und war damit nicht der einzige. Um nicht das Nachsehen zu haben, zögerte ich nicht lang und sprach ihn in der Kantine des Metropols an. Er war etwas schüchtern, willigte aber ein, mit mir am Abend durch die Stadt zu ziehen. Meine Strategie ging auf und wir kamen für längere Zeit zusammen. Er war geschieden und hatte immer wieder zwischendurch Freundinnen, aber ich sah ihm das nach.

Er war aber sehr unzuverlässig, kam zu spät oder manchmal gar nicht nach Hause. Trotzdem fuhr ich mit ihm überallhin, wo es schön war. Ich kleidete ihn schick an, die Sachen kamen von Lilo, die mir jeden Tag einen Eilbrief zu kommen ließ mit einem Schein für den Intershop und mindesten einem Päckchen oder Paket mit allerlei Spielzeug pro Woche. Am 16. März hatte ich die Aufzeichnung des Fernsehspiels *Die falschen Fünfziger*, eine Krimikomödie, in der ich einen Kellner spielte.

Im April eröffnete ich mit der Primaballerina den Opernball in der Staatsoper. Zu dieser Ehre kam ich, weil ich – das kann ich ganz unbescheiden sagen – der beste Walzertänzer weit und breit war, und der Eröffnungstanz nun mal ein Johann-Strauß-Walzer war.

Ich war zu dieser Zeit ständig auf Achse, hetzte von Probe zu Auftritt und den ganzen Zusatzaufgaben. Zusammen mit meinem Nachtleben bekam das meinem Kehlkopf gar nicht. Zur selben Zeit tauschte ich meine Wohnung mit Wolf und etwas später tauschte ich seine ehemalige Wohnung in Friedrichshain gegen eine großzügige Wohnung in Lichtenberg. Das Wohnungsamt gab seinen Segen dazu und so konnte ich am 8. Mai mit Wolf zusammen in die Wohnung mit Gästezimmer, Balkon und großem Bad einziehen. Ein paar Tage später kamen die Brachettis, um meine neue Behausung zu begutachten. Die Miete betrug gerade mal 48 Mark. Über meiner

Wohnung wohnten zwei alte Eheleute, die waren gleich mit mir verbunden. Sie sagte, immer wenn ich sänge, freuten sie sich sehr und wenn ich das Haus verließe, hätte ich immer so einen fröhlichen Gruß für sie, das täte ihnen gut, besonders weil sie nicht mehr so raus kämen.

Am 14. Mai kam dann meine liebe Irene mit Mann. Sie hatte im Sommer 67 einen Ingenieur, Gustel, geheiratet. Leider hatte ich nicht dabei sein können. Gustel war ein guter Mann für meine Irene. Sie blieben drei Tage bei Bekannten. Ich lud sie in eine Vorstellung ein und wir gingen zusammen essen. Irene habe ich nie vergessen, auch meine Zeit in Thüringen nicht.

Am 10. Juli war die glanzvolle Premiere von *Csardasfürstin*, wo ich einen Kavalier sang. Eine tolle Operette von Kálmán. Ich höre heute noch die Melodien des Weibermarsches, *Ganz ohne Weiber geht die Chose nicht* oder *Machen wir's den Schwalben nach, bauen wir uns ein Nest*. Wenn ich heute an diese Zeit denke, erscheint mir alles wie ein Traum. Damals musste ich abends nach der Vorstellung immer erst nach Hause fahren, um die vielen Blumen und Geschenke abzuladen. Wenn ich meinen Neffen und Nichten davon erzähle, glauben die mir kaum.

Nun war wieder Urlaubszeit und ich fuhr mit meiner alten Kiste nach Essen. Dort wurde ich wie immer mit einem Drink an der Bar, dem Lieblingsplatz von Lilo und Hermfried, begrüßt. Dass Hermfried Probleme mit dem Trinken hatte, stellte ich damals schon fest. Ich brachte ihm dummerweise immer eine Flasche russischen Wodka mit, die er fast alleine austrank. Lilo dagegen trank nur Longdrinks, Campari Orange oder von mir gemachten Zitronenflip. Abends gingen wir erst essen und dann in die Bars. Wir kamen meistens spät in der Nacht nach Hause, Lilo und Hermfried völlig besoffen, während ich als Fahrer nüchtern blieb.

Nach drei Tagen fuhr ich nach Hause, weil mich das Heimweh packte. Mein Großvater war nun auch schon über 93 Jahre und hatte wohl nicht mehr so lange zu leben. Ich freute mich immer, ihn wieder zu sehen.

Zuhause hatte ich allerhand vor. Doch zuerst bekam ich unglücklicherweise eine Leberentzündung und durfte keinen Alkohol trinken. Als ich mich einigermaßen erholt hatte, machte ich mich dran, ein neues Auto zu kaufen. Das alte hatte schon einige Reparaturen hinter sich und lief mehr schlecht als recht. Also musste ein neues her. Mit Unterstützung von meinen Eltern und Hermfried kaufte ich mir erneut einen Simca 1000. Der Spritverbrauch war gering, die Versicherung bezahlbar und es gab Platz für fünf Personen. Als ich zu Hause meine Koffer wieder packte, um dann noch ein paar schöne Tage, bei den Brachettis zu verleben, hatte ich beim Abschied von Vatter das Gefühl, dass wir uns nicht mehr wiedersehen würden. Er nahm mich in seine Arme und ich weinte fürchterlich. Er sagte zu mir: „Ich bin schon bereit und werde im Himmel die Hand über dich halten."

Am 30.August landete ich mit dem neuen Simca bei Brachettis in Heisingen, die wieder froh die Tür öffneten. An der Bar wartete ein Glas Orangensaft auf mich, Lilo hatte ein tolles Menü gezaubert und Hermfried hatte Urlaub genommen. Wenn wir zu dritt unterwegs waren, hielten die anderen mich für den Sohn oder den Gigolo, so kam ich mir aber manchmal auch vor. Was hatte ich, was andere nicht hatten? Wo wir auch hinkamen, wurde ich wie ein Freund behandelt und alle unterhielten sich gerne mit mir und ich konnte mich ja aufgrund meines Berufes auch gut und deutlich ausdrücken.

Mit Lilo und Hermfried fuhr ich wieder zu ihren Freunden an die holländische Grenze. Danach überraschten mich die Brachettis mit dem Vorschlag, nach Hamburg zu fahren. Ich solle auch mal den sündigen Westen erleben. Da sagte ich natürlich nicht „Nein", wir packten unsere Koffer und los ging's.

Unsere erste Station war die „Marzipanstadt" Lübeck. Von dort aus ging die Fahrt durch die nordische Landschaft nach Hamburg. Dort hatte Hermfried zwei Zimmer in einem alten, durchaus noblen Hotel gebucht. Wir machten uns frisch und dann fuhren wir zur Reeperbahn.

Es war noch zu hell und ich war im ersten Moment enttäuscht, denn es sah etwas heruntergekommen aus, was man durch den Neonglanz am Abend nicht mehr wahrnimmt. Wir parkten das Auto und liefen durch die Gassen an der Davidwache, die ich aus dem Fernsehen kannte, und schauten in eine schon gut besetzte Nachtbar mit Programm rein. Hermfried bestellte eine Flasche Sekt, die 180 Mark kostete. Ich hielt den Atem an, als ich die Preise sah. Dafür konnte man im Osten eine Woche in Saus und Braus leben. Das waren so die Momente, wo ich immer den Westen mit dem Osten verglich. Es gab ja alles, aber zu welchen Preisen. Dann ging das Programm los, es saßen nur ältere Herrschaften im Raum. Da kamen zwei halbnackte Frauen, tanzten geil miteinander, dann zog die eine der Tänzerinnen einen Riesenpenis aus der kleinen Hose, schnallte ihn an und fing an, die andere Tänzerin zu ficken. Ich hatte so was Brutales noch nicht gesehen und konnte nicht mehr hinschauen. Lilo sagte nur: „Peter du musst auch mal so was erleben." Ich war danach bedient und dachte an alle meine Sexerlebnisse, wie wunderbar die verlaufen waren. Nein, das auf der Bühne war nicht mein Geschmack. Wir gingen auch als die Flasche leer war aus dem Laden, der mich schon schockiert hatte, aber Hermfried wollte was Besonderes bieten. Später gingen wir dann in eine Schwulendisko, die auch nicht meinem Niveau oder Geschmack entsprach. Am Schluss marschierten wir durch die berühmte Herbertstraße, wo die Frauen wie Frischfleisch im Schaufenster saßen und auf Kundschaft warteten. Lilo sagte nur, man müsse es doch mal gesehen haben, aber es war auch nicht ihr Geschmack.

Wir fuhren dann so gegen 3 Uhr ins Hotel und gingen schlafen. Hermfried war sichtlich erschöpft. Am nächsten Tag wachte ich vor den anderen auf und ging schon in den Frühstücksraum, um etwas zu essen. Dann las ich die Zeitung, bis die Brachettis runter kamen. Die kündigten an, heute eine Hafenrundfahrt machen zu wollen. Das lag mir schon eher. Es war ein herrlicher Sommertag und wir fuhren mit einer Barkasse rund um den Hafen, der ja riesig groß war. Die vielen Werften, dann die Speicher – alles haben wir gesehen. Dann ging es noch zum Fischmarkt und ins Rathaus zum Essen.

Am nächsten Morgen fuhren wir zum Timmendorfer Strand und wohnten dort im Maritim. Die Übernachtung kostete 400 Mark – wer konnte sich das nur leisten? Als wir nachmittags zum Kaffeekonzert in dem tollen Café saßen und ich die Preise las, traute ich mich nicht, zu bestellen. Ein Kännchen Kaffee – 5 DM, ein kleines Stück Kuchen – 3,50. Armer Hermfried! Lilo meinte nur, dass Hermfried genug dafür verdiene und dass er es gerne tue. Nicht für jeden, aber für mich, denn er hätte mich, genau wie Lilo, in sein Herz geschlossen.

Am nächsten Morgen fuhren wir nach Cuxhaven. An der Nordseeküste, am herrlichen Strand aßen wir mal wieder Fisch, Seezunge und Kabeljau. Es war ein Genuss. Bei solchen Fahrten, mit Essen und Trinken verging die

Zeit und ich dachte an all meine Lieben zu Hause und auch an meine Freunde, die solche Erlebnisse nicht geboten bekamen. Ich danke meinem Schicksal für all das Gute.

Durch die Lüneburger Heide ging es zurück nach Essen. Dort beschlich mich wieder die Sehnsucht nach Berlin, dort kam ich am 10.September wohlbehalten an.

Am 15. bekam ich die schreckliche Nachricht, dass mein über alles geliebter Großvater gestorben war. Eine große Traurigkeit überkam mich. Ich war glücklich, im Sommer so viel mit ihm gesprochen zu haben. Für meine Mutter war das ein harter Schlag. Sie hatte ihren Vater sehr geliebt, er hatte immer an ihrer Seite gestanden. Kurz nachdem ich diese Nachricht erhalten hatte, brach meine Leberentzündung erneut aus und verschlimmerte sich zu einer Gelbsucht. Ich kam ins Krankenhaus, wo ich sehr gut versorgt wurde und viel Besuch bekam.

Kurz vor meinem Geburtstag wurde ich wieder entlassen. Meinen Geburtstag feierte ich noch etwas mitgenommen im kleinen Kreis. Am 18. Dezember ging ich mit einem Offizier der Grenztruppe ins Theater zur Premiere von *Hallo Dolly* mit Gisela May, eine der besten Chanson- und Brechtinterpretinnen in Europa. Es war ein Triumph für sie. Heute sehe ich sie immer im Fernsehkrimi *Adelheid und ihre Mörder* als Mutter von Adelheid, Evelyn Hamann.

Nach dem Stück ging ich mit Wilfried Kraus in die Möwe, um die Premiere zu feiern. Als er dann mit mir nach Hause fuhr, machte ich uns noch was zu essen und fragte, ob er mit mir schlafen wollte. Er nahm mein Angebot an. Ich hatte von einem Kollegen im Metropol einen kleinen Pornofilm in AK8 und einen Bildwerfer. Wir sahen uns den Streifen an, der ziemlich normal war. Ein Mann als Nikolaus verkleidet kam zu einer Hausfrau, öffnet seinen Mantel, in dem das erigierte Etwas stand, und beglückte sie. Das sollte uns etwas anregen. Dann lief die Nacht ab wie immer, Wilfried konnte nicht genug kriegen. Morgens fuhr ich ihn zu seiner Dienststelle.

Eine Woche später stand die Kripo vor meiner Tür und durchsuchte meine Wohnung. Sie fanden nur den harmlosen Film. Sie nahmen den Film mit und ich bekam eine Anzeige, denn Pornos standen hoch im Verbotsgesetz. Ich fragte, wem ich das zu verdanken habe, woraufhin sie antworteten, ein

Herr Kraus habe mich angezeigt. Das war das erste Mal, dass ein Hetero mich so enttäuschte und verriet. Zuerst scharf wie eine Rasierklinge und dann das. Ich wurde wegen dieses blöden Films zu 1 000 Mark Geldstrafe verurteilt.

An Silvester hatte ich Marco, den Fußballer aus Mecklenburg, zu Besuch, der kurz vor seiner Hochzeit stand. Der Brief, den er mir damals schrieb, war eine einzige Liebeserklärung. So unterschiedlich sind die Empfindungen der Menschen. Wir schliefen ins Jahr 1971.

Schon am 3.Januar fuhr ich mit Wolf Richter nach Neustrelitz. Wir beide besuchten meine liebe Tante Lissi. Sie freute sich immer ungemein, war ich doch wie ein Verwandter für sie.

Lilo und Hermfried kamen wieder den weiten Weg von Essen nach Berlin und blieben diesmal vom 2. bis zum 11. März. Lilo hatte am 25. Februar Geburtstag gehabt und der musste unbedingt nachgefeiert werden. Sie brachten mir Fußbodenplatten in hell und grau mit, um meinen Boden schöner zu gestalten. Mit den Platten sah der Boden wie ein Schachbrett aus. Ich hatte mir vorher für 2800 Mark eine neue Schrankwand gekauft. Das war auch für mich ziemlich teuer. Ich machte eine Party für die Beiden und lud Freunde von mir ein, Boris Großmann, sein Freund Otto, Heinz Schulz mit seiner Andrea, Brennecke mit Gattin, Christa Niko und Wolf Richter. Hätte ich alle Freunde und Bekannte einladen wollen, dann hätte ich eine Halle mieten müssen.

Ich versuchte immer was Neues für die Beiden ausfindig zu machen, einmal waren wir in der Distel, das Gegenstück des Kommödchens in Düsseldorf, ein andermal fuhren wir zum Fernsehturm zum Kaffee trinken. Hermfried war immer wieder erstaunt, was sich im Osten so getan hatte.

An einem Abend nahm ich die Beiden mit ins Lindencorso, wo ich nach den Problemen mit meiner Stimme das erste Mal wieder auftrat. Ich sang für Lilo und Hermfried das *Vagabundenlied*, das ich lange nicht gesungen hatte. Dann *Capri c' est fini* und *Stranger in the Night*, *Ganz Paris träumt von der Liebe* und zum Schluss *Oh mein Papa*. Hermfried konnte gar nicht ruhig werden und meinte, im Westen würde ich Millionen verdienen. Ich sagte ihm: „Das Geld ist ja nicht alles auf der Welt, sondern das Tun. Ich habe ja euch und das ist mehr als alles Geld der Welt." So vergingen auch diese schönen Tage.

Anfang April machte ich mit Wolf eine Tour nach Frankfurt Oder, nach Cottbus und dann nach Dresden. Zurück in Berlin besuchte mich Moritz Frei, mein alter Freund. Wolf lebte immer wieder mal seine heterosexuellen Neigungen aus und dann, wenn ich für ihn abgemeldet war, konnte ich immer auf Moritz zählen, der mich wieder aufbaute.

Ich war Wolfs Eskapaden gegenüber immer sehr tolerant, auch wenn es mich natürlich schmerzte. Aber wenn er auf Freiersfüßen wandelte, durfte er meine Klamotten von Lilo anziehen, damit er seine Mädels rumkriegte. Ich kaufte ihm auch Geschenke für die Liebsten, damit er es leichter hatte. Bei heterosexuellen Beziehungen habe ich diese Toleranz nie gesehen. Ich konnte auch Körbe gut vertragen. Wenn mir einer meiner Freunde sagte: „Du bist zwar ein guter Kumpel, aber Sex ist bei mir nicht drin", dann respektierte ich das und ging weiterhin ganz normal mit demjenigen um.

Am 18. April bot ich meinem Kollegen Heinz Schulz an, mit mir nach Eisfeld zu fahren, um Irene und ihre Familie zu besuchen. Dann könnten wir die berühmten Thüringer Klöße essen und ein bisschen in meiner Erinnerung wühlen. Die Fahrt machte richtig Spaß.
In Eisfeld zeigte ich Heinz das Textilwerk, wo alles begonnen hatte. Wir gingen ins Schloss, in den herrlichen Park, zu dem Haus, wo ich gewohnt hatte, und in den Wintergarten, wo ich so viele schöne Stunden verleben durfte. Irene, Hulda und Emil und auch Irenes Mann Gustel waren sehr glücklich, uns mal zu sehen. Sie hatten viel an ihrem Haus verändert und neu gebaut, zum Beispiel ein tolles Bad, worauf alle sehr stolz waren.

Dann fuhren wir nach Lauscha in die Glasbläsereien und nach Oberhof. Dort besuchten wir den Schlagbassisten Jochen Bialas, der Direktor von einem Hotel geworden war, und heute mit seinem Sohn das tolles Restaurant Zur goldenen Kanne führt. Wir schliefen eine Nacht im Panorama, dem größten und modernsten Haus am Platz. Unsere Fahrt endete in Erfurt, dann ging es zurück nach Berlin. Ich dankte Heinz für seine Gesellschaft auf der Fahrt, die uns wieder zusammengeschweißt hatte.

Nach dieser Fahr kam mich Hermann Leins für paar Tage besuchen, er wohnte in Radebeul bei Dresden. Ein ungewöhnlicher Mensch. Er hatte soviel Charme und er war so gütig, man musste ihn einfach lieben. Ich kannte ihn schon lange, aber wir konnten uns immer nur sporadisch treffen, wenn er Urlaub hatte.

Mit Wolf machte ich im Mai viele Fahrten und ich brachte ihm das Autofahren bei. Wir waren in Neustrelitz, in Werder, Brandenburg und Potsdam. Wir ließen nichts aus und ich konnte so immer sagen, dass ich die DDR besser als Bayern oder ein anderes Bundesland kenne.

Abends ging es immer wieder zur Vorstellung und morgens, wenn es anstand, zur Probe. Außerdem war ich noch beim Dreh des Fernsehfilms *Die Verschworenen* dabei.

Danach war der Jahresurlaub angesagt, ich packte meine Koffer und fuhr nach Essen zu Lilo und Hermfried, die mir immer wieder was Besonderes boten. Einmal waren wir bei Elsa, die eine Klempnerei betrieb, dann bei Maria in der Gruga, mal wieder bei Schäfers, und sehr oft fuhr ich auch mit Lilo zu ihrer Mutter Aenne. Die war eine ältere, etwas dickliche, aber durchaus bewegliche Dame im Alter von 85 Jahren, machte noch immer ihren Haushalt alleine, wohnte in ihrem eigenen Haus mit sechs verschiedenen Parteien, von denen sie immer noch alleine die Miete kassierte.

Sie drückte Lilo immer ein paar Scheine in die Hand und sagte: „Gönn' dir und dem Peter was Schönes". Das tat Lilo dann. Sie war das einzige Kind, seit ihr Bruder mit nur 40 Jahren gestorben war. Seine Witwe lebte vis-a-vis von der Schwiegermutter Aenne. Der Vater von Lilo war schon lange tot und zu dem hatte sie eine bessere Beziehung gehabt als zur Mutter. Sie sagte, sie hätte niemals einen Kuss von ihrer Mutter bekommen und das Verhältnis wäre immer unterkühlt gewesen. Obwohl sie immer viel Geld bekam, war es Lilo deshalb ein Gräuel, zu ihrer Mutter zu fahren.

Nach der Zeit in Essen fuhr ich ins Saarland zu meinen Eltern. Da verkaufte ich den alten Simca, der immer noch in der Garage stand. Es war auf einmal einsamer, weil Großvater fehlte. Meinem Vater ging es auch nicht mehr so gut, das Herz machte ihm Probleme, er rauchte zu viel. Aber er kümmerte sich um die Hecke und den Rasen und alles war immer in Ordnung, wenn ich zu Hause ankam. Einen Hund hatten wir immer und ich ging gerne mit ihm spazieren. Wenn ich dann hinter unserem Haus durch unseren Wald und das schöne Wiesental lief, sang ich alle mir bekannten

Arien. Zum Beispiel aus dem *Freischütz:* „Durch die Wälder durch die Auen, zog ich leichten Schritts dahin. Alles was ich konnt erschauen, war des sichern Rohrs Gewinn." Ich sang so laut, dass man es in unserem Nachbarort Hirstein hören konnte und alle wussten: „Der Peter ist wieder zu Hause in Urlaub."

In St. Wendel ging ich eines Nachmittags spazieren und lernte im Schlosscafé, wo ich einen Kaffee und Kuchen genoss, einen jungen Mann kennen. Wir freundeten uns an, ich lud ihn zu mir nach Hause ein, dann machten wir eine Fahrt nach Luxemburg. Ich fand es eine schöne Stadt, die ich ja später zur Genüge kennen lernte. Mit meinem neuen Freund verbrachte ich ein paar schöne Urlaubstage, doch auch der schönste Urlaub geht einmal zu Ende und ich nahm wieder Abschied von allen meinen Lieben. Mein Bruder, der in unserem Hause wohnte, hatte schon drei Töchter mit seiner Frau Renate – ganz schön fleißig.

Ich fuhr über die Eifelautobahn nach Essen-Heisingen. Dort wurde ich schon sehnsüchtig erwartet. Mit einem Trank an der Bar begann es, mit einem Abendessen in Wuppertal endete der Tag. Am zweiten Tag fuhren Lilo, Hermfried und ich nach Köln in die Altstadt. Dort gibt es ja eine Kneipe neben der Anderen. Wir ahnten nicht, dass es unser letzter Urlaub mit Hermfried sein würde. Ich war seltsamer, gedämpfter Stimmung, aber ich wusste nicht, warum. Ich fuhr mit starkem Herzschmerz zurück nach Berlin und stürzte mich in die Arbeit.

Am 15. September begannen die Proben in Babelsberg zum Film *Bettina von Armin*. Ich spielte eine Hauptrolle und zwar den Sekretär des Königs. Ich habe den Film nie zu Sehen bekommen. Es war ein historischer Schinken in zwei Teilen. Am 12. Oktober wurde eine neue Folge der Krimiserie *Polizeiruf 110* im Fernsehen ausgestrahlt und ich spielte einen Kommissar. Dann kam der erste November, Lilo rief mich in der Nacht an, und sagte nur: „Hermfried ist heute auf dem Friedhof zusammengebrochen und gestorben."

Ich habe Stunden geweint, war das nun eine Ahnung, die beim letzten Besuch in mir gespürt hatte? Heute kann ich sagen, es war schön mit ihm, Hermfried war ein besonderer Mensch mit Herz und Seele, und wenn es einen Himmel gibt, so schaut er auf uns herab, dessen bin ich mir sicher. Er sagte immer zu mir: „Sollte ich einmal nicht mehr da sein, pass gut auf meine Lilotschka auf." Und das habe ich 25 Jahre lang getan, so gut ich konnte.

Am 1. Dezember bekam ich von meinem Chef Urlaub, um nach Essen zu fahren, dann fuhr Lilo mit zu mir nach Gehweiler. Wir feierten zu Hause Weihnachten im kleinen Kreis. Danach fuhr ich mit Lilo nach Essen und wir verlebten Silvester bei Hermfrieds Schwester.

Neujahr 1972 fuhren Lilo und ich nach Oberhausen und am Abend zurück, um in Essen ins Kino zu gehen. Am 2. Januar waren wir bei der Familie Zimmerling eingeladen, die Pächter der öffentlichen Toiletten auf dem Bahnhof Essen waren, und immens viel Geld mit der Notdurft der Menschen, verdiente. Der Junge, zwölf Jahre alt, sagte bei unserem Besuch: „Bei uns steht das Geld in großen Säcken herum." Sie waren sehr freundlich und zeigten natürlich ihr riesiges Haus mit allem Drum und Dran. Es ist schon seltsam, dass die sogenannten Neureichen nur vom Geld sprechen können und von Kultur und Politik keine Ahnung haben und nur von der Bildzeitung gebildet werden. „Armes Vaterland." Am 3. Januar wurden wir zu Maria Ricken in den Grugapark eingeladen. Ihr Haus stand mitten im Park, weil ihr Mann der Direktor der Halle und des Parkes war.

Einen Tag später holte mich dann der Alltag wieder ein – ich musste zurück nach Berlin. In Berlin angekommen, fühlte ich einfach wieder das normale Leben, das ich so liebte. Aber für mich war es Zeit, die Zelte abzubrechen und zurück in den Westen zu gehen. Meine Eltern brauchten mich jetzt, da mein Vater krank war, und auch Lilo bat mich, in den Westen zurück zu kehren. Dazu kam, dass ich selbst nicht jünger wurde. Ich war inzwischen 40 Jahre alt, auf dem Höhepunkt meiner Karriere. Ich wusste, dass es nicht immer weiter aufwärts gehen würde. Wenn es am Schönsten ist, dann soll man gehen.

Am 14. Januar ging ich deshalb zum Intendanten Pitra und kündigte meinen Vertrag. Der bedauerte meinen Schritt und brachte doch Verständnis für mich auf. Er sagte mir: „Sollten Sie keinen Boden unter die Füße kriegen, steht bei uns immer die Tür offen." Auch das ist einmalig, ich bin überall von mir aus gegangen, keiner hatte je vor, mir zu kündigen. Das gab einem schon eine innere Ruhe. Dieser Schritt fiel mir wegen der vielen Freunde natürlich trotzdem schwer. Am 26. Januar war ich im ZK bei einem Siegfried Müller und besprach meine Ausbürgerung ins Saarland, das musste ja alles in Ordnung gehen.

Am Ende des Monats hatte ich noch vor, mit einem Nachbarn namens Harald übers Wochenende zum Jazzfestival nach Poznan zu fahren. Wir fuhren an einem kalten Morgen mit meinem neuen Simca in Richtung Frankfurt Oder und dort über die Grenze nach Polen. Alles verlief normal, wir fuhren durch Polen, ohne den Weg genau zu kennen. Als wir so 60 Kilometer gefahren waren, fing es an zu schneien und auf einer ganz geraden Strecke, sah man schon vom Weiten eine Bahnüberführung. In einer Linkskurve kurz vor dem Andreaskreuz kam uns ein riesiger LKW mit Anhänger entgegen. Er kam beim Überfahren der Gleise ins Schleudern und rutschte mit dem Anhänger direkt auf mich zu. Ich machte eine Vollbremsung und kam direkt am Andreaskreuz zum Halten, aber das Kreuz stand fast mitten in meinem Wagen. Harald, der nicht angeschnallt war, knallte gegen die Frontscheibe, mir drückte das Lenkrad bald die Luft ab. Weit und breit kein Auto mehr zu sehen und der Fahrer vom LKW hatte wahrscheinlich nichts mit bekommen und fuhr einfach weiter.

Zum Glück stand unmittelbar an der Kreuzung ein Wärterhäuschen, aus dem ein Bahnwärter raus gerannt kam und rief: „Katastrophe!". Wir befreiten uns mit seiner Hilfe aus dem Wagen. Harald blutete an der Stirn, aber ansonsten waren wir beide unverletzt geblieben. Es war schlimm kalt und wir zitterten, der Bahnwärter lud uns in sein beheiztes Häuschen ein, und rief „Policja", wie er sagte. Er konnte kein Wort Deutsch und wir kein Polnisch. Bei einer Kanne heißen Tees und Wurstbrot ließ der Schock ein wenig nach. Mein Auto war total kaputt, an eine Weiterfahrt war nicht zu denken. Meine größte Sorge galt allerdings nicht dem Schaden an meinem Auto, sondern Harald. Der Bahner hatte ihm das Blut vom Kopf gewischt und ein Pflaster draufgeklebt. Aber das Festival war für uns natürlich gelaufen, wir saßen in der polnischen Provinz fest und ich hatte Harald gegenüber ein schlechtes Gewissen. Ich überredete ihn dazu, zurück nach Berlin zu fahren.

Als das nächste Auto mit Berliner Nummernschild vorbeikam, hielten wir es an und Harald war auf dem Weg nach Hause. Ich dagegen saß mit meinem kaputten Simca immer noch fest. Der nächste Ort war zehn Kilometer entfernt. Es kam mir vor, als wären wir in der Taiga. Ich sprach mit dem Bahner, wir verständigten uns mit Händen und Füssen, aber wir verstanden uns ganz gut. Es war bereits 16 Uhr nachmittags und kein Polizist zu sehen. Es wurde allmählich dunkel, da kam doch noch ein Polizeiauto mit drei Männern, einer davon war ein Dolmetscher und so konnte ich mich endlich richtig verständigen. Man machte ein Protokoll wegen der Versicherung, dann gaben die Polizisten eine Fahndung nach dem LKW heraus, aber der war längst über alle Berge. Als alles Bürokratische erledigt war, sagte der Dolmetscher: „Wir schicken einen Abschleppwagen, der sie nach Frankfurt Oder bringt." Ich bedankte mich und begab mich wieder in die Bude, die ja gut warm war. Dann kochte der Mann nochmals einen heißen Tee und so wartete ich wieder, bis nach zwei Stunden endlich der versprochene Abschleppwagen kam.

Als ich einen hübschen Soldaten aus dem Militärfahrzeug mit Kran aussteigen sah, war, wie ein Wunder, das Auto nur Nebensache. Der junge Mann hängte meinen Wagen an den Kran und gab zu verstehen, dass wir gleich losfahren würden. Ich bedankte mich bei dem netten Bahner und gab ihm noch 10 Westmark für Zigaretten. Er grüßte nett und los ging das Abschleppabenteuer. Die Verständigung mit Jan, so nannte sich der Soldat, klappte einigermaßen, weil er ein bisschen Deutsch und auch Englisch sprach. Als wir uns der Grenze näherten, wo er mein Auto abhängen und zurück fahren sollte, überlegte ich fieberhaft, wie ich ihn dazu bringen könnte, mich nach Berlin zu schleppen und noch etwas zu bleiben. Er könnte ja am nächsten Tag, einem Sonntag, zurückfahren. Er war so ein aufregender Typ und ich hätte lieber den Wagen zurückgelassen, als auf ihn zu verzichten.

Gegen 22 Uhr waren wir an der Grenze, die Zöllner wussten schon Bescheid wegen des Unfalls. Ein etwas älterer Grenzer kam zu uns und kontrollierte die Papiere, er sprach Deutsch. Also fragte ich ihn, ob es möglich wäre, bei Jans Truppe anzurufen, um die Erlaubnis dafür zu bekommen, dass er mich bis Berlin bringen konnte. Ich würde das alles bezahlen. Das Gespräch dauerte etwas und ich wartete gespannt auf das Ergebnis. Dann kam Jan, salutierte und meinte, er könne mich zu meiner Wohnung bringen, müsse aber am Montag Früh auf die polnische Botschaft gehen und sich eine Bescheinigung für seine Dienststelle geben lassen, das wäre alles. Und nach dem Preis fragend hätte der am anderen Ende der Leitung nur bemerkt, wir wären ja Freunde. Ich wäre fast verrückt geworden vor Freude und ich bin sicher, dass es so was nicht noch mal gegeben hat. Ich war so aus dem Häuschen, dass sich mein Soldat gleich mit freute.

Auf der deutschen Seite gab es keinerlei Probleme und so waren wir um 24 Uhr in der Hauptstraße vor meiner Wohnung. Wir stellten meinen Wagen ab, parkten den Abschleppwagen und gingen zu mir in die Wohnung. Ich machte gleich was zum Trinken und eine Kleinigkeit zum Essen, dann holte ich einen Anzug aus dem Schrank, ein neues weißes Hemd und wir zogen uns um, um in das Nachtleben Berlins einzutauchen. Janko, wie er wirklich hieß, hatte meine Statur und sah noch besser aus in Zivil. In Berlin Mitte fuhren wir erst mit dem Taxi zum Lindencorso, dort gingen wir in die Tanzbar und ich begrüßte die Band. In der Pause kam Claus Teufel, mein Entdecker, und ich stellte ihm den Polen vor. Ich wusste gar nicht, was ich alles für „meinen" Polen tun sollte, so glücklich war ich über das Ende einer Fahrt ins Nichts.

Mit Janko erlebte ich eine tolle Nacht. Morgens machte ich einen guten Kaffee und Brote, dann zogen wir in die Stadt und ich zeigte ihm alle Sehenswürdigkeiten von Berlin, die er noch nie gesehen hatte. Zum Essen gingen wir ins Berolina Hotel, zum Kaffee ins Pressecafé. Und jedem meiner Bekannten erzählte ich von dieser Tour, keiner konnte es glauben. Also war ich doch ein Zauberer. Wir verlebten noch eine Nacht zusammen, dann ging ich mit Janko zum polnischen Konsulat, man gab uns die Bescheinigung für die Truppe, damit er keinen Ärger bekommen würde. Ich fragte wieder, was ich zu bezahlen hätte, man erwiderte nur, unter Freunden brauche man nichts zu zahlen. Da ging ich mit Janko in den Intershop und kaufte ihm eine Stange Marlboro, einen Remy Martin und schenkte ihm noch das Hemd und einen meiner Lieblingspullover. Zu Hause angekommen packten wir alles zusammen, drückten uns, tauschten unsere Adressen aus und sagten Adieu. Der Abschied fiel mir so schwer, als ob ich einen Bruder verlieren würde. Wir schrieben uns mehrmals, aufgrund der Sprachschwierigkeit schlief der Kontakt dann aber ein.

Am 1. Februar telefonierte ich mit einem Cousin meiner Mutter, Alois, der eine kleine Autoreparaturwerkstatt in Westberlin betrieb, und ich fragte ihn, ob er mir helfen könne, den Wagen wieder fit zu machen. Die Ersatzteile gab es ja nur im Westteil der Stadt. Wir besprachen alles und er meinte: „Du musst den Wagen in die Heinrich-Heine-Straße bringen, ich stehe dort mit dem Abschleppwagen. Den Tag und die Zeit musst du mir telefonisch durchgeben." Da nun die Zeit sehr knapp war, rief ich den Sekretär Honeckers an, der mir versprochen hatte, in besonderen Fällen zu helfen. Ich konnte zwar im Urlaub immer nach Hause fahren, aber Westberlin war tabu, auch für mich. Deshalb musste ich eine Sondergenehmigung für einen Tag anfordern.

Schon am nächsten Tag konnte ich auf dem Polizeirevier die Papiere abholen. Ich rief gleich Onkel Alois an und wir legten den Termin auf den 5. Februar um 10 Uhr fest. Ich war ganz schön aufgeregt. Es war noch sehr kalt und ein Bekannter, der meinen Wagen immer gewartet hatte, brachte mich zu dem abgemachten Termin an den Übergang in der Heinrich-Heine-Straße. Alois stand mit einem alten Abschleppwagen auf der anderen Seite. Dann musste ich die Formalitäten erledigen, der Wagen wurde durch die Grenze geschoben, drüben angehängt, kurze Begrüßung und dann ging es über den Kurfürstendamm in die Werkstatt. Alois meinte: „Das ist eine größere Sache, als ich dachte. Am besten wäre es, einen neuen Wagen zu kaufen." Doch woher sollte ich so viel Geld nehmen?

Wir stellten erst mal den Wagen in die Werkstatt, dann fuhren wir in die Wohnung zu seiner Frau. Irmgard begrüßte mich herzlich und hielt auch schon Kaffee und Kuchen bereit. Am Nachmittag ging Irmgard mit mir im Kaufhaus des Westens, KaDeWe, einkaufen, ein neues Hemd und ein wunderbares französisches Herrenparfum. Dann packte sie mir noch Obst und allerlei Dinge ein. Sie meinte: „Du bist ja ein besonderer Mensch, und dass du so viel Glück bei dem Unfall hattest, war schon ein Wunder!" Als ich dann die Abschleppgeschichte erzählte, außer die Sache mit dem Sex natürlich, meinte Alois: „Das gibt es nur im Film!" Wir saßen dann noch bis zum Abend zusammen und ich fuhr mit der U-Bahn in den Osten zurück.

Am 25. kam ein Herr vom ZK und brachte mir die Ausreise- und Transportpapiere. Ich durfte zusammen mit einem anderen Sänger von der Deutschen Staatsoper mit allen meinen Sachen die DDR verlassen und in meine saarländische Heimat ausreisen, weil mein Vater sehr krank geworden war.

Am 3. März war ich noch beim Dreh des Fernsehfilms *Martina Fichtner* dabei und am 18. konnte ich endlich meinen reparierten Simca abholen. Ich zog meinen besten Mantel, einen wunderbaren Nutria-Pelz, an und fuhr mit der U-Bahn bis zur Westoper. Als ich mit dem Auto den Kurfürstendamm hinunter fuhr, fühlte ich mich so königlich wie Katharina die Große. Wie gerne hätte ich einen solchen Moment auf Film festgehalten.

Am 25. März war dann meine letzte Vorstellung am Metropol, die passenderweise *Bretter, die die Welt bedeuten* hieß. Ein Musiker des Metropols hatte das Musical geschrieben und als meine Abschiedsvorstellung kam es zur Uraufführung. Ich war einer Stimmung, die ich nur schwer beschreiben kann. Euphorisch und gleichzeitig wehmütig sah ich der Vorstellung entgegen. Meine Stimmung übertrug sich auf die Kollegen, die mir alle viel Glück für mein neues Leben wünschten. Nach der Vorstellung wurde ich von allen Vorständen bei offenem Vorhang verabschiedet und bekam Massen von Blumen und Geschenken. Wenn ich daran denke, bin ich heute noch tief berührt.

Ganz besonders gefiel mir die Abschiedsrede vom Intendanten Pitra, der mich als einen einmaligen Kollegen und Künstler schätzte und mir „Toi, Toi, Toi" wünschte und einen guten Start im Westen. Dann schenkte man mir ein Duplikat der *Saskia* von Rembrandt auf Holz, auf dem von allen Kollegen unterschrieben steht:

„*Lieber Peter !!!*

Adagio sei dein weiteres Leben, A tempo folge Dir das Glück

Will es Piano Dir entschweben, So hol es presto Dir zurück.

Sei forte stets in jeder Not, Bis sich andante naht der Tod!!!

Zur Erinnerung an Deine Kollegen des Metropol-Theaters, am Abend Deiner letzten Vorstellung Bretter, die die Welt bedeuten."

Noch nie in meinem Leben hatte ich so geheult und meine Freunde weinten mit mir. Das Bild hat noch heute einen Ehrenplatz in meinem Wohnzimmer und die Erinnerung an meine Kollegen ist noch sehr lebendig in mir.

Ein paar Tage später kam meine Freundin Lilo aus Essen und ich bekam eine Sondererlaubnis, mit ihr durch die ganze Republik zu fahren. Am 31. ging es los nach Neustrelitz, das Lilo aus ihrer Mädchenzeit noch kannte, als sie Arbeitsdienstlerin im Haushalt einer reichen Familie gewesen war. Sie konnte sich an alles erinnern, wir standen vor der Villa, aber es war keiner mehr da, den sie kannte. Dann waren wir bei meiner lieben Lissi, die halb blind auf ihrem Sofa in einer kleinen Kammer lag, nur meine Stimme erkannte und rief: „Peter, mein Peter, wie habe ich dich noch erwartet, bevor ich sterbe. Dich einmal noch zu spüren und deine Stimme zu hören!" Mir liefen die Tränen nur so die Wangen hinunter. Lilo sagte später: „Ich bewundere dich, wie du mit dieser alten Frau umgegangen bist." Ich sagte: „Sie ist keine Frau, sondern eine Dame." Nach diesem Tag hörte ich nie wieder von Tante Lissi.

Von Neustrelitz aus fuhren wir nach Feldberg an der Mecklenburgischen Seenplatte, nach Salzwedel, wo der Baumkuchen herstammt, in den Harz und vom Brocken aus ging's nach Weimar, der Heimat von Goethe und Schiller, nach Erfurt und nach Leipzig. Von dort fuhren wir nach Meißen und Dresden. Wir besichtigten alle Sehenswürdigkeiten und fuhren dann weiter die Elbe rauf, besichtigten Schloss Pillnitz und dann zogen wir weiter in die Sächsische Schweiz. Am letzten Tag unserer Rundreise war der Spreewald unser Ziel, wir fuhren über die Kanäle und blieben die letzte Nacht in Cottbus. Lilo bedankte sich sehr bei mir für die wunderbare Fahrt durch den Osten, den Westler ja so selten zu Sehen bekamen. Mir hatte es aber auch eine Menge Spaß gemacht.

Am 10. April schmiss ich eine große Abschiedsparty. All meine Freunde und Bekannten kamen und der Abschied wurde mir immer schwerer. Ich kann mich an sie alle erinnern, als wäre es gestern gewesen. Am 13. April fuhr Lilo zurück in ihr Haus in Heisingen am Baldeneysee und freute sich schon auf meinen baldigen Besuch.

Ein Abschnitt meines Lebens endete. Ich war und bin der DDR und ihren

Genossen noch heute dankbar dafür, dass sie so viel Verständnis und Hilfsbereitschaft für mich, für einen, der auszog das Singen zu lernen, aufbrachten. Meine Freunde, die ich lange nicht sehen sollte, blieben in meinem Herzen.

3. AKT
RIEN NE VA PLUS

1. Szene
Mainz

Am 25. April 1972 siedelte ich mit Sack und Pack in meine alte Heimat um. Ob ich eine Stelle an irgendeinem Theater bekommen würde, stand in den Sternen. Versuche, eine Vakanz zu bekommen, hatte ich in den letzten Jahren ja schon unternommen und war dabei gescheitert.

Auf dem Weg ins Saarland machte ich einen Zwischenstopp bei Lilo. Es war wie ein Schlag, das Haus ohne Hermfried vorzufinden. Es gab den obligatorischen Drink, einen Campari Orange. Lilo hatte den Tisch liebevoll gedeckt und ein delikates Mahl gezaubert. Wir hatten ja erst vor ein paar Tagen Abschied genommen in Berlin und nun saß ich hier in Essen. Lilo bedankte sich noch einmal für die Tage in Berlin, die sie von Hermfrieds Tod abgelenkt hätten. Aber dafür sind Freunde ja da.

Lilo schlug mir vor, erstmal bei ihr einzuziehen, aber das wollte ich nicht. Sie wusste zwar von meiner Veranlagung und störte sich nicht daran, aber ich wollte frei sein und auf Dauer wäre ein Zusammenleben wohl nicht gut gegangen.

Dann schmiedeten wir Pläne, sobald ich mich zu Hause eingerichtet hatte, würde sie zu mir kommen und wir wollten einen Urlaub zusammen verleben. Den Abend verbrachten wir bei Hermfrieds Schwester. Dann fuhr ich mit Lilo zum Friedhof, der gleich um die Ecke lag. Dort legte ich einen Strauß Blumen auf Hermfrieds Grab ab und zündete eine Kerze für ihn an.

Am nächsten Morgen lud ich meinen Wagen voll mit Geschenken für Mama, Papa, Annelie und Herbert und kam so am Nachmittag des 26. Aprils erleichtert, es geschafft zu haben, bei meinen Eltern an. Es galt, Pläne für die nähere Zukunft zu schmieden. Das Haus, das ordentlich umgebaut werden musste, sollte mir überschrieben werden, ich musste Arbeit suchen und die obligatorischen Behördengänge mussten erledigt werden. Als Erstes beantragte ich den Bundesbürgerausweis, kümmerte mich um die Versicherung und meldete mich um. Anfang Mai kaufte ich mir ein neues Auto, einen Ford 12 M., denn mein Simca war trotz der Reparatur völlig verzogen. Schade, er hatte gut zu mir gepasst.

Meinem Vater ging es immer schlechter und ich hoffte, ihn noch ein bisschen bei uns zu haben. Meine Mutter war unverändert, immer auf Trab und war riesenfroh, dass ich – wenigstens vorerst – zu Hause blieb. In Saarbrücken auf dem Arbeitsamt bemühte ich mich um eine Stelle. Ich bekam für die Übergangzeit, bis ich wieder Arbeit gefunden hatte, eine Unterstützung. Wie verabredetet kam Mitte Mai Lilo nach Gehweiler. Papa und Mama behandelten sie wie ihre zukünftige Schwiegertochter, meine Homosexualität wurde nie auch nur mit einem Wort erwähnt. Mit meinen Eltern fuhren wir nach Neustadt an der Weinstraße, wo Lilo noch nie gewesen war. Nach diesem Ausflug packten wir unsere Koffer und fuhren nach Paris.

Wir stiegen mitten im Zentrum im Hotel La Fayette ab und mieteten für vier Tage ein Doppelzimmer. Das berühmte Kaufhaus Galeries Lafayette lag direkt neben unserem Hotel.

Wir luden unser Gepäck ab und fuhren dann in meinem neuen Auto die Champs-Elysées hinunter, um für die Abendveranstaltung im Lido Karten zu besorgen. Mitten auf der Straße bleib plötzlich der Wagen stehen. Rechts und links brausten die Autos an uns vorbei. Schwitzend versuchte ich den Ford wieder anzulassen, aber nichts geschah. Ein Verkehrspolizist schleuste mich irgendwie an den Straßenrand, um nach dem Motor zu schauen. Er bat mich, noch mal zu starten und – oh Schreck! – der Wagen sprang an. Das war mir schon etwas peinlich. Ich bedankte mich und wir fuhren weiter zum Lido. Dort holte Lilo zwei Karten für 23 Uhr und so hatten wir Zeit, noch zu bummeln und uns im Hotel für den Abend schön zu machen.

Abends im Lido hatten wir einen der besten und teuersten Plätze, einen Zweiertisch direkt an der Bühne. Als wir uns gesetzt hatten, kam eine nette Bedienung mit großer Schleife im Haar und fragte, was wir zu Essen und zu Trinken wollten. Sie überreichte eine riesige Karte und Lilo meinte: „Erst mal zwei Campari Orange." Als ich dann aber die Preise las, war mir der Appetit vergangen. Lilo sagte nur: „Zier dich nicht, wir bekommen das nie wieder geboten." Wir bestellten Medaillons mit Reis und Salat, eine Tomatencremesuppe mit Gin und Sahne, einen Eisbecher à la Lido und last but not least eine Flasche Champagner. Alles in Allem eine Kleinigkeit von 566 Mark. Ich konnte mir den Kommentar: „In Berlin hätten wir davon acht Tage lang in Saus und Braus leben können." nicht verkneifen. Lilo ließ das aber nicht gelten: „Wir sind nicht mehr in Berlin und Hermfried hat dafür gesorgt, dass wir das erleben dürfen." Dann sagte sie noch bestimmt: „Und über Geld wollen wir nicht mehr reden." Ich fügte mich und genoss es. Das

Programm war wirklich grandios ... allein die Kostüme und die Bühnenbilder – toll. Als sich das Programm seinem Ende entgegen neigte, kamen dreißig gleichgroße Tänzerinnen mit altmodischen Hüten, Schuten, auf dem Kopf und legten einen rasanten Cancan hin. Sie warfen die Beine, dass es einem schwindlig wurde. Danach stand das Publikum begeistert auf und rief: „Da Capo!"

Zwei der Tänzerinnen kamen an unseren Tisch und baten mich, mit auf die Bühne zu kommen und zwei weitere schleppten einen anderen Mann nach oben. Sie legten uns Cancan-Röcke an und setzten uns Schuten auf die Köpfe, die mit großen Schleifen um die Hälse befestigt wurden. Dann wurden wir zwischen den Tänzerinnen positioniert und schon ging der Cancan wieder los. Das Publikum klatschte wie verrückt und wir tanzten, so gut wir konnten. Wir sollten ja nur vorgeführt werden, wie wir in den Frauenkleidern hilflos umher zappelten. Dass sich das Ballett mit mir einen Profi auf die Bühne geholt hatte, ahnte ja niemand außer Lilo und mir. Ich warf die Beine wie die Tänzerinnen, während der andere Freiwillige kläglich versagte. Das Publikum tobte und wir beide bekamen eine Flasche Whiskey und ein teures Parfüm für unsere Begleiterinnen. Beim Verlassen der Vorstellung klatschten sie mir alle zu, riefen „Bravo, Bravo" und Lilo meinte: „Das hat sich doch gelohnt, nun hast du auch in Paris im Lido auf der Bühne getanzt."

Am nächsten Tag machten wir einen Fußmarsch durch Paris. Den Eifelturm bestiegen wir nur bis zum Restaurant, aber die Aussicht war auch da nicht schlecht. Am Abend gingen wir in das bekannte Varieté „Moulin Rouge" und weil wir auch dort in der ersten Reihe saßen, wurde ich wieder auf die Bühne geholt. Dieses Mal war es eine eher lustige akrobatische Vorführung. Im Anschluss bekamen Lilo und ich wieder Geschenke – und für mich gab es natürlich einen kleinen Beifall.

Es klingt unglaublich, aber auch im dritten Varieté, das wir besuchten, wurde ich auf die Bühne gebeten. Im „Folie Bergère" sollte ich Limbo tanzen. Die Stange wurde auf einen halben Meter abgesenkt und das war dann selbst für mich zu niedrig. Aber das machte nichts – das Programm war eine Wucht. Ich stand in den vier Tagen in Paris in drei verschiedenen Varietés auf der Bühne. Wer kann das schon von sich behaupten? Natürlich habe ich das alles Lilo und Hermfried zu verdanken, denn mit meinem Geld hätte ich höchstens ein Varieté besuchen können.

Am letzten Abend in Paris besuchten wir das „Alkazar", das Transvestitenkabarett. Die Frauen waren so hübsch wie sonst nirgendwo – und alle waren Männer. Das Programm war lustig und ich saß zudem neben einem attraktiven Franzosen, mit dem ich ein wenig flirtete. Lilo merkte das und meinte grinsend, ich könne ja nachher mit ihm gehen. Das hätte ich schon mal wieder gebraucht. Aber Lilo, wenn auch nur für eine Stunde, alleine zu lassen wegen einer Nummer, das hätte ich nie getan. Sie hätte das nicht verdient.

Am 28. Mai nahmen wir Abschied von Paris, fuhren über Lille nach Brüssel und blieben dort noch zwei Nächte. Von Brüssel aus fuhren wir nach Aachen und besichtigten den Kaiserdom und die Altstadt und fuhren nach einem guten Essen über Düsseldorf zurück nach Essen. Dort angekommen hatte Lilo keine Lust nach Hause zu fahren und so kehrten wir noch in den David Club für Homosexuelle ein. Dort fühlte Lilo sich wohl, weil sie in normalen Lokalen immer angemacht wurde, was sie überhaupt nicht mochte. So kurz nach Hermfrieds Tod störte sie so was natürlich besonders und sie feierte deshalb lieber mit Schwulen.

Am nächsten Tag fuhr ich nach Hause, wo die Umbauarbeiten am Haus auf mich warteten. An Peter und Paul begannen wir. Decken wurden betoniert, Fenster neu gebrochen, das Dach nach beiden Seiten verlängert, wir bauten zwei neue Bäder ein, verlegten Wasserleitungen, installierten Heizkörper und bauten im Keller eine Bar und eine Waschküche ein. Mein Bruder, mein Schwager und ich waren ständig auf der Baustelle und bemühten uns, den zwei befreundeten Handwerkern, die die Hauptarbeit verrichteten, so gut es ging zu helfen. Es sollte alles möglichst schnell gehen, damit meine Eltern in die neue moderne Einliegerwohnung ziehen konnten. Aber es sollte anders kommen. Als wir fast fertig waren, bekam mein Vater eines Morgens beim Frühstück einen Hirnschlag und wurde sofort ins Krankenhaus eingeliefert. Die Diagnose war eindeutig: Er hatte Hirnblutungen, die ihn zunächst rechtsseitig lähmten und bald zu seinem Tod führen würden. Wir waren fassungslos. Natürlich war er schon lange krank gewesen, aber damit hatte doch keiner gerechnet.

Lilo kam sofort, um uns in dieser schwierigen Situation beizustehen. Sie blieb zwei Wochen, half meiner Mutter bei der Arbeit und war bei ihr, wenn Annelie und ich jeden Tag morgens und abends zu Papa ins Krankenhaus fuhren. Als Lilo nach Essen zurück musste, fuhr ich mit und bleib zwei Tage bei ihr. Es war nur eine kurze Verschnaufpause, aber in Essen konnte ich kurz all meine Probleme vergessen und neuen Lebensmut schöpfen. Zurück in Gehweiler fand ich einen Brief von der Bühnenvermittlung vor, die mir mitteilte, dass die Theater in Darmstadt, Ulm und Mainz einen Chortenor suchten. Ich rief zuerst in Darmstadt an und wurde direkt am nächsten Samstag zu einem Vorsingen gebeten. Ich fuhr hin und mochte diese Beamtenstadt auf den ersten Blick nicht. Dann als ich vor dem Staatstheater, einer furchtbaren Betonkiste stand, dachte ich mir: „Auch wenn die dich nehmen, hier bleibst du nicht."

Ich sang vor und nach zwei Arien, die der Chordirektor Zagorsky begleitete, meinte er: „Wir nehmen Sie." Ich aber sagte, ich hätte noch ein anderes Angebot und ich würde mich in zwei Tagen entscheiden. Direkt danach fuhr ich mit dem Zug nach Mainz. Als ich dort aus dem Bahnhof kam, fand ich die Stadt schon so schön, dass ich mich entschloss: „Wenn die mich haben wollen, egal was ich an Gage bekomme, hier bleibe ich." Ein Herr Chordirektor Wies erwartete mich am Eingang des Theaters und meinte, es sei außer ihm keiner mehr da. Aber er würde mich anhören. Ich erzählte kurz, wo ich überall gesungen hatte, dann sang ich den Herzog aus *Rigoletto*: *Ach wie so trügerisch sind Weiberherzen*, dann die Bildnisarie aus der *Zauberflöte*. Er klappte den Klavierdeckel zu und sagte: „Wenn Sie wollen, ich nehme Sie." Ich wäre ihm am liebsten um den Hals gefallen. Dann bat ich ihn, mich bis Oktober noch frei zu lassen, weil mein Vater im Sterben läge. Herr Wies sagte nur: „Ich schicke Ihnen den Vertrag zu und hoffe, Sie dann im Oktober zu sehen." Ich bekam einen Vertrag mit Solo, was ich gar nicht erwartet hatte. Ein Wunsch ging in Erfüllung. Nun konnte ich bei meiner Familie sein und singen. Ich kam spät nach Hause und fuhr direkt am nächsten Morgen zu meinem Vater, um ihm von der Stelle in Mainz zu berichten. Er drückte leicht meine Hand, um mir zu gratulieren.

Am 16. September starb mein Vater in meinen Armen. Als ich nach Hause kam, saßen meine Mutter, meine Schwestern, meine Tante und die Bauleute zusammen im Wohnzimmer und weinten. Am 30. September wurde mein Vater zu Grabe getragen. Die Verwandtschaft meines Vaters aus Bad Godesberg und Bonn reiste an und auch die Familie meiner Mutter erschien vollzählig. Auf dem Gehweiler Friedhof hatte noch nie eine so große Beerdigung stattgefunden. Mein Vater war ein Leben lang Kommunist gewesen und kein Wendehals. Das brachte ihm Respekt ein. Der Pfarrer, der Landrat, der Bürgermeister und die Vereine würdigten ihn als toleranten und vor allem für die Jugend engagierten Menschen. Dr. Fichtelmeier von der SPD sagte: „Wenn wir nur drei von seiner Qualität in unserer Partei hätten, ginge es uns besser." Der Leichenschmaus war im Saal meines Großvaters, der voll besetzt war.

Als die Trauertage vorbei waren, ging ich mit meiner Mutter zum Notar und ließ mir mit Zustimmung meiner Geschwister unser Haus überschreiben. Meinetwegen hätte das noch lange warten können aber ich brauchte einen Kredit, um den Hausumbau zu bezahlen und ohne Sicherheit hätte ich den natürlich nicht bekommen. Als das Haus mir gehörte, gewährte mir die Bank einen Kredit in Höhe von 150 000 Mark zu einem unverschämten Zinssatz. Ich hatte allerdings keine andere Wahl.

Die Bauarbeiten am Haus waren abgeschlossen, da lud mich Lilo nach München ein. Wir besuchten Hedi, eine Freundin von ihr, die Helikopter verkaufte. Wir waren erst einen Tag da, da lud uns Hedi nach London ein. Wir wohnten in einem luxuriösen Hotel im Zentrum der Stadt, das einem Freund von Hedi gehörte. Abends gingen wir zum Dinner ins Ritz. Dort wurde ein Menü aufgefahren, wie ich es noch nie gesehen hatte. Im Paradies konnte es nicht schöner sein, dachte ich. Die Preise für das Menü und die französischen Weine waren astronomisch, aber wir wurden ja eingeladen. Nach dem Essen gingen wir in einen der bekanntesten Tanzclubs.

Am nächsten Tag gingen wir in das berühmte Kaufhaus Harrods. Was man da so alles sieht und wie die Menschen sich dort bewegen, einfach interessant, aber ohne Kohle nichts zu hole. Zum Lunch fuhren wir nach Windsor, ein imposantes Schloss, danach den Tower besichtigen und Essen bei einem Italiener, weil wir Hunger auf Pasta hatten. Bei der Queen waren wir allerdings nicht eingeladen.

Am dritten Tag verabschiedeten wir uns und dankten Hedi noch mal. Bei guter Sicht flogen wir wieder nach München zurück, dort gingen wir noch ins Mövenpick essen. Dann fuhren Lilo und ich Richtung Gehweiler und feierten dort meinen Geburtstag und am 16. Oktober begann mein drittes Leben am Stadttheater Mainz.

Vorerst wohnte ich bei einem Kollegen zur Untermiete, der bei seiner alten Mutter lebte. Günther Maurer, ein Bariton, seit Jahren im Opernchor. Er hatte Beziehungen zu einer Wohnungsvermittlung, was mir in dieser Universitätsstadt, wo Tausende eine Wohnung suchen, sehr nützlich war.

Günther war auch verzaubert und erhoffte sich mehr von mir. Er war aber nicht mein Typ. Was mir an ihm gefiel war, dass er seine Mutter vorbildlich versorgte. Noch heute höre ich Frau Maurer sagen: „Gell Bub, du kommst heute bald nach Hause."

Schon ging es voll in die Probenzeit und ich musste aufholen, was die anderen schon konnten. Ich kam ja von der Operette und musste nun alle großen Opern nachstudieren. Dazu kam der Umzug in eine eigene Wohnung in der Heinestraße in einem Hochhaus an einem Park. Ein Zimmer, Kochnische und Dusche mit Toilette. Miete 400 Mark und zwei Monatsmieten Kaution. Wenn ich da an Berlin dachte, wurde es mir schlecht. Dort hatte ich das Doppelte verdient und die Miete betrug ein Zehntel von der in Mainz. Aber da musste ich durch. Lilo besorgte mir wenigstens das Nötigste – eine Zweiercouch, einen Tisch, einen Schrank besorgte ich mir von Kollegen, Lilo brachte mir einen kleinen tragbaren Fernseher. Gleich darauf stand meine erste Premiere in Mainz an. *Die Zauberflöte* von Mozart, die ich schon in Eisenach auf dem Programm gehabt hatte.

Ich hatte viele nette Kollegen und auch Kolleginnen wie Helga Schwickert, eine tolle Blondine, die mit dem Chef der Kripo in Wiesbaden verheiratet war, dann Norma Fritz, die Sophia Loren ähnelte. Sie war mit einem Professor, Horst Fritz, verheiratet – ein lieber Mensch. Dann Doris, eine Junggesellin und Musiklehrerin. Und natürlich die Kollegen: Günther Maurer, Achim Junger, Clemens Muth und der Draufgänger Zagovec.

Ich mit meiner unkomplizierten Art hatte gleich Anschluss und so gingen wir nach der Premiere in eine Tanzbar in der Nähe des Bahnhofes. Dort saßen wir alle an einem Tisch und ich tanzte der Reihe nach mit den Damen, damit sie wussten, was ich konnte. Jede war von meinem Tanzstil begeistert, ob Walzer, Tango oder die ganz modernen Tänze. Zur gleichen Zeit kam eine Gruppe Studenten in die Bar und belegte den Nachbartisch. Einer fiel mir sofort auf, meine Wahl war getroffen. Ich unterhielt mich mit ihm über unseren Tisch hinweg. Als die Anderen tanzen waren, setzte er sich zu mir rüber und wir machten uns miteinander bekannt. Sein Name war Frank Schwarzer, er war Zahnmediziner im fünften Semester. Wir hegten gleich Sympathie für einander und ich bat ihn, nach der Sperrstunde mein Gast zu sein und meine neue Wohnung mit mir einzuweihen. Er willigte sofort ein. Als ich nun mal wieder mit Helga tanzen ging, machte sich Günther an Frank heran, ohne dass ich es mitbekam und auch Günther ahnte nicht, dass Frank und ich schon verabredet waren.

Als der Abend sich dem Ende neigte, gab ich Frank ein Zeichen zum Abfahren. Nun hatte ich noch einen Kasten mit Wein in Günthers Auto und rollte ihn aus dem Wagen, da stand er bei Frank und forderte ihn auf, mit ihm zu kommen. Frank erwiderte, er habe schon eine Verabredung. Mit wem, das sagte er natürlich nicht. Günther gab mir meinen Wein und fuhr verärgert ab. Frank stieg bei mir in den Wagen und los ging's in die Heinestraße. Ich erklärte Frank, es sei meine erste Nacht in meiner Mainzer Wohnung und da müsse noch manches eingerichtet werden. Ich machte einen Kaffee und wir unterhielten uns über dieses und jenes und ich erzählte von meiner Zeit in der DDR. Nun wurden wir müde und ich zog meine Bettcouch aus. Frank war schneller ausgezogen, als ich hingucken konnte. Er kam über mich wie ein Orkan. Das war meine erste sexuelle Begegnung in Mainz, der noch viele folgen sollten.

Am Morgen musste ich zur Probe, Frank zur Uni und nachmittags hatten wir vor, zu Günther zu fahren, um noch einige Dinge von mir zu holen. Also kaufte ich nach der Probe ein Kuchenpaket und schon standen Frank und ich vor der Wohnungstür von Günther Maurer. Als er die Tür öffnete, war er etwas pikiert, ließ uns dennoch in die Wohnung und stellte Frank seiner Mutter vor. Die kochte gleich Kaffee und Günther deckte den Tisch und tat, als wenn nichts gewesen wäre. Wir tranken unseren Kaffee, aßen den Kuchen, den ich mitgebracht hatte und lachten und scherzten. Das konnte Günther sehr gut, vor allem über andere herziehen. Danach fuhr ich

Frank zu seiner Behausung, er wohnte nahe der Uni. Abends ging es zur Vorstellung. Als ich in meine Garderobe ging, kam Günther auf mich zu und fragte: „Na, hattest du eine gute Nacht in der neuen Wohnung?"

Nicht wissend, was er zuvor mit Frank besprochen hatte, antwortete ich: „Ich habe wunderbar geschlafen." Daraufhin erwiderte er: „Kein Wunder, bei so einem Kerl, den du mir gestern vor der Nase weg geschnappt hast!" Ich fragte, was sein Problem sei, denn ich hatte Frank schon in der Bar angesprochen und wir seien uns sofort einig gewesen. Günther erwiderte schnippisch: „Was zwischen dir und Frank lief, weiß ich nicht. Ich bin euch nachgefahren und habe eine Zeit vor dem Haus gestanden." Ich meinte: „Da hast du dir ja keinen Gefallen getan."

Trotz dieser unangenehmen Verwicklung blieben Günther und ich gute Kollegen. Ich hatte ihn ja nicht absichtlich verletzt.

Im Dezember sollte das Stadttheater Mainz *Tristan und Isolde* als Gastspiel in Treviso aufführen. Der Herrenchor hatte nur wenig zu singen, aber wir waren Teil der Inszenierung. Man wollte uns jedoch aussparen. Da ging ich als Neuling zum Intendanten Ludwig, der mich von Anfang an mochte, und sagte ihm, gewerkschaftlich und künstlerisch wäre das ein Fehler, denn der Chor gehöre nun mal dazu. Wir diskutierten eine Weile und schließlich stimmte er mir zu. Der Chor durfte mit zum Gastspiel. Da freuten sich alle Herren und wählten mich gleich zum Obmann, was keinesfalls meine Absichten gewesen war. Am 14. Dezember ging es nach Italien über die Alpen und Mailand nach Treviso. Dort gab es zwei Aufführungen von *Tristan und Isolde*, ein Schinken von Wagner und ein Horror für die Solisten. Der Chor war vielleicht eine halbe Stunde auf der Bühne und hatte dann frei. Am zweiten Tag fuhren wir in die nahe gelegene Lagunenstadt Venedig. Ich hätte mir nichts Schöneres für meinen Start im Westen wünschen können.

Ich lief mit Clemens, Bernd und Achim über den Markusplatz, die Rialtobrücke, durch die ganze Altstadt, zum Canale Grande. Es war wunderbar und ich machte viele Fotos. Wir gingen in ein Fischrestaurant und schrieben Ansichtskarten an unsere Liebsten zu Hause. Ich dachte immer: Was für ein schöner Beruf! und Wie viel Glück kann man verkraften? Ich war wirklich selig.

Weihnachten feierte ich bei meiner Mutter. Lilo kam mit dem Zug von Essen und ich holte sie in St. Wendel ab. Ich erzählte ihr von Venedig und Treviso, sie kannte die Städte schon von früher, hatte sie mit ihrem Mann bereist. Am 27. Dezember musste ich zur Probe für die *Fledermaus* und zur Vorstellung *Zauberflöte*. Lilo kam mit und vertrieb sich die Zeit mit Einkäufen für meine Wohnung. Nach der Hauptprobe am 28. fuhren Lilo und ich nach Wiesbaden rüber und suchten dort das Hotel Blum in der Kaiserstraße auf. Das beste Café in Wiesbaden.

Am nächsten Tag hatte ich Generalprobe und an Silvester war Premiere von der *Fledermaus*, die vierte Inszenierung. Die Silvesterfeier erlebten Lilo, Frank mit Freundin und ich im Mainzer Hilton Hotel. Es war eine rauschende Ballnacht ins Jahr 1973.

Neujahr unternahm ich einen Ausflug in den Taunus, Bad Schlangenbad und Taunusstein. Eine herrliche Gegend und besonders schön im Schnee. Am 3. Januar brachte ich Lilo nach Frankfurt, dort schliefen wir im Savoy Hotel in der Nähe des Bahnhofes. Wir gingen ins Kino und essen, danach fuhr Lilo mit dem Zug nach Hause.

Es war schon ein aufregendes Leben und ich musste mit meinen Kräften und Nerven besser umgehen, denn in Mainz ging es anders zu als in Berlin. Hier wurde ich in alle Stücke eingeteilt und musste viel lernen. Zum Beispiel musste ich gleich in die Operette *Gräfin Mariza* und mit zum Abstecher nach Offenbach am 12. Januar. Drei Tage darauf ging es für vier Tage mit der *Fledermaus* nach Luxemburg. Dort wohnten wir im eleganten Hotel Konz am Bahnhof. Wir spielten im größten Haus mit 2 000 Sitzplätzen. Nach der Vorstellung ging es auf die Pirsch. Achim Junger und ich wurden ein Gespann und machten gemeinsam die Gegend unsicher. In Luxemburg gab es so viele Homobars wie nirgendwo sonst und wir kannten sie bald alle.

Am 19. kamen wir von Luxemburg zurück und mussten abends gleich zur Probe für *Rigoletto* auf die Bühne. Die Premiere war schon am 25. und verlief zufrieden stellend. Die Feier war diesmal im Haus des deutschen Weins gleich neben dem Theater. Anschließend gingen Achim Junger und Manfred Scheffler, den ich aus Eisenach kannte und der dort im Chor engagiert gewesen war und auch aus dem Westen in den Osten gekommen war, noch in die Studentenklause Tangente. Dort war immer viel los und so manche Beute, sagte Manfred, hätte er dort schon gemacht. Er wohnte schräg gegenüber.

Zum Fasching hatten wir drei Tage frei und ich fuhr zu Lilo. Wir gingen zum Faschingsball in die Essener Stadthalle. Dort stellte mir Lilo einen Kellner vor, den sie schon zu Hermfrieds Lebzeiten kennen gelernt hatte. Werner Miller, auch ein Homo. Aber Lilo sagte mir vorher nichts davon, dass die beiden inzwischen eine Affäre hatten. Wir feierten zusammen Karneval und machten eine Gaudi daraus. Ich bat Werner, mit mir zu tanzen, was ich zuvor nie gemacht hatte, aber da ich gerne provozierte und Lilo nur ermutigend sagte: „Gut, tanzt doch mal!", genehmigten wir uns den gemeinsamen Tanz. Die Leute um uns lachten und dachten wohl, zwei tanzende Männer seien nur ein Faschingsscherz.

Viel später begriff ich, dass Lilo mich mit ihrer Beziehung zu Werner ärgern wollte, weil ich nicht zu ihr gezogen war. So ist nun mal die Psyche der Frau, wenn sie nicht alles bekommen kann.

Am 17. März brachten wir das amerikanische Musical *Annie get your gun*, ein lustiges, aber nicht sehr bewegendes Stück. Ich spielte einen Cowboy.

Die Proben zu *Porgy and Bess* waren sehr hart und dauerten vier Wochen. Die Musik von Gershwin ist schön, aber auch schwer. Nach der Premiere ging es rund, Frank war mit dabei und wir feierten diesmal in der Theaterkantine bis Mitternacht und dann ging es in das Watussi, eine Tanzbar besonderer Art. Diesmal fuhr ich Frank nach Hause und blieb bis morgens bei ihm. Angenehm erschöpft ging ich dann zur Probe.

Es erstaunt mich noch heute, wie die Leute auf mich reagierten. Ich hatte nie Probleme, neue Bekanntschaften zu machen und nie musste ich allein losziehen. Auch in Mainz war ich bei den Kollegen, ob Mann oder Frau, beliebt. Wenn ich mal fragte, was denn so Besonderes an mir sei, hörte ich, mit mir sei es so lustig und unkompliziert.

Am weißen Sonntag fuhr ich wieder nach Hause, wo es wie immer viel zu tun gab, den Garten in Ordnung bringen, die Hecke schneiden, den Rasen mähen und kleinere Reparaturen am Haus erledigen. Erholsam war das natürlich auch nicht.

Anfang Mai kam Lilo mit Werner nach Mainz. Ich verhielt mich wie immer und der Kontakt zu Werner war normal. Wir kannten keine Berührungsängste. Lilo machte uns den Vorschlag, zu dritt nach Tunesien oder Marokko zu fliegen, um ein paar Tage Urlaub zu machen. Sie würde uns dazu einladen. Werner und ich waren damit einverstanden. Lilo sagte, sie würde für den 26. Juni in meinem Urlaub buchen und Werner meinte, er nähme dann auch seinen Urlaub. Er kellnerte in einem Restaurant in der Innenstadt von Essen, wo Lilo und Hermfried öfter gegessen hatten.

Wir machten noch einen Ausflug nach Rüdesheim und dann fuhren die Beiden zurück nach Essen. Mir wäre nicht im Traum eingefallen, dass Werner und Lilo was mit einander haben könnten. Er war ja schwul, genau wie ich. Das heißt allerdings nicht, dass ich an ihm interessiert gewesen wäre. Wir standen nicht auf einander und mochten uns gerade deshalb. Am 20. Mai fuhr ich nach Essen, um Lilo für drei Tage zu besuchen. Zu meiner großen Verwunderung wohnte Werner inzwischen bei ihr. Es war nicht so, dass ich auf ihn eifersüchtig gewesen wäre. Aber ob diese Dreier-Konstellation gut gehen konnte, blieb abzuwarten.

Am 10. Juni waren Lilo und Werner noch mal bei mir in Mainz. Meine Wohnung wurde immer wohnlicher. Lilo war nicht so ausgelastet wie ich und konnte immer auf Tour sein.

Am 20. war Urlaubsbeginn und ich fuhr nach Hause. Dort war alles wie gehabt. Ich fuhr mit meiner Mutter einkaufen, half Herbert beim Plattenlegen in der Kellerbar, die sehr schön wurde, und fuhr auf den Friedhof und bepflanzte die Gräber von meinem Vater, Tante Anna und meinem lieben Großvater. Das habe ich immer so gehalten, denn meine Lieben habe ich auch nach ihrem Tode nie vergessen.

Am 24. Juni fuhr ich nach Essen, wo ich herzlich, aber doch anders als früher empfangen wurde. Werner machte die Tür auf und bat mich hinein, Lilo kam dazu, gab mir einen Verlegenheitskuss und dann tranken wir einen Campari Orange – wenigstens das war wie immer. Nach dem Essen besprechen wir unseren Urlaub. Es sollte nach Malabata in Marokko in den Club Mediterrane in einen eigenen Bungalow gehen. Ich war etwas nervös, aber die beiden anderen schienen keinerlei Bedenken zu haben. Ich dachte nur bei mir: Einem geschenkten Gaul, schaut man nicht ins Maul. Aber seltsam war mir schon zumute. Mit Hermfried hatte ich nie Bedenken gehabt. Aber jetzt ... zumal Lilo neun Jahre älter war als ich und ganze 16 Jahre älter als Werner. Am nächsten Morgen packten wir unsere Koffer und Taschen, luden sie in meinen Wagen und fuhren in Richtung Flughafen Düsseldorf. Um 12.30 Uhr hoben wir ab. Die Maschine war ganz ausgebucht und wir drei saßen in einer Reihe wie die Hühner auf der Stange. Lilo ließ Sekt kommen und bei strahlendem Sonnenschein flogen wir nach Afrika, der Sonne entgegen.

Wir landeten pünktlich in Tanger und kamen gleich durch die Gesichtskontrolle. Unser Gepäck wurde in einen Bus verfrachtet und bei glühender Hitze fuhren wir nach Malabata, ungefähr 15 Kilometer von Tanger entfernt. Der Bus fuhr durch ein großes Tor ins Innere des Clubs, eine weitreichende Anlage umgeben von einem meterhohen Zaun, so dass keine Einheimischen hinein gelangen konnten. Wir bekamen unseren Bungalow mit einem Schlafzimmer für uns Drei zugewiesen und man brachte das Gepäck gleich hinterher, so dass wir uns duschen und die kurzen sportlichen Hosen anziehen konnten. Danach ging es zum Essen. Unter malerischen Palmen war ein Mittagsbuffet angerichtet. Auf einer Länge von mindestens zehn Metern gab es alles, was man sich nur wünschen konnte. Fisch und Fleisch in allen Varianten, Reis, Kartoffel, Nudeln, Salate, Gemüse – alles, was das Herz oder der Magen begehrte. Als Nachtisch gab es das köstlichste Obst, was man sich denken konnte. Alle Neuankömmlinge stürzten sich auf das Buffet und luden ihre Teller so voll, als wenn es später nichts mehr gäbe. Werner und ich hauten auch gut rein. Dabei blieb weit über die Hälfte auf den Tellern zurück. Das war das erste Mal und keiner machte das ein zweites Mal.

Am Abend herrschte dann ein buntes Treiben im Club, überall saßen und standen Leute in Grüppchen herum und plauderten und am Swimmingpool war die Hölle los, obwohl das Meer vor uns lag. Später gab es ein Show-Programm mit Folklore. Ich war müde und wollte ins Bett, Werner und Lilo blieben noch eine Weile sitzen.

Am Morgen wurde ich von Gestöhne geweckt und erlebte Werner reitend auf Lilo. Mich schüttelte es. Wenn das der normale Sex sein sollte ... Ich kam nicht mehr mit. Werner grunzte wie ein Schwein und als er kam, schrie er laut auf. Also ein Gefühl für Lilo war da nicht im Spiel, er hätte es ebenso auf einem Schwein erleben können, die so genannte Onanie in der Scheide. Und Lilo glaubte, das sei alles. Ich war entsetzt. Das passierte nur einmal und Werner meinte später zu mir, es sei eine Qual gewesen. Ich hatte Mitleid mit Lilo, weil sie gar keine erotische Liebe entwickeln konnte. Sie sagte mir einmal, sie könnte ein Buch dabei lesen und zehn Männer könnten sich bedienen. Schade, heute nach den 30 Jahren unserer Bekanntschaft, tut sie mir immer noch leid.

Nachmittags gingen wir zum Strand. Dort streunten die jungen Männer hin und her, auf der Jagd nach Abenteuern. Lilo lag schlafend auf einer Decke unter dem Sonnenschirm. Werner und ich gingen ins Meer, als auf einmal ein Marokkaner, braun und glänzend, die Vollkommenheit in Person, auf uns zu kam und mir eindeutige Blicke zu warf. Ich war Feuer und Flamme, jedoch auch verängstigt, ob es in diesem fremden Land um Geld oder um Sex ginge. Werner sagte nur: „Den müssen wir mal probieren." In der Nähe war ein kleiner Hügel, hinter dem man verschwinden konnte. Werner folgte mir langsam. Ich blieb auf der Höhe stehen, der Marokkaner kam auf mich zu, gab mir ein Zeichen noch ein kleines Stück weiter zu kommen. Nun spreche ich ja Französisch. Ich sprach ihn an, fragte, ob er von hier wäre. „Natürlich", erwiderte er und gab mir zu verstehen, dass hier immer Spitzel rum laufen würden. Und wenn jemand in eindeutiger Situation erwischt würde, dann würde man bestraft. Er lockte mich hinter einen Busch, zog sich die Hose runter und ich erschrak vor so einem Prügel. Ich ging auf ihn zu, Werner blieb in einer kleinen Entfernung stehen, der Marokkaner ergriff meine Hand und ich sollte masturbieren. Dann ergriff er meinen Schwanz und fing an zu wichsen. Es war ein tolles Gefühl. Dann fragte er, ob ich von ihm gefickt werden wollte. Ich verneinte das und er gab sich mit Wichsen zufrieden. Ich sagte ihm, er bekäme am nächsten Tag ein Geschenk von mir. Er war Student, wie er sagte. Dann bearbeitete er auch Klaus. Da kamen ganz andere Töne als bei Lilo. Das war unser erster Streich.

Am dritten Tag ging Lilo mit einer Österreicherin spazieren und fuhr später mit dem Bus in eine andere Gegend. Werner und ich nahmen uns diesmal Tanger vor, eine uralte Stadt und eine Medina, die voller Geheimnisse war. Wir gingen in ein Straßencafé, wo ein Mann mit wunderschönen Händen saß. Er trug eine Kutte mit Kapuze und ich dachte schon, er sei ein Eremit. Werner war auch ganz angetan von ihm und nun kam noch ein junger Mann, setzte sich an den Nebentisch, so dass ich mich nur rum drehen musste, um ihn zu betrachten. Er merkte, dass wir den Mann mit den schönen Händen beobachteten und dass ich ihm sehr zugetan war. Ich sprach ihn an und er gab zu verstehen, dass er taubstumm sei. Im ersten Moment war es ein Schock für mich, aber er hatte so schöne Haare und Augen und ich lud ihn ein, etwas mit uns zu trinken. Nun stand der Mann mit der Kutte auf und fragte, ob er sich zu uns setzen könnte. Ich war sehr vorsichtig und meinte zu Werner, wir müssten nur aufpassen, dass wir zusammen blieben.

Wir saßen eine Weile zusammen. Dann sagte der Ältere mit den schönen Händen, es gebe in der Nähe ein Türkisches Bad und er wäre Masseur, ob wir nicht dort was trinken wollten, es wäre sehr billig. Werner und ich waren so geil darauf, etwas Außergewöhnliches zu erleben, und da Lilo gut unter war, gingen wir auf den Vorschlag ein. Das Bad war gleich um die nächste Ecke und in der Straße war so viel Betrieb, dass wir keine Angst hatten, dort hin zu gehen.

Als wir eintraten, musste jeder zehn Mark für ein großes Handtuch und ein Stück Seife bezahlen. Wir kamen in einen gewölbten Raum, dort bot man uns einen Pfefferminztee an. Dann ging es gleich zur Sache. Scheinbar spielten die Beiden die Lockburschen für den Laden. Der Taubstumme zog mich in einen kuppelförmigen Raum mit blauen Kacheln. Dort war es so heiß, dass man gleich zu schwitzen begann. Er legte das Handtuch auf eine Holzpritsche und bedeutete mir, ich solle mich ausziehen und hinlegen. Er zog sich ebenfalls aus und rieb mich mit einem wohl riechenden Öl ein. Werner war in einem anderen Raum und ich hörte ihn gleich nach zehn Minuten laut stöhnen. Mein Taubstummer, der Mohammed hieß, massierte mich so erotisch, dass ich einen Ständer bekam und er mich fertig machte. Ich versuchte das gleiche mit ihm.

Nach einer geraumen Zeit kam der mit den schönen Händen, wollte zu mir und sagte zu Mohammed, er möge zu Werner gehen. Ich brach dann ab und meinte, wir würden morgen wechseln.

Werner kam ganz geschafft zu mir und wir gingen wieder ins Café. Wir wollten nun was ausgeben, da meinte der Ältere: „all okay." Ich kaufte Mohammed eine Schachtel Marlboro und wir verabredeten uns für den übernächsten Tag.

Als wir am Abend mit Lilo essen gingen, erzählte sie uns, dass am nächsten Tag eine dreitägige Busreise zu den drei schönsten Königsstädten beginnen würde und sie uns angemeldet hätte. Wir waren einverstanden, abends tranken wir noch was und gingen zu Bett. Früh um 8 Uhr ging es los. Wir bekamen ein Lunchpaket vom Club mit und im Bus, der schön temperiert war, gab es diverse Getränke. Es war der 29. Juni, Peter und Paul, und wir fuhren durch manche Öde aber auch auf mit Palmen und Apfelsinenplantagen gesäumten Straßen. Die Sonne im Landesinneren war fast zu brennend. Wir kamen um die Mittagszeit in der Königsstadt Meknes an, eine uralte Stadtanlage, die wohl schon tausend Jahren alt sein mochte.

Wir fuhren auf einen Berg in ein modernes Hotel und nahmen unser Mittagessen ein. Dann begaben wir uns in die Medina und kämpften uns durch einen riesigen Basar, wo ein Betrieb herrschte, wie bei uns am 1. Mai. Lilo und die Österreicherin kamen kaum nach. Wir wurden nach allen Seiten gedrängt und überall wollte man uns was verkaufen, Teppiche en masse und allerlei Handwerk, das vor Ort gefertigt wurde. So stellte man sich vor, lebten die Menschen hier zu Jesu Zeiten. Wir kamen an vielen Färbereien vorbei, die so entsetzlich stanken, dass einem alles verging. Dann besichtigten wir die Pferdezucht des marokkanischen Königs, wo die tollen Araberrennpferde herkamen. Wunderschöne Tiere und unermesslich teuer.

Wir waren dann froh, wieder im Hotel zu sein. Werner und ich teilten uns ein Zimmer und Lilo und Marga, so hieß die Wienerin. Zum Abendessen kamen wir frisch geduscht ins Restaurant, danach gab es wieder ein Folkloreprogramm und um 23 Uhr fielen wir müde ins Bett.

Am Morgen des 30. ging es nach dem Frühstück weiter nach Fés. Dort landeten wir erst am Spätnachmittag, abgekämpft von der weiten Fahrt durch die trockene Steppe in einem riesengroßen Hilton Hotel. Es stand hoch auf einem Berg und Fés lag wie eine verwunschene Stadt zu Füßen des Berges. Ein Bild wie in der Bibel, als wäre die Zeit stehen geblieben. Die Sonne strahlte unerbittlich auf die Stadt und wir beschlossen, nicht noch mal so durch einen Basar zu strampeln.

Als Werner und ich die Umgebung des Hotels erforschten, kamen wir an einen wunderschönen Swimming-Pool. Dort stand ein Berber hinter einem mit Badetüchern belegten Stand und bot uns die Handtücher an, falls wir baden wollten. Ich war mal wieder so kess und dreist und sprach den Recken an und fragte, ob er zum Hotel gehöre. Er erwiderte: „Ja, ich arbeite am Tag hier im Garten und Abends bis 2 Uhr in der Bar." Daraufhin zeigte ich ihm unsere Zimmernummer und meinte scherzhaft: „Ich erwarte dich nach 2 Uhr in der Nr. 230." Das war alles und Werner lachte und machte seine Scherze. Ob er kommen würde oder nicht, das war die Frage.

Dann gingen wir schwimmen, essen und danach in die große Loggia, in der Lilo und Marga frisch gestylt saßen und schon wieder Sekt tranken. Dann wurde Standard getanzt, danach gab es wieder ein Folkloreprogramm mit Schwertertanz und arabischem Bauchtanz. Diesmal trank ich auch ein Glas zu viel und Werner und ich zogen uns gegen Mitternacht in unser Zimmer zurück. Die Betten waren getrennt. Werner schlief am Fenster und ich neben der Eingangstür. An den Berber hatte ich überhaupt nicht mehr gedacht. Wir wünschten uns Gute Nacht und schon schnarchte Werner vor sich hin.

So gegen halb drei klopfte es zaghaft an unserer Tür, ich sprang auf und glaubte, mit Lilo wäre was. Aber da stand der wunderbare, strahlend schöne Berber vor der Tür. Er kam rein, ging ins Bad, zog sich dort aus, kam dann nackt auf mich zu und wir legten uns hin und streichelten unsere erregten Körper. Ich glaubte zu träumen und hoffte, Werner möge tief schlafen. Wir machten alles so geräuschlos, wie nur möglich. Der Berber hatte viel Erfahrung und wer ihn von der Bettkante gestoßen hätte, hätte was versäumt.

Am nächsten Morgen beim Rasieren sagte Werner: „Ich habe euch gehört und gespürt und musste mir selbst einen schütteln. Aber ich hätte niemals den Mut, so einen in dieser Art anzusprechen." Ich sagte: „Was ist denn dabei? Man hat im Urlaub doch nichts zu verlieren. Es klappt oder auch nicht, aber der Versuch ist ja nicht strafbar und alle leiden unter der Feigheit." Für mich gab es keine andere Möglichkeit, als selbst auf die Männer zu zugehen. Von selbst hätte mich wohl keiner angesprochen und ich konnte mir allein keine Erleichterung verschaffen. Ich konnte mich einfach nicht selbst befriedigen. Also musste ich die Objekte meiner Begierde direkt ansprechen – und meistens klappte es.

In Marokko ging es nach dem Frühstück wortkarg in Richtung Rabat, unserer letzten Station. Dort durchfuhren wir die Hauptstraßen, liefen durch das Königsschloss und fuhren am späten Abend in unseren Club Mediterrane in Malabata. Die schöne Zeit neigte sich ihrem Ende entgegen. Ich traf mich noch mal mit Mohammed. Werner und ich lernten noch zwei Araberjungs kennen, aber sie durften nicht mit in die Hotelanlage. Wenn ich die Armut in den Altstädten sah und an den Luxus, den wir genossen, dachte, bekam ich immer ein schlechtes Gewissen.

Die letzten acht Tage verbrachten wir mit Einkaufen und Sonnenbaden am Strand. Werner und ich waren braun gebrannt, Lilo hingegen dunkelrot, sie war ein weißer Typ. Nun da wir uns dem Urlaubsende näherten, gab es immer mehr Spannungen zwischen Lilo und Klaus. Wahrscheinlich, weil Werner mehr mit mir unternahm als mit Lilo. Er war eben schwul und Lilo konnte ihm nicht das geben, was er wollte.

Beim Rückflug hatte Lilo mit Werner einen handfesten Streit. Heute weiß ich nicht mehr, warum. Wir kamen in Düsseldorf an, beluden meinen Wagen und fuhren ohne irgendwo anzuhalten nach Heisingen. Werner ging zu sich nach Hause und Lilo und ich fuhren einen Tag später nach Mainz und von dort nach Gehweiler. Meine Mutter freute sich, dass wir wieder gut gelandet waren. Am 17. Juli gab es aus unbegreiflichen Gründen einen Streit und Lilo fuhr erbost nach Essen zurück. Ich kann heute im Nachhinein nur vermuten dass sie wütend war, weil sie uns alles bezahlt hatte und wir trotzdem oft ohne sie unterwegs gewesen waren. Ich war immer bemüht, ihr ein guter Freund zu sein.

Am 29. Juli fuhr ich nach Mainz und besuchte Frank, um von den Urlaubserlebnissen zu erzählen. Frank war ein unkomplizierter Kerl. Er stand kurz vor seinem Examen und musste deshalb viel lernen. Wenn er dann zu mir kam und Lust verspürte, zog er einfach die Hose runter und meinte: „Lass uns zuerst abreagieren!". Mir war zwar nicht immer danach, aber er hatte eine Art, man konnte ihm nichts abschlagen. Er war es auch, der mir zu meinem Nebeneinkommen verhalf. Ich war ja immer knapp bei Kasse. Wenn dann irgendeine größere Ausgabe wie die Autoreparatur anstand, kam ich schnell an meine finanziellen Grenzen. Deshalb sagte Frank irgendwann, er kenne einen Malermeister, der suche einen ehrlichen Mann, der für ihn Treppenhäuser streiche. Es ging um die Nottreppen in den Hochhäusern, 20 bis 30 Stockwerke. Die Tritte sollten einen Anstrich mit einer beißenden Farbe erhalten, die man nur mit einer Atemschutzmaske auftragen konnte. Der Malermeister bezahlte 7,50 Mark die Stunde. Da ich ja meistens nachmittags frei hatte und dazu kein gelernter Maler sein musste, sagte ich Frank zu. Er rief gleich den Meister Rehm an und wir kamen überein. Gleich am nächsten Tag fing ich an. Er nannte den Treffpunkt, brachte eimerweise Farbe mit, zeigte mir, wo ich anfangen sollte und überreichte mir einen Schlüssel. Von da an fuhr ich jeden freien Nachmittag in die Hochhäuser. Von dieser Arbeit durfte im Theater keiner wissen, denn die Farbe ging ganz schön auf die Bronchien.

So ging es mir im Westen. Von meinem Lohn konnte ich keine großen Sprünge machen. Und dabei musste ich nicht nur die hohe Miete bezahlen, sondern auch das Haus abbezahlen. Um mit meinem Talent etwas mehr Geld zu verdienen, stellte ich mich im Besetzungsbüro des ZDF vor. Ich brachte alle meine Fotos, Verträge von Film, Fernsehen und Theater mit und fragte, ob ich in einem Film oder in der Werbung mitwirken könnte. Der Regisseur erwiderte auf meine Anfrage: „Wenn Sie keinen Regisseur kennen oder sonst einen von der Wirtschaft, ist es aussichtslos. Ich habe 8 000 arbeitslose Künstler in meiner Kartei und nur durch Zufall oder befreundete Angestellte, die sich dann jemanden raussuchen aus der Kartei, kommt mal einer an einen Job. Ich werde Sie vormerken und vielleicht ergibt es sich, dann schreibe ich Ihnen." Darauf warte ich bis heute. Im Gegensatz dazu bekam ich von Babelsberg noch nach zwei Jahren Filmangebote. Allerdings bekam ich keinen Urlaub, um im Osten zu drehen. So ist nun mal die Welt.

Am 1. August begann die Spielzeit und alle traten wieder an. Begrüßung und anschließend Probe im Chorsaal für *Lohengrin*, der als nächste Premiere steigen sollte.

Lohengrin ist für den Chortenor einer der schwersten Brocken, da musste ich das Beste geben. Herr Wies, der Chordirektor, forderte uns ganz schön. Ich selbst war öfter müde durch die Nebenbeschäftigung und auch öfters heiser. Nächtliches Rumtreiben war nun absolut tabu.

Ich aß oft in der Kantine im Theater. Irgendwann fragte mich die Chefin, Frau Racky, ob ich nicht manchmal aushelfen könnte. Also stand ich von da an in der Mittagspause oft hinter dem Tresen, zapfte Bier, gab Essen aus und alle anderen Getränke. Ich war mir für keine Arbeit zu schade und darauf bin ich auch heute noch stolz.

Frau Racky hatte leider einen unausstehlichen Koch. Frank, so hieß der Kerl, meckerte immer und über jeden und war selbst zu blöd, seinen Namen zu schreiben. Besonders gerne machte er sich über die Schwulen lustig, von denen es in Mainz einige gab. Eines Tages hatte ich mit Frank eine Auseinendersetzung. Er kam aus der Küche und schlug mir derart auf die Nase, dass ich die Engel im Himmel singen hörte. Das Blut spritzte durch die Gegend und ich wurde bewusstlos in die Klinik gebracht. Ich habe erst nachher erfahren, dass er Boxer war.

Es wurde eine gerichtliche Verfügung vom Theater ausgestellt, dass er das Haus nicht mehr betreten dürfe. Ich weiß heute noch nicht, aus welchen Gründen er auf mich losgegangen ist. Ich leitete eine Anzeige wegen Körperverletzung gegen ihn ein und er wurde zu einem Schmerzensgeld von 5 000 Mark verurteilt. Aber er hat es so hingebogen, dass ich heute noch darauf warte. Das Leben ging weiter, aber dieses Erlebnis war für mich sehr belastend.

Am 23. September ging die Premiere *Lohengrin* unter der Regie unseres Intendanten Ludwig über die Bühne. Seit Wochen waren wir schon ausgebucht. Alle waren sehr angespannt und ich war froh, ein kleines Rad in der Oper zu sein. Wir waren alle in Kostüm und Maske und der Einruf kam: „Bitte alle auf die Bühne!". Die Ouvertüre lief bereits, da rief man den Telramund nach unten, der von einem Gast aus Belgien gesungen wurde. Jedoch saß der fertig zurechtgemacht in seiner Garderobe und keiner hatte bemerkt, dass er tot war. Die Garderobiere Aenne kam raus gerannt und schrie. Dann wurde die Vorstellung abgebrochen. Frau und Sohn des Belgiers saßen in der ersten Reihe, man holte sie aus dem Zuschauersaal heraus und fragte sie, ob wir dennoch weiter machen sollten, denn ein Herr Rolf Kühne von der Komischen Oper aus Ostberlin war die Doppelbesetzung und wohnte zur Zeit in Wiesbaden. Der wurde schnell herbei geholt und die

Vorstellung wurde nach einer Stunde fortgesetzt. Herr Ludwig informierte das Publikum und sagte, es wäre im Geiste des Verstorbenen, der nur 54 Jahre geworden war. So schnell kann es jeden treffen. Die Premiere lief weiter. Wir alle waren sehr betroffen. Nach der Vorstellung gab es keinen Vorhang und das Publikum verließ stumm das Theater.

Die zweite Vorstellung gab es im Großen Haus von Leverkusen und sie wurde ein riesiger Erfolg.

Vom 28. September bis zum 23. Oktober lag ich zu Hause mit einer schweren Halsentzündung. Ich musste immer in die Klinik nach St. Wendel zum Inhalieren. Ende Oktober gaben wir ein großes Konzert in der Rheingoldhalle, zu dem ich zum Glück wieder fit war. Im November kaufte ich mir ein neues Auto, weil der Ford langsam den Geist aufgab. Kurz vor Weihnachten brachten wir die Operette *Graf von Luxemburg* heraus und danach fuhr ich zum Fest nach Hause.

Am zweiten Weihnachtstag spielten wir den *Graf von Luxemburg*, an Silvester brachten wir die *Fledermaus* zur Aufführung mit allem, was dazu gehörte und am 1. Januar 74 sangen wir zur Einweihung des Neuen Mainzer Rathauses in der Rheingold Halle.

So begann das Jahr 1974 mit den Proben zu *Don Carlos* auf Italienisch . Wir hatten nur zwei Wochen Zeit, um auf der Bühne zu proben, denn am 15. Januar war die Premiere. Heute wenn ich es so lese, kann ich es mir nicht mehr vorstellen, in der kurzen Zeit so viele Stücke studiert zu haben. Und dann noch in einer fremden Sprache.

Gleich nach *Don Carlos* begannen die Studierproben für das Musical *Der Mann von La Mancha*, die Regie führte ein Spanier, Germinal Casado, die Titelrolle Don Quichotte spielte ein Schweizer, Gideon Moretti, ein Bariton. Die Dulcinea sang Dagmar Koller, ich spielte den Eseltreiber Pedro. Achim Junger und Rainer Zacopek spielten auch verschiedene Männer, die hinter der Dulcinea her waren, um sie zu vergewaltigen. Bei den Proben im Ballettsaal mit Dagmar Koller ging es heiß her. Ich musste sie über einen Tisch ziehen und sie sagte immer „fester", sie hatte schon überall blaue Flecken. Sie war ein Arbeitstier im wahrsten Sinne des Wortes. Wir waren ein kleines Team und gut eingespielt. Es machte richtig Spaß, die Premiere am 17. Februar war ein Riesenerfolg und das Stück war dauerhaft ausverkauft. Anschließend gab es die schönste Premierenfeier, die ich seit zwei Jahren feiern durfte. Dagmar Koller wurde frenetisch gefeiert.

Dagmar Koller und ich in Der Mann von La Mancha

Mich mochte sie besonders und lud mich am Sonntag nach der Premiere zum Frühstück ins Hilton Hotel ein. Wir unterhielten uns sehr intensiv, einmal sprang sie auf, lief zum Zeitungsstand des Hotels und holte sich ein Berg Zeitungen. Ich fragte sie: „Warum die Zeitungen?", sie meinte: „Man muss immer darauf achten, dass was von einem drin steht. Gut oder schlecht, dann ist man in. Das musst du dir merken." Ich sagte nur: „Dein Publikum entscheidet, nicht allein die Presse." Bei allen Interviews hat Dagmar die Zeit in Mainz immer unterschlagen, schade ...

Nach und nach waren Moretti, der Kapellmeister Alain Duval, Junger und ich gute Kumpels geworden und Moretti lud uns nach Zürich in sein Haus am Zürichsee nach Thalvill ein, um ein paar Tage zu entspannen. Achim Junger und ich fuhren mit meinem Wagen und Alain und Gideon mit ihrem Wagen. Wir waren eine eingespielte Gruppe und wurden überall mit offenen Armen empfangen. Moretti konnte den ärgsten Gegner entwaffnen.

Als wir bei ihm zu Hause waren, hatte Gideon noch einen Freund eingeladen, der für das Essen sorgte. Er hieß Henri und war in einem der besten Schmuckläden Zürichs beschäftigt. Wir hatten eine schöne Zeit miteinander Am nächsten Tag fuhren wir zusammen nach Einsiedel zur schwarzen Madonna. Am 26. Februar ging es über Basel, wo wir noch Station machten, zurück nach Mainz.

Die Proben für *Carmen* gingen zügig voran und ich kämpfte im Ballettsaal mit den Mädels. Ich hatte nämlich ein großes Tanzsolo, da musste ich fit sein. Die Premiere war am 20. März. Carmen sang: „Ja die Liebe hat bunte Flügel" und dem kann ich nur beipflichten. Nach der Premiere fuhr ich nach Hause und blieb eine Woche krank im Bett. In dieser Zeit wurde das Dach meines Hauses verlängert und das Haus wurde mit Platten beschlagen, was natürlich wieder eine Stange Geld kostete.

Zu Hause fiel immer wieder was Neues an. Aber es machte auch Spaß, wenn alles in Ordnung war. Am besten gefiel mir mein neues Bad im oberen Stock. Dort konnte ich vom Duschen gar nicht genug bekommen. Meine Mutter machte sich immer viele Gedanken um mich, besonders nachdem sie von dem Boxschlag erfahren hatte. Ich sagte ihr, sie brauche sich nicht zu beunruhigen, es gäbe schlimmeres.

Zurück in Mainz ging es am 29. April zu einem Gastspiel mit der Oper *La Bohème,* in der ich den Parpignol sang, nach Duderstadt.

Lilo kam am 4. Mai wieder mal nach Mainz und es hatte sich wieder alles eingerenkt. Sie blieb zwei Wochen, machte mir den Haushalt und zwischendurch machten wir Kurzfahrten in die Umgebung, sofern ich nicht arbeitete.

Von Berlin bekam ich immer viel Post, die ich erledigen musste, denn viele nahmen an meinem Leben teil. Mein langjähriger Freund Wolf Richter, der in meiner Wohnung in der Wilhelm-Pieck-Straße wohnte, hatte zum zweiten Mal geheiratet und bekam eine Tochter, was mich sehr freute. Meine alte

Nachbarin Frau Kristen lobte ihn als guten Menschen, der von mir immer in den höchsten Tönen sprach. Leider musste Wolf dann zur Volksarmee und wurde auf dem Gehsteig von einem LKW der Armee überfahren, was mich sehr schockierte. So schnell kann das Leben enden. Lilo mochte Wolf auch und als ich ihr davon erzählte, tat es ihr sehr leid.

Am 18. Mai fuhr ich Lilo nach Hause. Am nächsten Tag fuhren wir nach Düsseldorf in die Altstadt, gingen im bekannten Schiffchen essen und nachmittags ins Kino, *Die Flambierte Frau* mit der Landgrebe, die Lilo so mochte. Wenn wir unterwegs waren, hatte sie nie Lust, nach Hause zu fahren. Wir nahmen dann noch mehrere Lokale auf der Heimfahrt mit und sie trank dann immer mehrere Gläser Sekt. An ihrer Stelle wäre ich jedes Mal voll gewesen. Damals ahnte ich gar nicht, dass sie das brauchte, weil sie eine heimliche Trinkerin geworden war. Ich musste gut auf sie aufpassen. Von Werner sprach sie zunehmend weniger, weil der inzwischen mit einem Mann namens Fred zusammen lebte.

Am 22. Mai musste ich wieder in Mainz sein, wo wir ein Gastspiel in Holland vorbereiteten. Am 20. Juni kamen wir in Den Haag, Scheveningen an und brachten im Großen Kongressbau am ersten Tag *Don Carlos* und zweimal *Lohengrin*.

Wir wohnten in Den Haag in einem schönen Hotel und wenn ich essen gehen wollte, hatte ich ständig Helga, Norma und Doris im Schlepptau. Sie wollten immer mit mir unterwegs sein, was mich zwar ehrte, aber auch manchmal nervte, wenn ich auf die Jagd gehen wollte.

Im Großen und Ganzen waren diese Auslandsgastspiele was ganz besonderes. Keine Probe, in den besten Hotels wohnen, mit gutem Frühstück und dann noch gute Spesen bekommen, die immer wieder für gutes Essen sorgten. In Scheveningen gab es sehr gute Fischrestaurants direkt am Meer und nach dem Essen legten wir uns in Liegestühle an den Strand der Nordsee.

Zurück in Mainz gab es nach dem Gastspiel wieder den begehrten Urlaub. Der war vom 24. Juni bis zum 1. August. Ich fuhr nach Hause und sah nach dem Rechten. Mama war immer froh, mich zu Hause zu haben. Die anderen Geschwister hatten mit ihren Kinder zu tun, die immer älter wurden. Die Arbeit ging mir nie aus. Mein Haus war jetzt ein Schmuckstück und wir bekamen immer viel Besuch. Mal aus Bous oder von Bad Godesberg am Rhein.

In diesem Jahr kam eine meiner Cousinen, Claudia, mit ihrem Mann Petro, einem Pope aus Mazedonien, zu Besuch. Sie waren für zwei Tage bei uns und fühlten sich wohl. Petro hatte vor Jahren Theologie studiert und lernte Claudia während des Studiums kennen. Sie haben drei wohlgeratene Kinder und luden mich auf einen Urlaubsbesuch ein. Ich fuhr mit den Beiden zum Missionshaus in St. Wendel, wo die Steyler Missionare lebten und ihre Aufgaben in der ganzen Welt wahrnehmen. Sie fanden es so schön bei uns, wegen der Natur und dem Fischteich, auf dem zwei kleine Entlein schwammen.

Am 6. Juli lud Lilo meine Mutter und mich nach Essen ein. Wir machten kleine Ausflüge nach Düsseldorf, dann nach Wuppertal und fuhren durch das Bergische Land. Dann besuchten wir auch Lilos Mutter, die in einem anderen Stadtteil wohnte. Die bewirtete uns mit Kaffee und Kuchen. Sie war eine große, kräftige Frau und manchmal glaubte ich, dass Lilo sich für sie schämte. Ich kam gut mit ihr aus, Lilo war immer froh, wenn sie nicht zu ihr musste, eigentlich schade.

Lilo verwöhnte meine Ida, so gut es ging. Am 9. Juli fuhren wir wieder nach Hause und besuchten in Bad Godesberg noch eine Cousine, Inge Hannes, nebst Familie und Tante Käthe, die Schwägerin meiner Mutter, auch verwitwet. Mein Onkel Leo, der Bruder meines Vaters, war Stadtoberinspektor und früher Sekretär von Adenauer, dem alten Bundeskanzler gewesen, als dieser Oberbürgermeister von Köln gewesen war. Onkel Leo kam eines Tages vom Dienst nach Hause und sagte meiner Tante, ihm gehe es nicht gut, er gehe noch in den Garten, bis der Kaffee fertig sei.

Nach einer Weile schickte meine Tante meinen Cousin den Vater rufen. Als er in den Garten kam, lag dieser tot unter einem Rosenstrauch, Herzstillstand mit 54 Jahren. Das war ein großer Verlust für die Familie und auch für unseren Vater.

Wieder zu Hause bekam ich Besuch von einem Freund aus Nieder-Olm, Erwin. Mit dem hatte ich auch ein nettes Verhältnis und er blieb vom 15. Juli bis zum 20. Juli. Mit ihm fuhr ich das ganze Saarland und die Umgebung ab. Er war sehr treu und wir hatten viel Sex, was uns beiden gut tat, denn mit Frauen hatte er immer Probleme. Er sah gut aus und war Masseur von Beruf.

Nach der Tour durchs Saarland fuhren wir nach Mainz und machten uns dort noch ein paar schöne Tage.

Am 1. August ging der Ernst des Lebens wieder los und zwar mit der Oper *Tannhäuser*, die ich ja von der Wartburg aus live in der Fernsehübertragung mitgesungen hatte. Also den brauchte ich nur zu repetieren.

Am 16. August kam Lilo nach Mainz und wir unternahmen wieder viel. Am 17. war eine große Party bei Hagen Burg , der mit einem Freund sein zehnjähriges Zusammensein feierte. Er besaß in der Nähe des ZDF auf dem Lerchenberg einen tollen Bungalow mit Garten und ich war mit Gideon Moretti öfter bei ihm zum Essen eingeladen. Er war ein toller Gastgeber und die Party stellte alles bis dahin Erlebten in den Schatten. Ich war mit Lilo und Erwin dort.

In der Eingangshalle war eine ganze Wand mit Pergamentpapier bespannt, darauf musste sich jeder Gast verewigen. Es waren so viele Menschen aus allen Sparten der Kunst und des Fernsehens dabei, der Garten war geschmückt, eine Band spielte, es wurde in Unmengen gegrillt. Jeder brachte irgendetwas mit, Lilo einen Kasten vom besten Sekt und ich eine Flasche Remy Martin. So viele Menschen auf einem Haufen, eine Stimmung wie zum Fasching. Das ganze Haus war belagert, im Garten standen alle an Stehtischen herum und auf der Tanzfläche ging es rund. Ich tanzte mit Lilo einen Walzer und mein Kumpel Erwin wurde von einem Freund Hagens regelrecht genötigt, aber er ließ es mit sich geschehen. 60 % waren Homos und der Rest Heteros, aber man merkte keinen Unterschied,

Als das Fest seinen Höhepunkt erreichte, sang eine Königin der Nacht vom Theater auf dem Dach des Bungalows, dann sangen drei Transvestiten eine Parodie auf Hagen und seinen Freund. Danach brannte ein Feuerwerk ab, von dem noch lange geredet wurde. Alles im allem war es einfach grandios. Ich danke Hagen und Manfred für die unvergessliche Feier! Lilo sagte, so was hätte sie nicht für möglich gehalten, aber das Haus sah nach allem aus, als hätte eine Bombe eingeschlagen. Keiner nahm Rücksicht auf die teuren Teppiche oder Möbel und Hagen bilanzierte: „Nie wieder, so schön es auch war!" Es hatten sich auch Leute ohne Einladung eingeschlichen, was ich sehr bedauere.

Am 19. August musste Lilo wieder nach Hause und schenkte mir zum Abschied für die schöne Zeit 1 000 Mark von ihrer Mutter, ich solle mir was Schönes zu kaufen.

Am 7. September brachten wir die Oper *Barbier von Bagdad* von dem Mainzer Komponisten Cornelius heraus. Ich war nicht dabei und war froh darüber, denn ich musste wegen Stimmproblemen in ärztliche Behandlung.

Am 13. kam dann in Rüsselsheim das *Weiße Rössel* zur Aufführung. Ich spielte mit Helga Schwickert ein Brautpaar und im letzten Akt einen Kellner. Moretti spielte und sang den Leopold, „Es muss was Wunderbares sein, von Dir geliebt zu werden." Mit dem Rössel fuhren wir überall hin, bis ins Wallis in der Schweiz.

Am 29. September gab ich eine Party in meinem Haus in Geweiler und viele folgten meiner Einladung. Es kamen Professor Horst Fritz mit seiner charmanten Norma, Gideon Moretti mit dem Kapellmeister Jean, Betty, eine Freundin von beiden, Susen, eine Tänzerin, Helga Schwickert mit ihrem Mann, Chef des BKA in Wiesbaden, Manfred Scheffler, Erwin Brill, alle Freunde und Geschwister und wir weihten meine Bar ein. Alle waren begeistert von meiner Gastfreundschaft, nur Lilo konnte leider nicht dabei sein. Den *Tannhäuser* brachten wir am 9. Oktober heraus. Ich mochte die Wagner Opern gerne, die Musik ist gigantisch.

Am 12. fuhren Toni Heller, Ottmar Kalt, ein Tenorkollege und ich nach Luzern in der Schweiz, der Heimat von Kalt, der immer das Zimmer mit mir teilte, wenn wir auf Abstechern waren. Wir waren mit Ottmars Freundin Gertrudt auf dem Bürgerstock, einem berühmten Berg, und hatten unsere Freude an der Alm und den herrlichen Kühen. Luzern ist ja eine herrliche Stadt mit einem schönen See und dem Rigi.

Dann fanden die Ruhrfestspiele in Recklinghausen statt, dort brachten wir den *Mann von La Mancha* mit Moretti, Dagmar Koller und mir auf die Bühne.

Am 30. Oktober wurde ich vom Oberbürgermeister Jockel Fuchs empfangen und wir sprachen über die Arbeit am Theater und darüber, dass ich um meine Ausgaben bestreiten zu können, noch nebenbei arbeiten müsse. Was in der DDR nicht notwendig gewesen war, weil ich dort viel in Fernsehen und Film neben dem Theater machen konnte. Jockel Fuchs saß im Aufsichtsrat des ZDF und konnte auch nichts für mich tun. Aber er schenkte mir 250 Mark als Begrüßungsgeld.

Die Premiere von *Hoffmanns Erzählungen* fand am 14. November statt, gleich am darauf folgenden Tag fuhren wir nach Luxemburg und gastierten dort drei Tage mit dem *Weißen Rössel*. Wir wohnten im schönen Hotel Konz direkt am Bahnhof. In der Nähe zur Altstadt war ein englisches Pub. Am zweiten Tag lernte ich dort einen Kriminologen kennen, der mich am Abend nach der Vorstellung mit seinem offenen BMW abholte und mir die Unterwelt der Stadt Luxemburg zeigte. Jean war ein Charmeur und ich war ganz in ihn vernarrt. Überall, wo wir auch hinkamen, wurde er freundlich begrüßt.

Im Tal, wo sich sonst kein Tourist hin verirrte, gab es nette Kneipen und buntes Volk. Auch etliche Homokneipen, die immer voll besetzt waren und wo man uns beim Eintreten bald mit Blicken auszog. Es war eine schöne Zeit und sie ging viel zu schnell vorbei. Ich lud Jean zu mir nach Mainz ein, sollte er mal die Lust verspüren, dort hin zu kommen. Als Jean mit mir das Hotel Konz betrat und viele Kollegen an der Bar im Vorraum der Rezeption saßen, kam Norma auf mich zu und fragte nur: „Peter, wie kommst du nur immer an solche tolle Männer?". Ich erwiderte nur: „Weil ich verzaubert bin."

Am 18. November ging es zurück nach Mainz, am 23. hatte Achim Junger Geburtstag und lud mich nach Frankfurt ein, wo er in seiner Wohnung mit seinem Freund Wolfgang feierte. Ich war begeistert von der tollen Wohnung, alles vom Feinsten, sehr geschmackvoll, aus allen Länder der Welt mitgebracht, ob japanische, chinesische, thailändische Vasen, Lampen und sonstige Kleinmöbel. Unter den Geburtstagsgästen waren Thomas Fritsch und der Tenor Ivan Rebroff. Auch Leute aus der Szene um Fassbinder kamen, eine illustre Gesellschaft. Ich erinnerte mich an meine Möwe in Berlin und die tollen Schauspielkollegen. Es gab gutes Essen und teure Getränke. Dort lernte ich den Hausbesitzer kennen. Er machte Annäherungsversuche und versprach, mir ein guter Freund zu werden. Ich aber konnte nichts mit ihm anfangen.

Am 1. Dezember nahm mich Moretti mit nach Frankfurt zu einer Party bei Hans. Dort gingen wir nachts noch in den berühmten Club Amsterdam. Das war etwas ganz neues. Eine Bar mit Sauna und alle saßen nackt herum. Das war nun nicht ganz mein Geschmack, denn obwohl ich beim Männeraufreißen keine Skrupel hatte, war ich von Minderwertigkeitsgefühlen geplagt, die ihren Ursprung mitunter in meiner Erziehung hatten. Als Kind hatte mir meine Mutter auf die Finger geschlagen, wenn ich mit meinem Penis spielte und mir gesagt, das dürfe man nicht. Sie meinte es natürlich gut, aber es war verkehrt und die Freude an meinem eigenen Körper wurde mir so genommen.

Am 2. feierte meine Mutter ihren 70. Geburtstag. Die ganze Familie war anwesend und Bekannte und Verwandte aus unserem Dorf kamen alle zum Gratulieren. Lilo schickte meiner Mutter eine goldene Armbanduhr mit zig Diamanten besetzt. Über die freute sich meine Mutter besonders. Vom 4. bis zum Ende des Monats half ich zwischen meinen Theaterdiensten in der Kantine aus. Ich war so gestresst, dass ich auf der Bühne am 21. Dezember einen schweren Herzanfall erlitt. Dennoch bediente ich an Silvester in der Kantine, die brechend voll war. So endete das Jahr.

1974 begann mit einer Mandelentzündung und einer Bronchitis. Ich bekam einen Krankenschein und musste mich zu Hause einer gründlichen Untersuchung unterziehen. Ich war bei unserem Hausarzt Dr. Kockler in Behandlung, der auch Galle und Leber gründlich unter die Lupe nahm.

Am 16. Januar stand ich schon wieder auf der Bühne und zwar für die Generalprobe zum Musical *Kiss me Kate*. In Leverkusen brachten wir dann auch *Kiss me Kate* im großen Forum und schliefen direkt nebenan im Ramada Hotel. Dort ereigneten sich auch erwähnenswerte Vorfälle. Morgens früh gab es immer ein fantastisches Frühstück und man konnte essen, soviel man wollte. Jedoch gab es einige Kollegen von Chor und Orchester, die sich Brote und Brötchen als Tagesration mitnahmen, um ihre Spesen zu sparen. Das wurde dann später strengstens verboten. Dann hatte unser Direktor der Generalmusik seinen Dackel mit aufs Zimmer mitgenommen, was ja nicht weiter schlimm gewesen wäre, aber der Dackel von Herrn Bernnet zerriss aus Frust während der Vorstellung die ganze Matratze. Da gab es natürlich einen Rüffel von der Hotelleitung und bei einem weiteren Vorfall wäre uns Hausverbot erteilt worden. Zu dieser Zeit gastierten auch Hannelore Elsner und Heinz Rühmann im kleinen Haus, sie übernachteten auch im Ramada.

Ein besonderer Kunstgenuss war die Premiere von *Lucia di Lammermoor* mit der weltberühmten Helen Donat als Lucia. Die Wahnsinnsarie hätte ich gerne noch öfter gehört, es war die Lieblingsarie der Callas und ich habe sie heute noch im Ohr. Frau Donat, eine gebürtige Polin, sang die Koloraturen wie ein Engel.

Am 18. März kam ich des Mittags in meine Wohnung, die Tür stand auf und meine Sachen waren durchwühlt. Ich dachte sofort, eine meiner Bekanntschaften hätte sich das erlaubt. Aber als ich beim Aufräumen war, standen zwei Männer in der Tür und entschuldigten sich für die Unordnung und sagten, sie hätten den Auftrag von der CIA, mich zu kontrollieren. Ich war nun schon seit zwei Jahre in der BRD und dann so was, was mir in der DDR nie widerfahren war. Einer der Herren fragte, was ich vor zwei Jahren an Weihnachten in Baumholder gemacht hätte. Mir war es ganz heiß geworden. Sie legten mir Bilder vor, auf denen ich mit meinem Simca 1000 vor der amerikanischen Kaserne hielt und dann auch noch mit einem Ostberliner Autokennzeichen. Da fiel mir plötzlich ein, dass ich mit meinem Schwager Herbert zwei Tage vor Heiligabend nach Baumholder gefahren war. Ich sollte die Tante eines Bekannten besuchen, die seit Jahren bei den amerikanischen Truppen arbeitet. Sie sollte mir Zigaretten, ein Hemd und Kaffee mitgeben, das hätte sie meinem Bekannten versporchen. Doch die Wohnungstür war verschlossen und die Dame war nicht ausfindig zu machen gewesen. Weil ich mir immer alles in einem Jahresnotizheft notiere, Adressen und so weiter diente es mir als Beweismittel dafür, dass ich kein Spion war. Der Bundesnachrichtendienst sollte den Dingen nachgehen, zumal die Herren alles über mich und meiner Zeit in der DDR, wo ich gelebt und gearbeitet hatte, wussten. Wie oft ich in den Westen fuhr und wohin, sie wussten, mit wem ich verkehrte, also Überwachung total, wie bei der Stasi. Mein Schwager Hans, Parteivorsitzender der SPD und Bürgermeister, wurde immer angerufen, ob ich auch wirklich in der Zeit meines Urlaubes in Gehweiler angekommen wäre. Aber wie schnell kann man in eine schlimme Situation geraten.

Es erinnerte mich an die Nacht, als ich noch ein kleiner Junge gewesen war und mein Vater mitten in der Nacht von der Gestapo verhaftet worden war. Dann kam mir der Gedanke, wie kann man nur ein Ostberliner Kennzeichen am Wagen tragen. So blöde kann doch kein Agent sein. Die Herren entschuldigten sich für die Unordnung und verschwanden.

Am 29. kamen meine Mutter, Annelie und Hilde mit Freund aus Oberlinxweiler und sahen sich *Das weiße Rössel* an, das ihnen sehr gefiel.

Am 30. März fuhr ich mit Achim Junger und Frank in die Künstlerklause in Wiesbaden. Dort ging es immer hoch her, viele große Künstler, zum Beispiel Zarah Leander sangen dort für ihre Fans, die Homos. Dort wurde gelacht, getanzt und getrunken und sich auch mal mit diesem oder jenem verabredet.

Dann stand am Theater eine besondere Fahrt an: wir flogen zum Gastspiel nach Spanien. Am 23. April kamen wir in Barcelona an und fuhren noch Stunden an der Küste entlang nach Valencia. Bei strahlendem Sonnenschein kamen wir im Hotel Exelsior an. Dort wohnten wir während des Gastspiels. Die Premiere war am 27. April in einem großen Privattheater, dem Teatro Principal. Die Stadt ist wunderschön und es gab viel zu sehen und zu erleben.

Der Chef des Theaters lud uns am zweiten Tag in ein Strandcafé zum Paellaessen ein und wir genossen den Strand, das Meer und die netten Menschen. Eine Studentenband machte Musik, um die gute Stimmung zu untermalen.

In der Hauptstraße von Valencia befand sich das Café Athena, wo man die interessantesten Leute treffen konnte. Ich saß mit Achim Junger an einem Tisch, da gesellte sich ein sehr netter Herr so in den Vierzigern zu uns, sprach uns in gepflegtem Deutsch an und erkundigte sich, was wir hier machten. Wir erzählten, dass wir in El Buque im Fantasma den *Fliegenden Holländer* bringen würden. „Oh", entgegnete der Herr, „da sehe ich Sie dann wieder, ich gehe mit meinem Freund auch in die Vorstellung." Dann fragte er, was wir heute Abend noch vorhätten, er würde uns gerne zum Essen einladen und uns seine Stadt zeigen. Wir stimmten zu und gaben an, dass die Verständigungsprobe etwa zwei Stunden dauere. Dabei wurden alle Gänge und Wege auf der fremden Bühne gezeigt. Ab 21 Uhr wären wir dann frei. Er käme uns mit seinem Wagen, einem großen Rolls Royce, abholen.

Als er gehen musste, setzten sich sofort zwei fesche Spanier an den Tisch, den einen hatte ich sofort im Visier. Wir sprachen Englisch und Französisch und konnten uns gut verständigen. Mein Schwarm hieß Bacco und ich verabredete mich mit ihm noch für dieselbe Nacht im Hotel. Achim hatte mit einem Anderen angebändelt, so waren wir erstmal abgesichert für die Zeit dort. Nach der Probe gingen wir voller Erwartungen ins Café Athena, dort saß unser neuer Freund. Er kam auf uns zu und meinte, sie wollten gleich losfahren. Wir stiegen in die Limousine ein und einige Kollegen standen an der Straße und staunten nicht schlecht. Der Herr stellte sich vor, sein Name war Antonio, er sei ein bekannter spanischer Schriftsteller und liebe die Deutschen als Exoten.

In einem gemütlichen Lokal in der Altstadt war ein Tisch für uns reserviert. Wir setzten uns, dann kam ein Kellner, begrüßte zuerst Antonio, dann uns. Dann kam noch ein junger Tunesier dazu. Antonio stellte ihn vor, das wäre sein Hausbursche, der alles für ihn tue. Wir aßen ein gutes Mahl, tranken tollen spanischen Rotwein und danach wollte uns der Gastgeber sein Haus zeigen. Ich dachte bei mir: „Der hat es aber eilig" und ich war schon auf alles gefasst. Wir fuhren in eine Tiefgarage und Achim kniff mir in den Oberschenkel, als wollte er sagen: „Was das wohl wird?".

Wir stiegen in einen alten Lift und es ging etwa fünf Stockwerke nach oben. Dann öffnete Antonio eine schwere, mit Schnitzereien versehene Holztür. Achim und ich staunten nicht schlecht, als wir eine riesige Wohnung mit vielen Büchern und Bildern, wie in einem Museum, dicken Teppichen, schweren Holzmöbeln, alles in maurischem Stil, eintraten. Dann betraten wir das Esszimmer, der Tisch war mit verschiedenen Gläsern und Schalen mit allerlei Obst gedeckt. Es war alles so stilvoll, dass wir vor Ehrfurcht bald in die Knie gingen. Er zeigte er uns das Schlafgemach, das übertraf wirklich alles, was ich je gesehen habe. Ein riesiges französisches Bett mit vielen Fellen bedeckt. An den Rändern des Bettes befanden sich zwei große Kandelaber mit Kerzen. Es hat mich alles an einen historischen Film erinnert, eine gute Inszenierung. Aber gereizt hat mich das nicht, ich dachte an meine armselige Wohnung in Mainz, die aber die mit Spannung geladen war. Wir bestaunten alles und sprachen unsere Bewunderung aus. Dann saßen wir am Tisch, tranken und unterhielten uns über Politik und Kunst.

Inzwischen war es schon 24 Uhr, wir sagten, es wäre spät und morgen hätten wir einen langen Tag. Sie boten uns an, bei ihnen zu übernachten, ich hätte auch nicht anders reagiert. Wir entschuldigten uns, er war ein Kavalier der Alten Schule und fuhr uns zum Hotel. Er hatte ja immer noch seinen Burschen, aber das schien ihm nicht zu genügen.

Bei Ankunft am Hotel standen Bacco und der Bursche von Achim schon vor der Tür und freuten sich, uns zu sehen. Wir gingen mit ihnen noch auf ein paar Drinks in die Hotelbar, danach verzog sich ein jeder von uns in sein Bett. Bacco war ein lieber und heißblütiger Kerl, wir ließen uns kaum Zeit, um zum Ziel zu kommen. Dann lag ich lange wach und ließ den Tag nochmals an meinem geistigen Auge vorüber ziehen. Es war ein spannender und schöner Tag, der mir ewig in Erinnerung bleiben wird.

Am nächsten Abend stand Bacco wieder vor dem Theater, ich fand ihn hinreißend und ging mit ihm in die Altstadt und in eine schöne Kirche. Dann lud ich ihn zum Essen ein, bei Tisch fragte er mich, ob er mich mal in Deutschland besuchen dürfte. Ich antwortete, dass er mich besuchen dürfe, wann immer er könne und wolle. Wir tauschten unsere Adressen aus und gingen noch ins Athena, dort saßen auch unsere Leidensgenossen Günther Maurer und Clemens Muth, die es viel schwerer hatten, an einen Typen heran zu kommen. Dann kamen Norma und Helga, fragten vorwurfsvoll: „Peter, man sieht dich ja nirgends, wo treibt ihr euch nur rum? Wir wollten doch auch mal mit euch tanzen gehen." Doris gesellte sich auch dazu und meinte, viele Kollegen vom Orchester gingen morgen zum Stierkampf in eine herrliche Arena, da sagten auch wir alle zu und besorgten uns Karten.

Am 27. April war die Premiere vom *Fliegenden Holländer*, sie war komplett ausverkauft. Vor dem Bühneneingang wartet Antonio mit einem Blumenstrauß auf mich. Unsere Frauen reagierten darauf mit Ratlosigkeit und Verwunderung, fragten, was ich denn anders mache als sie. Ich bemerkte: „Ihr seid gebunden und ich bin frei wie ein Vogel, das ist der Preis, den viele Homos zahlen müssen."

Nachmittags um drei fand der Stierkampf statt, es war eine Bullenhitze und die Arena war zu drei Vierteln besetzt, das waren tausende von Menschen. Eine riesige Arena, wie in Verona. Wir saßen alle in einer Reihe, die Musikkapelle spielte *Auf in den Kampf, Torero* und die mit Lanzen bewaffneten Männer auf Pferden kamen in die Runde geritten. Die einzelnen Toreros wurden vorgestellt, dann ließ man den ersten Stier in die Arena. Ein Prachtexemplar von einem Stier kam schnaubend und keuchend in einem Affentempo herein galoppiert und griff sofort alle sich bewegenden Personen an. Nach dem Stier betrat ein schöner Jüngling mit Degen und der Mantilla, so bezeichnet man das rote Tuch des Stierkämpfers, die Arena, machte seine Reverenz vor dem Publikum und die Menschen tobten. Dann begann der eigentliche Kampf. Der Torero war gerade 18 Jahre jung. Er spielte mit dem Stier, als wenn es eine Leichtigkeit wäre, aber ein Moment der Unachtsamkeit kann schon den Tod bringen oder schwere Verletzungen. Nun griff der Stier energisch an, als wolle er sagen: „Warte Bürschlein, dich bekomme ich!". Da stieß der junge Torero mit seiner Waffe zu und verletzte den Stier. Dieser rannte nun blutüberströmt umher, da konnte ich nicht mehr hinsehen. Alle schrieen und tobten, dann kam endlich der Todesstoß. Der junge Torero stand triumphierend lächelnd vor dem Stier, der dann zusammen brach. Als Siegeszeichen bekam er ein Ohr des Stieres. Ein zweites Mal würde ich mir so was nicht mehr antun. Es erinnerte mich an *Fiesta*, den Film nach dem Roman von Hemingway.

Um 9 Uhr abends hob sich der Vorhang zum *Fliegenden Holländer*, nach jedem Akt eine Stunde Pause, damit man flanieren und trinken konnte. Am Schluss tosender Applaus, am Bühnenausgang warteten die Fans auf die Sänger. Als Frau Fränkel, die die Senta sang, heraus kam, unauffällig wie eine Putzfrau, applaudierte ihr keiner, weil man sie ja nicht erkannte. Sie lief direkt ins Hotel. Sie war Amerikanerin, ungeschminkt sah sie nach nichts aus. Aber sie hatte eine tolle Stimme. In der Presse las man nur Lob am nächsten Tag. Die zweite Vorstellung war am Tag darauf und auch ausverkauft. Ich begrüßte Antonio nur sehr kurz, weil er in Begleitung war und es weit über Mitternacht war. Bacco stand vor dem Hotel und ich bewunderte seine Ausdauer. Am 29. April flogen wir zurück nach Frankfurt und dann nach Mainz. Ein wenig schmerzte der Abschied schon.

Wieder zu Hause erhielt ich eine schlimme Nachricht aus Eisfeld. Irene läge im Krankenhaus, weil sie an Krebs leide und nicht mehr lange zu leben hätte. Ich bekam einen Krankenschein, derweil ich wieder mit der Stimme zu tun hatte und Dr. Hartmann mir Ruhe verordnete. Ich fuhr nach Hause, schrieb nach Eisfeld und bat um eine Einreisegenehmigung für mich und meine Schwester Annelie, die an der Grenze zu Coburg hinterlegt werden sollte. Diesmal fuhren wir über Eberbach und besuchten Frau Heli Klein, deren Mann schwer krank war und noch im selben Jahr versterben sollte, tranken dort einen Kaffee und machten uns auf den Weg nach Eisfeld über Heilbronn, Würzburg, Coburg, dann noch 20 Kilometer bis zu Irene. An der Grenze mussten wir unser Geld wechseln, die Einreisegenehmigung lag glücklicherweise vor.

In Eisfeld war mir alles so fremd geworden. Wir fuhren zur lieben Hulda, die mit Sehnsucht auf uns gewartet hatte. Gustel, der Ehemann der sterbenskranken Irne, weinte wie ein Kind, verzweifelt darüber, nun seine zweite Frau verlieren zu müssen. Wir fuhren nach dem Essen gleich ins Krankenhaus, wo Irene uns schon erwartete. Wir kamen ins Zimmer und fanden eine abgemagerte Frau vor. Ich nahm sie in den Arm und küsste sie. „Du meine liebste Freundin, was hast du nur gemacht?" Gustel verließ das Zimmer, kurz darauf kam eine Ärztin und meinte, wir könnten Irene für ein paar Stunden mit nach Hause nehmen, was wir auch taten. Sie war so tapfer, wir packten sie in Wolldecken und fuhren zu Hulda. Draußen war herrliches Wetter, wir setzten uns in Liegestühle in den Garten. Annelie war auch ganz ergriffen von Irenes Schicksal. Dann sagte Irene: „Es ist so schön euch hier zu haben, ihr wart mir neben meinem Mann und meinen Eltern die Liebsten auf der Welt. Die Zeit mit dir, lieber Peter, in Eisfeld habe ich nie vergessen, du warst mir mehr als ein Bruder."

Abends brachten wir Irene wieder in die Klinik und versprachen, am nächsten Tag wieder zu kommen. Dieser Abend war sehr traurig, Hulda, nun auch schon 80 Jahre alt, und Emil, der wahrscheinlich am meisten darunter litt, waren völlig verzweifelt.

Am nächsten Tag fuhren wir wieder zu Irene und mussten uns für immer verabschieden. Heute noch tut mir das Herz weh, wenn ich daran denke. Sie hatte es nicht verdient, so zu Grunde zu gehen. Im Angesicht des Todes schickte sie mir noch ein Paket mit einem schönen Kerzenständer, einer tollen Vase, einem Fotoalbum mit Bildern, die sie von meiner Karriere gesammelt und mit schöner Schrift versehen hatte und einem Abschiedsbrief, der mit so viel Liebe geschrieben war. Als ich am 15. Oktober zu meinem Geburtstag das Paket bekam, versehen mit der Schrift Irenes, die schon Monate tot war, überlief mich ein Schauer und für einen kurzen Augenblick glaubte ich, sie lebe noch. Ihre Mutter hatte den Auftrag ausgeführt, um mir über Irenes Tod hinaus eine Freude zu bereiten. Hulda starb ein Jahr nach Irene, ihr Vater schrieb mir nochmals eine Karte vor seinem Tode drei Jahre später.

Auf dem Rückweg von Eisfeld fuhr ich noch mit Annelie zu unserer Freundin Hertha nach Suhl, wo meine Karriere begonnen hatte und besuchten auch sie zum letzten Mal. Dann fuhren wir über Oberhof zu Jochen Bialas, meinem Schlagbassisten, der heute ein Hotel betreibt und mich nach der Wende mit seiner Mutter besuchte. Danach fuhren wir über Eisenach zurück nach Hause. Als wir die letzte Kurve vor Gehweiler erreichten, schnallte Annelie sich schon ab, plötzlich kam einer aus der Kurve auf mich zu, ich musste eine Vollbremsung machen, Annelie flog gegen die Windschutzscheibe und verletzte sich ganz schön. Einen Kilometer von zu Hause entfernt, nach so einer langen Fahrt.

Am 21. und 22. Mai hatten wir ein Gastspiel in Leverkusen mit Verdis *Don Carlos*. Wieder übernachteten wir im Ramada Hotel und Kalt, der Schweizer, schlief mit mir in einem Zimmer. Er meinte, wir hätten ja nichts miteinander, aber mit mir könne man gut auskommen. Und immer was erleben. Zum zweiten Mal in diesem Jahr ging es nach Holland, Scheveningen mit *Lucia di Lammermoor* und dem *Tannhäuser*. Bei jedem Abstecher gab es was zu erleben, in welchem Beruf gibt es so was noch?

In Mainz ging ich öfter ins neue Queens Pub, gleich um die Ecke des Theaters, dort saß man an der Theke und jeder kannte jeden. Einmal kam ein etwa dreißigjähriger Blondschopf mit blauen Augen und setzte sich zu mir. Er trank einen Campari Orange nach dem anderen, zückte ein Bündel Scheine aus der Seitentasche und bezahlte.

Dann kam ein Blumenverkäufer mit Rosen, dem nahm er den ganzen Strauß ab und schenkte ihn der Bedienung hinter dem Tresen. Ich dachte bei mir: „Der muss sein Geld sicher nicht schwer verdienen." Er wollte mich auf einen Drink einladen, doch ich sagte, ich hätte genug, denn ich müsste noch zur Probe ins Theater. „Ach, Sie sind Künstler?", fragte er neugierig. Ob wir uns mal unterhalten könnten, erkundigte er sich, denn das interessiere ihn sehr. „Nun, ein anderes Mal", erwiderte ich und ging.

Am nächsten Tag fuhr der Herr mit einem offenen BMW vor, mit einem Hund auf dem Beifahrersitz, kam in das Queens Pub und setzte sich neben mich. Er bestellte einen Campari Orange und fragte mich, ob ich etwas Zeit für ihn hätte und ob ich etwas trinken wolle. Er ließ mir keine Zeit zum Antworten und bestellte „Einmal das Gleiche für den Herren." Der Hund saß unter seinem Hocker und ich erkundigte mich nach seinem Namen. Henry, so hieß der Camparitrinker, erwiderte, sie heiße Cindy und sei eine Mischlingshündin. Ich liebe Hunde und zu Hause hatten wir immer nur Mischlinge, weil sie so treu sind. „Wo kommst du her?", war seine erste Frage. Ich erwiderte, ich stamme aus dem Saarland. Er komme aus Taunusstein, habe dort ein Haus und lebe in Scheidung, arbeite in Mainz, habe dort ein kleines Haus in Mombach, einem Stadtteil von Mainz. Wir sprachen über Gott und die Welt. Er hatte seltsame Lebenseinstellungen, er wollte nur viel erleben. – „Mein Vater ist mit 56 Jahren gestorben, hat nur gearbeitet und keine Zeit für ‚unnütze Dinge' gehabt. So will ich aber nicht leben." Nach einer Weile sagte Henry, er müsste nun zur Arbeit und zwar nur „Geldeinnehmen." Ich wunderte mich, dass er nichts von seiner Arbeit erzählte. Er nahm wieder ein Bündel Scheine aus der Brieftasche, bezahlte alle meine Getränke mit und sagte, dass ich im Vergleich zu ihm ja nur ein Trinkgeld verdiene. Mehr sagte er nicht und verabschiedete sich auf ein anderes Mal. Er kam mir schon seltsam vor. Denis, der französische Barmann, sagte mir dann, Henry komme fast jeden Tag hier her und trinke seinen Campari Orange, spreche aber niemals mit einem anderen und wenn eine junge Frau an die Bar komme, schicke er ihr immer ein Getränk ihrer Wahl an ihren Platz. Und wenn die Blumenverkäufer kämen, die meistens aus dem Ausland sind, kaufe er ihnen alle Blumen ab und verschenke sie. Er scheint ein gutes und großzügiges Herz zu besitzen. Nun war ich doch gespannt, wie das mit ihm weiter gehen würde.

Zwei Tage nach unserem Kennenlernen trafen wir uns wieder im Pub. Henry war betont freundlich und fragte mich, ob ich arbeiten müsste oder eine Verabredung irgendeiner Art hätte. Ich verneinte und so lud er mich ein, mit ihm in sein Haus zu fahren in Taunusstein. Es war eine schöne Fahrt über Wiesbaden, Bad Schlangenbad nach Taunusstein, eine Villenstadt. Wir hielten vor einem sehr gepflegten Haus. Henry klingelte und ein Pudel kam hinter dem Haus hervor und bellend auf uns zu. Dann kam eine junge Frau heraus und Heinrich, wie sie ihn nannte, sagte: „Karin, darf ich dir einen jungen Künstler vom Mainzer Theater vorstellen?" Sie lud uns ins Haus ein und fragte gleich, was wir trinken wollten. Eine Geste, die ich schätzte, denn bei den meisten bekommt man nichts angeboten. Wir führten ein banales Gespräch, wo ich herkomme, ob ich verehelicht wäre und so weiter, Smalltalk eben. Das Haus war toll eingerichtet, nicht so überladen wie bei den Neureichen. Sie ging dem Beruf einer Therapeutin nach und hatte einen amerikanischen Freund, der in Wiesbaden stationiert war. Henry besprach noch Privates und ich fand, sie hatten noch einen guten Draht zueinander.

Dann fuhren wir zurück und gingen in Wiesbaden noch in ein Kellerlokal namens Costa Brava, ein ganz im spanischen Stil eingerichteter Laden, sehr gemütlich. Der Besitzer, ein Herr Black, begrüßte Henry ganz persönlich, so konnte ich davon ausgehen, dass er dort des Öfteren seinen Campari einnahm. Henry bestellte und rief „Herbert, bring uns mal einen Sangria!" Wir verließen das Lokal nach dem Getränk und fuhren nach Mainz, dort zeigte er mir noch seinen Wohnsitz in Mombach, ein bungalowähnliches Gebäude mit offenem Kamin und vielen Liegemöglichkeiten, ein großer Schäferhund bewachte das Anwesen. Dann erzählte er mir zum ersten Mal, wie er sein Geld verdiente. Er besaß zwei Tankstellen und zwei Autowaschanlagen im Mainzer Industriegebiet. Er hatte sechs Angestellte und die Läden liefen. Also ein Kleinunternehmer und er musste nur die Waschanlagen reparieren, wenn das von Nöten war. Er sagte: „Wenn du was am Auto hast, kannst du ruhig zu mir kommen."

Am Theater stand ein ganz besonderes Gastspiel an. Wir fuhren in die Schweiz, ins Wallis nach Visp, eine schöne Stadt in den Bergen. Diesmal sollte es länger dauern und ich nahm meine Mutter und Ullrike, die Tochter meines Bruders mit. Sie war 13 Jahre und freute sich riesig. Wenn ich abends noch ausgehen wollen würde, würde Ulli bei meiner Mutter bleiben.

In Visp brachten wir *Das weiße Rössel* auf einer großen Freilichtbühne und das Orchester, eine einheimische Kapelle mit vielen Bläsern, die Feuerwehr und andere Gruppen spielten die Statisten. Ein bunter Haufen kam da zusammen. Moretti, der den Leopold spielte, brachte mich, meine Mutter, Ullricke und Günther Maurer, auch mit Mutter, in einem typischen Schweizer Chalet unter, bei einer netten Familie. Ich bekam ein schönes Einzelzimmer, Mama und Ulli ein Zweibettzimmer und Günther mit Mutter auch ein Zweibettzimmer. Ein großer Garten und das Thermal-Schwimmbad Brigerbad waren direkt in der Nähe. Die Familie der Pension hieß Burger. Am ersten Tag fuhren wir erst mal in die Stadt, um Ulli alles zu zeigen. Die Bühne war auf einem großen Marktplatz aufgebaut. Dann gingen wir in einen Schnellimbiss Pavesi und aßen jeder ein halbes Hähnchen mit Salat. Dort trafen wir Günther und seine Mutter, die den gleichen Gedanken gehabt hatten.

Die Vorstellung war am 26. Juli, eine große Veranstaltung mit Bierzelt und Tanzmusik. Es war ein schönes Erlebnis. Wir blieben noch sechs Tage länger und machten die Gegend unsicher. Nach der Vorstellung machte ich die Bekanntschaft eines Schweizers, Wilhelm, ein Ingenieur, und wir tranken einige Maß und derweil es nicht so weit von unsere Unterkunft war, brachte ich erst meine Mutter mit Ulli zu Bett und zog dann mit Wilhelm noch in zünftige Kneipen. Als wir den Kanal voll hatten und er nicht mehr mit dem Auto nach Hause fahren konnte, nahm ich ihn natürlich mit in mein Einzelzimmer. Beim Frühstück aber kam Günther vorbei und sagte zynisch: „Hallo Peter, hattest du eine gute Nacht?". Ich sagte nur: „Wie du siehst.", und deutete auf meine Eroberung. Er war immer frustriert, aber ich konnte doch nichts dafür.

Am 27. lud ich Günthers Mutter mit ein, in die Umgebung zu fahren, weil Günther einkaufen wollte. Das hätte er nicht mit meiner Mutter gemacht. Wir fuhren essen in ein nahegelegenes Kloster und besuchten ein kleines Museum. Ich wollte doch auch was für Ulli machen. Nachmittags gingen wir alle in das schöne Brigerbad. Es war herrliches Wetter und voller Tatendrang fuhren wir in die Berge, doch je höher wir kamen, desto schlechter wurde es meiner Mutter. Sie bekam kaum noch Luft, also mussten wir umkehren und gingen in Visp in eine nettes Café, wo sich die Damen gleich wohl fühlten.

Abends gingen wir mit Moretti, Duvall Betty, Günther mit Mutter, meiner Mutter und Ulli schlemmen. Gideon kannte sich ja in seinem Heimatland gut aus. Es gab die berühmten Rösti und kleine Schnitzel vom Kalb in Zitronensoße und einen Tomatensalat. Dann trafen wir die Tänzerin Christiane Knopf mit ihrer Mutter. Wir hatten uns damals in Ostberlin kennen gelernt. Wir freuten uns, einander wieder zu treffen. Nachdem wir etwas geplaudert hatten, fragte Christiane mich, ob ich am nächsten Tag was vorhätte. Ich fragte sie, warum. Ob ich meine Mutter mit ihrer mal einen Tag mitnehmen würde, denn sie hätte eine Verabredung in einer anderen Stadt. Das konnte ich der Berlinerin nicht abschlagen.

Am folgenden Tag hatte ich vor, nach Montreux zu fahren, wo immer die Film-Festwoche stattfindet und wo es zu der Zeit auch ein Chanson-Wettbewerb um die Goldene Rose gab. Also lud ich Frau Knopf ein, mit uns zu fahren. Sie willigte ein und so machten wir uns auf den Weg an den Genfersee, nach Montreux-Chillon. Dort machten wir vier eine Mittagspause und saßen in einem Gartenrestaurant direkt am See. Als ich aber die Speisekarte durchlas, wurde es mir schlecht. Nur ein Teller Spagetti Bolognese kostete pro Person 16 DM ohne Getränke und Salat. Ich schluckte die bittere Pille, weil ich mir nicht die Blöße geben wollte, einfach wieder zu gehen. Der Kellner kam und ich zahlte, die gesamte Summe, mit zwei Gläsern Sprudel, einer Cola und einem Bier, machte 85 Mark. Wir hatten noch vier Tage vor uns und ich hatte nur noch Spesen für zwei. Ich ließ mir vor den anderen aber nichts anmerken – es sollte ja ein schöner Urlaub werden. In der Nähe des Restaurants war die Anlegestelle für ein Schiff, das über den See auf die andere Seite fuhr. Ich sagte den Damen: „Nun geht's an Bord und nach Frankreich Kaffee trinken." Wir kamen in Saint Gingolph an, fanden eine nettes Café mit Blick auf den See, tranken unseren Kaffee und aßen jeder ein Stück Kuchen, mit Sahne natürlich, und fuhren zurück zu unserem Auto. Landschaftlich einmalig, aber das Loch in der Kasse wurde immer größer. Ich dachte immer daran, dass ich noch die Pension bezahlen musste und bei den Preisen machte es mir schon Angst. Ich war ja keine Lilo. Frau Knopf bedankte sich, als wir wieder in Visp waren. Das war's dann.

Am nächsten Tag wurde nur im Brigerbad gefaulenzt. Dort liefen so viele verhinderte Opfer herum und ich konnte wegen meiner Damen nichts aufreißen. Am Abend kam Moretti zu uns in die Pension und fragte, ob ich mit ihnen, das heißt Betty, Alain und ihm, nach Zermatt fahren würde. Das liegt sehr hoch und war für meine Mutter deshalb nichts. Also fragte ich Günther, ob er sich mal meiner Mutter annehmen würde und mit ihr und seiner Mutter essen gehen würde. Da hatte er schon was anderes vor. Diesmal war ich richtig verärgert, weil meine Mutter keine Schwierigkeiten machen würde wie seine, die gehbehindert war und die ich trotzdem überall mit hinnahm. So geht es auch mal. Meine Mutter hatte wegen Ulli soviel Verständnis und meinte: „Fahrt ihr zwei nur mit."

Also ging es am nächsten Tag höher in die Berge und der Aufstieg nach Zermatt wurde erreicht. Wir mussten die Autos auf einem riesigen Parkplatz abstellen, denn Zermatt ist ganz autofrei. Es war sehr schönes Wetter und ich dachte: „Wenn Engel reisen, lacht der Himmel." Zermatt, ein Wintersportort, besteht nur aus riesigen Hotels. Aber wir fanden doch einen gemütlichen Ort, um zu essen. Ulli war beim Anblick der Berge ganz begeistert. Da meinte Jean: „Nun geht es noch höher, denn jetzt fahren wir mit einer Zahnradbahn auf die Höhe von 3150 Meter über dem Meeresspiegel auf den Gornergrat, gegenüber des berühmten Matterhorns, das Louis Tränker in seinen Filmen immer bestieg." Ich hätte es mir nie träumen lassen, dorthin zu kommen.

Wir kamen vom Frühling direkt in den tiefsten Schnee und es war einfach grandios. Auf dem Berg angekommen, liefen wir noch ein Stück bis zur Plattform des Gornergrats, um das Matterhorn zu fotografieren, Wir machten viele Fotos und Ulli war so begeistert und meinte: „Das glaubt zu Hause keiner, was wir die Tage alles erlebt haben." Eine Verschnaufpause, dann ging es wieder zu Tal. In Zermatt wieder angekommen wurde noch einen guten Schweizer Kaffee getrunken und ein leckerer Käsekuchen gegessen. Als wir wieder in der Pension Burger waren, freute sich meine Mutter und sagte: „Gott sei Dank, ich hatte immer Angst, es könnte was passieren." Ulli erzählte der Oma von dem Erlebten und ging dann zu Bett.

Am Morgen des anderen Tages packten wir unsere Koffer zusammen und die kleinen Geschenke für zu Hause. Dann ging ich zur Frau Burger, um meine Rechnung zu begleichen, da sagte sie mir voller Verwunderung, das hätte Herr Moretti doch alles erledigt. Ich war wie erschlagen, ich wusste, dass Gideon immer großzügig ist, aber eine solche Summe für drei Personen, das war unglaublich. Als wir uns von der Familie Burger verabschiedeten, versprachen wir, wieder zu kommen in diese herrliche Welt der Berge.

Auf dem Rückweg fuhren wir noch ein Stück gemeinsam mit drei Autos und bei der Abfahrt nach Zürich verließ uns der Wagen von Gideon mit seinen Leuten. Ich bedankte mich aus vollem Herzen und er meinte: „Für dich habe ich es gern getan, weil ich weiß, wir sind uns ähnlich." An dieser Stelle noch mal meinen Dank an Gideon Moretti.

Am 4. August ging es wieder los in Mainz. Jeden Tag Probe für *Othello* und *Nacht in Venedig*. Die Einstudierprobe im Chorsaal mit Herrn Wies waren nicht so schlecht, denn wir hatten immer nur eine Stunde in der Frühe um 10 Uhr getrennt nach Erstem Tenor und Zweitem Tenor. Dann nach acht Tagen kamen die anderen Stimmgruppen zusammen. Erst wenn die Orchesterproben losgingen, kamen die Damen und Herren alle zusammen. *Othello* war ein schweres Stück für den Opernchor. *Nacht in Venedig* war dagegen ein Kinderspiel und jeder hatte das mindestens drei Mal gehabt. Diesmal spielte ich den Enrico.

Die Premiere von *Othello* war am 6. September und die von *Eine Nacht in Venedig* am 16. September im großen Haus Forum in Leverkusen. Dort blieben wir wieder zwei Nächte im Ramada Hotel, weil wir am 17. *Nacht in Venedig* gleich zum zweiten Mal aufführten.

Am Tag fuhren Ottmar, mein Zimmerkollege, Anton Heller und ich nach Essen zur Lilo. Beim Betreten der Wohnung gab es erst einen Empfangsdrink an der Bar und Lilo hatte den Kaffeetisch schön hergerichtet. Das war eine Eigenschaft, die ich sehr an ihr liebte – sie hatte ein gutes Auge für alles Schöne. Den Beiden gefiel es, aber wir mussten nach dem Kaffee gleich wieder zurück nach Leverkusen. Wenn wir durch welche Umstände auch immer, nicht anwesend gewesen wären, wäre uns fristlos gekündigt worden.

Nach dem Gastspiel fuhren wir nach dem Frühstück nach Mainz zurück. Dort studierten wir die Neunte von Beethoven ein, die am 27. September gebracht wurde. Ab dem 28. Oktober hatte ich an der Mainzer Hochschule für Gesang zwei Mal wöchentlich Stimmbildung bei einem Professor Liebel, der einmal ein großer Operntenor gewesen war.

Am 31. Oktober brachten wir einer der schönsten Opern, *Die Zauberflöte*, zur Premiere. Unter der Regie eines Schweizers, Ippolito, den ich sehr mochte, und der gerne mit mir gearbeitet hatte, wie er mir später erklärte. Er brachte nicht nur die schönste Zauberflöte, laut Presse, sondern auch das schönste

Bühnenbild und auch die besten Kostüme heraus. In allen Zeitungen wurde er gelobt. Ich sang und sprach einen der Hohepriester. Die Premiere wurde stürmisch bejubelt und anschließend wurde tüchtig gefeiert. Ippolito selbst lud eine englische Sopranistin, die die Pamina sang, ihren Mann und mich ein, mit ihm im Haus des Weins zu feiern. Die Kollegen waren ganz schön neidisch.

Der Abend wurde ordentlich begossen, und als die Weinstube schloss, meinte die Pamina, die ein Haus neben mir wohnte, ob man bei mir noch einen Kaffee bekäme. Da ließ ich mich nicht lumpen und so fuhren wir zu Viert in die Heinestraße. Ich hatte ja immer alles in Ordnung, falls ich jemanden mitbringen sollte. Ich stellte Kaffeewasser auf, man machte es sich bequem und wir tranken einen Kaffee und einen guten Cognac dazu. Ich erzählte meine Geschichten aus der DDR und von den vielen Fernsehauftritten. So verging die Zeit schnell und es wurde 4 Uhr Morgens, dann verabschiedete sich die Pamina mit Mann und sie zogen sich in ihr Heim zurück.

Ippolito fragte mich schüchtern, ob er bei mir übernachten könnte, er wolle nicht den schönen Abend alleine im Hotelzimmer verbringen, nach der schönen Arbeit, die ihm so viel Spaß gemacht hatte. Ich zog die berühmt-berüchtigte Schlafcouch aus Ippolito ging ins Bad, kam dann mit einer kleinen Flasche Poppers und hielt sie mir unter die Nase. Es stank entsetzlich. Vom Hörensagen wusste ich schon, was es damit auf sich hatte; mit Poppers sollte man geil werden und das brauchte ich nicht bei dem entsprechenden Partner. Ippolito war mir sehr sympathisch, aber nicht unbedingt für Sex.

Als ich die Lichter ausmachte und wir nebeneinander lagen, kam seine Hand an meinen Penis, der sich nicht rührte, entweder wegen des vielen Weins und Schnaps, oder einfach nur, weil ich müde war. Ich wollte ihn aber nicht so liegen lassen, denn ich spürte schon, dass er das brauchte, denn er gestand mir, schon von der ersten Probe an, auf mich abgefahren zu sein. Ich nahm ihn in meinen Arm, streichelte ihn, was ihm sichtlich gut tat. Als ich aber dann nach seinem Schwanz griff, um ihm einen runter zu holen, war ich so entsetzt und konnte ihn jetzt erst begreifen, denn er hatte ein so kleines Glied wie ein Junge von 10 Jahren. Er spürte mein Entsetzen und fing an zu weinen: „Warum hat die Natur so vieles falsch gemacht?" Ich fragte, was ich für ihn tun könnte. Er meinte: „Es ist schon gut, bei dir sein zu können."

Dieser Mensch, der so ein begnadeter Regisseur war und nun in der Welt Regie führt, auch in der berühmten Semper Oper gearbeitet hat und in München. Er verabschiedete sich mit einem Kuss und wünschte mir „Toi, Toi, Toi" für mein weiteres Leben. „Du wärst ein Freund, den man sich vorstellen kann. Leb Wohl!"

Die Traurigkeit über diese Nacht machte mich ganz krank, weil so viele Energien für weit mindere Personen verschleudert werden. Ich habe Ippolito nie vergessen, und wenn ich seinen Namen im Fernsehen hörte oder in der Presse las, wünschte ich ihm Glück und einen Menschen an seine Seite, der viel Geduld und Liebe für ihn empfinden möge, er hat es verdient. So sind halt die Wege des Herrn unergründlich und mir fiel das Bild des *David* in der Sixtinischen Kapelle von Michelangelo ein, denn der große, stattliche *David* hat auch nur einen Penis wie ein kleiner Junge. Vielleicht war das Modell ein Geliebter von Michelangelo, der ja auch nachweisbar homosexuell war. Davon gibt es mehr als genug und sie werden immer noch von der Kirche verdammt. Auch Tschaikowsky soll ja schwul gewesen sein. Seine Oper *Pique Dame* stand in Mainz auch auf dem Programm. Am 23. November war die Premiere.

Im Dezember begaben wir uns wieder nach Holland. Vom 10. bis zum 14. spielten wir jeden Abend *Das Weiße Rössel*, den Renner der Saison. Wir wohnten alle wieder im International, ein tolles Hotel der ersten Klasse. Wir konnten gar nicht ermessen, wie gut es uns ging. Arbeit mit Vergnügen zu verbinden, wer kann das schon und noch Geld dafür zu bekommen. Diesmal widmete ich mich den Chordamen Helga, Doris und Norma und Achim, Ottmar und Günther waren mit von der Partie. Wir gingen gemeinsam in eine große Disco und ich tanzte wie ein Wilder mit allen Damen. Moretti und Alain kamen auch dazu und so heizten wir die Stimmung an. Mir taten am nächsten Tag alle Knochen weh, weil ich das nicht mehr gewohnt war.

Am 14. fuhren Achim, Moretti, Alain und ich nach Amsterdam in die Prinsengracht in ein Homohotel namens International Trawel Club. Das war ein Laden, wie ich ihn noch nie erlebt hatte in all den Jahren. Schöne Zimmer, ein großer Aufenthaltsraum, wo Pornofilme gezeigt wurden. Wir saßen im Halbdunkel und manche saßen beim anderen auf dem Schoß, andere lagen auf kleinen Sofas. Achim und ich teilten uns ein Zimmer. Im Aufenthaltsraum kam ein stattlicher Herr auf mich zu und forderte mich auf, mit ihm zu tanzen. Da konnte man ja nichts verkehrt machen. Er war ein persischer Frauenarzt, elegant und gebildet und sprach gebrochen Deutsch mit holländischem Akzent. Die Filme hatten uns alle ziemlich angeturnt und so ging ich schon nach einem Tanz mit dem Arzt auf sein Zimmer. Er kam gleich zur Sache und wir bliesen uns gegenseitig einen auf Französisch. Danach gingen wir wieder zurück, und da es schon spät war und Achim verschwunden war, ging ich in unser Zimmer, um zu schlafen. Dort lag Achim in den Armen eines schwarzen Kerls. Ich entschuldigte mich und ging ins Bett. Amsterdam ist schon irre.

Am nächsten Tag trafen wir uns alle zum Frühstück, und als ich die Fotos an der Wand betrachtete, fand ich tolle Kerle, die man für eine Nacht mieten konnte. Ich weiß nicht, ob es in Deutschland auch so ein Etablissement gibt.

Am nächsten Tag machten wir einen Ausflug in die Stadt und fuhren mit einem großen Boot über die Kanäle rund um Amsterdam. Es war eine gelungene Sache und am nächsten Tag ging es nach Hause, wo die Operette *Nacht in Venedig* auf uns wartete. Ich spielte den Enrico und freute mich schon auf die Premiere am 31. Dezember 75 in Mainz. Das alte Jahr wurde abgehakt und das Neue begann mit der *Ode an die Freude*: „Freude schöner Götterfunke, Tochter aus Elysium, wir betreten feuertrunken, Himmlische Dein Heiligtum."

Das Jahr 1976 brachte wieder neue Erlebnisse. Gleich am 3. Januar kam das Musical *Oklahoma* heraus. Ich spielte einen verwegenen Amerikaner, Cord Elan. Es war kein Stück wie *My fair Lady*, auch nicht sooft auf dem Spielplan. Lilo kreuzte am 4. auf und wir fuhren in mein Haus nach Gehweiler. Dort besuchten wir meine Schwester Christel, die ein Lokal hatte. Wir gingen auf den Friedhof zum Grab meines Vaters. Lilo sagte immer wieder, im Saarland sei es auch schön, aber sie ist ein Stadtmensch und konnte sich nicht lange auf dem Land aufhalten.

Am 9. fuhren wir über Meisenheim, den Geburtsort von Hermfried, zurück nach Köln und verbrachten dort den Nachmittag mit einem Spaziergang durch die Altstadt und die Hohe Straße, die größte Geschäftsstraße, die ich damals in den fünfziger Jahren bei meinem Antrittsbesuch bei der Modefirma Bau, Rüther & Schuster kennengelernt hatte. Die Firma bestand immer noch.

Am nächsten Tag fuhren wir nach Düsseldorf und sahen uns einen Film mit Alain Delon an, *Der Eiskalte Engel*, ein Krimi. Danach ging's ins schöne Café auf der Kö, wir tranken unseren Kaffee und aßen Apfelstrudel mit heißer Vanillesoße und Eis, ein besonderer Genuss. Abends besuchten wir dann das Kabarett Kommödchen mit Lore Lorenz, die man unbedingt live erlebt haben muss.

Zurück in Mainz lernte ich in einem englischen Pub einen Ami kennen. Er wollte eigentlich am selben Tag noch nach Frankfurt fahren, um wieder zurück in die Staaten zu fliegen. Aber ich konnte ihn dazu überreden, noch einen Tag in Mainz zu bleiben und mein Gast zu sein. Er war ausgehungert, hatte lange keinen Sex mehr gehabt und so schliefen wir miteinander. Er schrieb mir später öfter und versprach, mich noch einmal in Mainz zu besuchen. Aber wie so oft im Leben „wir konnten zusammen nicht kommen, das Wasser war viel zu tief." Unsere Nacht war nur eine Momentaufnahme, aber diese Momente waren wichtig in meinem Leben. Der Mensch lebt nicht von Brot allein.

Gegen Ende des Januars stand Henry vor meiner Tür, und sagte: „Wo treibst du dich denn rum? Ich rufe an, du gehst nicht dran. Ich gehe ins Pub – kein Peter in Sicht." Ich erklärte ihm, dass ich nicht in der Stadt gewesen war, sondern in Essen und zuhause. Er sagte, er habe ein besonderes Geschenk. Er brachte mir einen kleinen Welpen von seiner Cindy. Acht Wochen alt und ein Wonneproppen, ein richtiger kleiner Prinz mit Name Perikles von Mombach, ein schwarzer Pudel. Ich war gleich verliebt in ihn. Ich nannte ihn Bobby und er brachte mir viel Freude.

Ich bedankte mich, ließ den kleinen Hund aber noch bei Henry, bis ich nach Geweiler fuhr. Zwei Tage später fuhr ich mit Bobby nach Hause. Dort überließ ich ihn meiner Mutter und Annelie, die beiden sollten ihn großziehen und gut auf ihn aufpassen.

Bei mir zu Hause hatte es auch eine Veränderung gegeben, denn meine

Untermieter waren ausgezogen. Ein Ehepaar hatte zwei Jahre in der neuen umgebauten Wohnung, die für meine Eltern gedacht gewesen war, gewohnt. Nun musste ich einen neuen Mieter finden. Ich annoncierte und wartete ab, ob einer sich meldete. Nach ein paar Monaten kam eine Frau Voss, besichtigte alles und unterschrieb sofort den Mietvertrag. Ihr Mann habe Lungenkrebs und der große Garten und die Terrasse seien ideal für ihn. Das Ehepaar war vor Jahren aus Dresden gekommen und hatte einen Frisör Salon in der Nachbargemeinde Hirstein betrieben. Die Beiden zogen sofort ein und wir kamen gut miteinander aus.

Im Februar fuhr ich für ein Wochenende zu Lilo, um ihren Geburtstag nachzufeiern. Sie gab eine Party und all ihre reichen Bekannten kamen. Lilo hatte alles schön hergerichtet und für jeden Gast gab es ein Geschenk. Ihre Gäste hatten nie so etwas vorbereitet, wenn wir sie besuchten. Nun, jeder ist anders …

Lilo fuhr nach diesem Wochenende mit mir nach Mainz. Dort stellte ich ihr den neuen Verehrer Henry vor, den sie sehr mochte. Am 20.und 21. fuhren wir mit *Oklahoma* in den Odenwald nach Erbach. Am 29.und 30. gastierten wir wieder in Leverkusen mit der Operette *Eine Nacht in Venedig*. Ich brachte Lilo nach Essen und fuhr dann nach Leverkusen zur Vorstellung.

Anfang März zog ein Grieche zu mir in die Mainzer Wohnung, Vasilos, ein netter Junge, aber sehr unbeständig. Ich wollte mal wissen, wie lange er es aushält, diszipliniert in einer deutschen Partnerschaft zu leben. Anfangs war es sehr schön, aber dann stellte er seine Ansprüche, da hin fahren, dort hin gehen und immer was Neues erleben. Das war bei meinem Arbeitstempo zu viel, es ging gerade mal vier Wochen, dann setzte ich ihn vor die Tür.

Im März besuchte ich auch Frank, der inzwischen eine Zahnarztpraxis mit drei Behandlungsräumen in Neu Isenburg hatte. Ich war schwer beeindruckt und freute mich über seinen Erfolg. Ich ließ mir von ihm eine Brücke machen. Er sagte mir, dass nur Prominente aus Sport, Politik, und Wirtschaft zu ihm kämen. Er hätte noch einen Zahntechniker mit an Bord. Nun kam Frank nicht gerade aus armen Verhältnissen, denn seine Familie hatte eine Reifenfabrik und nach dem Tod seines Vaters hatte sein älterer Bruder die Fabrik übernommen und ihn ausbezahlt. Beim Abschied sagte mir Frank:

„Beim nächsten Besuch bring mehr Zeit mit, damit wir uns einen schönen Abend machen können. Mit dir konnte ich meinen Sex immer ordentlich ausleben. Ich habe eine Freundin, aber das genügt mir halt nicht." Erst viel später musste ich aus dem Stern erfahren, was Frank, dessen Studentenausweis ich heute noch besitze, für ein Filou war. Zu was Menschen, die man zu kennen glaubt, alles so anstellen und welche kriminelle Energie dahinter steckte.

Einen Tag nach meinem Besuch in Neu Isenburg kam abends nach der Vorstellung Heinrich zu mir und sagte: „Peter, ich habe ein Attentat auf dich vor." Er lud mich ein in seinen Wagen und sagte: „Wir fahren nach Wiesbaden zu Herbert Black und besprechen mit ihm den Verkauf der Costa Brava."

Nun war mir noch nicht im Klaren was ich nun tun sollte. Er sagte: „Ich möchte den Laden kaufen und ihn modernisieren und du sollst ihn als Geschäftsführer leiten nach meinem Ermessen."

Ich sagte: „Ich bin Künstler und habe vom Geldverdienen keinen Schimmer."

„Das bringe ich dir bei. Du kannst mit Menschen umgehen, was mir fehlt. Und so habe ich dich immer eingeschätzt, dass du ein ehrlicher Mensch und Freund bist, wie es wenige gibt.

„Aber stell dir vor, ich kenne doch diese ganze Getränke nicht, die zum Ausschank kommen."

„Das lernst du schneller als eine Rolle beim Theater, dessen bin ich mir gewiss."

Henry besprach mit Black, den man auch die einzige Barhure von Wiesbaden nannte, die Übernahme des Ladens. Im Juni wollte der die Bar aufgeben. Das kam gerade zur rechten Zeit, da das Theater für ein Jahr und sechs Monate renoviert werden sollte und das Ensemble dann nur Gastspiele geben konnte. Henrys Angebot kam mir da ganz gelegen. Henry ließ sich sofort einen Vertrag ausarbeiten.

Ich ließ mir also alles durch den Kopf gehen. Das Geld konnte ich schon brauchen. Henry ließ nicht locker und so stimmte ich schließlich zu. Ich beantragte, von meinem Vertrag am Theater frei gestellt zu werden. Der Chordirektor sagte unter der Bedingung zu, dass ich bei den großen Opern ins Ausland mitfuhr. Nach der Renovierung konnte ich dann wieder voll einsteigen.

Am 16. Mai flogen wir mit dem Mainzer Theater nach Valencia. Dort brachten wir zweimal *Lohengrin* zur Aufführung und zwar am 17. und 19., wodurch wir vier freie Tage hatten, wie Urlaub. Ich hatte an Bacco geschrieben, dass wir im Hotel L'Ar untergebracht wären. Der stand abends vor dem Hotel, treu und brav.

An einem freien Nachmittag gingen Achim und ich ins Athena zum Kaffeetrinken und da saßen vier stramme junge Spanier an einem Tisch neben unserem, fingen an zu flirten, als wäre es das normalste der Welt. Wenn man in einem fremden Land und dazu in einem sonnigen, so viele schöne Blumen sieht, möchte man sie alle pflücken. Die Hormone spielen verrückt. Wir bandelten mit den vieren an und die fragten nach einer kurzen Zeit, ob wir mit ihnen Sex haben wollten. Na, die Praktiken kannten wir ja schon. Also fragten wir, ob es ein passendes Hotel gäbe. Das gäbe es und so zogen wir los. Ich hatte aber auch Angst vor einem solchen Vorhaben, wie schnell konnte man ausgeraubt werden.

Im Hotel bot man uns zwei Kammern an, die schön sauber erschienen, für 60 DM, das war ja nicht die Welt. Wir holten noch was zu trinken mit, dann suchte ich mir einen der Spanier aus und ging mit ihm ins Bett. Wir waren gerade dabei, da kam ein Zweiter dazu und so erlebte ich meinen ersten Dreier. Danach ging ich rüber zu Armin, der noch mit einem anderen beschäftigt war. Der vierte Spanier saß daneben, kam dann zu mir ins Zimmer, zog sich die Hose runter und legte sich auf mein Bett. Und damit der Arme nicht leer ausging, holte ich ihm einen runter. Danach gingen wir alle zusammen ins Athena, als wenn nichts gewesen wäre. Solche Dinge kann man nur erleben, wenn man Zeit, Laune und Lust verspürt und die richtigen Typen trifft. Die Namen habe ich vergessen, aber den Nachmittag nicht.

Am Abend gingen wir mit unseren Mädels in ein Lokal mit spanischer Musik und Tanz. Ich holte Bacco mit und der freute sich, dabei zu sein. Helga tanzte mit ihm und hätte sich ja auch mal auf was einlassen können. Aber da muss schon ein Prinz kommen und die sind rar.

Am 22. Mai flogen wir von Barcelona nach Frankfurt zurück. Ich hatte noch mit Wies ein Gespräch in Mainz über die Kündigung, dann fuhr ich mit dem Wagen nach Gehweiler. Dort bereitete ich ein großes Sommerfest vor. Am 17. Juni war es soweit. Ich hatte mein ganzes Haus auf den Kopf gestellt, den riesigen Garten geschmückt und die Kellerbar eingeräumt mit allerlei Getränken. Ich hatte Steaks und Salate und Kuchen bestellt. Ich stellte die Gartenmöbel raus und baute eine lange Tafel zum Essen auf. Nachmittags kamen dann die Gäste von Mainz, Wiesbaden und aus unserer Umgebung. Lilo war schon ein paar Tage vorher gekommen, um mir zu helfen. Nun begrüßten wir Henry Birk mit Cindy, die Mutter von meinem Bobby, Manfred Scheffler, Doris Janson, Helga und Herbert Schwickert, Norma Fritz und Mann Horst, Hilde Lostke und Nik mit Frau. Eine illustre Runde. Es wurde gescherzt und viel gelacht. Nach dem Kaffeetrinken ging man in unseren großen Wald hinter dem Haus spazieren und die Männer trafen sich in der Bar zu einer Runde. Gitte, die Frau von Nik, und Helga spülten das Geschirr und Lilo deckte im Wintergarten schon für das Abendessen ein. Dann wurde gegrillt und auch viel getrunken, weil alle bei mir schliefen, da meine Wohnung oben noch leer stand und so viel Platz da war. Am nächsten Nachmittag war Heimfahrt angesagt und alle bedankten sich für die schöne Zeit und versprachen, wieder zu kommen.

Wieder in Mainz machte ich einen schnell Kurs bei Herrn Black in Behandeln und Herstellen von Sangria und allen Mixgetränken. Dann die vielen Cocktails: Manhattan mit Kirsche, Gin Fizz, White Lady, Blaue Stunde, Tom Collins, Costa Brava Speziale. Dann alle üblichen Getränke von allen Sorten, Sekt und Marken-Champagner, Weine in rot, rosé und weiß, diverse Schnäpse, Cognac in allen Ausführungen und so weiter. Wie man alles serviert, lernte ich. Dazu gab es auch eine kleine Küche mit verschiedenen Snacks: Gulaschsuppe, Strammer Max, Käseteller, Schinkenbrot und so weiter.

Das musste ich in drei Tagen alles lernen und auch den Einkauf in der Metro kennenlernen. Es machte mir Spaß und Herbert bemerkte zu meinem schnellen Lernen: „Dazu habe ich Jahre gebraucht." Er war aber auch ein guter Lehrmeister. Am meisten machte es mir Spaß, die Sangria original herzustellen. Dann machte ich noch ein paar Tage Urlaub in Essen und in Gehweiler.

Am 29. Juli wurde die Costa Brava im Hause der Vier Jahreszeiten in der Wilhelmstraße 52 von mir eröffnet. Die Spanische Weinstube war ein Treffpunkt für Jung und Alt und für alle Nachtschwärmer. Geöffnet abends von 19 Uhr bis 4 Uhr morgens. Am 1. August ernannte mich Henry offiziell zum Geschäftsführer der Costa mit allen Rechten und Pflichten.

Im Theater gab es jetzt nichts mehr zu tun und ich stand jede Nacht hinter dem Tresen und viele Mainzer Kollegen kamen abends zum Tanz oder nur wegen der Sangria oder auch aus Neugier, wie ich mich als Wirt machte. Selbst der Intendant Ludwig saß nachts bis 3 Uhr mit seiner Geliebten in einer Schmuseecke. Ich hätte niemals gedacht, dass ich es schaffe, die Gäste zu unterhalten. Aber ich wurde Beichtvater, Unterhalter, Freund und Kumpel in einer Person. Natürlich verbrachte Henry viele Nächte bei mir – als Gast, denn sonst wollte er nichts tun. Er trank seine vier bis sechs Gläser Campari Orange und fuhr dann nach Mainz zurück.

Im selben Haus wie die Bar war eine große Gaststätte mit Biergarten und die Küche war im Keller von mir aus erreichbar. Der Besitzer Hans Burger, ein Bayer, lobte meine Art zu bedienen und schätzte meine Aufmerksamkeit. Er sagte zu mir, wenn ich in der Costa Brava nicht mehr sein sollte, würde er mich sofort einstellen. Das war ein großes Kompliment. Er hatte zehn Kellner und auch Kellnerinnen und sein größtes Geschäft war abends nach der Oper, denn das Theater lag gleich auf der anderen Seite der Wilhelmstrasse, auch das Kurhaus und das große Casino. Nach vier Wochen war ich so bekannt, als hätte ich sonst nie was anderes getan. Es zog auch viele Homos in die Bar, obwohl es schöne Lokale für solche Interessen in Wiesbaden gab. Ich war früher auch oft in der Künstlerklause oder im berühmten Pussy Cate. Also Langeweile gab es bei mir nicht. Morgens, wenn ich die Costa abgeschlossen hatte, fuhr ich nach Mainz zum Schlafen oder auch zum Lieben. Später musste ich dann in die Metro fahren zum Einkaufen, der Laden für Großhändler, wo man nur mit einem Sonderausweis reinkam.

Am 21. August kamen Lilo und meine Schwester Annelie, um nach mir zu schauen. Ich hatte inzwischen einen flotten Kellner engagiert und für das Wochenende eine Aushilfskellnerin. Lilo war von der Costa ganz begeistert und Annelie meinte: „Was du so alles schaffst, bewundernswert."

Im Oktober machte ich den *Othello* in Leverkusen mit, denn das stand in meinem Vertrag. Henry musste sich dann die Nacht um die Ohren schlagen und den Laden mit dem Kellner Freddi kontrollieren. Am 22. bekamen wir ein neues Büfett mit Zapfsäule für Fassbier. Als wir beim Umbauen waren, fanden wir das ganze Lokal voller Kakerlaken – eklige Tiere und das gleich zu Tausenden, die aus der Küche des Restaurants kamen und durch die warmen Thermen, die Wiesbaden besaß, waren die nicht wegzubringen. Da holten wir einen Kammerjäger, der alles unter Gas setzte, so dass wir einen Tag lang das Lokal nicht betreten konnten. Nun hatten wir eine Zeitlang Ruhe.

An meinem Geburtstag kamen mein Bruder Leo mit seiner Frau Renate, meine Schwester Annelie mit ihrem Mann Herbert und Lilo nach Wiesbaden, um in der Costa meinen Geburtstag zu feiern. Es kamen an dem Tag so viele Gäste, um mit mir zu feiern. Alle kamen mit Geschenken und vielen Blumen und meine Leute hatten so was noch nie erlebt und wunderten sich. Ich hatte sie alle im Hotel Blum untergebracht, damit sie genug trinken konnten. Henry war richtig stolz auf mich. Er sprach an diesem Abend auch viel mit Lilo und bat sie spontan, mich zu vertreten, wenn ich mit dem Theater auf Tournee war. Sie sagte gerne zu.

Der Termin war am 22. Oktober, als wir das große Opernfestival in Palma de Mallorca anflogen und im Hotel Isla de Mallorca einquartiert wurden. Ottmar Kalt teilte das Zimmer mit mir, weil er wusste, dass da immer was los ist. Das Programm war wie folgt: Zuerst kam am 23. *Der Fliegende Holländer*, dann am 24. *Tristan und Isolde*, wobei wir nur 30 Minuten zu tun hatten. Dann ein Tag frei und es folgten *Lohengrin* und am letzten Abend, am 31. *Tannhäuser*. Alle Vorstellungen waren restlos ausverkauft und der Besitzer des Theaters sagte, wir hätten noch eine Woche länger spielen können.

Am ersten Abend gab es nach der Vorstellung einen großen Empfang in Foyer des Theaters mit Sekt und vielen bunten Platten, zu dem auch die Insel-Prominenz erschien.

Am nächsten Tag machte Kalt, Achim und ich eine Stadtbesichtigung, Altstadt, Kathedrale, Hafen und der schöne Strand. Am Abend stießen wir auf eine schicke Homobar, das Sombrero. Günther und Hajo hatten den Laden auch schon aufgestöbert. Der Besitzer begrüßte uns persönlich und als ich in seine Augen sah, war es um mich geschehen. Den oder keinen wollte ich. Er hieß Antonio und sprach glücklicherweise sehr gut Deutsch. Wir blieben bis Mitternacht in der Bar und wollten dann noch etwas essen gehen. Antonio empfahl uns ein Lokal, das die ganze Nacht geöffnet hatte. Er begleitete uns sogar dorthin. Günther schmiß sich an Toni heran, aber der wich aus und kam an meine Seite. Er wollte wissen, wo wir alle herkämen. Er war schon öfter in Frankfurt und auch in Wiesbaden gewesen. Ich erzählte ihm, dass ich in einer Bar in Wiesbaden namens Costa Brava arbeitete. Bevor wir an dem Restaurant angekommen waren, bat mich Toni leise, nach dem Essen noch mit zu ihm zu kommen. Ich sagte sofort zu. Als wir am Lokal ankamen, saßen da schon die Frauen und der Generalmusikdirektor Bernnet. Wir setzten uns dazu und ich verriet Ottmar, dass er in der Nacht sturmfrei haben würde.

Später gingen wir alle zurück in die Bar. Antonio und ich verschwanden nach einer Weile. In Tonis Wohnung fackelte der nicht lange. Er war wie ein Tiger im Bett. Es kam mir so vor, als würden wir uns schon ewig kennen. Die Nacht war mal wieder zu kurz.

Am nächsten Tag schlug Toni vor, mir mit dem Wagen eine Tour über die Insel zu machen. Ich war begeistert davon, denn Palma ist zwar eine tolle Stadt, aber Mallorca ist viel mehr. Es war traumhaftes Wetter, als wir uns auf den Weg nach Valldemossa machen. Dort hatte Chopin eine Zeit lang gelebt. In einem Kloster sind sein Flügel und einige Möbel noch zu sehen. Danach fuhren wir nach Soller, ein Badeort, in dem uns viele Deutsche begegneten. Dann nach La Puebla und dann an der Küste entlang nach Manacor und wieder zurück nach Palma. Es war ein Erlebnis der Sonderklasse.

Antonio brachte mich dann zum Hotel, denn er musste in seinen Laden. Er fragte, ob ich am selben Abend noch mal bei ihm reinschauen würde. Da sagte ich: „Wenn nicht heute, dann bestimmt morgen." An diesem Abend wollte ich mit den Kollegen zusammen bleiben und so machten wir einen Streifzug durch verschiedene Gegenden. Ottmar hatte in der Nacht auch Besuch gehabt. So hatte meine Abwesenheit auch was Gutes. Mit Toni traf ich mich noch vier Mal. Wir tauschten unsere Adressen aus und er versprach, mal nach Deutschland zu kommen. Für mich war es ein wunderbarer Aufenthalt.

Am 10. November fuhr Lilo, die ja in der Costa meine Urlaubsvertretung gewesen war, nach Essen zurück. Ich hatte alle Hände voll zu tun und war immer im Stress. In der Costa hatten wir viele Stammgäste. Ich erinnere mich noch an eine unscheinbare Frau, die immer mit einem spanischen Geschwisterpaar, Maria und Giuseppe, kam. Die drei tranken immer Kaffee und wenn sie mal nicht da waren, fehlten sie mir richtig.

Am 23. Dezember fuhr ich zu Weihnachten nach Hause zu meiner Mutter und meinem Bobby. Als ich am Nachmittag des ersten Feiertages nach Wiesbaden zurückkam, war die Tür zur Costa Brava aufgebrochen und ich musste Heinrich und die Polizei verständigen. Die Stereoanlage war gestohlen worden, dazu diverse teure Getränke. Man schätzte den Schaden auf mehrere Tausend Mark. Das war ein Schock für mich. Henry tröstete mich und sagte, wir seien ja gut versichert, aber ich fühlte mich trotzdem schuldig. Am 26. Dezember traf Lilo wieder in Mainz ein und ich erzählte ihr von diesem Einbruch. Wir hatten einen Verdacht, aber ohne Beweise konnten wir nichts unternehmen. Silvester arbeiteten wir zusammen in der Costa und hatten Hochbetrieb.

Das Jahr 1977 begann etwas müde und gestresst. Am 7. Januar heiratete mein Neffe Peter Schwan seine Beate und Lilo und ich fuhren hin. Lilo kaufte einen schönen Schaukelstuhl zum Geschenk. Gefeiert wurde in Oberthal in einem schönen Restaurant, Mörsdorf. Die ganze Familie war mal wieder zusammengekommen. Lilo fuhr am nächsten Tag wieder nach Hause.

Am 8. fuhr ich in eine der Waschanlagen in Mainz, die Henry gehörte und wollte ihn zum Essen einladen. Da traf ich einen Mann mit einem Zwergpudel. Er sah so sexy aus, dass ich ihn sofort ansprach. Er hieß Robert und arbeitete als Handwerker für Henry. Er wollte gerade abfahren und ich fragte ihn ungeniert, ob er mich am Nachmittag besuchen könnte, ich hätte auch so manches zu reparieren. Ich gab ihm meine Adresse und ließ dem Schicksal seinen Lauf. Punkt 16 Uhr klingelte es an meiner Tür und Robert stand mit Pudel davor. Ich bat ihn rein, bot ihm was zu trinken an und fragte ihn aus, was er so treibe. Er war kinderlos, verheiratet und mit seiner Frau klappte es nicht mehr so. Nun sagte ich ihm, er sähe so sexy aus und ich könnte mir vorstellen, dass er alle kriege, die er möchte. Da sagte er mir, wenn das so wäre, ginge es ihm besser. Also für mich unvorstellbar, das ein solcher

Mann Probleme hatte in Sachen Sex.

Dann saßen wir auf der Couch nebeneinander und ich zeigte ihm einige Bilder von meiner Berliner Zeit und schlug das Fotoalbum so auf, dass meine Hand in seinem Schritt landete. Er bekam sofort einen Steifen und ich meinte, dem müssten wir abhelfen. Es ging schnell zur Sache, nur der Pudel sprang immer zwischen uns und verhielt sich richtig eifersüchtig. Es war mal wieder eine schöne Erfahrung mit einem Hetero. Man sollte meinen, dass denen alles gelingt. Robert gestand mir, dass es für ihn das erste Mal mit einem Mann gewesen wäre. Wir trafen uns danach öfter und ich stellte ihn auch Lilo vor, als sie in Mainz war. Die beiden begannen eine Affäre und Lilo lud Robert ein, nach Essen zu kommen und ein paar Tage bei ihr zu bleiben. Später verriet er mir, dass Lilo sich während seines Besuchs so betrunken hatte, dass er das Haus verließ und in die Stadt ging.

Im Februar fing Herr Wies an, auf eine Verlängerung meines Vertrages zu drängen. Im August sollte der normale Theaterbetrieb wieder aufgenommen werden.

Am 8. Februar feierten die Mainzer Kollegen die Operette *Feuerwerk* im Wiesbadener Staatstheater und kamen alle zu mir in die Bar. Eine Woche später kam Lilo wieder nach Mainz und wir fuhren nach Gehweiler und Lilo erzählte mir, wie das mit Robert gelaufen war. Es war schon komisch mit ihr. Erst hatte sie was mit Henry angefangen und jetzt mit Robert. Ich glaube, sie war etwas eifersüchtig darauf, wie leicht ich Männer rumkriegte. Ich hätte ihr ihre Verhältnisse ja gegönnt, aber dass sie so was hinter meinem Rücken anfing, fand ich seltsam. Aber das ist die Psyche der Frauen. Ehrlich sind sie nicht.

Wirklich berührt hat mich das nie, wenn ein Freund mit einer Bekannten von mir was anfing. Wenn einer mit einem meiner Freunde schlief, kränkte mich das dagegen ungemein.

Im Mai entschloss ich mich schweren Herzens dazu, die Geschäftsführung der Costa abzugeben. Ich schlug Henry vor, eine seiner speziellen Freundinnen als Geschäftsführerin einzusetzen. Aber das wollte er nicht. Frauen misstraue er ganz und gar. Er würde dann die Costa aufgeben. Auf der Bar lagen noch hohe Schulden, aber Henry meinte, das könne er verkraften und wir würden trotzdem Freunde bleiben.

Am 15. Juni gab ich die Geschäftsführung der Costa Brava ab. So voll wie an diesem Tag war es lange nicht mehr gewesen. Alle kamen, um mit mir diesen etwas traurigen Anlass zu feiern und mich zu trösten.

Am 23. fuhr ich mit Annelie nach Namborn zu einem Cousin von unserer Mutter – Bernhard Cullmann, der Orientmaler. Im ganzen Saarland hängen seine wunderschönen Bilder. Und in vielen Museen wurden sie ausgestellt. Ein ganz besonderer Künstler, mit dem wir uns in seinem Namborner Atelier verabredet hatten. Er zeigte uns einen Film vom ZDF über seine Bilder, den er selbst in wunderbarer Sprache kommentiert hatte. Ich sagte ihm, er hätte auch an jedem Theater mit dieser Stimme was zu tun. Er freute sich wie ein Kind, aus dem Munde eines Sängers und Schauspielers dieses Kompliment zu hören.

Er lebte seit Jahren wieder in seiner Heimat, denn alle Jahre vorher war er nur im Orient gewesen und hatte die orientalische Malerei gelernt. Ob in Kabul, Kairo, Neu Delhi, Irak und Iran, überall wurde er ein berühmter Porträtmaler. Es gibt ein großes Buch über ihn unter dem Titel *Auf Wanderschaft im Orient.*

Bernard Cullmann lebte mit einer Schweizer Malerin zusammen, die nach einem Aufenthalt im Orient schwer erkrankte, bettlägerig wurde und nur noch ihren Mann erkannte. Bernhard gab sie bis zu seinem Tod nie in fremde Hände. Er starb unerwartet und unvorbereitet im Sommer 77 beim Malen. Acht Tage vor seinem Tod hatte er noch meine Mutter besucht und entdeckte in meinem Wohnzimmer zwei seiner Bilder an der Wand. Sein Vater, der Bruder meines Großvaters, hatte sie mir 1944 geschenkt, weil ich ihn immer nach Hause begleitete und er Brot von seinem Bruder bekam. Bernhard versprach, eins der Bilder, dessen Farben schon verblasst waren, zu restaurieren. Aber dazu kam es nicht mehr. Vier Wochen nach seinem Tod starb auch seine Frau, die jahrelang bettlägerig gewesen war und sich nur freute, wenn sie Bernhard sah. Bernhard gehört mit Tante Anna, der großen Musikerin, und mir zu den Künstlern in der Cullmann-Familie.

Ende Juni fuhr ich mit meiner Mutter nach Berlin. Wir wohnten bei dem Cousin meiner Mutter, Alois Scheer, der vor Jahren meinen Simca restauriert hatte. Irmgard, seine Frau, verwöhnte uns sehr und wir gingen mit ihr in der Stadt spazieren, ins Museum, ins Charlottenburger Schloss und sahen auch die Büste der Nofretete. Dann besuchten wir Freunde von Scheers.

Am Tag danach fuhren wir mit der U-Bahn zum Alexanderplatz und ich war seit langer Zeit wieder in „meinem" Teil von Berlin. Wir besuchten Frau Kristen, meine ehemalige Nachbarin, und Christa Niko, meine Freundin und Gesangslehrerin. Am 2. Juli gingen Christa, meine Mutter und ich in's Metropol und sahen eine Neuinszenierung von *Orpheus in der Unterwelt*, die mir nicht so gut gefiel, wie die zu meiner Zeit. Das war damals meine erste Premiere gewesen und die glanzvollste.

Bevor wir Berlin wieder verließen, lud uns mein liebster Kollege zu sich in die Heinrich-Heine-Straße ein. Seine Kinder waren groß geworden und Heinzens ganzer Stolz. Wir fuhren dann auf der Rückfahrt über Essen und machten bei Lilo Station. Die verwöhnte uns wieder besonders. Wir fuhren zu ihrer Mutter und nach Düsseldorf, gingen einkaufen auf der Kö und in unser Lieblingscafé.

Als ich wieder in Gehweiler war, kam mein Freund Erwin zu Besuch. Zusammen machten wir eine ausgedehnte Urlaubsfahrt über Dijon nach Montreux am Genfer See, dann nach Genf und über das Juragebirge zurück nach Straßburg. Acht Tage ohne Stress und voller Harmonie, wie man sich eine Reise wünscht. Ich brachte Erwin nach Hause zurück und fuhr nach Mainz. Dort ging ich ins Queens Pub und traf alte Bekannte, bevor ich wieder nach Gehweiler fuhr.

Jeder der dieses Buch einmal lesen sollte, gebe ich den Rat, so viel zu reisen wie es geht und mit vielen Menschen Kontakt zu halten. Das hält jung und frisch und die grauen Alltage fliegen vorbei. Heute, wo ich dieses alles schreibe, fliegen die Glücksmomente an mir vorüber wie ein Traum. Schön, dass es sie gab.

Anfang August fuhr ich mit Annelie in den Schwarzwald nach Bad Krozingen. Dort wohnten Freunde von ihr, das Ehepaar Büschel, deren Sohn Alexander oft seine Ferien bei meiner Schwester verbrachte. Der Junge freute sich schon darauf, mit uns zurück ins Saarland zu fahren. Aber erst fuhr ich mit Annelie nach Zürich und nach Einsiedel zur schwarzen Madonna. Annelie hatte noch nie die Berge gesehen und freute sich auf die Fahrt.

Am 4. August besuchten wir Freiburg, das nicht so weit weg liegt von

Krozingen. Auf den Rückweg nahmen wir Alex mit und machten Station in Straßburg, wo ich noch vor kurzem mit Erwin gewesen war. Ich zeigte alles, was sehenswert ist, und dann ging es durch die Vogesen über Nancy zurück ins Saarland. Bobby begrüßte uns lieb und sprang auch an Alex hoch, als wenn er ihn erst gestern gesehen hätte.

Ein paar Tage später fuhr ich dann zum Ausgleich mit Schwager Herbert nach Essen, um Lilo abzuholen. Dann fuhren Lilo und Herbert zur Längsten Theke der Welt, wie man die Altstadt von Düsseldorf nennt. Essen gingen wir in Essen bei einem Jugoslawen, den Lilo gut kannte und der uns besonders liebevoll bediente. Nach vier Tagen fuhren wir Drei, Herbert, Lilo und ich, an Rhein und Mosel vorbei zurück ins Saarland.

Am 22. August begann für mich wieder das normale Leben am Mainzer Theater. Zuerst brachten wir die Neunte von Beethoven in Rüsselsheim, danach kam die Operette *Land des Lächelns* heraus. Darin findet sich meine Lieblingsarie, *Dein ist mein ganzes Herz*. Wenn ich heute so mein Leben überblicke, habe ich das sicher Tausende Male jemandem ins Ohr gesungen.

Im September heiratete Stefan, der jüngere Sohn meiner Schwester Christel, seine Frau Jutta. Es war eine schöne Hochzeit in Hirstein und gefeiert wurde im Gemeindesaal der evangelischen Kirche.

Mit der Oper *Tannhäuser* fuhren wir für fünf Tage ins französische Nancy, das den Kollegen und mir sehr gefiel. Dort passierte mir folgendes. Wir waren im Hotel de la Post untergebracht, 56 Place de la Cathedral. Als wir abends wie immer auf Streifzug waren und Achim Junger und Günther Maurer sich mir und Ottmar anschlossen, stießen wir, überall wo wir hinkamen, auf Kollegen und Kolleginnen. Dann trafen wir zwei nette französische Soldaten, die sich uns anschlossen und kamen in eine Homobar mit Tanz. Dort ließen wir uns nieder, es war gemütlich und auch Helga und Norma hatten uns aufgespürt und saßen mit am Tisch. Ich gab eine Runde Bier aus, auch den beiden Franzosen, die mir gut gefielen. Günther baggerte wie verrückt. Die beiden wollten noch in der Nacht zurück nach Paris, doch sie blieben in unserem Kreis sitzen. Ich tanzte mit Helga und Norma eine Ehrenrunde und unterhielt mich auf Französisch mit den Beiden, Alain und Pierre. Um 2 Uhr war Sperrstunde und so verabschiedeten wir uns alle voneinander. Ich sagte Alain und Pierre, dass wir im Hotel de la Post wohnten.

Das war alles. Sie kannten nur meinen Vornamen und meinen langen schwarzen Cordmantel, innen weiß ausgeschlagen, ein auffälliger Mantel. Als Ottmar und ich in unserem Zimmer waren, gingen wir gleich schlafen. Die Betten standen getrennt von einander und es gab auch noch eine Couch. Als wir gerade eingeschlafen waren, klopfte es an die Tür und ein Student, der an der Rezeption den Nachtdienst absolvierte, sagte zu mir, unten ständen zwei Soldaten, die möchten den Peter mit dem langen Mantel sprechen, ob er sie hoch bringen sollte. Ottmar sagte gleich: „Peter, was ist? Lass sie kommen."

Als die beiden, etwas angetrunken wie wir ja alle, hoch kamen, fragten sie mich, ob sie nicht bei uns schlafen könnten, denn ihr Zug führe erst um 7 Uhr in der Früh. Kurz entschlossen bot ich einem die Couch zum Schlafen an und der andere sollte bei mir im Bett schlafen. Ottmar wünschte mir amüsiert viel Spaß, drehte sich um und schlief weiter. Es war ein umwerfendes Gefühl, diese Unvorhersehbarkeit, das Kribbeln. Wir hatten schon eine Menge Bier im Blut und es ging schnell zur Sache. Als Alain seinen Schuss abgegeben hatte, stand er auf, legte sich auf die Couch und schickte Pierre zu mir ins Bett. Ich kam mir vor wie eine Nutte, aber auch mit ihm ging alles gut. Dann schliefen wir bis zum Frühstück, zudem ich sie noch einlud.

Wir erzählten den anderen von diesem amourösen Abenteuer und während Günther abfällig zischte, meinte Norma, ich würde das ganz richtig machen und wäre nicht so verklemmt wie die anderen. Ottmar und mich brachte diese Nacht aus irgendeinem Grund noch näher. Wir sind bis heute gute Freunde.

Am 1. Oktober brachten wir *Fidelio* in Offenbach und ich sang den ersten Gefangenen: „Oh, welche Lust, in freier Luft den Atem leicht zu heben, Oh welche Lust." *Wiener Blut*, die Strauß-Operette, kam im November heraus. Ein musikalisches Vergnügen. Wir hatten zu der Zeit auch viele Proben im Chorsaal für *Die Schöpfung* von Haydn, die im Dezember in der Rheingoldhalle gesungen wurde.

Am 19. Dezember bekam ich einen Ischias-Anfall und ich wurde für den Rest des Jahres krankgeschrieben, weil mein Akku total leer war.

Meine Mutter kam am 1. Weihnachtstag ins Krankenhaus nach Ottweiler und wurde am Blinddarm operiert. Silvester blieb ich zu Hause und am Neujahrstag fuhr ich mit Annelie zur Mama nach Ottweiler in die Klinik.

Das neue Jahr brachte wieder viel Abwechslung mit vielen Gastspielen. In Ludwigshafen fingen wir am 12. Januar an mit *Troubadour* und gleich danach ging es für zwei Aufführungen nach Böblingen bei Stuttgart. Dann waren die Endproben zu *My fair Lady*. Die Premiere fand am 28. Januar 78 statt.

An meinen freien Tagen fuhr ich immer nach Hause. Eine lange Strecke, über hundert Kilometer. An einem Freitag war ich mal wieder auf dem Weg von Mainz nach Gehweiler. Es hatte geschneit und als es bei Callbach steil bergab ging, geriet ich in einer Kurve ins Schleudern, bremste und landete in einem Acker. Mir war nichts passiert, aber der Wagen steckte fest. Also ging ich los und suchte beim nächst gelegenen Bauernhof Hilfe.

Dort waren der Bauer und seine Frau am Wurstmachen und er sagte, ich solle mich erst einmal beruhigen und sie boten mir einen heißen Kaffee an. Ich erklärte, was passiert war und dass ich auf dem Weg nach Hause ins Saarland wäre. Ich käme von Mainz, wo ich am Theater sänge. Da war der Bauer ganz angetan: „Dann bekommen wir endlich mal Karten für *My fair Lady*!" Das versprach ich natürlich. Da rief der Bauer seinen Sohn, der den Traktor rausholte und mit mir zum Acker fuhr. Ich setzte mich in mein Auto und der junge Mann zog mich mit dem Traktor wieder auf die Straße. Das Auto hatte zum Glück nicht viel abbekommen. Ich wollte dem netten Treckerfahrer sofort Geld geben, aber das lehnte er entrüstet ab. Ich fuhr dann noch einmal zu dem Hof, bedankte mich tausend Mal und schrieb mir die Adresse auf, um den guten Leuten die Karten für die *Lady* zu schicken. Da gab mir der Bauer noch ein Paket frischer Wurst mit. Wenn alle Menschen so wären wie diese Familie, wäre die Welt besser dran.

Am 28. Februar kam das herrliche Lustspiel *Viva la Mama* zur Aufführung – ein Knaller. So viel hatten wir noch nicht gelacht, wie über unseren Jürgen Vollmer, der die italienische Mama spielte. So echt und voller Witz ... Ein Hetero in Frauenkleidung, geschminkt und mit graziösem Gang. Einfach toll.

Am 2. April hatte die jüngste Tochter meines Bruders Leo Heilige Kommunion und wir feierten in seinem Haus. Eine ehemalige Mieterin in unserem Haus, Adele Brill, half Renate beim Kochen und Backen. Ihr Mann Fritz war zum Mittagessen gekommen, als plötzlich die Polizei vor Leos Haustür stand und nach den Eltern von einem Siegfried Brill fragte. Siegfried sei mit seinem Mofa tödlich verunglückt. Das war ein trauriger Kommuniontag. Siegfried war gerade 18 Jahre alt geworden. Ich werde das nie vergessen.

Wieder in Mainz probten wir unter der Leitung von Uwe Kreysig, der mein Regisseur in Berlin am Metropol und an der Komischen Oper Assistent vom großen Walter Felsenstein gewesen war, die Uraufführung des *Soldat Postnikow*, geschrieben und komponiert von einem Musiker aus dem Mainzer Orchester. Ich unterhielt mich öfter mit Kreysig in der Kantine darüber, was es alles so Neues gab in der Metropole. Die Premiere fand am 20. April statt. Es gab keine große Resonanz, aber einen verdienten Applaus für die schwierige Regie.

Im Juni fuhr ich nach Köln und kaufte von meinem Cousin, der Chef von Toyota in der BRD war, einen Toyota Corolla. Das Geschäft lief völlig problemlos und als der offizielle Teil abgewickelt war, gingen wir noch essen und unterhielten uns über dies und das in der Familie. Nach dem Essen verabschiedete ich mich und fuhr mit meinem neuen Wagen zurück nach Hause.

In Gehweiler bereitete ich dann ein großes Sommerfest vor. Alle meine Freunde und viele Bekannte waren eingeladen. Es wurde ein voller Erfolg. Draußen wurde Federball gespielt, die beiden Schaukeln waren immer besetzt und auch die Liegestühle standen nie leer. Wir aßen und tranken und vergnügten uns. Ein wunderbares Fest.

Am 3. Juli begann der Jahresurlaub. Ich fuhr nach Essen zu Lilo und wir planten eine Reise an der Nordseeküste entlang. Am 17. Juli fuhr ich noch zu einem Blumenladenbesitzer, den ich im David Club kennen gelernt hatte. Wir machten uns einen schönen Abend und schliefen zusammen.

Am Tag darauf fuhr ich zur Lilo nach Heisingen, wir besprachen die Route und fuhren mit dem voll gepackten neuen Corolla nach Den Haag. Dort blieben wir zwei Tage und fuhren dann nach Vlissingen. Wir übernachteten in luxuriösen Hotels und aßen immer gut und Lilo trank auch gut. Ich war ja der Chauffeur und beschränkte mich deshalb aufs Essen. Von Vlissingen aus fuhren wir mit einer Autofähre nach Ostende. Als wir im Hafen einfuhren, bemerkte ich, dass der Autoschlüssel weg war. Ich suchte alles ab und lief schließlich ins Unterdeck zu meinem Wagen. Der Schlüssel steckte und die Türen waren zu. Ich lief wieder nach oben und fragte jemanden von der Schiffsbesatzung, ob er mir helfen könnte. Der kam mir und öffnete mit einem Draht die Tür. Ein paar Minuten später hätte ich mit meinem Auto die Ausfahrt komplett blockiert. Lilo sagte immer und immer wieder: „Peter, wo bist du nur mit deinen Gedanken?" Wie eine Platte, die einen Sprung hat, sagte sie das, bis ich wütend wurde und sie anfuhr: „Dir kann so was natürlich nicht passieren. Du fährst ja nicht!" Es war unsere erste Auseinandersetzung in den vielen Jahren, die wir uns kannten.

In Ostende machten wir eine kleine Stadtbesichtigung, gingen abends noch in eine Bar und am nächsten Morgen fuhren wir nach dem Frühstück weiter nach Brügge. Dort besuchten wir den Fährhafen, von dem aus man nach Dover und Calais fahren kann. Wir entschieden uns für Calais. Dort blieben wir eine Nacht und dann ging es weiter landeinwärts nach Arras. Eine sehr schöne Stadt, über all Arkaden und wunderschöne Geschäfte und Museen.

Dann ging's weiter nach Charleville. Dort kam ich endlich zu meinem Recht. Wir stiegen in einen Mitteklassehotel ab und gingen auf Erkundigungstour durch die Stadt. Am Abend aßen wir in unserem Hotel. Direkt neben dem Speisesaal gab es eine kleine Bar, in der einige junge Männer ihr Bier tranken. Einer fiel mir besonders auf und nach dem Essen kam ich mit ihm ins Gespräch. Er kam aus der Stadt und ich bat ihn, mir noch etwas von Charleville zu zeigen, wenn ich Lilo ins Bett gebracht hätte. Es wurde spät und als Lilo genug getrunken hatte, bat sie mich, sie nach oben zu bringen. Ich wünschte ihr eine gute Nacht und kündigte an, dass ich mich noch etwas mit dem jungen Franzosen unterhalten würde.

Ich war schon ganz aufgeregt und hatte wie ein Junger Schmetterlinge im Bauch. Pascal, so hieß der Junge, wollte mir eine Disco zeigen, aber die hatte schon geschlossen. Dann gingen wir noch in einen Laden, wo nur ältere Leute saßen und es so laut war, dass man sich nicht mehr unterhalten konnte. Wir überlegten hin und her und schließlich schlug Pascal vor, dass wir bei ihm noch ein Glas Wein trinken könnten. Darauf hatte ich natürlich nur gewartet. Er wohnte mit seiner Mutter und seiner kleinen Schwester zusammen und so schlichen wir uns in die Wohnung und in sein Zimmer. Pascal zündete eine Kerze an und brachte eine Flasche Rotwein mit zwei Gläsern. Ich trank nur einen Schluck, dann sagte ich ihm, er könne sich schon hinlegen, ich würde alleine herausfinden. Er lud mich ein, bei ihm zu übernachten, aber das wollte ich nicht wegen seiner Mutter. Und Lilo würde mich sicher vermissen, außer sie schlief im Rausch so tief, dass sie ohnehin nichts bemerkte. Genug dafür hatte sie wohl gehabt.

Ich war unschlüssig, aber Pascal überredete mich damit, dass er sich einfach auszog und hinlegte. Ich legte mich vorsichtig zu ihm. Zu meiner Überraschung sagte er da: „Wir können ruhig Sex haben, das kenne ich schon." Da nahm ich ihn in meine Arme und küsste ihn leidenschaftlich, was ich sonst nie machte. Er legte sich mit vollem Rohr auf mich und wir legten los. Ich passte auf, nicht zu früh zu kommen, weil ich es richtig genießen wollte. Wir kamen gleichzeitig zum Höhepunkt. Pascal war ein toller Typ und wie zur Liebe geboren, was ich ihm auch sagte. Ich gab ihm meine Adresse und lud ihn ein, mich in Deutschland zu besuchen. Er brachte mich noch zur Tür und ich fuhr ins Hotel und musste klingeln, weil es schon verschlossen war. Lilo schlief so fest, dass sie mich nicht kommen hörte.

Am nächsten Morgen beim Frühstück fragte sie nur, ob ich noch lange unten geblieben wäre. Ich war froh, dass sie nichts mit bekommen hatte. Aber wenn einer wie ich veranlagt, tagelang mit einer Frau rumreist, wird man stinkig, weil man so viel Schönes sieht, aber aus Rücksicht auf den anderen nichts machen kann. Lilo zeigte sich da anders, sie hätte jeden von meinen Freunden in meinem Beisein vernascht. Die Reise hatte sich für mich gelohnt, 1200 Kilometer zu fahren, um eine Stunde glücklich zu sein.

Am 25. Juli fuhren wir über Luxemburg nach Bernkastel-Kues und übernachteten im Romantik Hotel Burg Landshut. Ein wunderschönes Hotel und jedem zu empfehlen. Von dort fuhren wir noch in die Heimat meines Vaters, an den See Maria Laach und nach Burgbrohl, wo mein Vater 1902 geboren worden war. Dann fuhren wir nach Köln, blieben dort bis am Abend und gingen noch in eine der vielen Homoläden, die es in dieser Domstadt gibt. Mich interessierten diese Läden nicht sonderlich, denn ich suchte mir immer die dicksten Brocken raus, Heteros oder Bisexuelle. In Essen angekommen blieb ich noch zwei Tage bei Lilo, fuhr mit ihr auf den Friedhof zu Hermfried. Dann zu Aenne Österwind, der Mutter von Lilo, die von allen Reisen immer eine Karte bekam Sie freute sich immer uns zu sehen. Ich hätte sie auch gerne einmal mitgenommen, aber sie war so schwer und konnte keine Treppe mehr gehen. Als ich wieder in Mainz war, machte ich im Queens Pub die Bekanntschaft eines Tunesiers. Er studierte in Mainz und war eine echte Sportskanone. Der hatte alles, was ein Mann braucht, tolle Figur, schöne Haare und ein liebenswertes Wesen. Ich nahm ihn gleich mit zu mir nach Hause, stellte ihn meiner Mutter vor, die nie verstand, warum ich immer so viele Männer mit nach Hause brachte. Ich fuhr dann mit Hassan nach Saarbrücken und zeigte ihm das Saarland, von dem er bis dahin nur gehört hatte. Am Tag darauf fuhren wir wieder zurück nach Mainz.

Nach unserem Ausflug musste ich wieder an die Arbeit. In Mainz wurde die Tosca auf die Bühne gebracht, eine Oper die immer wieder gerne gespielt wird und die mich an Helge Rosvaenge in Neustrelitz erinnerte, der große Tenor, dessen Cavaradossi mir immer im Gedächtnis blieb. Einmalig.

Zum vierten Mal hatte ich dann in verschiedenen Rollen den *Vogelhändler* auf dem Plan, am 30. September sollte die Premiere sein. Vorher bekam ich das Angebot, im Hause Vier Jahreszeiten am Buffet zu arbeiten. Von 14 bis 17 Uhr und je nach Vorstellung von 22 bis 1 Uhr. Und das neben den Proben und den Vorstellungen. Keiner der Kollegen hätte sich das angetan. Aber ich konnte das Geld gut gebrauchen. Die Wohnung, das Haus, das Auto und natürlich auch mein Nachtleben kosteten eine Menge Geld. Obwohl Lilo meine Reisen mit ihr komplett bezahlte und ich vieles geschenkt bekam, war ich immer klamm. So fing ich am 14. September, einen Tag vor meinem 47. Geburtstag, an bei Burger in Wiesbaden zu arbeiten.

In Leverkusen brachten wir die *Lustigen Weiber von Windsor* und ich sang den ersten Bürger für 150 DM pro Vorstellung. Danach fuhr ich nach Essen zur Lilo und mit ihr nach Düsseldorf, unsere Lieblingsstadt. Wir kannten alle Kneipen in der Altstadt und mancher Kellner erkannte uns immer wieder.

Am 17. Dezember wurde in der Rheingold Halle der Messias im Konzert aufgeführt. Was für eine Arbeit darin steckte, glaubt ein Laie gar nicht. Es kamen auch die letzten Proben für Orpheus in der Unterwelt, die noch vor Weihnachten abgeschlossen sein sollten, denn die Premiere war am Silvester Abend. Ich spielte den Morpheus für 50 Mark Gage pro Abend. So endete das Jahr 1978, das für mich viel Arbeit und viele Reisen gebracht hatte.

Neujahr verbrachte ich zu Hause in meinem Bett. In den nächsten Tagen besuchte ich meine Geschwister. Erst Herbert und Annelie, dann Hans und Christel und schließlich Leo und Renate mit ihren Kindern. Wir sprachen viel und aßen und tranken die typischen Neujahrsspezialitäten. Bei meiner Mutter fühlte ich bestens aufgehoben. Sie hatte am meisten unter meiner Abwesenheit gelitten und auch ich war froh, wieder bei ihr sein zu können. Mein lieber Hund Bobby war immer um mich herum, ein guter Freund. Ich ging mit ihm in unserem Wald spazieren und fuhr auch manchmal nach St. Wendel, um Kaffee zu trinken und alte Freunde zu besuchen.

Am 17. Januar fuhr ich wieder nach Mainz und hatte Probe für Verdis *Maskenball*. Ich sang einen Diener für 50 DM pro Vorstellung, was sich hübsch summierte. Die Premiere fand am 7. Februar statt. Es war eine schöne Oper, die gut beim Publikum ankam. Am 14. gaben wir *Orpheus* in Leverkusen.

Eine Woche später fuhr ich mit Ralph Blau und seinem Kumpel Günter für ein verlängertes Wochenende nach Paris. Im Auto diskutierten wir ausführlich, was wir sehen wollten. In Paris angekommen bezogen wir ein kleines Hotel im Quartier Latin und Günter und ich zogen sofort los. Ralph wollte sich im Hotel noch etwas ausruhen. Wir stiegen auf den Eifelturm und bummelten über die Champs-Élysées. Am Abend gingen wir zu Dritt in eine riesige Disco, die so voll war, dass mir fast der Atem stockte. Um Mitternacht ging's dann mit dickem Schädel ins Bett.

Am nächsten Morgen besichtigten wir das neue Centre Pompidou. Ralph hatte einen Block dabei und machte sich einige Skizzen. Dann marschierten wir zum Montmartre gingen in die Kathedrale Sacré-Coeur. Danach besuchten wir die Maler, die herum saßen und ihre Bilder verkauften. Am nächsten Tag beschlossen wir, über Reims zurück zu fahren. Dort sahen wir uns das schöne Münster mit den großen runden Fenstern an, machten einen Spaziergang durch die Stadt und aßen dann in einem alten Bauernhof. Am Abend ging es dann abwechselnd am Steuer in Richtung Saarland. In der Nacht kamen wir in Gehweiler an und fielen hundemüde in mein französisches Bett. Am nächsten Morgen ging es dann wieder nach Mainz, jeder an seinen Arbeitsplatz.

Am 1. März fuhr ich schon wieder in das Ruhrgebiet und zwar nach Hilden bei Düsseldorf, wo wir die *Tosca* aufführten. Der März war voll gestopft mit Vorstellungen. In *Der Barbier von Sevilla* spielte ich den Notar und bekam dafür 30 DM pro Vorstellung. Ich freute mich auch über die kleinen Zugaben, dazu kamen ja auch immer noch die Spesen. In Mainz brachten wir an Ostern in der Rheingoldhalle *Das Requiem* von Brahms. Das brachte 200 DM pro Abend.

Ende April zog ich in eine neue Wohnung: Zwei Zimmer, Küche, Bad und ein schöner Balkon. Zwar im vierten Stock, aber schön. Die Miete war natürlich immer noch hoch, aber ich hatte Platz und endlich ein großes Bad für meinen Besuch. Im Mai stand als Erste Lilo vor meiner Tür, um alles zu begutachten.

Am 15. Mai war die Premiere von *Boris Godunow*, ein riesiger Schinken. Mit Chor und Extrachor standen 120 Männer und Frauen auf der Bühne. Dazu die vielen Solisten, zu denen ich als Besetzung für den Jesuiten gehörte. Zur Premiere kamen außer Lilo auch meine Schwester Annelie und meine Schwägerin Renate. Ich hatte nun auch Platz für alle. Das Frühstück und auch das Mittagessen übernahmen die Damen.

Am Tag nach der Premiere fuhr ich mit den drei Grazien auf die Loreley. Dort sang ich, „Ich weiß nicht, was soll es bedeuten, dass ich so traurig bin." Auf dem Rückweg gingen wir in Bingen essen. Am nächsten Tag brachten Lilo und ich die beiden Damen nach Gehweiler zurück. Ich frage mich immer, ob meine Verwandten es auch schätzten, was ich immer für sie tat. Aber es waren so oder so auch für sie schöne Erlebnisse.

Im Mai begannen die Proben für *Salome* von Richard Strauss. Ich sang den zweiten Juden im schwierigsten Männerquartett, das es in der Musikliteratur gibt.

Im Juni begann unser Jahresurlaub. Gideon Moretti und Alain hatten einen besonders schönen Ort ausgemacht und zwar das exklusive Hotel Bristol Buja in Abano Terme, Italien. Der Besitzer war ein Bekannter von Moretti, ein Graf Buja von Bristol. Gideon hatte die Zimmer vom 14. Juli bis 30. August für uns reservieren lassen. Ich fuhr mit meinem Corolla und nahm Achim Junger mit. Es war eine wunderbare Fahrt durch die Alpen und dann erst die Strecke über Mailand in Richtung Venedig ... Am Spätnachmittag kamen wir in Abano Terme an. Wir waren überwältigt von dem wunderschönen Hotel mit dem märchenhaften Park und der Poolanlagen, wie ich noch keine gesehen hatte.

Wir wurden vom Hausherrn höchst persönlich mit einem Drink empfangen. Dann kamen nach und nach auch Gideon und Alain mit Betty aus Basel, dann Helga Schwickert mit Mann Herbert und Hund Sissi, dann Annemarie Leuenberger und Frau Kem, die Garderobiere von Moretti. Wir waren eine richtige Theatergruppe.

Als alle angekommen waren, zogen wir uns für das Abendessen um. Dann kamen wir um 20 Uhr alle nach unten in den Speisesaal. Was wir da zu sehen bekamen, übertraf alles, was ich bis dahin – selbst auf den Reisen mit Lilo – gesehen hatte. Einfach paradiesisch. Jeder Tisch war wunderschön gedeckt mit Blumen und Kerzen. An jedem Tisch saßen vier Personen und an jedem stand ein Kellner in Livree. Ich hatte ja vieles schon gesehen, aber das war das Schönste. Der Speisesaal war voll von Menschen aus aller Herren Länder, Amerikaner, Engländer, Franzosen, Holländer ...Wenn ich an das Essen denke, läuft mir heute noch das Wasser im Munde zusammen. Es war für mich die beste Hotelküche, die ich je erleben durfte. Herr Buja kam an jeden Tisch, wünschte guten Appetit und einen guten Aufenthalt in seinem Hause. Nach dem Essen setzten wir uns noch an die Bar und besprachen unseren Aufenthalt in Abano. Moretti, wie immer spendabel, gab eine Flasche Champagner. Die Stimmung war wunderbar. Ein junger Mann vom Hotel erläuterte das Wellness-Programm.

Am nächsten Morgen musste sich jeder dem Hausarzt vorstellen, weil es ja nicht jedem gegeben ist, die warmen Thermen und die Fangopackungen zu vertragen. Dann konnte man, wie man wollte, schwimmen, eine Fango-Behandlung bekommen oder sich auf dem Zimmer massieren lassen. Danach stand das Frühstück an. Ich konnte es kaum erwarten. Wir beendeten den viel versprechenden Ankunftstag und zogen uns jeder in sein Zimmer zurück. Ich nahm noch eine Dusche und legte mich ins Bett und fiel in einen tiefen Schlaf.

Um 7 Uhr weckte mich Achim und wir gingen gleich zum Arzt, schwammen eine Runde und ließen uns dann massieren. Danach konnten wir es uns aussuchen, ob wir noch vor dem Frühstück eine Fangopackung haben wollten. Aber mir reichte es für einen Morgen.

Dann gingen Achim und ich frühstücken – himmlisch. Nach dem Frühstück legten wir uns für eine Weile an den Pool und dann gingen wir in die Stadt und sahen uns um. Das Klima war ja für uns sehr warm und wir mussten uns noch dran gewöhnen. Zum Mittag zogen wir uns wieder um und dann ging es zu Tisch. Zuerst gab es eine Tomatencremsuppe mit Gin und Sahne, dann gab es Salate in jeder Art, beim Hauptgericht konnte man unter fünf verschiedenen aussuchen, Fleisch, Fisch oder verschiedene Pastagerichte. Und dann erst der Nachtisch, Eis und Obst in einer Fülle und Schönheit ...

Ich nahm Seezunge auf Reis mit einer Zitronensoße und junge Erbsen, einfach köstlich. Dann tranken wir einen Aperitif und einen Espresso und aßen ein Eis mit Sahne. Danach waren wir so erschöpft, dass wir uns wieder für eine Stunde in die Liegestühle am Pool legten, um die Sonne zu genießen. Ich sagte zu Achim: „Wenn das zwei Wochen so weiter geht, kann man uns nach Hause rollen."

Am Nachmittag machten Achim und ich wieder einen Trip durch Abano, um zu sehen, was es alles zu erleben gab. Abends um 23 Uhr gab es in einem Auktionshaus Versteigerungen von Bildern, Kleinmöbeln, Porzellan und Glas. Wir beschlossen, dort einmal hinzugehen. Dann gingen wir wieder ins Hotel, machten uns schön und setzten uns in die Loggia, bis der Speisesaal geöffnet wurde. Da kam ein Endvierziger auf mich zu und fragte, wo wir herkämen. Wir seien alle so vergnügt und lustig. Ich erklärte ihm, dass wir aus Mainz vom Theater kämen. Der Herr stellte sich vor als Günter Woher vor, Chefmanager von Bayer Leverkusen, dem großen Chemiekonzern.

Am Abend nach den feudalen Genüssen trafen wir uns an der Bar, Günter kam dazu und bestellte Champagner für alle. Dann wurde gelacht und gescherzt. Selig vom Trinken bedankte ich mich als Einziger bei Herrn Woher und wünschte eine gute Nacht. Am Morgen ging es früh aus dem Bett, um alle Anwendungen durch zu probieren. Mit Fango fing ich an, dann Massage, hinterher schwimmen, danach frühstücken. In so einer Runde, wie wir es waren, machte das besonderen Spaß. Jeder probierte was anderes aus und empfahl es weiter.

Am Vormittag fuhren Annemarie und Achim mit mir nach Padua, eine schöne Stadt. Wir besuchten den heiligen Antonio, meinen Lieblingsheiligen, von dem ein großes altes Ölbild in meinem Schlafzimmer hängt. Zum Mittagessen waren wir wieder alle am Ball, denn das konnte sich keiner entgehen lassen. Diesmal nahm ich einen Salat, eine Rindersuppe, ein Steak mit Pommes und anschließend einen Becher mit Früchten, getrunken wurde dazu ein ortsüblicher Rosé.

Achim und Annemarie wollte am Nachmittag auf die Insel Murano bei Venedig. Ich willigte ein und fuhr mit den Beiden in Richtung Venedig. Achim und ich kannten uns schon von einem früheren Gastspiel in Treviso aus. Wir nahmen ein Boot und fuhren auf die Insel, die so sehr bevölkert war, dass mir die Lust verging, mich durch die Touristenmasse zu schlängeln. Wir gingen dann in eine große Glasbläserei und schauten dort der Arbeit zu. Nach der Besichtigung gingen wir in den Verkaufsraum und deckten uns mit Gläsern und anderen Objekten aus Glas ein. Wir kauften so viel, dass an eine weitere Besichtigung zu Fuß nicht zu denken war. Wir fuhren mit dem Boot nach Venedig, verstauten die Sachen im Auto und tranken noch einen Espresso auf dem Markusplatz mit der schönen Sicht auf Kathedrale und Dogenpalast.

Als wir wieder im Hotel beim Abendessen waren, bediente ein Kellner an unserem Tisch, dem ich auf den ersten Blick verfiel. Ich sagte spontan zu Annemarie, die perfekt Italienisch sprach: „Bitte Annemarie, erklär dem Kellner, ich möchte ihn nach seinem Dienst einladen und mit ihm was trinken gehen. Er soll nichts sagen, nur lächeln und dann so gegen 23 Uhr in der Bar auf mich warten." Annemarie übersetzte verblüfft mein Anliegen und der Kellner ging strahlend lächelnd ab. Achim sagte nur lapidar: „Peter mit seiner Frechheit siegt immer."

Nach dem Essen ging ich nach oben ins Zimmer, legte mich auf mein Bett und hoffte auf ein Abenteuer. Essen und Trinken sind ja nicht alles. Als alle ausgeflogen waren, ging ich in die Bar. Es war noch nicht mal 23 Uhr, da stand der junge, stramme Mann in Zivil vor mir. Er schlug vor, ein Café in der Stadt zu besuchen. Wir gingen aus dem Hotel und ich fragte ihn nach seinem Namen. Dario – das klang wie Musik in meinen Ohren. Er führte mich in ein kleines Café, wo er scheinbar bekannt war. Wir tranken ein Bier zusammen und wir unterhielten uns. Mein Englisch und Französisch halfen mir über alle Sprachschwierigkeiten hinweg. Beim zweiten Bier sagte Dario, er würde durch den Diensbotoneingang in mein Zimmer kommen. Ich schrieb ihm meine Zimmernummer auf den Bierdeckel und ging zurück ins Hotel. Dario stand so gegen 1 Uhr nachts vor meiner Tür. Was das für mich bedeutete, kann keiner ermessen. Es wurde eine der schönsten Nächte seit langem. Auch die nächste Nacht verbrachte ich mit Dario.

Am darauf folgenden Abend hatte er keine Zeit und ich ging mit Achim in das Auktionshaus der Stadt. Es war so voll, dass wir uns kaum hinein drängen konnten. Nach einer Weile hatte ich allerdings auch das Interesse an den Versteigerungen verloren. Draußen vor dem Auktionshaus stand nämlich ein toller Typ mit Fahrrad. Wir musterten einander und kamen dann ins Gespräch. Achim war so mit seiner Versteigerung beschäftigt, dass ich ihm nur kurz sagte, dass ich schon ins Hotel ginge. Es war schon 2 Uhr in der Früh. Der junge Mann, Salvatore, schob sein Fahrrad neben mir her. Am Hotel angekommen, fragte er ob er mit kommen könnte. Bevor ich die Nacht allein verbrachte, nahm ich ihn mit aufs Zimmer. Er war ein ganz unkomplizierter Typ. Wir gingen in die Dusche und tranken eine Flasche Sekt aus der Minibar. Dann legten wir uns nackt ins Bett. Er rauchte noch eine Zigarette und dann kamen wir zur Sache. Da klopfte es an der Tür, ich dachte, vom Personal hätte einer was mitgekriegt. Wir verhielten uns ganz still und warteten ab. Es klopfte noch einmal, dann verschwand der unbekannte Störenfried und wir schliefen ein. Gegen 6 Uhr ließ ich Salvatore durch den Angestelltenausgang hinaus.

Am nächsten Abend sagte mir Dario, er wäre in der letzten Nacht an meiner Zimmertür gewesen, aber ich hätte nicht geöffnet. Ich war sprachlos. Es wäre ihm wie Verrat vorgekommen, wenn er erfahren hätte, dass ich nach unseren zwei tollen Nächten sofort einen Anderen vernascht hatte. Aber Dario ahnte davon nichts. Annemarie versuchte, mich auszufragen, aber ich sagte nur: „Der Kavalier genießt und schweigt."

Am 22. Juli fuhren Achim und Annemarie mit mir nach Verona, die Stadt von Romeo und Julia. Wir hatten Karten für *Turandot*. Die riesige Arena und die große Bühne, auf der Hunderte spielten und sangen, dazu noch die Besetzung des Kalaf, der von Pavarotti gesungen wurde - ein Jahrhundertereignis. Tausende saßen in der Runde. Als die Vorstellung zu Ende ging und alle Italiener *Nessum dorma* sangen, war das ein erhebender Moment. Tausend

Lichter flackerten auf und der Beifall wollte nicht enden. Nachdem wir noch eine Kleinigkeit gegessen hatten, fuhren wir zurück nach Abano. Vor meinem Zimmer stand schon mein treuer Dario da, er wollte die wenigen Tage noch mit mir verbringen.

Achim und ich machten noch eine Fahrt in die Weinstadt Asti und nach Pisa, zum schiefen Turm. Am letzten Abend feierten wir alle zusammen die wunderbare Zeit, bedankten uns beim Chef des Hauses und versprachen, bestimmt wieder zu kommen. Es war ein Erlebnis der Sonderklasse. Günter lud mich in sein Haus in Leverkusen ein, wenn wir dort wieder Mal gastieren.

Der Abschied von Dario tat besonders weh. Denn wer kann sich so einen Freund vorstellen. Ich hätte alles für ihn getan. Wir tauschten unsere Adressen aus und er bat mich, ihm eine Stelle in Deutschland zu vermitteln. Aber es kam alles ganz anders.

Am 30. Juli kamen Achim und ich braun gebrannt in Mainz an. Ich fuhr in meine Wohnung und in der gleichen Nacht nach Hause zu meiner Mutter und Hund Bobby.

Am 1. September brachten wir die hart erarbeitete Oper *Salome* heraus. Die vier Juden bekamen pro Vorstellung 250 DM, das war ja wirklich gerechtfertigt. An größeren Häusern bekam man 500 DM dafür. Die Presse war voll des Lobes. Ende Oktober brachten wir den *Vogelhändler* zwei Mal in Luxemburg heraus und Achim und ich gingen nach der Vorstellung in die Homobar Chez Mike, wo man uns schon kannte.

Der *Don Giovanni* stieg am 13. November. Danach hatte ich die erste Probe für den Enterich, den Kerkermeister in der Operette *Bettelstudent*. Die Premiere sollte erst im neuen Jahr stattfinden.

An Silvester nahm ich einen Libanesen mit nach Hause. Ein Student aus Beirut, der immer gut drauf war. Wir feierten bis ins Jahr 1980.

Am 3. Januar stieg die Premiere vom *Bettelstudent*. Die Rolle des Enterich war eine ganz neue Sache für mich. Aber als komischer Kauz zu agieren, lag mir. So wurde der *Bettelstudent* mit viel Applaus belohnt. Meine Gage wuchs pro Vorstellung um 250 DM.

Am Tag nach der Premiere lernte ich einen hübschen Knaben kennen,

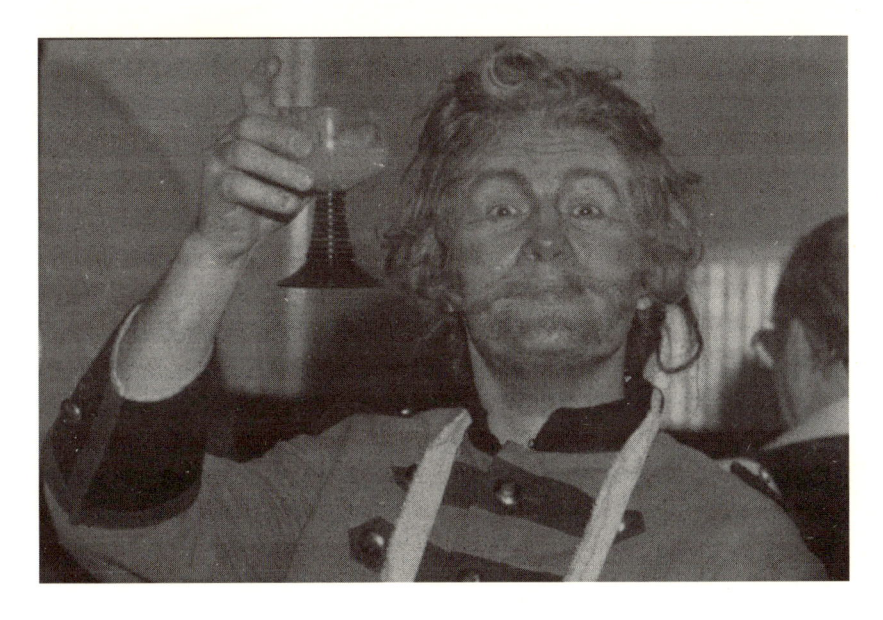

Als Enterich in Der Bettelstudent

Lukas, der in Mainz und Wiesbaden auf den Strich ging. Ich hatte am Bahnhof beobachtet, wie er mit älteren Herren verhandelte. Ich ging ihm nach und sprach ihn vor dem Karstadt Kaufhaus an. Ich fragte ihn, ob er Zeit habe oder arbeiten müsse. Er sagte, momentan habe er nichts vor. Dann lud ich ihn ein, mit mir nach Frankfurt zu fahren, um den Flughafen zu besichtigen. Das schien ihn sehr zu interessieren. Während der Fahrt erfuhr ich viel über sein Leben. Seine Eltern waren geschieden und er hatte noch zwei Schwestern. Er selbst hatte eine Lehre als Kellner abgebrochen und auf dem Strich verdiente er genug, um zu überleben. Ich fragte ihn: „Gibt es dir denn Befriedigung, wenn du ältere Herren bedienst? Du siehst so nett aus und verdienst es, einen guten Beruf ausüben zu können."

Als wir am Flughafen ankamen, durchliefen wir das Terminal und gingen was essen. Dann fragte ich ihn, was ihn am meisten interessiere. Er wollte in die Kaiserstraße direkt am Bahnhof. Wir fuhren in die Innenstadt, parkten das Auto und durchquerten den Bahnhof, wo viele Stricher ihre Runde drehten. Lukas wollte gleich in die Hauptstraße. Wir liefen bis zum Römer und wieder zurück. Dann landeten wir in einer Kneipe, tranken ein Bier und unterhielten uns über die Zukunft. Ich sagte ihm: „Lieber Lukas, das Leben geht schneller rum als man denkt, deshalb musst du was Vernünftiges machen. Aber du musst an dich glauben." Ich erzählte ihm von meinem Leben, mir war ja nichts zuviel gewesen, um zu meinem Ziel zu kommen und Sänger zu werden. Ich habe auch manchen Kampf auszustehen gehabt. Aber ich hatte es geschafft und war beim Film und im Fernsehen und am größten Operetten-Haus in Berlin gewesen. Lukas war sichtlich beeindruckt und meinte, so hätte noch keiner mit ihm gesprochen.

Wir fuhren nach Mainz zurück und ohne ihn auch nur angefasst zu haben, lud ich Lukas am Theater ab und gab ihm meine Adresse und Telefonnummer. Er bedankte sich für den schönen Nachmittag und schoss los.

Am nächsten Nachmittag klingelte es an meiner Tür und Lukas stand mit einem Freund, Hagen, da. Sie begrüßten mich freundlich, ich hieß sie rein zu kommen, machte einen Kaffee und hatte noch Kuchen, den ich hinstellte. Hagen war ein stattlicher Kerl, der Judo und Kraftsport betrieb. Sein Idol war Bruce Lee, von dem er sehr schwärmte. Ich hütete mich, den beiden Jugendlichen gegenüber nur belehrend zu wirken, sondern ging auf ihre Sprache ein. Irgendwann sagte Lukas, dass Hagen für eine Weile eine Unterkunft suche. Ich sagte zu und die Beiden blieben erstmal über Nacht bei mir. Ich hatte ja eine große französische Doppelcouch. Mit etwas Herzklopfen stieg ich ins Bett. Als Hagen sich auszog, stand ein herrlicher griechischer Jüngling in seiner ganzen Schönheit da. Wir schliefen zusammen, hatten aber keinen Sex, weil ich nicht wollte, dass sie glaubten, ich wäre wie die meisten anderen Homos. Hagen brachte am nächsten Tag einige seiner Kleider und Wäsche und ich gab ihm einen Wohnungsschlüssel. Das war ein großer Vertrauensvorschuss. Nun musste ich sehen, wie es mit uns ging. Auf Dauer kann man keinen Jungen halten, das wusste ich, aber der Wunsch, für jemanden zu sorgen, steckt in jedem Menschen. In der nächsten Zeit fuhr ich mit Hagen einige Städte ab, Rüdesheim, Koblenz, Bensheim und Heidelberg. Am 12. März hatten wir ein Gastspiel in Leverkusen, *Die Zirkusprinzessin*. Ich nahm Hagen mit und wir wohnten in Overath. Das gefiel ihm, aber ich machte ihm klar, dass er seinen Beruf ausüben müsse und sein eigenes Geld verdienen solle.

An einem Sonntag nahm Hagen mich mit zu seinen Eltern. Die Mutter, die am Brotstand bei Hertie arbeitete, begrüßte mich herzlich. Hagens Mutter hatte ein gutes Mittagessen gemacht und ich war erstaunt, dass man mich nicht fragte, was ich mit Hagen vorhätte. Der Vater sagte, seit einiger Zeit käme Hagen immer gepflegt mit Hemd und vernünftiger Hose daher, das hätte er vorher nicht getan. Wieso Hagen sich so verändert hätte?

Ich antwortete: „Man muss ihm auch mal seinen Willen lassen und nicht immer kommandieren. Das findet er nun bei mir. Er geht jetzt zum ersten Mal normal arbeiten und das ist doch schon ein Fortschritt." Es war schon eine etwas peinliche Situation, da der Vater noch drei Jahre jünger war als ich. Rolands Mutter war fest davon überzeugt, dass ich einen guten Einfluss auf ihren Sohn hätte. Sie meinte, seine Wäsche solle Hagen immer nach Hause bringen, damit sie sie in Ordnung halten könne. So fuhr ich mit Hagen zufrieden nach Hause. Ich wusste nun, dass er aus einem guten Hause stammte. Hagen war erleichtert. Als wir zu Hause waren, sagte er: „Ich bin froh, dass meine Mutter dich so offen behandelt hat. Wenn ich Mädchen mitbrachte, gab es immer Stunk."

Am 19. März fuhren wir nach Aschaffenburg und spielten dort den *Vogelhändler*. Die Zeit ging so schnell vorbei. Mit Hagen kam ich weiterhin gut klar. Lukas kam öfter zu Besuch und freute sich, dass ich Hagen so aufgenommen hatte. Am 3. April nahm ich Hagen zum ersten Mal mit in mein Haus nach Gehweiler zu meiner Mutter. Die mochte ihn gleich, nur hielt sie ihn für etwas zu jung für eine Freundschaft. Hagen war erst 19 Jahre, erschien aber viel älter.

Am Theater lief alles seinen gewohnten Gang, morgens Probe und abends Vorstellung, wenn nicht gerade das Schauspiel dran war. Am 18. April meldete ich mich mit Hagen im Reisebüro an, für einen Flug nach Djerba, Tunesien. Im Urlaub sollte es losgehen. Bis dahin hatte ich Hagen überall hin mitgenommen. Beim Sex war er einmalig, wir stimmten immer überein und hatten zur gleichen Zeit einen Orgasmus. Bis heute ist es mir schleierhaft, wie er das machte. Ich hatte ihn richtig lieb gewonnen.

Leider machte er mir auch manchmal Kummer und kam ohne was zu sagen nicht nach Hause. Wenn er ein Mädel abschleppte, war mir das egal, denn er war nun mal bi. Nur Bescheid sollte er mir sagen. Er hatte einen Hang zu Drogen und davor wollte ich ihn bewahren.

Am 7. Mai gastierte die Komische Oper aus Ostberlin in Ludwigshafen mit der *Butterfly*. Ich fuhr hin und traf mich mit Hannes Reuther, mit Brennecke und der Sängerin Elgers, mit der ich in Eisenach so manches Stück bestritten hatte. *Zigeunerbaron, Boccaccio* und so weiter. Sie freuten sich, mich zu sehen, und beim nächsten Gastspiel wollte sie zu mir einladen. Aber die Zeit langte nie für größere Ausflüge. Schade ...

Am 12. und 13. waren wir in Leverkusen mit dem *Bettelstudent*. Ich rief bei Günter an, den ich in Abano kennen gelernt hatte, und wollte ihn besuchen. Er freute sich riesig auf mein Kommen. Er kam mich mit seinem Mercedes am Ramada Hotel abholen und brachte mich in seine tolle Villa in der Nähe des Bayer Leverkusen Werks. Er stellte mir seine Gattin und seine zwei Töchter vor. Wir tranken zusammen Kaffee und er wäre gerne in die Vorstellung gekommen, aber es gab keine Karten mehr und ich hatte keinen Einfluss im Forum, sondern nur in Mainz. Günter war charmant wie immer und er brachte mich wieder zum Theater, mit der Bitte mal mehr Zeit mit zu bringen.

Die Vorstellungen waren gut und ich bekam Applaus auf offener Szene. Als ich wieder in Mainz war, hatte ich viele Briefe im Kasten, unter anderem einen Brief aus Schwabenheim, von einer Frau Hanna Fröhlich. Sie hatte mich im *Bettelstudent* gesehen und war so begeistert, dass sie sich ein Autogramm von mir wünschte. Sie betonte in dem Brief, dass ich der Beste auf der Bühne gewesen wäre und ich so schön gesächselt hätte. Das hätte sie an ihre Heimat erinnert. Das ganze Ensemble und auch die Ausstattung lobte sie und hoffte, mich noch in anderen Rollen zu erleben.

Der Brief freute mich sehr und ich schrieb ihr gleich zurück und schickte ein Bild von mir als Enterich und ein privates Foto von mir ohne Make-up mit. Prompt kam ein paar Tage später ein Brief, in dem die Dame sagte, wenn sie gewusst hätte, wie gut ich privat aussehe, hätte sie Komplexe bekommen. Dennoch möchte sie es wagen, mich zum Kaffee einzuladen, wann immer ich könnte. Sie erwähnte, dass sie auch einen Brief an den damaligen Intendanten Taube geschickt hatte, mit der Bitte mich öfter einzusetzen. Spontan machte ich Hagen den Vorschlag, mit mir dorthin zu fahren, teils aus Neugier und teils aus Achtung vor einer Theaterbesucherin. Er sagte zu und so griff ich zum Telefon und eine sächselnde Frau am anderen

Ende sagte „Hier Fröhlich". Ich bedankte mich für ihre Einladung und schlug vor, am Sonntag den 18. Mai mit einem jungen Freund zu ihr nach Schwabenheim zu kommen.

Als wir an jenem Sonntag vor dem Haus standen, kam eine unauffällige Frau im Laufschritt ans Gartentor, öffnete es und begrüßte uns sehr herzlich. Dabei strahlten ihre blauen Augen uns an, dass alles, was ich mir vorher vorgestellt hatte, wie weg gewischt war. Im Garten graste ein weißer Lipizzaner Wallach und ein Schäferhund sprang um uns herum.

Wir gingen die Stufen nach oben in ein großes Wohnzimmer, wo der Tisch gedeckt war mit herrlichem Meissner Porzellan und köstlich aussehendem Kuchen. Der Kaffee roch schon verführerisch. Mir fiel sofort ein Klavier auf, auf dem Unmengen von Noten lagen. Ich fragte, wer darauf spiele, denn Frau Fröhlich sah so einfach aus mit ihren abgearbeiteten Händen, da nahm ich nicht an, dass sie spielte. Sie sagte: „Ich spiele schon von Kindesbein an Klavier. Meine Eltern hatten im Erzgebirge einen großen Gutshof zu Hitlerzeiten mit einer Pferdezucht und 60 Kühen. Ich musste schon als achtjährige mit einem siebenjährigen Jungen, der Geige spielte, auf den umliegenden Bauernhöfen Konzerte geben."

Wir tranken und aßen und sie erzählte aus ihrem Leben. Sie war seit zwei Jahren Witwe. Ihr Mann war ein Nazi gewesen und so waren sie nach dem Krieg enteignet worden und irgendwann in Schwabenheim gelandet. Ihr Mann war ein echter Tyrann gewesen und hatte ihr immer verboten, in seiner Gegenwart Klavier zu spielen. Ihr Lebensinhalt waren ihre Pferde. Sie betätigte sich als Reitlehrerin und hatte den Reitverein Schwabenheim gegründet. Besonders Pascha, den Schimmel im Garten, liebte sie sehr. So unterhielten wir uns und dann spielte sie für uns die Polonaise von Chopin. Sie war so gut, dass ich bald ausflippte. So toll konnte nur Frau Engerer aus Suhl, die Konzertpianistin gewesen war, spielen. Ich war begeistert. Dann verabschieden wir uns und versprachen, noch mal vorbei zu kommen. Aus dieser Begegnung mit Frau Fröhlich entstand eine 25 Jahre währende Freundschaft.

Mit Hagen fuhr ich weiter in der Umgebung rum, bis er eine feste Stelle als Kellner im Ratskeller neben der Rheingold Halle bekam. Es freute mich sehr, dass er endlich einer geregelten Arbeit nachging.

Im Juni begann wieder die Urlaubszeit. Am 21. Juni fuhr ich mit Annelie in den Schwarzwald nach Bad Krozingen. Wir besuchten die Familie Büschel im Hotel Goldene Sonne. Mit Annelie und Alexander, dem Sohn der Büschels, besuchte ich wieder Freiburg, eine hübsche Stadt, die mir sehr gefiel. Dann ging es in die Berge, nach St. Ullrich, zur Großmutter von Alexander. Nach ein paar weiteren Ausflügen in die Umgebung fuhren wir wieder zurück ins Saarland und nahmen Alex für die Ferien mit.

Auf mich wartete das Abenteuer Afrika. Am 30. Juni landeten Hagen und ich bei glühender Hitze auf der tunesischen Insel Djerba. Von dort fuhren wir nach Zarsis. Wir kamen uns vor wie die Kings. Es war alles umwerfend und Hagen war an diesem Tag nur im Wasser anzutreffen. Am nächsten Tag liehen wir uns ein Auto und fuhren über die ganze Insel, am Meeresufer lag ein Hotel am Anderen. Im Hotel lernten wir eine tolle Gruppe von jungen Leuten kennen. Hagen wurde von den Mädchen sehr umschwärmt und das tat auch mir gut. Jeden Abend nach dem Essen trafen wir uns an einem großen runden Tisch unter Palmen und tranken um die Wette, Pernot und Cola. Überall lagen und standen die leeren Flaschen herum.

An einem Tag kam ein junger Kellner, der sehr nett war, und fragte, ob wir mit ihm in sein Dorf fahren wollten, denn seine Cousine heirate an diesem Nachmittag und eine arabische Hochzeit wäre was Besonderes. Wir dachten das Dorf wäre gleich um die Ecke und sagten zu. Ishmir sagte, dass draußen ein Eselskarren stände, mit dem er uns mitnehmen würde. Ich dachte nur: Das kann ja heiter werden. Der Karren hatte zwei große Räder und davor war ein Esel gespannt. Hagen und ich setzten uns auf eine Wolldecke, die Ishmir extra für seine Gäste ausgelegt hatten und schon fuhren wir los, im Glauben, es gehe nur gerade mal so zwei bis drei Kilometer weit. Das war natürlich ein Trugschluss von zwei Europäern, die die afrikanischen Verhältnisse nicht einschätzen konnten.

Bei glühender Hitze ging es über eine sandige Straße ohne Bäume und Palmen. Es waren sicher 35 Grad. Wir kamen uns vor wie auf einem Grill. Wenn Ishmir wenigsten einen Schirm dabei gehabt hätte. Aber nun hatten wir zugesagt und konnten nicht mehr abspringen. Nachdem wir so ungefähr zwei Stunden unterwegs gewesen waren, lag ein kleines Dorf vor uns. Etwa zehn weiß getünchte Häuser, die verstreut in der Gegend standen. Vor einem dieser Häuser saßen ein Dutzend oder mehr junge und alte Männer auf dem Boden herum und tranken weißen Schnaps. Aber keine Frau war zu sehen. Die Männer trugen alle weiße Kleidung, wie Nachthemden, und Turbane auf dem Kopf. Ich fragte Ishmir, wo denn die Braut und der Bräutigam wären. Da meinte er, die Frauen seien alle im Haus um die verschleierte Braut und müssten auf die Ankunft des Bräutigams warten, der mit einem Kamel und seiner Sippe auf Pferden kommen würde.

Man brachte uns eine Kanne mit Pfefferminztee, um unseren Durst zu stillen und auch von dem weißen Zeug in kleinen Gläsern. Hagen und ich waren rot verbrannt von der sengenden Sonne. Dann gab es auf einmal einen Lärm im Haus und vor der Tür. Der Bräutigam war in Sichtweite und alle fingen an zu kreischen, was für die Araber singen bedeutet. Ein Mullah trat aus dem Haus mit einem dicken Buch, anscheinend der Koran. Nun begann die Zeremonie. Der Bräutigam, schick gekleidet und gut aussehend, stieg vom Kamel und alle begrüßten ihn herzlich. Dann kamen alle Frauen aus dem Haus und die verschleierte Braut wurde dem Mann vorgestellt, alles andere entzog sich meinen Augen. Der Bräutigam nahm seine Braut mit auf sein Kamel und sie verschwanden. Nach dem lautstarken Abschied ging ein großes Fressen und Saufen los. Ishmir sagte, wir sollten mit essen, aber ich aß ja kein Lamm und auch keinen Couscous. Ich bat, dass er uns nun nach Hause bringen möchte. Nachdem die Sonne nicht mehr so hoch am Himmel stand, war die Rückfahrt etwas angenehmer und wir empfanden sie nicht mehr als so lang.

In Zarsis angekommen sprangen wir gleich in den kühlen Pool und tranken kalte Coca-Cola mit Eis und Pernot und schon ging es uns wieder besser. Aber so eine Fahrt, die ja gut gemeint gewesen war von Ishmir, würde ich mir nicht mehr antun, obwohl ich gerne in den Ländern die Menschen mit ihren Sitten und Gebräuchen kennen lernen wollte.

Am nächsten Tag gingen wir in die Stadt den Basar besuchen und den Hafen von Djerba, der von Alexander dem Großen gebaut worden war. Abends gingen wir in eine große Disco, wo sich die Europäer austobten. Araber erlebte man dort auf der Tanzfläche nie.

Am 7. Juli zogen Hagen und ich in ein schöneres und größeres Hotel. Dort war unser Zimmer toller eingerichtet und der Speisesaal war um drei

Klassen besser. Wir zogen am Abend unsere weißen Anzüge an und wurden gleich von allen Seiten gemustert. Unser Kellner, der aussah wie ein Italiener und gutes Deutsch sprach, mochte uns gleich. An unserem Tisch saßen auch zwei Mädels, Petra und Irene aus Nürnberg, zu denen wir später eine richtige Brieffreundschaft entwickelten, sowie ein Namensvetter, Peter mit seiner Freundin Inge aus Coburg. Wir waren vom ersten Tag ein wunderbares Team. Wir fuhren viel aufs Meer, gingen schwimmen und abends tanzen.

Dann lernte Hagen eine Frau am Strand kennen, die ihn unbedingt vernaschen wollte. Normalerweise hätte ich das ohne weiters gestattet, aber diese Dame war so dreist und wollte, dass Hagen stets bei ihr sein sollte. Irgendwann kam sie einfach an unseren Platz und sagte Hagen, sie hätte zwei Pferde gemietet, die es am Strand gegeben hätte. Ich erwiderte: „Wir haben was anderes vor." Sie war sehr böse und ich sagte zu Hagen: „Wenn du unbedingt mal bumsen willst, dann tu es. Aber bedenke: Wir sind zusammen her gekommen und ich möchte der Dame nicht den Galan finanzieren. Also überlege dir es genau." Es dauerte etwas, bis er das einsah. Ich fand, dass die Irene gut zu ihm gepasst hätte und dann wäre von mir kein Wort gefallen. Aber so gab es eine kleine Spannung, die aber normal ist. Ich hatte es selbst einmal bei Lilo getan. Ohne dass sie es merkte, hatte ich in Frankreich mit einem Jungen geschlafen. Ich wusste, dass ich nicht recht tat, da sie immer alles finanzierte. Man kann nicht alles haben. In unserer Clique war der Markus, ein sehr verführerischer hübscher Junge aus Paderborn und ich hätte ihn gerne vernascht, aber weil nun mal Hagen mein Freund war, habe ich es nicht getan.

Am vorletzten Abend gab ich eine Party in unserem großen Zimmer. Wir tranken Gin und Cola, bis wir blau waren und alle vier Jungs und vier Mädchen lagen auf dem Doppelbett. Und wir küssten und machten soviel Spaß, dass wir alle schworen, in Deutschland wieder zusammen zu kommen.

Am 14. Juli flogen wir zurück nach Frankfurt. Wir besuchten Hagens Eltern und am Nachmittag waren wir bei Hanna Fröhlich eingeladen. Ihre Tochter war anwesend und hatte Kuchen gebacken. Nach dem Kaffee sagte Frau Fröhlich, sie hätte die Pferde schon gesattelt, ich dürfe auf ihrem Liebling Pascha und Hagen auf einem kleineren Pferd reiten. Auf los ging's los. Ich galoppierte auf Pascha die Straße runter. Hagen stürzte von seinem

Ross, stand auf, sprang wieder in den Sattel und kam mir nach. Ich konnte schon von früher reiten, aber Hagen saß zum ersten Mal auf dem Rücken eines Gauls. Wir ritten über die Felder und Wiesen und mich übermannte ein schönes Gefühl. Beim Abschied sagte Frau Fröhlich, das nächste Mal müsse ich unbedingt was singen. Sie würde mich begleiten.

So war es denn auch und von Zeit an fuhr ich ein oder auch zwei Mal im Monat nach Schwabenheim zum Musizieren. Das waren immer die schönsten Tage. Frau Fröhlich war eine der besten Begleiterinnen, die ich je hatte. So wurden wir Freunde und sie nahm teil an meinem Leben, wie damals in Neustrelitz Tante Lissi.

Am 17. Juli fuhr ich nach Hause und machte dann mit meiner Mutter und der Nichte Katja einen Ausflug nach Idar Oberstein. Dort besuchten wir die Felsenkapelle und das Schmuckmuseum.

Besuch bei Hanna Fröhlich

Am Tag darauf war ich wieder in meiner Behausung in Mainz. Da Hagen nicht da war, fuhr ich zum Bahnhof und suchte ihn. Ich fand ihn schließlich völlig betrunken im Oberbayern, eine Kneipe direkt am Bahnhof. Ich bat ihn mitzukommen. Er stellte sich mit dem Rücken zu mir, was so viel hieß wie „Lass mich bitte hier. Ich habe eine Verabredung."

Ich fuhr ins Theater und musste mich erstmal etwas beruhigen. Am nächsten Morgen hatte ich Probe zur Oper *Die Meistersinger von Nürnberg* von Wagner. Da sang ich eine der anspruchsvollsten Rollen in dem Werk, einen Lehrbuben. Jeder, der die Oper kennt, weiß, wie schwer die Lehrbuben zu singen sind.

Nach der Premiere bekam ich es so mit meinen Zähnen zu tun, dass mir sechs Zähne im Unterkiefer gezogen wurden. Der Zahnarzt brachte mir eine Kiefernklemme bei, so dass ich den Mund nicht mehr aufbekam und unter wahnsinnigen Schmerzen litt. Das wünsche ich meinem ärgsten Feind nicht, so viele Schmerzen. Ich konnte nur flüssige Nahrung durch einen Strohhalm einnehmen. Mein ganzes Gesicht war schief. Als es nach acht Tagen nicht besser war, ging ich zu einem bekannten Kieferchirurgen. Er versuchte mir Holzplättchen, eins nach dem anderen durch die Zähne zu schieben, um die Klemme zu lösen. Er sagte, wenn ich nach acht Tagen keine Besserung spürte, müsste er mich operieren. Ich solle jeden Tag ein Plättchen mehr zwischen die Zähne schieben, wenn es auch sehr weh tue, nur so könnten wir den Krampf lösen. Ich konnte weder essen noch sprechen, noch singen, was mir am meisten zu schaffen machte.

Hagen und Lukas waren sehr oft bei mir und ich fuhr mit ihnen trotz des verzerrten Gesichts in der Gegend herum. Abends sahen wir uns Bruce-Lee-Filme an. Eines Abends brachte Hagen einen bildschönen Rumänen mit nach Hause. Eddi hieß er und war mir sehr zugetan. An einem Abend, ich war auf dem Wege der Besserung, schlief er mit mir und Hagen. Es war umwerfend. Eddi gehörte auch zu dem Kreis von Hagens guten Freunden.

Am 24. Oktober hatten wir ein Gastspiel vom *Bettelstudent* in Frankfurt. Dorthin kamen Frau Fröhlich und ihre Tochter Heidi mit einem Freund ihres Mannes und besuchten die Vorstellung. Ich spielte den Enterich so gut wie nie. Der Beifall war riesig. Die Drei holten mich am Künstlerausgang ab und überreichten mir einen riesigen Strauß roter Rosen und luden mich zum Essen ein. Es wurde viel gelacht und erzählt und meine Klemme hatte ich schon vergessen.

Am 27. Oktober war ich mit Hagen zu Hause in Gehweiler. Man hatte meinen über alles geliebten Hund Bobby vergiftet, am selben Tag starb seine Mutter Cindy in Mainz bei ihrem Herrn Henry. Welch ein trauriger Zufall.

Ich begrub meinen Bobby unter einer meiner größten Eichen und die ganze Familie, Mama Annelie und Herbert, trauerte um ihn.

Am 29. Oktober gastierten wir in Luxemburg mit dem *Bettelstudent*, gleich drei Tage hintereinander. Hagen machte zum ersten Mal Statisterie mit und wir wohnten diesmal im Holiday Inn. Wir machten am Tage Ausflüge nach Longeville in Frankreich und nach Arlon in Belgien. Auf dem Rückweg gastierte ich als Tenor in Trier in der *Zauberflöte*. Das machte Riesenspaß. Das Jahresende war noch voll gepackt mit Premieren und Vorstellungen. Am 13. November *Entführung aus dem Serail* von Mozart und Gastspiel in Witten mit dem *Bettelstudenten*. Um Lilo nicht zu vernachlässigen, fuhr ich am 12. Dezember für drei Tage zu ihr. Am 17. Dezember bekam ich meine neuen Zähne. Am Heiligen Abend war ich zu Hause und am ersten Feiertag wieder in Mainz. Proben und Vorstellungen jeden Tag und dann die Premiere der Operette *Csardasfürstin*. Dort konnte ich mein Talent beim Singen und Tanzen ganz ausleben. Silvester verbrachte Hagen bei mir und meiner Mutter. Am l. Januar waren wir in der Disco in St. Wendel.

Das Jahr 1981 sollte – so hatte ich es mir vorgenommen – ein Jahr der Besinnung und ein sparsames Jahr werden, aber das Gegenteil sollte eintreffen.

Hagen begann am 15. Januar, als Wäschekontrolleur im MAG-Hotel zu arbeiten. Ich hoffte, dass er dabei bliebe. In der letzten Zeit hatte er immer mehr Heimlichkeiten vor mir gehabt und ich spüre, dass was faul war.

Ich fuhr am 19. Januar zu Frau Fröhlich, die mit einem guten Essen auf mich wartete. Sie erzählte, wie schlimm ihr Mann sie behandelt hätte. Durch die Freundschaft und das Musizieren mit mir, hätte ihr Leben wieder einen Sinn bekommen. Und wenn wir uns auch noch nicht solange kennen würden, sei es als wären wir durch eine Vorsehung zusammen gekommen. Ich sang an dem Nachmittag Taminos Arien aus der *Zauberflöte: Dies Bildnis ist bezaubernd schön*, dann den Herzog aus *Rigoletto: Ach wie so trügerisch sind Weiberherzen*, und meine Lieblingsarie aus *La Bohème*, den Rodolfo mit: *Wie eiskalt ist dies Händchen*. Frau Fröhlich war so perfekt im Begleiten und ich bekam immer mehr Lust bei ihr zu singen. Sie lobte meine Stimme und machte mir den Vorschlag, noch mehr Lieder mit ihr einzustudieren und dann in

Schwabenheim ein Konzert zu geben. Ich war damit gerne einverstanden. Dann tranken wir Kaffee und sie bot mir das Du an, was ich gerne annahm. Von nun an war ich ihr Peter und sie die Hanna für mich. Als Hanna mich zum Auto brachte, steckte sie mir ein Kuvert zu, in dem 1 000 DM waren. Als ich dieses Geschenk zu Hause in meiner Wohnung entdeckte, rief ich Hanna sofort an und bedankte mich herzlich für das Geschenk und sagte ihr, dass es mir ja auch viel bedeute, bei ihr zu singen.

Am 17. Februar war die Premiere von *Zar und Zimmermann* von Albert Lortzing, dessen Georg in Waffenschmied mich bis heute noch erfreute. Die Arie „Man wird ja einmal nur geboren, darum genieße Jedermann" erinnert mich an die Jahre in Eisenach.

Am 25. Februar fuhr ich mit meiner Schwester Annelie zu Lilo nach Essen zum Geburtstag. Als wir Tags darauf zu ihrer Mutter fuhren, passierte mir ein Unglück, denn beim Ausparken fuhr mir eine Frau in meinen Corolla. Der war zwar noch fahrbar aber ganz schön kaputt. Lilo gab mir 4 000 DM und meinte, ich solle meinen Cousin in Köln anrufen und ihn um einen neuen Wagen bitten. Mein Vetter Rolf sagte, er hätte einen eingefahrenen Tercel, den er mir für 8 700 DM überlassen könnte. Der Wagen wäre das Doppelte wert. Wir machten einen Termin für den 11. März aus und so fuhren Annelie und ich mit dem Corolla wieder nach Hause. Als ich dann wieder einmal in Schwaben heim bei Hanna war und von meinem Missgeschick erzählte, zögerte sie nicht lange und fragte, was mir noch an Geld fehle. Ich sagte ihr die Summe, wollte Geld aber nur als Leihgabe. Da sagte sie: „Peter, ich habe von meinem Mann soviel Geld auf dem Sparbuch und meine Kinder haben beide ihren Erbteil schon erhalten, als mein Mann noch nicht mal in der Erde war. Also mach dir keine Gedanken. Wenn ich was für dich tun kann, so lass uns nicht darüber reden."

Darauf fuhr ich mit genügend Geld in Begleitung von Hagen nach Köln und holten den neuen Tercel Toyota bei meinem Vetter Rolf ab. Wir fuhren direkt nach Gehweiler und ließen den Wagen in St. Wendel zu und fuhren sogleich nach Schwabenheim zu Hanna, die ja im Grunde Mitbesitzerin war. Ich lud sie ein und wir fuhren zu dritt nach Bingen und besuchten eine Freundin von Hanna, Helene Biegner. Helenchen, wie sie gerne genannt werden wollte, wartete mit Kaffee und Kuchen auf uns. Sie war schon 80

Jahre alt, aber so lebhaft wie eine 50-jährige. Ich mochte sie gleich. Sie hatte sieben Kinder, doch in aller Welt verstreut, Amerika, Australien, München und Frankreich. Nur ein Sohn lebte in Bingen und kam ab und zu nach Weiler.

Als ich im Theater die Bekanntschaft des Bassbaritons Fritz Stark machte, begann eins der dunkelsten Kapitel meines Lebens. Fritz Stark sang überall große Wagner Partien, in Bayreuth, an der Rheinoper in Düsseldorf, in München, Mainz und auch in Saarbrücken. Er war verheiratet in Düsseldorf mit einer der reichsten Frauen der Stadt, wie er mir erzählte. Seinem Schwiegervater gehörten angeblich eine Menge großer Häuser in der Königsallee. Er kam immer mit einem grünen Mercedes und lud mich eines Abends ein, mit ihm nach Wiesbaden zu fahren und zwar ins Casino. Ich war ja schon lange in dieser Stadt, hatte aber nie das Bedürfnis gehabt, ins Casino zu gehen. Aber wie das nun im Leben ist, gibt es immer ein erstes Mal, entweder zum Guten oder zum Bösen.

Wir kamen in Wiesbaden an und parkten direkt vor dem Casino. Aufgeregt betrat ich zum ersten Mal ein Casino. Die Atmosphäre war enorm. Überall gut gekleidete Damen und Herren, die von Tisch zu Tisch spazierten. Dauernd hörte man „Rien ne va plus", nichts geht mehr. Fritz und ich gingen zur Kasse, um uns Jetons ein zu lösen. Fritz packte gleich ein Bündel Hunderte hin und holte sich lauter 50-DM-Jetons, ich mit meinem bescheidenen 400 Mark holte mir die 5-DM-Jetons. Dann suchten wir einen Tisch, der nicht so besetzt war und schauten erstmal zu. Ich musste erst mal wissen, wie es geht. Schnell bekam ich die Grundregeln mit. Achim, der bekannt war wie ein bunter Hund, rief, als ich mich einigermaßen orientiert hatte: „Bitte die Orphelins!", und schmiss sieben Jetons auf den Tisch. Ich legte einige meiner billigeren Jetons auf Rot. Die Kugel rollte und blieb auf der 14 stehen. Orphelins. Fritz rief: „Peter, gewonnen!" Er bekam vom Croupier 34 Jetons hingeschoben, das waren bei der ersten Kugel 3 500 DM, ein Stück blieb für die Bank. Ich hatte gleich meine eingesetzten 25 Mark verdoppelt. Ich war stolz und dachte: Das geht ja gut. Man muss nur höher setzen. Ich versuchte Fritz nachzueifern. Der spielte das gleiche Spiel wieder, die Zéro kam und der schöne Gewinn war wieder weg. So ging das den ganzen Abend hin und her. Mal rauf und meistens runter. Gegen 1 Uhr hatte Fritz sein ganzes Geld verloren und ich meine 400 auch. Wir fuhren nach Mainz zurück und ich hatte ein schlechtes Gefühl. Fritz tröstete mich und meinte, ein anderes Mal würde es schon werden. So fing alles an und so manche Spielbank im Rhein-Main Gebiet konnte sich von da an freuen, uns zu sehen.

Am 17. Mai machten Hanna und ich einen Ausflug nach Nieder Moos im Kreis Vogelsberg und besuchte Hannas liebe Freundin Ellen, die auch schon Witwe war und in einem schönen Haus direkt an einem See wohnte. Dort wurden wir mit einer Kaffeetafel empfangen, liebevoll hergerichtet mit Bändern und Schleifen, wie ich es noch nie gesehen hatte. Ellen, eine rüstige Endsechzigerin, freute sich über unser Kommen, besonders natürlich über Hanna, die sie seit einer Ewigkeit nicht gesehen hatte. Ich kannte den Kreis Vogelsberg noch gar nicht und wunderte mich, von so einer schönen Gegend noch nichts gehört zu haben. So gegen 18 Uhr fuhren wir zurück, denn ich hatte noch spät eine Probe für *Elektra*. Am 24. Mai war die Premiere von *Elektra* und Fritz war wieder in seinem Element. Er sang den Orest und hatte einen großen Erfolg.

Am nächsten Tag war ich bei Hanna zum Essen und Singen eingeladen. Es war ein gemütlicher Nachmittag. Am Abend traf ich mich mit Fritz und wir fuhren in das Casino in Bad Homburg, dort gewann ich auf einmal 2 400 DM und war stolz wie Oskar. Armin, der blank war, lieh sich von mir 1 000 DM, verdreifachte sie und gab mir mein Geld zurück. Wir gingen in Frankfurt gut essen und trinken und fuhren fröhlich nach Mainz zurück. In meiner Wohnung wartete Hagen auf mich und erzählte von seiner neuen Freundin, einer Portugiesin, die er in seinem Hotel kennen gelernt hatte und die ihn förmlich verhext hätte. Hagen und ich verbrachten immer weniger Zeit miteinander. Er hatte andere Interessen, was ich ja auch verstand. Aber nachts fehlte er mir schon und manchmal stieg ich auf der Suche nach ihm ins Auto und suchte alle Kneipen und auch den Bahnhof ab, um ihn zu finden. Da traf ich einmal Eddi, der sagte, er habe Hagen mit einer Clique in Richtung Park gesehen. Ich lief dort hin und fand eine besoffene Meute im Gras liegend, Hagen voll gepumpt mit irgendwelchen Drogen. Ich nahm ihn gegen seinen Willen mit ins Auto und fuhr nach Hause. Ich schleppte ihn gegen seinen Widerstand die Treppe hoch, zog ihn aus und legte ihn ins Bett.

Am nächsten Morgen fragte er mich, wie er hierhin gekommen wäre. Ich erklärte ihm, dass ich ihn überall gesucht hätte, und er in einem miserablen Zustand gewesen wäre. Da fing er an zu weinen, was er noch nie getan hatte, und bereute alles. Ich erklärte ihm, wenn er unbedingt sein Leben kaputt machen wolle, müssten wir uns trennen. An dem Tag fuhr ich voller Frust nach Wiesbaden und verspielte dort 4 000 DM. Ich hatte immer 10 Euroschecks in der Brieftasche und konnte so mein Konto überziehen. Ich litt dann einen ganzen Tag und war zu nichts zu gebrauchen. Meine Gedanken kreisten nur noch um die Roulette-Kugel. Ich schwor dann, nicht mehr hinzu fahren.

Am 17. Juni brachten wir die Märchenoper *Kalif Storch* heraus. Das war eine neue und lustige Geschichte. Kam aber nicht so recht beim Publikum an. So ging es in den Urlaub. Ich ließ Hagen zurück und fuhr in mein Haus, wo mich unerwartet Peter und Irene aus Coburg, die ich auf Djerba kennen gelernt hatte, besuchten. Sie kamen in einem schnittigen roten BMW Cabrio und wollten mich mitnehmen. Ich war aber nicht in der Stimmung, woanders hin zu fahren, ich brauchte eine Auszeit. Die Beiden blieben über Nacht und ich zeigte ihnen die Kreisstadt St. Wendel, die ja auch ihre Reize hat.

Am 20. Juni fuhr ich zum ersten Mal nach Saarbrücken in das Spielcasino bei der Saarland-Halle. Dort ließ ich in weniger als einer Stunde 800 DM. Dann raste ich nach Hause, als wäre der Teufel hinter mir her. Ich verstand die Welt nicht mehr.

Zwei Tage später machte ich eine Tour mit meiner Mutter, Annelie und deren Besuch, Alexander aus dem Schwarzwald, in die Heimat meines Vaters nach Burg Brohl in der Nähe vom Maria Laach. Wir besuchten die Verwandten und gingen auf den Friedhof, wo die Großeltern und Brüder meines Vaters begraben lagen. Auf der Rückfahrt ging es über Koblenz auf der Hunsrück Höhenstraße zurück ins Saarland.

Zu Hause hatte ich eine Menge zu tun, den Rasen schneiden und die große Hecke frisieren, den Garten vom Unkraut befreien und so weiter. Dann überkam es mich immer wieder nach Saarbrücken zu fahren oder nach Trier, beide Städte waren ja in einer Stunde erreichbar.

Als ich wieder in Mainz war, kam Hagen und bat mich um 250 Mark, um nach Portugal zu reisen, denn seine Freundin sei zurückgegangen in ihre Heimat. Ich gab ihm das Geld und war überrascht von seinem Willen, sie zurück zu holen. Das fand ich sehr bemerkenswert. Das hätte ich auch immer unterstützt. Nur Rumtollen ohne eine Linie zu haben kann ich nicht leiden. „Versuchen muss man alles", sagte ich Hagen. „Wenn man was versäumt, was einem wichtig erscheint, ist es unwiederbringlich verloren." Ich hatte soviel Glück, weil ich keiner Schwierigkeit ausgewichen bin, jetzt im nach hinein, begreife ich es viel besser. Mein Leitspruch lautet: Wer nicht wagt, der nicht gewinnt. Dass das nicht für das Roulette gilt, weiß ich erst heute.

Am 4.August war ich wieder bei der Arbeit und zwar bei der Wiederaufnahme der *Zauberflöte* von Mozart. Ich spielte und sang wieder einen der Priester.

Am 7. Oktober war ich in Schwabenheim bei meiner Freundin Hanna, deren Tochter nun wieder bei ihr im Haus wohnte. Sie hatte sich von ihrem Mann scheiden lassen und hatte einen neuen Freund, der auch bei Hanna eingezogen war. Hanna meinte, die Beiden würden sie am liebsten in ein Heim abschieben, um ihr Leben zu leben. Über mich ließen sie kein gutes Wort verlauten und meinte, ich würde Hanna nur ausnützen. Hanna sagte dazu, umgekehrt würde ein Schuh daraus, denn ich hätte sie wieder ins Leben zurückgebracht. „Ich reite wieder über die Felder und spiele wie verrückt Klavier und das gefällt ihnen nicht."

Ich sang an diesem Nachmittag wieder die schönsten Arien, *Oh Mädchen mein Mädchen*, dann *Dein ist mein ganzes Herz*, *Von Apfelblüten einen Kranz*. Es wurden immer mehr und ich wurde auch sicherer im Gesang. Ich fühlte mich einfach wohl während des Singens. Hanna schenkte mir zum bevorstehenden Geburtstag eine Summe von 4 000 DM. Wenn Heidi das erfahren hätte, ich glaube, sie hätte mich umgebracht. Da ich nun die ganze Geschichte von Hanna kannte, hatte ich keine Skrupel, von ihr Geld anzunehmen, obwohl ich die Dummheit mit dem Spielen verdammte. Nach dem Singen ritt ich mit Hanna noch über die Felder und Wiesen von Schwabenheim bis zum Schloss von Irmgard von Opel bei Ingelheim. Dort begrüßte man

Hanna und mich mit aller Höflichkeit und lud uns zu einem kühlen Getränk ein. Es war sehr heiß an diesem Nachmittag, der mir sehr in Erinnerung blieb. Aber bald hatte mich der Alltag wieder.

Am 10. Oktober war die Premiere von dem Musical *Anatevka*. Mit *Anatevka* ging es gleich für vier Tage nach Luxemburg ins große Haus Prinzipelle. Wir wohnten wieder im Hotel Konz und konnten uns die Tage um die Ohren schlagen. Das Wetter war für Oktober nicht sonderlich schön. Ich schlenderte an einem Tag durch Luxemburg und als es anfing zu regnen, ging ich kurz entschlossen ins Kino am Bahnhof. Dort lief ein Musikfilm mit den Beatles. Das Kino war gähnend leer, vielleicht 20 Personen saßen in verschiedenen Reihen. Als das Licht nach der Werbung anging, steuerte ich einfach auf einen vielleicht 30-jährigen Mann zu und fragte ganz ungeniert, ob ich neben ihm Platz nehmen könnte. Natürlich, es sei doch alles frei. Ich setzte mich neben ihn und wir unterhielten uns etwas, bis der Film begann. Das Licht ging aus, der Film war nichts Besonderes und so berührte ich vorsichtig mit meinem Knie sein Bein. Er zog das Bein nicht zurück und legte dann plötzlich ganz von alleine seine Hand in meinen Schoß. Da kochte es schon ganz schön. Ich rutschte näher an ihn heran und legte ebenfalls meine Hand auf seine Hose, die schon so prall gefüllt war, dass es nicht mehr lange dauern konnte, bis es zur Explosion kommen würde. Er öffnete seine Hose und ein strammer Max stieg aus der Öffnung. Ich tat das Gleiche und wir massierten unsere Schwänze gegenseitig. Ich holte mein Taschentuch heraus, weil ich spürte, es muss jeden Moment kommen. Und so war es. Bei meinem Nachbar quoll es heraus, als wolle er ein Glas füllen. Ich ließ meinen Saft ins Taschentuch fließen und putzte seine Soße mit der anderen Hälfte trocken. Beide saßen wir ohne ein Wort zu sagen und ich spürte seine Erleichterung ganz genau wie er auch meine. Wir saßen noch eine Zeit, sahen den Film, verließen dann das Kino, verabschiedeten uns freundlich und gingen unserer Wege.

Abends erzählte ich Ottmar Kalt von meiner Begegnung. Der bewunderte wieder, wie unkompliziert ich doch an die Dinge heran ginge. Aber er gab zu bedenken, dass es ja auch mal daneben gehen könnte. Ich erwiderte: „Wenn schon, aber ohne es zu probieren, geht es nun mal nicht."

„Da hast du natürlich Recht", seufzte Ottmar „aber die Weiber sind viel komplizierter, sie klammern gleich und das macht alles so schnell kaputt." Ich hätte nie normal sein wollen, das tötet scheinbar alle Gefühle.

Am folgenden Tag fuhr ich nach Bad Mondorf ins Casino, das später meine zweite Heimat wurde. Ich hatte Kalt bei mir, der auf mich aufpassen sollte, damit ich keine allzu große Dummheit mache. Ich kam mit einem Plus heraus.

Nach der Premiere von Verdis *Falstaff* am 11. November musste ich mit einer Grippe zum Arzt und fuhr nach Hause. Dort wurde ich für acht Tage aus dem Verkehr gezogen. Als ich soweit wieder in Ordnung war, kam meine Mutter mit einem schlimmen offenen Bein nach Ottweiler ins Krankenhaus. Ich war sehr besorgt, aber sie sagte, ich solle wieder zu meiner Arbeit fahren. Sie war immer sehr tapfer.

Anfang Dezember sang Fritz in Saarbrücken den Tellramund in *Lohengrin*. Er hatte mir vorgeschlagen mitzukommen, um in Saarbrücken nach einer Vakanz zu fragen. Das war eine gute Idee und so hatte ich mit dem Chordirektor, den Fritz von seinen Gastspielen kannte, ein Vorsingen direkt nach der Aufführung von *Lohengrin* vereinbart. Ich hatte mir eine Karte für die Oper gekauft und in der Pause fragte ich nach dem Herrn Pawolsky, dem Chordirektor. Der meinte, ich könnte sofort im Orchestersaal ein oder zwei Arien singen. Ich ging beherzt in den Probesaal, dort fanden sich schon einige Leute vom Betriebsbüro ein. Pawolsky saß am Flügel und fragte, was ich singen wollte. Ich hatte vorsorglich die Noten mitgebracht und sang als erstes den Herzog aus *Rigoletto: Ach wie so trügerisch sind Weiberherzen*. Ich schmetterte mit größter Lust. Danach sang ich meine Lieblingsarie aus *La Bohème*, den Rodolfo:*Wie eiskalt ist dies Händchen, vergönnt mir dass ich wärme*. Mein hohes C steht heute noch im Raum. Man sagte mir sofort zu. Im nächsten Herbst sollte ich in Saarbrücken anfangen. Was für ein Gefühl. Vor Jahrzehnten hatte ich begonnen, von einen Engagement in Saarbrücken zu träumen. Jetzt endlich wurde es wahr.

In Mainz erzählte ich vorerst nichts. Nur zum Intendanten Taube ging ich und erklärte ihm meine Situation. Er hatte volles Verständnis für mich.

Am 16. Dezember kündigte ich nach zehnjährigem Engagement in Mainz. Ich tat das mit einem lachenden und einem weinenden Auge. Ich hatte viele Freiheiten gehabt und hatte durch die vielen solistischen Einsätze gut verdient. Aber mehr noch, die vielen Kollegen, mit denen ich gut auskam und auch die vielen Kneipen und Freunde außerhalb des Theaters würden mir fehlen. Aber die Würfel waren gefallen, das Leben muss immer weiter fließen.

Das Jahr 81, mein 50. Lebensjahr, beendete ich mit einer schönen Rolle in *Gasparone*, den Capitano, der mir 200 DM pro Vorstellung brachte. Geld ist zwar nicht alles, aber man braucht es halt.

Am 1. Januar machte ich einen Besuch bei meiner Mutter im Ottweiler Krankenhaus. Sie lag nun schon seit sechs Wochen dort und das machte mir Angst. Wenn ich erst in Saarbrücken wäre, könnte ich mich mehr um sie kümmern.

Am 9. Januar hatten wir die *Zauberflöte*. Ich kam gut gelaunt ins Theater, ging in die Kantine, trank einen Kaffee, hielt ein Schwätzchen mit den Kollegen, dann ab in die Garderobe, zog mein Kostüm an und ging in die Maske. Dort scherzte ich wie immer mit den Maskenbildnerinnen. Brigitte zog mir die Perücke über und klebte sie noch fest, was ich immer sehr hasste. Danach ging es in die Garderobe und zum Einsingen in den Chorsaal. Ein ganz normaler Ablauf.

Die Vorstellung begann, aber Zagovec, ein Tenorkollege und mein Partner als Zweiter Priester, fehlte. Er hatte sich krank gemeldet. Es musste ohne ihn gehen. Es kam der Zweite Akt, der Herrenchor wurde auf einem Teil der Bühne hochgefahren auf sieben Meter, dann musste ich auf dem Mittelstück neben Sarastro stehen, der einen schweren Mantel trug. Normalerweise sollte Zagovec auf der linken Seite und ich rechts vom Sarastro stehen.

Die Bühne war ganz mit schwarzen Vorhängen dekoriert und der Chor stand in schwarzen Kostümen hinter dem Sarastro, nur die weißen Masken waren zu sehen. Am Rand unseres Bühnenteils stand ein großer Kleiderständer, auf den wir bei Beginn der Sarastro-Arie: *In diesen Heilgen Hallen kennt man die Rache nicht* den schweren Mantel hängen mussten. Nun stand ich alleine da und musste den Mantel so elegant es ging dem Sarastro abnehmen und ihn auf den Ständer bringen. Ich hatte den schweren Mantel kaum gepackt und wollte ihn so schnell wie möglich loswerden, trat hinter den Ständer und stürzte in den rund 20 Meter tiefen Schacht unter der Bühne, in dem die Maschinen für das Heben und Senken der großen Bühnenkonstruktion standen. Glücklicherweise bremste ein Scheinwerfer meinen Sturz nach sieben Metern, sonst wäre ich sicherlich in den Tod gestürzt.

Das Publikum sah davon nichts und auch das Orchester spielte weiter. Die Techniker kamen mir zu Hilfe und riefen einen Rettungswagen. Die Kollegen vom Chor, die alles mit ansehen mussten, dachten, ich sei tot. Man brachte mich in die Uniklinik. Helga Schwickert vom Damenchor fuhr mit. Ich hatte solche Schmerzen und war am ganzen Körper blau von den Prellungen. Man röngte mich gleich und stellte keine Brüche fest. Ich muss meinem Schutzengel immer wieder danken. Es war bestimmt ein Warnschuss.

Bis zum 25. Januar war ich auf Grund des Sturzes krankgeschrieben. Der Betriebsschutz bekam einen auf den Deckel und die Gefahrenquelle wurde gesichert. Viele kamen mich besuchen, auch Hagen, der sagte, er hätte eine neue Freundin, was natürlich gelogen war, er hatte wieder mit Drogen zu tun und kam nicht los davon.

Als ich wieder zu Hause war, verließ mich Hagen, mit dem ich wunderschöne Momente genossen hatte, der mir aber auch viel Kummer gemacht hatte. Er kam zwei Wochen später wegen Drogenbesitz ins Gefängnis. Seine Mutter holte seine Sachen ab und weinte bitterlich. Sie bedankte sich bei mir und sagte, dass ich ihnen immer willkommen wäre. So ist mir das Auf und Ab bekannt.

Ein neues Abenteuer wartete schon. Bei der letzten Premiere, *Wozzeck* am 20. April, lernte ich Vito kennen, einen Italiener. Der zog gleich bei mir ein und blieb bis zu meinem Auszug. Er war ein anstrengender Freund und brachte dauernd fremde Leute mit in die Wohnung. Bei Hagen hatte ich das in Kauf genommen, aber bei Vito störte es mich kolossal.

In den letzten Wochen in Mainz fuhr ich noch öfter mit Fritz Stark nach Bad Homburg und auch mal nach Bad Neuenahr. Es waren immer schöne Abende aber auch sehr teure, denn mal ging es gut, aber meistens in die Hose. So mancher Scheck blieb bei der Spielbank hängen. Ich hatte noch nicht das Gefühl, davon abhängig zu sein. Nur wenn ich zur Hanna nach Schwabenheim fuhr, hatte ich ein schlechtes Gewissen. Immerhin verspielte ich auch das Geld, das sie mir schenkte.

Bei Hanna und unserer Musik fühlte ich mich trotzdem von meinen Alltagssorgen befreit. Wir bereiteten ein Konzert vor und ich fuhr fast jeden zweiten Tag zu ihr. Am 15. Mai brachten wir dann das Konzert in Schwabenheim in der großen Halle zu Gehör. Die Halle war mit 1 000 Personen besetzt und Hanna spielte zur Eröffnung ihr Lieblingsstück *Wenn ich König wär*. Ihre Finger glitten nur so über die Tasten und es war ein Genuss, ihr zuzuhören.

Dann sprach ein Herr Günter ein paar Begrüßungsworte und sagte uns an. Ich begann mit der Max Arie *Durch die Wälder, durch die Auen*, danach *Horch die Lerche singt im Hain* aus der Oper *Die lustigen Weiber von Windsor*, dann die Canzone des Herzogs aus *Rigoletto: Ach wie so trügerisch, sind Weiberherzen*. Der Applaus war enorm. Dann spielte Hanna die Polonaise von Chopin, ein Glanzstück ihrer Kunst. In der zweiten Hälfte sang ich *Oh Mädchen, mein Mädchen* aus *Friederike*, dann *Von Apfelblüten einen Kranz* von Franz Lehár. Zum Abschluss dann eine Hommage an alle im Publikum *Dein ist mein ganzes Herz*. Es war ein großer Erfolg und die Leute schüttelten mir draußen immer wieder die Hand. Ich bekam eine Wagenladung Blumen und Kisten mit Wein und machte das Versprechen, wieder zu kommen. Hanna war sehr stolz auf mich und ich auf sie.

Es ging für mich daran Abschied zu nehmen von Mainz, dieser wunderbaren Stadt, die mir in all den Jahren ans Herz gewachsen war. Mit Fritz Stark fuhr ich zum letzten Mal nach Wiesbaden und dann verabschiedeten wir uns von einander. Wir sollten uns nie wiedersehen.

Am 9. August sang ich zum letzten Mal in Mainz und zwar im *Freischütz*. Gleichzeitig war Urlaubsbeginn und ich hatte frei bis zum 1. September. Dann würde ich in meiner Heimat anfangen, am Staatstheater Saarbrücken. Ein Lebenstraum.

Ich fuhr nach Essen, um mich zu erholen. Lilo und ich fuhren nach Holland und Wassenberg. Wir gingen viel spazieren und immer gut essen. Ich wurde immer sehr verwöhnt und ihre Mutter, die auf die Neunzig zuging, freute sich über jeden Besuch als Abwechslung in ihrem langweiligen Dasein. Nach Aennes Tod, sagte mir Lilo, wolle sie nichts mehr mit ihrem Elternhaus zu tun haben.

Zuhause kümmerte ich mich besonders um meine Mutter, die mich ja ab nun öfter zu sehen bekam. Dann war da noch soviel zu tun an Haus und

Hof. Ich war immer im Stress und musste auf allen Hochzeiten tanzen. Kein Wunder, dass ich öfter schlapp machte. Ich wollte keinen vernachlässigen.

2. Szene
Saarbrücken

Am 1. September ging der Ernst des Lebens los. Ich fuhr nach Saarbrücken zur ersten Probe. Als Neuer wurde ich herzlich aufgenommen, aber auch sehr genau beobachtet. Die Probe verlief gut, Vorbereitung für *Tosca*, dann *Vogelhändler*. Ich konnte beides aus dem Effeff. Pawolsky schien sehr zufrieden. Nach der Probe saßen wir in der Kantine und besprachen allerlei, wo ich wohne, wie ich das denn schaffe zwei Mal am Tag die Strecke von Gehweiler nach Saarbrücken. Das waren 50 Kilometer eine Fahrt und das heißt 200 Kilometer pro Tag, dann die Proben und später die Vorstellungen. Nun ja, versuchen musste ich es ersteinmal, dann würden wir sehen.

Am Abend hatte ich frei, weil Herr Pawolsky mit den Damen eine Probe für *Tosca* machen wollte. Ich fuhr nach Hause und war zufrieden, bei meiner Mutter zu sein, die inzwischen glücklicherweise wieder zu Hause war.

So lief nun die Probezeit, mal zwei Dienste, dann nur einer, dann mal frei. So verging die Zeit bis zum Werbekonzert mit allerlei Auszügen aus den kommenden Stücken. Am 10. Oktober sang ich in meiner erste Premiere in Saarbrücken: *Tosca*, die ich nun schon zum fünften Mal mitmachte. Dann der *Vogelhändler* am 22. Oktober.

Wie es mit Freunden in Saarbrücken aussehen würde, war mir noch nicht klar. Aber Einiges tat sich da schon. Es gab ein schönes Ballett und auch unter den Schauspielern gab es manch hübsches Gesicht. Bei den Frauen hatte ich keine Probleme, da viele aus den Oststaaten kamen, Bulgarinnen, Rumäninnen, Ungarinnen und Polinnen. Auch aus den USA und Japan kamen Kollegen. Eine richtige bunte Truppe. Vorerst hielt ich mich im Hintergrund und ließ alles auf mich zu kommen.

Zu meinem Geburtstag holte ich Hanna nach Gehweiler und fuhr mit ihr und meiner Mutter nach Saarbrücken. Ich erklärte ihnen den weiten Weg, den ich nehmen musste, um zum Dienst zu kommen, zeigte ihnen das schöne Haus und auch Saarbrücken. Nach vier Wochen hatte ich das Gefühl, immer schon in Saarbrücken gewesen zu sein. Es hatte immerhin 50 Jahre gedauert.

In den Pausen spielten wir meistens Skat. Es fanden sich schnell vier Kollegen zusammen. Es gab auch immer viel zu erzählen. Ich wurde über meine Zeit in der DDR und besonders in Berlin ausgefragt.

Saarbrücken hatte eine große Spielbank, welche ich dann auch besuchte und ein wenig zockte. Am Anfang war alles noch harmlos. Aber später wurde es zum Zwang. Und so manche Nacht blieb ich hängen und fuhr dann genervt nach Hause. Das ist schwer zu verstehen und kaum einer kann ermessen, wie sehr die Betroffenen darunter leiden.

Die nächste Premiere war *Figaros Hochzeit* von Mozart, darauf folgte das Lustspiel *Viva la Mama*, eine heitere Sache, die sehr gut angenommen wurde. Ich passte gut in das Ensemble und hatte meinen Platz gefunden.

An Silvester hatten wir Premiere von der Nico Dostals Operette *Ungarische Hochzeit*, die ich vorher noch nicht gekannt hatte. Anschließend ging ich mit dem Kollegen André Stier in die Schwulenkneipe Chez Madame L. Dort ging es hoch her und bald wurde ich von der Besitzerin mit Handschlag begrüßt und gehörte fortan zu ihren besten Gästen. Wir feierten bis ins neue Jahr und ich fuhr dann noch nach Hause.

Am 1. Januar hatten wir frei und ich konnte mich ausruhen. Nachmittags kochte Annelie für uns und dann ging es wieder normal weiter.

Am 10. fuhr ich nach Schwabenheim zu Hanna und wir machten einen schönen Musiknachmittag mit Kaffee und Kuchen und laut Hanna sang ich besser als je zuvor.

Dann kam die Wiederaufnahme von *Anatevka*. Das Haus war wieder total ausverkauft. Nach der Vorstellung ging ich zu Chez Madame. Der Laden war immer voll und so manches Abenteuer ließ sich dort leicht arrangieren. André Stier war sehr bekannt, aber wenn jemand auf ihn zukam und sagte: „Na André , wie geht es so?", dann tat er so, als würde er niemanden kennen.

Am 27. Januar bekam ich im Theater einen Kollaps und kam ins Evangelische Krankenhaus in Saarbrücken und wurde gründlich durchgecheckt. Die Ärzte meinten, mir würde nichts Schlimmes fehlen, nur wäre ich sehr gestresst und sollte kürzer treten. Ich musste fünf Tage dort liegen und am 6. Februar fuhr ich gleich mit dem Mainzer Theater nach Luxemburg und musste in *Gasparone* den Capitano singen, für den es keinen Ersatz gab. Das hatten wir beim Lösen meines Vertrages noch vereinbart. Es waren angenehme Tage in Luxemburg und ich zog mit einigen Kollegen nach Bad Mondorf ins Casino. Da ging dann meine Gage flöten.

Die nächste Premiere, *Tristan und Isolde*, war nur eine Kleinigkeit. Der Herrenchor musste nur eine Viertelstunde in der vierstündigen Oper singen.

Am 24. März brachten wir mit viel Wirbel die Uraufführung eines modernen Musicals *Himmel, Arche und Wolkenbruch*, die Geschichte von Noah und dem Bau seiner Arche. Es war ein besonderes Ereignis, ein Stück aus der Bibel auf die Bühne zu bringen. Für die Regie kam eine Bekannte aus meiner Berliner Zeit, Frau Irene Mann, ehemalige Chefin des Metropol Balletts. Sie war einmal eine gefeierte Solotänzerin gewesen und ich kannte ihren Erfolg in der DDR ganz gut. Wir saßen oft in der Kantine und unterhielten uns über alte Zeiten. Das Stück wurde ein großer Erfolg, wurde aber an keinem anderen Theater nachgespielt, weil es eine riesige Herausforderung an die Bühnentechnik war.

Am 22. April fuhr ich nach Essen zum 90. Geburtstag von Lilos Mutter Aenne. Wir feierten im Kreis von wenigen Verwandten. Aenne hatte ich sehr ins Herz geschlossen, sie war ein unkomplizierter Mensch und immer bedacht, für Lilo das Beste zu tun.

Am 28. fuhren wir nach Esch in Luxemburg mit der Operette Ungarische Hochzeit. Dort gingen Barbara, André Stier und ich zusammen essen. Bei solchen Essen wurde viel über die Kollegen gelästert, gelacht und Spaß gemacht. Wir fielen überall auf, im guten und schlechten Sinne. So ist nun mal das fahrende Volk. Ich sagte immer: „Wäsche von der Leine, die Künstler kommen!"

In Worms gaben wir am 19. und 20. Mai die *Zauberflöte* und ich fuhr danach zu Hanna, da es nicht so weit war bis Schwabenheim. Dort musizierten wir wieder schön und ich machte für eine Stunde auf Pascha die Gegend unsicher. Man sagt ja, das Glück dieser Erde liegt auf dem Rücken der Pferde. Das kann ich nur unterschreiben. Pascha schien mich zu mögen, denn er hörte nur auf Hannas und auf meinen Ruf, dann kam er von selbst angesprungen. Hanna freute sich jedes Mal, wenn sie mich auf ihm sitzen sah.

Am 17. Juni kam Lilo nach Gehweiler und ich nahm sie und meine Nichte Ullricke mit in die *Zauberflöte*. Ich habe meinen Nichten und Neffen sooft gesagt, sie müssten mehr für die Kunst übrig haben. Einen Onkel, der ihnen dieses ermöglicht, gibt es nicht überall.

Am 23. Juni fuhr ich Lilo nach Essen. Wir besuchten Werner und Fred, die in einem eheähnlichen Verhältnis lebten. Wir beluden uns mit Blumen, Kuchen und diversen Geschenken und gondelten nach Dorsten. Werner und Fred lebten in einer exklusiven Wohnung mit Dachterrasse, eingerichtet wie in der Serie *Denver Clan*. Ein halbes Dutzend Edelkatzen, Perser und weiße Angora lagen wie gemalt auf den Sessel und Fensterbänken. Ich staunte über die edlen Teppiche, Möbel und Gemälden. Beide Männer waren schon in Rente. Werner war Ober gewesen und Fred Postbote. Ich konnte mir kaum vorstellen, wie sie sich diesen Luxus leisten konnten. Lilo meinte, dass sie in der Nacht Zeitungen austrügen und mit Sicherheit einen Mäzen hatten. Die beiden hatten uns liebevoll empfangen und ein schön gedeckter Tisch stand bereit. Es roch nach gutem Kaffee und den Kuchen brachten wir ja mit. Ich konnte mich nicht satt sehen. So viele schöne Dinge.

Nach dem Kaffee wurde auf der Terrasse, die mit wundervollen Sträuchern und Blumen in Kübeln voll stand, Champagner serviert. Ein herrlicher Springbrunnen sorgte für angenehm frische Luft. Am Abend wurde dann gegrillt, ein gelungener Besuch. Als wir uns verabschiedeten, schenkten mir die Beiden drei wunderschöne moderne Seidenhemden. Ich war sehr gerührt und lud sie ein, mich auch mal im Saarland zu besuchen. Auf dem Heimweg erzählte Lilo mir, dass Fred und Werner, als sie sich kennen lernten bei ihr gewohnt hätten. Die Beiden in ihrem Schlafzimmer und Lilo hätte in ihrem Gästezimmer geschlafen. Das war Monate lang so gegangen und sie hatte mir nie was davon gesagt, aus Angst ich wäre eifersüchtig. Da muss man sich schon fragen, wie Frauen ticken.

Am nächsten Tag machten wir einen Besuch bei Mutter Aenne und dann fuhr ich wieder nach Gehweiler zurück, denn ich hatte eine schwere Premiere vor mir – *Der Golem* am 9. Juli.

Der Urlaub für das Jahr 83 begann am 17. Juli. Ich fuhr gleich am 21. nach Schwabenheim, um Pascha zu reiten und mit Hanna zu musizieren. Wir hatten schon eine Menge Arien und Lieder studiert und Hanna meinte, wir müssten unbedingt nochmals ein Konzert geben. Ich war damit einverstanden und Hanna wollte sich um den Termin kümmern. Dann besuchten wir Helene Biegner in Weiler bei Bingen. Die Dame war auch schon über 80 Jahre und machte immer einen guten Eindruck und konnte so schön scherzen. Wenn Hanna mal zur Toilette ging, sagte sie zu mir, ich solle doch mal alleine zu ihr kommen. Ich kam mir vor wie ein Frauentröster. Eine Rolle, die eigentlich gar nicht zu mir passte. Trotzdem fühlte ich mich sehr wohl unter all diesen Damen. Sie waren keine „Gefahr", wie die Jüngeren, die immer hofften, mich noch umpolen zu können. Das Thema Frauen blieb mir immer auf den Fersen. Wohl weil ich mich besser in sie hinein versetzen konnte als die Heteros. Durch meine Art konnte ich jede für mich gewinnen, obwohl ich das niemals auszunutzen versuchte. Hanna war ja ein besonderer Mensch. Sie hatte viele schlimme Dinge mit ihrem Mann erlebt und war immer unterdrückt worden. Ich bedauerte es und freute mich, wenn sie durch mich noch einen schönen Lebensabend verleben konnte.

Ich nahm Hanna am 30. Juli mit nach Gehweiler und sie fühlte sich sichtlich wohl in meinem Haus und verstand sich gut mit meiner Mutter. Ich fuhr mit den Beiden an den nahe liegenden Bostalsee und nach Nonnweiler. Und nach drei Tagen ging es wieder nach Schwabenheim. Hanna meinte, im ganzen Leben hätte sie sich nicht so wohl gefühlt. Das Gleiche hatte mir auch Tante Lissi in Neustrelitz gesagt, von der ich Hanna immer erzählte.

Von Schwabenheim kutschierte ich nach Essen zu Lilo. Wir besuchten ihre kranke Mutter und fuhren nach Dortmund zur Eröffnung des großen Spielcasinos in Hohensyburg. Zur Eröffnung erschienen Gert Fröbe und Sammie Davis junior. Alles in weißem Marmor und Glas, ein Sündentempel sondergleichen. Ich wunderte mich immer. Dort wo die Menschen am ärmsten sind, baut man solche Geldtempel. Die meisten im Ruhrpott waren doch arbeitslos geworden und sollten nun ihr bisschen Vermögen in die Casinos tragen. Das soll einer verstehen. So verhält sich nur eine kapitalistische Gesellschaft. Wenn ich nicht selbst davon betroffen wäre, würde mir das ja nichts ausmachen. Zur DDR-Zeit wäre ich nie Spieler geworden, denn das war im sozialistischen Gemeinwohl verboten und ich denke, zu Recht.

Ich bekam nach diesem Ausflug einen Brief von meinem früheren Spezi Fritz Stark, zu dem ich lange keinen Kontakt mehr gehabt hatte, weil er immer woanders gesungen hatte. Nun schrieb er mir einen herzzerreißenden Brief mit der Bitte, mich um seine Sachen in Saarbrücken im Hotel Kaiserhof zu kümmern. Er hätte dort zuletzt gewohnt und sei mit der Besitzerin verlobt. Dieser Schrieb kam aus dem berüchtigten Gefängnis Stammheim bei Stuttgart, enthielt aber keinen Hinweis darauf, warum er dort saß. Er schrieb aber die Telefonnummer von seinem Anwalt, den ich sofort anrief und ihn fragte, was los wäre mit Herrn Stark. Der Rechtsanwalt erklärte mir, dass Fritz wegen Betrugs und Urkundenfälschungen in mehreren Fällen beschuldig worden sei, und zwar von einigen seiner Freundinnen, die er um eine halbe Million erleichtert hätte. Ich konnte es mir ja nicht vorstellen, aber es war mir immer schleierhaft gewesen, wo er soviel Geld her hatte. Denn vom Singen alleine konnte es nicht kommen.

In seinem Brief beteuert er, dass er nach sieben Jahren Haft ein neues Leben beginnen wollte und zwar mit mir zusammen. Er hätte die Schnauze voll von den Frauen und wollte auf meine Schiene überwechseln. Er hätte im Knast Gelegenheit, seine Stimme weiter zu bilden und sich auf ein Leben in Freiheit vorzubereiten. Ich wäre seine ganze Hoffnung und er hätte mich schon immer sehr gemocht. Die vielen Tage, die wir zusammen verbracht hatten, wären ein Beweis dafür. Ich merkte sofort, dass es ein Hilfeschrei von ihm war. Ein unendlich Verzweifelter klammerte sich an jeden Strohhalm. Ich rief seine Bekannte im Kaiserhof in Saarbrücken an und erzählte von diesem Brief. Die riet mir sofort: „Lieber Herr Merten, lassen Sie die Finger von Herrn Stark. Er reißt Sie mit in den Abgrund!" Er hatte auch einen Scheck auf ihren Namen in Höhe von 5 000 Mark gefälscht. Ich betonte, er sei aber doch ein kranker Mann und man sollte ihn vorm Ertrinken retten und eine Chance geben. Leider kam das zu spät, er hatte sich selbst das Leben genommen. Im Nachhinein tut er mir Leid. Ich sollte das Spielen auch aufgeben, aber ich belaste nur mich und noch keinen Anderen. Trotzdem schäme ich mich.

Lilo und ich fuhren wieder zu ihrer Mutter, die sich sehr freute. Seit ihrem 90. Geburtstag ging es immer mehr bergab mit ihr, sagte Lilo. Es war das letzte Mal, dass ich Aenne sah. Ich bete für sie, denn auch sie hatte so viele gute Seiten. Lilo und ihr Drang, noch was zu erleben, brachten uns noch am selben Abend nach Duisburg und nach Düsseldorf. Sie hatte immer Durst und ich erkannte immer noch nicht, dass sie eine Trinkerin war und vor den Realitäten des Lebens floh.

Ich fuhr am 22. August über Bad Neuenahr zurück und legte dort einen Stopp ein, um ins Casino zu gehen. Ich hatte diesmal Glück und fuhr um 900 Mark reicher nach Hause. Wenn ich nach all den vielen Eindrücken in mein Haus zu meiner Mutter kam, fühlte ich mich immer geborgen wie auf einer schützenden Insel.

Am 1. September gingen die Proben los für den Werbeabend und *Othello* in Italienisch. An meinem Geburtstag hatten wir Premiere von *Polenblut* und ich hatte wieder eine solistische Aufgabe. Anschließend ging ich mit einigen Kollegen zur Madame, um meinen Geburtstag zu feiern.

Am 28. und 29. November fuhren wir mit der Oper *Viva la Mama* in die herrliche Alte Oper nach Frankfurt, ein wunderschönes Theater und ich war stolz, auch dort auf der Bühne gestanden zu haben. Ich nahm ein Zimmer mit unserem Maskenbildner, ein hübscher blonder Jüngling. Am Tage fuhren wir Beide zum Flughafen und staunten über die neuen Hallen und Terminals. Nach der Vorstellung gingen wir was trinken und fielen müde ins Bett. *Viva la Mama* war ein toller Erfolg für das gesamte Ensemble. Nur Lob in der Zeitung.

Am 15. Dezember durfte ich in Wiesbaden im *Fliegenden Holländer* gastieren. Dafür bekam ich eine schöne Gage, die ich natürlich gleich ins Casino bringen musste. Am 19. fuhr ich zu Hanna, um mit ihr ein Weihnachtskonzert für den Rentenverein von Schwabenheim zu singen. Nach dem Konzert tranken wir dort Kaffee und Kuchen. Dann bekam ich wieder eine Kiste Wein vom Besten und von Hanna 3 000 Mark zu Weihnachten. Ich brachte ihr ein wunderbares weißes Porzellanpferd, wie Pascha, und ein großes Pferdebuch mit. Darüber freute sie sich sehr. „Du hast immer solch schöne Ideen", meinte sie.

Nun neigte sich das Jahr zu Ende und am 30. Dezember starb Lilos Mutter Aenne und ich hoffe, sie ist im Himmel gut aufgehoben. Ich stürzte am gleichen Tag bei mir die Treppe vom Wintergarten hinunter und verstauchte mir meinen Fuß so sehr, dass ich zwei Wochen zu Hause bleiben musste. Mein Fuß ging in keinen Schuh hinein. Die Premiere *Fledermaus* an Silvester war für mich gestorben.

Am 14. Januar ging ich wieder zur Probe, denn am 17. fuhren wir nach Esch in Luxemburg, mit dem *Othello* in Italienisch. Esch ist eine kleine Industriestadt am westlichen Rand Luxemburgs. In dem kleinen Theater gibt es kaum Platz für das große Opernensemble. Beim Umziehen saß Einer fast auf dem Anderen. Aber es machte immer enormen Spaß, wenn das Orchester los legte und wir die großen Chorpartien schmetterten.

Die nächste Premiere *Die verkaufte Braut* stand schon vor ihrer Aufführung, die schon am 5. Februar stattfand. Am 24. ging es Richtung Essen, zum Geburtstag von Lilo, die am Tag darauf 60 Jahre alt wurde. Sie hatte zu diesem Anlass alle ihre Freunde und Freundinnen nach Heisingen eingeladen. Dort musste ich noch die bestellten Platten abholen und vor allem, genügend Getränke, vor allem Sekt vom Besten besorgen. Am Abend kamen die Gäste, es wurde immer enger und wir nahmen nach dem guten

Essen diverse Getränke zu uns. Ich bin ja kein Trinker und Lilo konnte sich immer darauf verlassen, dass ich keine Probleme hatte, falls eine Polizeikontrolle uns einmal anhalten sollte. Sie sagte: „Das war bei Hermfried immer anders. Wie oft ist er bestraft worden, weil er betrunken fuhr."

Nach dem 28. fuhr ich über Schwabenheim, bei Hanna vorbei, nach Hause. Lilo war diese Freundschaft nicht immer recht. Obwohl sie wusste, wie ich bin, hatte sie immer eine Abneigung anderen Frauen gegenüber.

Bei Hanna gab es ein gutes Gulasch und Klöße und Salat. Nach dem Essen legte ich mich immer eine Stunde hin, dann sang ich mit Enthusiasmus meine Arien und Hannchen war immer wieder begeistert. Sie hatte Kassetten von den bedeutendsten Tenören unserer Zeit und sie meinte, ich stünde keinem nach. Meine Stimme zu hören sei Erquickung ihrer Seele. Ich bemühte mich sehr, gut zu sein. Als ich mich wieder in Richtung Saarland aufmachte, steckte sie mir wieder ein Kuvert zu, ohne große Worte. Es waren wieder 3 000 DM. Ich bekam dann immer ein schlechtes Gewissen, aber es nützte nichts.

Am 1. April kam *Wozzeck* zur Aufführung und dann gleich das Musical *Cabaret* am 27. Dort sang ich ein schönes Solo und bekam 175 DM pro Vorstellung zu meiner Gage.

Meine Mutter bekam nur eine kleine Rente von 300 Mark, da konnte sie keine großen Sprünge machen, dennoch sparte sie immer was, was ich ja nicht konnte. Aber über Geld zu reden war nie mein Ding. Wenn ich es hatte, gab ich es aus. Meinen Verpflichtungen kam ich immer nach.

Am 12. und 13. Mai brachten wir *Cabaret* in Worms. Auch dort war es ein großer Erfolg und ausverkaufte Vorstellungen. Ich fuhr zur Hanna nach Schwabenheim, weil es nicht so weit war. Dort übernachtete ich und Hanna kochte für mich.

Die Premiere *Frühlingsluft* kam am 20. Mai heraus und wir waren nur fünf der Herren, die mitmachen konnten. Es war ein Lustspiel und machte allen viel Freude. Nach den Proben für die nächste Oper *Fidelio* blieb ich öfter bei dem Kollegen Stier. Wir gingen abends noch auf die Pirsch und fanden so manchen Leckerbissen. Ich stand morgens früh auf und ging runter in die Bäckerei, um frische Brötchen zu holen und auch Butter und Wurst. André hatte nie was im Kühlschrank.

Als Abschluss der Spielzeit feierten wir ein schönes Spartenfest am Tabakweiher unterhalb der Winterbergklinik. Dort wurde viel getanzt und getrunken und wir freuten uns auf den Urlaub, der nach der Premiere von *Fidelio* begann. Ich ging nach der Premiere mit unserem Tenor Rudi Schasching ins Casino und verspielte an dem Abend mein ganzes Geld. Es waren 8 000 Mark, die höchste Summe, die ich je auf einmal verspielt hatte. Ich war so frustriert, Schasching war immer viel besonnener. Ich konnte nicht aufhören und war krank, wenn das Geld zu ende war.

Dann fuhr ich sieben Tage später zu Lilo, um sie zu uns zu holen. Wir hatten eine Fahrt nach Nancy und Epinal in den Vogesen geplant. Auf dem Weg nach Gehweiler fuhren wir über Euskirchen und Bitburg und Nonnweiler. Es ist kaum zu glauben, was wir während unserer Freundschaft für Kilometer zurücklegten.

Zum Abschluss meines Urlaubs fuhr ich noch zu Hanna und mit ihr nach Weiler zur lieben Helene Biegner. Sie war immer froh, wenn Hanna und ich sie besuchten. Von ihren vielen Enkeln und Kindern bekam sie vielleicht einmal Besuch im Jahr. Das ist für eine alte Dame zu wenig. Wenn die Alten dann nicht mehr sind, tut es ihnen leid, aber dann ist es zu spät.

Ich verbrachte gerne Zeit mit meiner Mutter und kümmerte mich um sie. Trotz meiner Spielsucht und der Arbeit vernachlässigte ich sie nie. Aber die Suchte hatte mich fest im Griff. Auch im folgenden Jahr begann ich meinen Urlaub im Casino Am Ludwigsberg. Dort traf ich Rudolf und wir verabredeten gleich, dass jeder auf den anderen achtet. Aber vergebens, schon nach zwei Stunden hatte ich 3 000 Mark verloren. Ich sagte zu Rudi: „Ich fahre nach Hause und gehe nicht mehr spielen!" Diesen Vorsatz habe ich immer wieder gebrochen. Was ich da durchgemacht habe, unvorstellbar.

Ich glaubte immer, von einem Satan besessen zu sein. Man kann es nicht mit Worten erklären. Mein Puls war hoch und ich hatte immer einen roten Kopf, der bald bersten konnte. Das Schlimmste an der Sache war, dass man mit keinem darüber reden konnte.

Zu Hause arbeitete ich die ersten Tage meines Urlaubes und brachte alles ums Haus in Ordnung. Rasen und Hecke waren schon eine ordentliche Arbeit. Meine Mutter meinte: „Junge, arbeite nicht soviel." Aber was sollte ich tun.

Am 20. Juli fuhr ich zu Lilo nach Essen. Dort fühlte ich mich geborgen und keiner sprach übers Spielen oder Trinken. Wir fuhren gleich am nächsten Tag nach Recklinghausen in den Zoo. Wir schauten uns alles an und bewunderten die schönen Tiger, die so ruhig hinter den Gitter lagen, als ob sie kein Wässerchen trüben könnten. Am 22. Juli war mal wieder Düsseldorf an der Reihe, wo wir uns immer ein neues Restaurant oder ein Café zum Speisen und Trinken aussuchten. Dann ging es mit Lilo ins Saarland, diesmal über die Eifel, Euskirchen, Bitburg, wo das gute Bier her kommt, dann über Nonnweiler im Hochwald am Staudamm vorbei.

Von zu Hause aus ging es für einige Tage in die Vogesen, Nancy und Épinal. Dort übernachteten wir und fuhren über Straßburg zurück nach Gehweiler. Am 3. August brachte ich Lilo wieder nach Heisingen zurück. Lilo hatte nie den Drang nach Hause zu fahren und hätte liebend gerne noch ein paar andere Städte besucht. Wir fuhren noch nach Holland, Arnheim und nach Burg Altendorf, die eine Touristenattraktion ist.

Meine Heimfahrt war wieder mit Tücken verbunden, denn ich kam nicht an Bad Neuenahr vorbei und beehrte das Casino. 3 000 DM blieben auf der Strecke. Frustriert fuhr ich nach Hause. Immer machte ich mir Vorwürfe und sagte: „Jetzt ist Schluss!" Meine Mutter spürte meine schlechte Laune und wusste bestimmt, warum es mir so schlecht ging. Aber es wurde alles überspielt.

Am 28. August war die Begrüßung im Staatstheater wie gehabt. Herr Peleikis, früherer Verwaltungschef, übernahm das Amt des Intendanten. Ich mochte ihn gleich, weil er sehr vernünftige Ansichten vertrat.

Am 30. Oktober begann eine wunderbare Romanze im Theater. Als ich abends zur Vorstellung kam, stand ein gut aussehender Mann in der Vorhalle. Ich war augenblicklich von ihm fasziniert und sprach ihn an: „Sind Sie auch hier beschäftigt?"

„Nein", erwiderte er lakonisch „ich hole meine Tochter vom Kinderballett ab." Ich war völlig entgeistert. Er sah aus, als sei er höchstens 25. „Sie meinen wohl Ihre Schwester?" „Nein, meine Tochter von 11 Jahren." Er sei fast 30, sah aber aus wie ein Junge. Mein Interesse an ihm schien ihm Spaß zu machen. Wir unterhielten uns noch kurz, aber dann musste ich in die Garderobe. Ich fragte ihn noch, ob er Skat spielen könnte und als er das bejahte, lud ich ihn für den nächsten Abend zu einem kleinen Spiel in der Kantine ein. Er willigte ein und sagte noch seinen Namen, Pierre Dupont. Ich stellte mich auch vor und ging beschwingt in die Garderobe. Dieser Typ ging mir nicht mehr aus dem Kopf. Als ich nach der Vorstellung nach Hause fuhr, dachte ich nur an Pierre.

Am nächsten Abend fuhr ich voller Erwartung nach Saarbrücken, ging im Theater in die Kantine und traute meinen Augen kaum, da saß Pierre schon an einem Tisch. Ich ging auf ihn zu und wünschte einen schönen Abend und sagte, dass ich mich freue ihn zu sehen. Er nahm alles auf, als wäre es das Normalste der Welt. Es war noch früh und wir hatten Zeit uns alleine zu unterhalten. Er war Franzose, wohnte aber mit seiner Frau und der Tochter in Saarbrücken. Ich erzählte etwas über mich und so unterhielten wir uns bis der Kollege Willi Meier sich zu uns gesellte. Ich stellte ihm Pierre vor und auch Willi staunte, dass er eine schon 11-jährige Tochter hatte. Pierre meinte, er habe eben früh angefangen. Wir spielten eine Weile Skat. Es kam noch ein Kollege dazu und so spielten wir zu Viert, bis wir zur Probe mussten. Die dauerte allerdings nicht lange und als ich wieder kam, saß Pierre immer noch da.

Wir spielten so bis um 22 Uhr, dann fuhren Willi und Gideon nach Hause und ich lud Pierre ein, sich mit mir noch Einen in der Altstadt zu genehmigen. Dort setzen wir uns in einer Kneipe an die Theke und sprachen über alles Mögliche, als würden wir uns schon ewig kennen. Er war mir gleich so vertraut und ich sagte ihm: „Ich habe noch nie einen Menschen wie dich getroffen, der sich so intensiv mit mir befasst." Er bedankte sich und hoffte, dass wir uns öfter sehen könnten. Wir verabschiedeten uns und fuhren nach Hause.

Vom ersten Moment war ich so in Pierre verknallt und musste es sehr unterdrücken, um ihn nicht zu verlieren. Schon der Gedanke, wir kämen zusammen und es würde dann wieder aus sein, war für mich ganz grauenvoll und schon bevor was lief, litt ich schon an dem kommenden Verlust, den ich kaum verkraften könnte. In so einer Situation war ich noch nicht gewesen, denn alles Vorhergehende konnte ich besser steuern. Ich fragte mich, ob das mit dem Alter zu tun hatte.

Ich hatte Pierre meine Telefonnummer gegeben und als ich kaum zu Hause war, rief er an und fragte, ob ich gut angekommen wäre, und er möchte sich nochmals für den schönen Abend bedanken. Was das in mir auslöste, konnte er sich wohl kaum vorstellen.

Am 6. November ging es mit dem *Schwarzwaldmädel* nach Esch in Luxemburg. Dann hatte ich ein Gastspiel in *Othello* in Fürth mit dem Coburger Theater und bekam 800 Mark. Es war aber eine lange Fahrt nach Fürth und ich war froh, in der Nacht wieder heil zu landen.

Am 26. November fuhr ich zum letzten Mal in diesem Jahr zur Hanna Fröhlich, die sich immer wie ein Kind freute. Sie wurde mir eine treue Freundin und wir liebten beide die Musik. Sie half mir über viele Klippen hinweg und bestärkte mich im Singen. Wir studierten so manches Lied von Franz Schubert. Meine Lieblingslieder waren das Ständchen *Leise flehen meine Lieder* und *Du bist die Ruh*. Hanna spielte dann immer nochmal aus ihrem großen Schatz Stücke von Chopin, Adam oder anderer großer Meister. Genial schossen ihre Finger über die Tasten und ich war jedes Mal begeistert.

Nun kam der große Tag meiner Mutter, sie wurde am 2. Dezember 80 Jahre alt und wollte es selbst nicht glauben. Wir feierten ein großes Geburtstagsfest mit 85 Gästen. Alle kamen mit Blumen und Geschenken und wir tanzten und sangen zu Ehren meiner lieben Mutter.

In Luxemburg brachten wir eine Woche nach der großen Feier *Fidelio* zu Gehör und hatten einen riesigen Erfolg. Geschlafen haben wir alle im neuen Hotel Bristol. Ich hatte mit Kollege Zweig ein Zimmer und wir gingen nach der Vorstellung in die Homobar Chez Mike. Dort war es immer sehr gemütlich und man traf alte Bekannte.

Nach Weihnachten probten wir die *Fledermaus* unter der Regie von Irene Mann, die aus Berlin kam und auch am Metropol-Theater getanzt und gespielt hatte. Die Premiere war am Silvesterabend. Nach der Premiere feierten wir mit dem Ensemble noch in der Kantine, um anschließend ins Neue Jahr zu tanzen. Es war eine gute Stimmung und ich konnte es gar nicht fassen, schon drei Jahre in Saarbrücken zu singen und jeden Tag die 200 Kilometer mit dem Wagen zu fahren. Punkt 24 Uhr rief ich Pierre an, um ihm und seiner Familie ein frohes, gesundes Neues Jahr zu wünschen.

Am Neujahrsabend ging es zur zweiten Aufführung der *Fledermaus* mit viel Lust und Laune und das Publikum war noch in guter Stimmung nach dem großen Silvesterabend. Als ich nach der Vorstellung noch in die Kantine ging, saß dort mein neuer Freund Pierre. Er strahlte über das ganze Gesicht. Wir tranken ein Glas Sekt aufs neue Jahr und unsere künftige Freundschaft. Weil uns die Kantine zu voll war, zogen wir gemeinsam in die Altstadt. Dort machten wir Pläne, wie wir unsere Freundschaft gestalten wollen. Ich lud Pierre erst mal mit Frau und Tochter in mein Haus ein und zwar zum Dreikönigstag am 6. Januar. Pierre war begeistert und erzählte, dass auch Andrea, seine Frau, froh sei, dass er einen neuen Freund gefunden hatte. Als sie dann am 6. zu Dritt bei mir ankamen, mit Blumen und Geschenken, war ich gerührt. Ich konnte es noch gar nicht glauben, dass es so was gibt. Meine Mutter begrüßte die Gäste freundlich und unser Hund Flocky, ein temperamentvoller Dackel, schloss gleich Freundschaft mit Tanja, der Tochter. Andrea hielt sich noch etwas zurück, weil sie unsere Freundschaft nicht recht einschätzen konnte. Der Tag verlief in Harmonie und Pierre und Andrea luden mich ein, sie demnächst zu besuchen und auch bei ihnen zu übernachten.

Bis zu meinem Besuch kam Pierre fast jeden Abend in die Kantine und spielte mit uns Skat. Barbara sagte mir immer schon, wenn ich sie traf: „Dein hübscher Freund erwartet dich schon sehnsüchtig in der Kantine." Am 17. kam Pierre mich nach der Vorstellung am Theater abholen. Ich war ganz gespannt, wie es bei ihnen aussehen würde. Andrea überraschte mich mit einem guten Essen. Die Wohnung war sehr gemütlich und mit guten Eichenmöbeln ausgestattet. Wir sahen nach dem Essen noch einen Film und unterhielten uns. Ich schlief diese Nacht auf der Couch. Am Morgen bereitete Andrea ein leckeres Frühstück und ich fragte sie, ob es in Ordnung wäre, wenn auch Pierre einmal bei mir übernachten würde. Sie war einverstanden. Solange sie wisse, wo er sei und er sie jeden Tag von der Arbeit aus anrufe, sei sie zufrieden. Ich war gerührt, wie fürsorglich Pierre seine Familie versorgte.

Also kam der entscheidende Tag für mich. Pierre wollte am Freitag den 19. Januar mit zu mir fahren, weil er Samstag nicht arbeiten musste. Ich war schon ganz schön nervös und hoffte, nur nichts kaputt zu machen. Nach der Vorstellung stand Pierre mit einer Tasche in der Kantine und wir fuhren gleich zu mir nach Hause. Meine Mutter saß noch schlafend im Fernsehsessel, begrüßte uns und fragte, ob sie was zum Essen machen sollte. Wir verneinten und so zog sie sich in ihr Schlafzimmer zurück, weil es schon spät war. Pierre und ich blieben noch auf und machten Pläne, er wollte mein Zimmer neu tapezieren und den Wintergarten streichen. Ich zögerte das Zubettgehen hinaus und wollte einfach den Tag ausklingen lassen, der mir soviel bedeutete.

Während Pierre im Bad war, bezog ich mein französisches Bett frisch und legte mich hin. Ich war schrecklich aufgeregt, weil ich nicht wusste, was noch passieren würde. Ich wollte mich ganz ruhig verhalten und Pierre einfach machen lassen. Der kam in Shorts ins Schlafzimmer, baute sich vor mir auf und fragte ganz selbstbewusst: „Soll ich die Hose ausziehen oder wie wollen wir es halten?" Völlig perplex sagte ich ihm nur, er solle sich hinlegen, es gäbe bei mir keine Anweisungen. Er kam einfach in meine Hälfte und sagte nur: „Peter, sag mir, auf was du stehst, ich richte mich danach." Er überrumpelte mich einfach, legte sich zu mir und gestand mir: „Am ersten Abend, als wir in der Kantine Skat gespielt haben, hätte ich gerne mein Knie gegen deins gedrückt, um dir zu zeigen, dass ich dich mag. Ich hatte noch nie so ein Verlangen, mit jemandem zu schlafen. Und jetzt ist es so weit ..." Ich hätte am liebsten geweint vor Glück. Danach hatte ich mein Leben lang gesucht.

Diese Nacht war kurz und erfolgreich. Aber damals war mir schon klar, dass dieses tolle Gefühl nicht von Dauer sein konnte. Ich sagte Pierre: „Lass es unser Geheimnis bleiben. Ich möchte nicht, dass Andrea darunter leidet." Pierre erwiderte nur: „Ich rufe meine Frau jeden Mittag an und weiß nicht, was sie so treibt. Und wenn ich nach Hause komme und mal an ihr rum drücke, stößt sie mich immer weg und meint ‚Bist du schon wieder geil?'. Dann ziehe ich los und suche mir eine Andere zum Abreagieren, so einfach ist das. Du brauchst dir keine Sorgen zu machen, meine Ehe ist nur noch eine Farce wegen Tanja." Aber ich wusste aus meiner Erfahrung, dass wenn wir uns nur lange genug gut verstünden, die Neider aus Familie und dem Freundeskreis versuchen würden, unsere Liebe zu zerstören. Nur wegen ihrer Unfähigkeit zu lieben.

Am 24. Januar schlief ich bei Pierre und Andrea bot mir an, in ihrem Bett zu schlafen, sie übernachte auf der Couch. Ich nahm das Angebot an, sie wusste ja nicht, wie es um uns stand. Pierre kam jeden Abend und wenn es nur eine Stunde war, die wir uns sehen konnten. Dann fuhren wir mit dem Wagen in Richtung Winterberg, liebten uns und sprachen über die Welt und Freundschaft.

Ende Januar wurde Annelie 60 Jahre alt und es gab eine große Geburtstagfete im Sportlerheim. Dort kamen von allen Vereinen, denen Annelie vorstand, eine Menge Leute zum Kaffee und zum Abendessen. Die ganze Familie war anwesend. Glückwünsche kamen von überall her.

Am 4. Februar bekam ich einen roten Brief mit Blumen drauf von Pierre. Hier möchte ich den Inhalt dieses Briefes schreiben, um meine Gefühle zu untermauern.

„Lieber Peter!!
Ich schreibe dir diese paar Zeilen, um dir zu sagen, dass du für mich ein Traum bist wie im Märchen. Wir kennen uns ja nur wenige Zeit, aber die Zeit hat uns eingeholt, mir kommt es vor, dass wir uns schon so lange kennen. Weil alles so harmonisch stimmt, passen wir wie zwei Sterne in der Milchstraße zusammen.
Du bist für mich ein Phänomen, weil ich bis heute nie geglaubt habe, dass es Menschen gibt wie dich. Du bist ein umwerfender Mann. Du bist alles in einem, weil du alles besitzt, an was anderen Menschen mangelt, z.B.: Herzlich, verständig, anpassungsfähig, gütig, herrlich usw.
Die materiellen Werte sind neben dir gleich Null. Ich glaube, dass es wenige wie dich auf der Erde gibt. Für mich hast du eine große Bedeutung, du gibst mir mehr Lebensmut, Freude ein Mensch zu sein. Du hast, lieber Peter, das Ende von Sackgasse und Mühen beendet in meinem Leben. Unsere Wege werden sich nie trennen. In mein Herz bist du eingraviert für IMMER
Dein Pierre."

Der Brief machte mich unendlich glücklich. Wie viele Menschen findet man schon, die so auf einer Wellenlänge liegen?

Pierre blieb dann für ein Wochenende bei mir und tapezierte mit mir mein Schlafzimmer – natürlich mit Andreas Einverständnis. Er rief sie jeden Tag zwei Mal an. Wir arbeiteten zusammen und liebten uns. Diese Nähe und unser Gleichklang waren mir fast unheimlich. Ich durfte es nicht zu Ende denken, aber das Ende war immer in meinem Hinterkopf. Als wir mit der

Arbeit zu Ende waren, wollte ich Pierre bezahlen und da wurde er böse und meinte, wir wären doch Freunde und mehr als Freunde. Da machte ich ihm den Vorschlag, dass wir zusammen zwei Wochen in den Urlaub fahren könnten, das sollte er mir versprechen. Ich würde Andrea darum bitten, ihm mal einen Männerurlaub zu gönnen. Andrea und Pierre planten mit Tanja und einer Freundin im Sommer für drei Wochen mit dem Wohnmobil nach Spanien zu fahren. Wir wollten im Anschluss nach Ibiza fliegen – als Belohnung für Pierres Arbeit. Aber noch mussten wir darauf warten und genossen bis dahin jedes Treffen.

Im Februar nahm mich Pierre mit zu seinen Eltern nach Forbach. Ich war ganz schön nervös, was seine Eltern zu unserer Freundschaft meinten. Als wir das Haus betraten, begrüßten uns die Mutter und der Vater sehr lieb. Ein ganz normales Ehepaar. Sie hatten noch ein Zwillingspaar, zwei Mädchen, von denen eine mit einem Tunesier verheiratet war. Die Andere lebte noch zu Hause. Nach der Begrüßung gab es ein gutes Menü nach französischer Art. Ich kam im Gespräch mit Pierres Vater gleich auf die DDR zu sprechen und er war in vielen Dingen meiner Meinung. Er fuhr öfter zu den noch verbliebenen Verwandten nach Magdeburg. Als wir wieder in Richtung Saarbrücken fuhren, sagte mir Pierre, sein Vater hätte sich in der jungen Zeit so einen Freund wie mich gewünscht und hätte ihm zu unserer Freundschaft gratuliert.

Am 3. März war die Premiere von *Tannhäuser*, die vierte in meinem Leben, und die letzten zehn Tage waren voll von Proben. Das Stück dauerte ja immer vier Stunden und da war man geschafft. Ich blieb dann drei Mal bei einer Kollegin, die ein Fremdenzimmer vermietete. Es wurde abends immer spät und morgens musste ich wieder früh raus. Bei Pierre wollte ich nicht immer stören, weil er ja früh morgens zur Arbeit musste.

Das Musical *Hello Dolly* stand am 4. April auf dem Programm und ich hatte wieder ein tolles Solo für 75 DM pro Vorstellung, das muss man auch erst einmal verdienen.

An Ostern fuhr Pierre mit mir nach Mainz, um meine früheren Kollegen zu besuchen und ihnen meinen neuen Freund vorzustellen. Erst fuhren wir zu Ottmar Kalt, der nicht zu Hause war. Dann fuhren wir nach Wiesbaden, dort zeigte ich ihm die Costa Brava, die ich mal geleitet hatte. Am Ende gingen wir in das Casino. Dort kannte man mich noch. Ich hatte ja eine Stange Geld dort gelassen.

Danach besuchten wir die schöne Helga Schwickert, eine Sopranistin, die ich sehr mochte. Dort wurden wir lieb empfangen und tranken dann bei ihnen mit Mann Herbert und Tochter Kaffee. Dann ging es noch zur Hanna, beladen mit Pralinen und Blumen, über die sie sich freute. Wir tranken ein Glas Wein und fuhren wieder in Richtung Saarland. Pierre hatte seinen Wagen bei mir geparkt und fuhr dann alleine zurück nach Saarbrücken.

Am 6. Juni war dann die Premiere der Oper *Hans Sachs* von Lortzing und dann folgte am 28. Juni meine über alles geliebte Operette *Csardasfürstin*, in der ich den Mac Grave spielte und eine Pauschale von 1 000 DM bekam. In dieser Operette brachte ich auch Pierre unter, in der Statisterie. Er musste einen Diener spielen und machte das ganz gekonnt.

Der Urlaub begann am 1. Juli 85. Pierre hatte am 6. Juli seinen 30. Geburtstag, den wir dann bei ihm zu Hause feierten und zwar mit seinen Eltern und der Schwiegermutter. Andrea hatte alles nett dekoriert und servierte auch ein gutes Essen. Wir unterhielten uns und tranken Sekt zu Ehren meines Freundes.

Zwei Tage später kamen Andrea, Pierre und ihre Tochter zum 60. Geburtstag meines Schwagers Herbert. Wir hatten ein riesiges Zelt aufgestellt und bei strahlendem Sonnenschein saßen so 40 Verwandte und Freunde von Herbert bei Kaffee und Kuchen. Dann wurde gegrillt und getrunken, was das Zeug hält. Keiner von uns musste Auto fahren.

Am 10. Juli fuhren Pierre und seine Familie nach Spanien. Ich gab Pierre noch 40 Liter Diesel mit aus meinem Tank und hoffte auf ein gesundes Wiedersehen.

Ich fuhr mal wieder, wie jedes Jahr im Urlaub zu meiner Freundin Lilo Brachetti nach Essen. Dort wurde ich wie immer mit einem Trunk an der Hausbar empfangen. Dann gab es was zum Picken, wie Lilo das Essen immer nannte. Ich erzählte ihr von meiner Romanze und sie sagte einsichtig: „Ich gönne dir den Knaben." Was immer es auch heiße. Dann hatte sie wieder ein volles Programm aufgestellt, das da hieß Köln, Werden, Düsseldorf, Duisburg und dann nach Dortmund, mir zuliebe ins Casino. Immer wieder Essen gehen und viel in den Nachtbars rumtingeln, bis Lilo den Kanal voll hatte. Ich war der Chauffeur, der keinen Alkohol trank, aus Prinzip, so konnte sich Lilo immer auf mich verlassen. Erst später erfuhr ich, dass sie Alkoholikerin war. Schade, dass sie keinen Sinn mehr im Leben fand. Sie war eine arme durstige Seele und tat mir Leid. Für mich waren es immer schöne Tage und Lilo packte wie üblich meinen Wagen voll.

Diesmal fuhr ich noch auf dem Rückweg zu meinem Cousin Rolf Merten, der Chef der Toyota Gruppe in der BRD war. Dort empfing mich seine Frau Andrea und lud mich zum Essen in ein Restaurant ein, weil Rolf erst am Nachmittag nach Hause käme. Ich brachte ihr eine schöne Blumenschale mit. Sie besaßen ein imposantes Haus mit einem riesigen Garten. Am Nachmittag kam Rolf nach Hause und begrüßte mich herzlich, dann zeigte er mir sein ganzes Haus und Garten. Dann erzählten wir uns über die Familie. Leider hatten wir kaum mehr Kontakt. Er lud mich ein, bei ihnen zu übernachten. Dann solle ich doch mal mit Lilo vorbei kommen. Am nächsten Tag fuhr ich über Mainz nach Schwabenheim zu Hanna Fröhlich, die mir im Laufe der Jahre ans Herz gewachsen war. Sie freute sich am ehrlichsten und meine Rosen waren das richtige Geschenk. Sie sagte: „Das wollen wir gleich durchnehmen: *Vogelhändler*, den Adam: ‚Schenkt man sich Rosen in Tirol, weiß man, was das bedeuten soll.'" Dann „Wie mein Ahnerl zwanzig Jahr und ein gesunder Burschel war". Alles beliebte und bekannte Melodien. Ich war wieder in meinem Element und Hanna spielte so leicht und erfrischend, dass die Welt um uns versank. Am Abend fuhr ich dann nach Hause, wo meine Mutter und unser Hund mich freudig begrüßten.

Ende Juli fuhr ich mit meiner Mutter zu den Eltern von Pierre, der uns dort erwartete. Wir verbrachten den Mittag bei gutem Essen und dann schenkten sie mir neue Stühle, die mir so gefallen hatten und sehr preiswert waren. Die besitze ich heute noch und sie erinnern mich an diese wunderbare Zeit.

Im August war es endlich so weit. Pierre und ich fuhren zusammen nach Ibiza. Pierre holte mich mit dem Auto ab und wir fuhren nach Frankfurt zum Flughafen. Wir waren aufgeregt wie kleine Kinder. Es war Pierres erster Flug. Als wir im Flieger saßen und die Menschen so reinströmten, wurde es uns doch komisch ums Herz. Dann kam der Start und im Nu verschwanden wir in den Wolken. Als wir das Saarland überflogen, schauten wir auf die kleine Welt unter uns. Schon waren wir über Frankreich. Ich fragte Pierre, wie er sich fühlte. Er sagte: „Wie im Himmel. Sollten wir abstürzen, wäre es mir egal, denn wir hätten uns für immer." Das bewegte mich so sehr und ich ergriff seine Hand und hielt sie bis zur Landung.

Als wir aus dem Flugzeug ausstiegen, kam uns ein heißer Wind entgegen. Alles war so wunderschön und wir vergaßen fast, wo wir waren. Die Busse fuhren vor und wir wurden in unser Hotel San Antonio gebracht. Dort wurden wir von einem Animateur mit einem Drink empfangen und bekamen unseren Zimmerschlüssel. Wir waren ganz begeistert und hätten uns es nicht schöner vorstellen können. Wir packten unsere Koffer aus und sprangen dann unter die Dusche. Dann standen wir nackt auf dem Balkon und blickten wie berauscht auf das Meer.

Ich bekam Angst, denn so ein Glück konnte nicht ewig halten. Pierre gab mir einen Kuss und sagte: „Danke für alles. Mögen wir noch viele schöne Dinge zusammen erleben." Dann zogen wir uns schön luftig an und gingen runter in den Speisesaal zum Essen. An unserem Tisch nahmen wir unsere Umgebung in Augenschein und entdeckten manch nettes Gesicht. Wir machten Scherze und fühlten uns von allen Sorgen und Lasten befreit.

Am Abend gingen wir in die nahe liegende Altstadt. Dort war ein Betrieb wie auf einem Basar. Stimmen und Sprachen aus aller Herrenländern. Wir setzten uns in einer langen Strasse in ein Café, um was zu trinken. Dann hörten wir aus der Ferne Musik, die immer näher kam. Jemand sagte: „Jetzt kommt der Karnevalszug!" Und schon war er da. Es war wie Rosenmontag in Deutschland. Singend und tanzend zogen die bunt gekleideten Leute durch die Straße. Die Stimmung war ansteckend und wir liefen ein Stück mit dem Zug mit. Als es schon ziemlich spät war, gingen wir zurück ins Hotel und zogen uns für unsere erste Urlaubsnacht in unser Zimmer zurück. Im Bett sprachen wir noch ein bisschen und schliefen dann rasch ein.

Am Morgen des zweiten Tages gingen wir frisch gestylt in den Frühstücksraum. Dort nahmen wir ein gutes Frühstück ein. Am Nebentisch saßen zwei nette Italienerinnen, die uns anlachten und fragten: „Omo? Omo?" Ich sagte nur: „Si, si." Das hätte man sich zuhause wohl kaum getraut. Nach dem Frühstück gingen wir an den Strand zum Sonnenbaden. Pierre grub sich bis auf den Kopf in den Sand, das sah aus als wäre er enthauptet. Am Nachmittag wollten wir die Burganlage der Stadt Ibiza anschauen, dann am Strand vorbei wandern, der ja riesig lang war. Am Ende, wo es zu den Salinen ging, lag ein kleiner FKK-Strand, den wir uns für den nächsten Morgen vornahmen.

Am Abend wurde in der Hotel-Bar ein Wettbewerb ausgetragen, der schönste und trinkfesteste Mann wurde gesucht. Nach dem Abendbrot zogen alle in die Disco und da wurde getanzt, jeder mit jeder oder jedem. Ich tanzte mit Pierre, nur um zu provozieren, gleich taten es alle. Es war eine Gaudi und Pierre war nicht mehr zu bremsen. Dann kam ein Kellner mit einer riesigen Flasche Sangria und lud die Herren ein, sich für den Wettbewerb einzufinden. „Wer am meisten trinkt und am längsten tanzt und einen Strip hinlegt, wird Mister Don Toni!"

Es war ein Gekreische und ein Toben und schon bald fielen die Ersten aus, nachdem sie zuviel getrunken hatten. Pierre war gut im Rennen, er tanzte, als wenn es um sein Leben ginge. Dann hieß es: „Wer den schönsten Strip hinlegt, bekommt den Titel!"

Nun flogen die Kleider nur so herum, bald standen die Ersten nur noch in Unterhosen da. Dann zog auch Pierre die Hose aus und das Volk grölte. Der Kellner ging auf Pierre zu, legte ihm einen Kranz um und nannte ihn „Don Toni". Ringsherum surrten die Kameras und Fotoapparate. Dann verließen Pierre seine Kräfte und er fiel hin. Ich brachte ihm seine Kleider, zog ihm die Badehose an und schleppte ihn ins Zimmer. Er war total besoffen.

Am nächsten Tag musste Pierre sich noch von der Sangria erholen, hatte einen dicken Kopf und wollte nur noch Sprudel trinken. Nach dem Frühstück ging es ihm aber schon besser. Dann liefen wir zum FKK-Strand und suchten einen Platz. Wir legten unsere Decke aus und rieben uns gegenseitig mit Sonnenöl ein. Schnell wurde die Badehose ausgezogen und dann stürzten wir in die kühlen Fluten des Meeres. Es war eine Wohltat und die Haut prickelte wie Sckt im Glas. Am Strand liefen die Nackedeis herum und spielten Federball oder auch Handball. Mir war nur nach Ruhe und so legte ich mich auf die Decke, Pierre kam dazu und schlief gleich ein. Die Sonne brannte vom Himmel und wir mussten aufpassen, dass wir nicht zuviel davon bekamen.

Zur Mittagszeit ging es zurück ins Hotel. Wir zogen uns manierlich an und gingen dinieren, wie man bei vornehmen Leuten sagt. Es war alles toll angerichtet und man konnte essen, was man wollte.

Nach dem Mittagsmahl zogen wir in unser Zimmer und gingen zu zweit unter die Dusche, das prickelte und schon wuschen wir gegenseitig unsere Körper und legten uns dann, wie der Herr uns geschaffen hatte, auf das Bett. Pierre streichelte meine empfindlichen Stellen und gleich erlösten wir uns zum ersten Mal mit einem ordentlichen Orgasmus.

Am Abend hatte ich vor, mit meinem Freund ins Casino der Stadt zu gehen. Es lag weit in einem anderen Stadtteil, wo auch eine riesige Disco war, zu der die Massen strömten. Als wir uns unsere weißen Anzüge angezogen hatten, sahen wir braungebrannt aus wie zwei Gigolos. Alle bewunderten uns und fragten, was wir vorhätten. Wir suchen das Glück und los ging's. Am Casino angekommen, war ich etwas enttäuscht. Wir waren die einzigen in Anzug und Krawatte und viele Leute liefen in Badeschuhe herum, das gäbe es in Deutschland nicht. Aber nun waren wir da und wollten auch zocken. Ich besorgte genügend Jetons und los ging es. Pierre wollte nur mal zusehen und hielt seine Jetons zurück. Ich setzte gleich auf das Zéro Spiel mit 250 Jetons, es waren spanische Peseten, gleich beim ersten Spiel kam die 26 und ich bekam das 35-fache. Ich ließ meinen Einsatz stehen und spielte noch die Finale 6 dazu. Dann kam die 26 noch einmal und ich hatte drei Stücke darauf. Da hatte ich soviel Geld gewonnen, wie unsere Reise gekostet hatte. Da sagte Pierre: „Lass uns aufhören und noch in die Disco gehen!" Sein Wunsch war mir Befehl, ich hörte zum ersten Mal auf. Wir tauschten unsere Jetons zurück und gingen fröhlich aus dem Casino und zogen in die nahe Halle.

Die Menschen dort standen dicht beieinander, die Luft war zum Schneiden und die Musik dröhnte in unseren Ohren. Ich machte den Vorschlag, noch was Nettes essen zu gehen und dann zurück ins Hotel zu gehen, dort könnten wir noch in die Bar gehen. Pierre war sofort einverstanden und so liefen wir gerade aus auf die Burg zu. Sie war unser Kompass, denn von dort sahen wir unser hell erleuchtetes Hotel. Es war mittlerweile 23 Uhr. Obwohl wir nichts Anstrengendes gemacht hatten, waren wir doch müde.

Am nächsten Tag brach die Realität in unseren Urlaub ein. Andrea rief an und behauptete, Tanja wäre angefahren worden und läge im Koma. Pierre solle sofort nach Hause kommen. Als er nachhakte, verriet sich Andrea. Jemand hatte ihr gesagt, dass ich homosexuell bin. Pierre nahm Andreas Anruf nicht ernst. Er lachte nur und meinte, so eine Erpressung hätte sie schon einmal versucht. Zur Sicherheit rief er seine Eltern an. Die hatten nichts von einem Unfall gehört. Pierre entschied, dass wir unseren Urlaub wie geplant beenden. Andrea wolle uns unsere schöne Zeit nur verderben. Ich war verzweifelt. Wie konnte ein Mensch nur so hinterhältig handeln? Wir hatten ja niemandem was weggenommen oder Unrecht getan. Meine Urlaubslaune war dahin und unsere Beziehung begann zu bröckeln.

Die nächsten Tage lagen wir nur am Strand, dann lernte Pierre eine Witwe aus Nürnberg kennen und sie nahm ihn mit in ihr Zimmer. Es tat mir zwar weh, aber ich musste mit so was rechnen, denn er war ja Hetero. Er blieb einen Nachmittag mit ihr zusammen. Wäre es ein Mann gewesen, hätte ich es nicht verkraftet. So schnell kann eine gerade wachsende Pflanze verwelken. Man kann das Glück nicht halten. Die letzten Tage liefen so dahin und die Witwe fuhr am nächsten Tag nach Hause und verabschiedete sich mit Kuss von Pierre. Mein Kartenhaus war eingestürzt,

Als wir nach Hause flogen, sagte Pierre beruhigend: „Peter, wir wollen doch Freunde bleiben!" Aber ich hatte Tränen in den Augen, meine glücklichste Zeit zerronnen. Ich hatte aufgrund meiner Erfahrung immer Angst und eine Ahnung von dem, was kommen würde.

In Frankfurt auf dem Flughafen dann die Überraschung, Andrea und ihre Familie holten Pierre ab. Ich ließ mich auf keine Diskussionen ein. Andrea sagte, sie fahre mit uns mit nach Gehweiler und dann hole sie ihren Mann mit nach Hause. Auf der Fahrt gab es nur Vorwürfe und Beschimpfungen. Ich bemerkte nur, dass Andrea ja mit dem Urlaub einverstanden gewesen wäre. Zu Hause bei mir angekommen, kam meine Schwester dazu, die von Andrea vorher schon unterrichtet worden war, und ergriff ihre Partei. Pierre konnte sich nicht mehr wehren und fuhr mit seiner Frau nach Saarbrücken. Er rief mich nicht einmal, kam aber nach einem halben Jahr zu mir und wollte alles wieder rückgängig machen. Seine Andrea hatte schon jahrelang einen Geliebten, von dem er nichts geahnt hatte. Er ließ sich scheiden und bekam die Tochter zugesprochen.

Ich blieb auf der Strecke und war ein ganzes Jahr wie gelähmt, bis heute habe ich es noch nicht verkraftet. Heute ist Pierre wieder verheiratet und lebt in Frankreich. Er hat mich eingeladen, ihn zu besuchen, aber vorbei ist vorbei. Ich wünsche ihm alles Gute, er hatte mir die Liebe für einen kurzen Moment zurück gebracht und es war wie ein Geschenk des Himmels. Leb wohl, mon amour.

Der Alltag begann am 16. August und bei den Proben für *Carmen* und *Land des Lächelns* versuchte ich, Pierre zu vergessen. Die Premiere der *Csardasfürstin* war am 12. September als Wiederaufnahme. Ich spielte den Mac Grave und bekam wieder 1 000 DM pauschal dafür. Es folgte dann die Operette *Land des Lächelns* von Franz Lehár am 22. September. Dazwischen lagen die vielen Proben und die Fahrten nach Hause. Dort konnte ich die Hände nicht in den Schoss legen, denn ich musste für meine Mutter sorgen und auch einkaufen fahren für uns und auch Annelie und Herbert, die kein Auto besaßen. Ich erledigte auch alle Hausarbeiten, waschen bügeln, Fenster putzen, staubsaugen. Das Kochen machte meine Mutter. Ich war jeden Tag drei Stunden im Wagen und meistens zwei bis drei Stunden vormittags bei den Proben oder auch abends, wenn keine Vorstellung für uns anfiel, dazu 20 bis 24 Vorstellungen in manchen Monaten und die Abstecher in andere Städte. Diese Belastung forderte irgendwann ihren Tribut und ich hatte einen Nervenzusammenbruch und kam ins Evangelische Krankenhaus in Saarbrücken und wurde dort behandelt. Ich blieb aber nicht lange.

Am 30. September war die große Premiere von *Carmen*. Die Feier war in der Kantine und ich kam mit einem amerikanischen Tänzer ins Gespräch. Er war im Ballett und neu in Saarbrücken. Wir verstanden uns gut, er war nicht so tuntig wie die Meisten und das gefiel mir an ihm. Er fuhr mit mir nach Hause und tröstete mich über den Verlust von Pierre hinweg.

Im November brachten wir in Luxemburg die Operette *Land des Lächelns* und André Stier und ich nahmen uns ein Zimmer im Hotel Mertens. Nach der Vorstellung zog ich mit André , mit dem ich keine sexuelle Beziehung unterhielt, nach Bad Mondorf ins Casino. Wir spielten Roulette und auch Black Jack. Diesmal mit Erfolg. Ich gewann 1 500 DM.

Am 19. November fuhren André und ich nach Vianden und besuchten das Schloss, das hoch auf einem Berg stand. In der Stadt gingen wir in das

Museum Victor Hugo. Dann in ein Restaurant und aßen sehr guten Fisch. André Stier war ein etwas komplizierter Typ, der sehr nett sein konnte und auch witzig, aber in Sekundenschnelle konnte seine Stimmung umschlagen und man nicht mehr mit ihm sprechen. So was hatte ich auch noch mit keinem Anderen erlebt. Im Theater wurde er als exaltiert angesehen und hatte es schwer mit den Kollegen. Er holte sich seinen Sex immer auf dem Strich und war böse auf mich, weil bei mir immer alles normal verlief. Ich hatte Mitleid mit ihm, obwohl er manchmal ohne Grund nicht mit mir sprach.

Am 30. November waren wir mit der *Csardasfürstin* in Esch Alzette, einer Industriestadt im Westen von Luxemburg. Immer auf Achse und rauf und runter, so verlief mein Leben im Westen.

Erholung fand ich immer bei Hanna Fröhlich. Ich besuchte sie im Dezember und wir sprachen viel über ihre Vergangenheit. Als sie noch jung gewesen war, hatten ihre Eltern eine Pferdezucht betrieben und Hanna war eine so gute Reiterin gewesen, dass sie an der Olympiade 1936 teilgenommen hatte. Furore machte sie aber auch immer wieder mit ihrem Klavierspiel. Ich bewunderte ihre Leistungen sehr, was ihr Mann nie getan hatte. Er hatte ihr nur alles verboten. Wir machten unsere schöne Musikstunde und tranken Kaffee. Dann fuhren wir zu einer Schriftstellerin, Frau Goers, die Pferderomane geschrieben hatte, und in Ober-Olm einen großen Pferdehof besaß. Dort stand Pascha, Hannas Pferd, zur Pflege. Hanna rief nur laut „Pascha" und schon sprengte der Schimmel auf Hanna zu und wieherte vor Freude, als wollte er sagen: „Du kommst aber spät." Ich fuhr nach meinem Besuch noch ins Casino nach Wiesbaden und verspielte 2 000 DM und fuhr in der Nacht mit schlechtem Gewissen nach Hause.

Am 20. fuhr ich nach Essen, um Lilo zu besuchen und dann zu Heilig Abend mit ihr nach Gehweiler zu fahren. In Essen gab es wie immer einen Empfangstrunk an der Hausbar, dann eine gute Mahlzeit und einen kleinen Mittagsschlaf. Danach zogen wir los in die Innenstadt. Dort kaufte Lilo diverse Weihnachtsgeschenke für mich und meine Sippe und für Fred und Werner, das Homopärchen, die wir am nächsten Tag besuchten. Lilo schenkte ihnen 10 000 DM von dem Erlös aus dem Verkauf ihres Elternhauses nach dem Tod ihrer Mutter. Mir schenkte sie 5 000 Mark und Kleider im Wert von 800 DM. Werner und Fred hatten alles sehr schön weihnachtlich gestaltet und wir saßen gemütlich vor dem Kamin und tranken Champagner. Am nächsten Tag fuhren Lilo und ich ins Saarland und feierten mit meiner Mutter, Annelie und Schwager Herbert das Fest der Liebe.

In Saarbrücken kam dann *Nacht in Venedig* zu Silvester zur Aufführung. Ich mimte einen Laternenanzünder, eine Pantomime und bekam für meinen stummen Auftritt soviel Beifall, wie es noch nie in Saarbrücken gegeben hatte. Heute noch schwärmen die Kollegen davon. Ich war mächtig stolz darauf, denn das hatte noch keiner geschafft. So ging das Jahr 1985 zu Ende.

Im neuen Jahr ging es gleich los mit dem *Troubadour* von Verdi, eine Oper, die ich auch schon öfters hatte an den verschiedenen Theater. Diesmal musste ich zum dritten Mal den Boten mimen. Eine Partie für 80 DM. Ich erwähne immer das Geld, weil es ja eine Extrabezahlung war und zur Gage gehörte. Es summierte sich im Laufe einer Spielzeit und ich war immer froh darüber. Von der Gage alleine hätte ich nicht so viel verspielen können.

Im Januar ging ich nun öfter mit dem großen Tenor Rudolf Schasching ins Casino. Er war ein besonnener Spieler und ging meistens mit Gewinn nach Hause. Ich dagegen setzte immer alles oder nichts. Wann immer ich ein Casino betrat, setzte jegliche Vernunft aus. Hatte ich mal groß gewonnen, plante ich schon den nächsten Coup. Omar Sharif sagte mal, Spielen ist schöner als aller Sex. Man ist immer in einer vollen Spannung. Der Blutdruck steigt ins Unermessliche und man nimmt seine Nachbarn gar nicht mehr wahr. Er hatte in Monaco 4 Millionen verspielt in einer kurzen Zeit. Am meisten tat es ihm weh, als er sein Lieblingspferd verhökern musste, um seine Schulden zu bezahlen. Nun will ich mich nicht mit ihm messen, aber meine Gefühle sind die Gleichen.

Hanna Fröhlich schrieb mir jede Wochen einen Brief und legte immer einen Schein dazu, damit ich mir das Benzin leisten und sie besuchen konnte. Insgesamt hat sie mir im Laufe von 20 Jahren über 150 000 DM geschenkt. Trotzdem war ich durch meine Spielsucht immer verschuldet. Ich belieh auch das Haus. Soweit hatte mich das Spielen gebracht.

Am 16. März war ich bei Babara Solgan zum Geburtstag. Viele Kollegen vom Theater trafen sich bei ihr in Gersweiler. Dort besaß sie ein Haus, das sie schön eingerichtet hatte. Sie fühlte sich besonders zu mir hingezogen und meinte, ich wäre ihr bester Tanzpartner auf der Bühne und die Walzer mit mir könnte sie nie vergessen, auch meinen Humor liebte sie. Sie sagte mir: „Seitdem du nicht mehr bei uns bist, ist alles langweilig und öde geworden." Dies bestätigten auch viele andere Kollegen und auch die Elsa von der Kantine meinte: „Du warst morgens immer der Erste im Haus und nicht launig, sondern immer mit einem guten Spruch, dabei warst du ja schon immer 50 Kilometer gefahren."

Eines Tages rief mich mein früherer Freund Hagen aus Mainz an, nachdem er aus dem Knast entlassen worden war. Er möchte mich gerne einmal besuchen kommen, denn er hätte viel an mich gedacht. Ich sagte zu, fühlte mich aber nicht ganz wohl dabei. Wir hatten uns lange nicht gesehen und ich hatte zugegebenermaßen das Interesse an ihm verloren.

Das Musical *Kiss me Kate* kam am 30. März zur Premiere. Am 3. April ging es dann nach Esch Luxemburg mit dem *Land des Lächelns*. Es waren schöne Abstecher, aber auch anstrengend. Wegen Überlastung wurde ich aus der nächsten Produktion, *Don Giovanni*, gestrichen.

So hatte ich ein bisschen Luft, um Hannchen, wie ich sie liebevoll nannte, für vier Tage zu mir und meiner Mutter zu holen. Wir gingen zusammen in die Oper und besuchten ihre alte Freundin Helene in Weiler bei Ingelheim. Ich war Hanna immer sehr dankbar und sie genoss meine Gesellschaft. Sie betonte immer wieder, dass ich ihr mehr Liebe und Verständnis entgegen brächte als ihre eigenen Kinder und erst Recht mehr als ihr Mann.

Wieder zu Hause kam Hagen zu mir. Er wollte mit mir wieder so in Freundschaft zu leben, wie vor Jahren. Ich sagte ihm, er könne zu mir kommen, wenn er es wolle, aber so wie früher, das ginge nicht mehr. Er war enttäuscht, aber er kam mit dem Korb zurecht und fuhr nach drei Tagen wieder nach Mainz.

Am 18. Mai bekam ich die Nachricht, dass mein früherer Kollegen Günther Maurer verstorben wäre, im Alter von nur 56 Jahre und kurz nach dem Tode seiner Mutter. Das tat mir weh, obwohl wir uns nie besonders gut verstanden hatten. Viele Kollegen haben bis heute diese schöne Welt verlassen und sie lassen das Endliche spüren. Das eigentliche Gute dieser Welt ist, dass keiner sich einen Tag länger erkaufen kann. Ich mache mir auch manchmal meine Gedanken, was danach kommt. Ich denke, das größte Glück ist, wenn man sein Leben im Einklang mit seiner Umwelt gelebt hat und nicht im Zorn nach hinten schauen muss.

Nach der Premiere vom *Wildschütz* von Lortzing kam der lang erwartete Urlaub. Ich hatte etwas Zeit zu lesen und mir fiel die Illustrierte Stern in die Hände, mit einem Bild von meinem früheren Freund Willi, dem Zahnarzt. Er war mir ein guter Kumpel gewesen und ein echter Sunny-Boy. Mit Entsetzen las ich, dass er vor dem Landgericht Hanau als Boss eines Gangster-Quartetts wegen schweren Diebstahls angeklagt worden war. Er, der eine gut gehende moderne Praxis im Hanauer Vorort Grossauheim betrieben hatte, mit 12 Angestellten in fünf Behandlungsräumen, und nur Fußballstars, Schlagersänger und Industriemanager mit edlem Zahnersatz behandelte. Ich hatte mich ja immer gewundert, wie er das in der kurzen Zeit erreicht hatte. Er hatte einen Sportwagen der Nobelmarke Aston Martin gefahren, wie einst James Bond. Nach der Erkenntnis der Staatsanwaltschaft hatte er finanzkräftige Patienten und auch Freunde ausrauben lassen. Die vier Ganoven, die er zu den Einbrüchen angestiftet haben sollte, saßen längst hinter Gittern. Im November 1984 war Frank verhaftet, dann aber gegen eine Kaution von 50 000 Mark und gegen Hinterlegung seines Passes frei gelassen worden. Der Staatsanwalt bekam raus, dass er noch zwei weitere Pässe besaß, aber zu spät. Frank war weg und wurde seither mit Haftbefehl gesucht. Der Stern hatte ihn auf Sri Lanka entdeckt. Im Wunderland der Träume hatte er eine neue Einnahmequelle gefunden. Er erfüllte Ehepaaren aus der BRD, aus Holland und der Schweiz einen besonderen Wunsch – niedliche Babys. Der Kopfpreis lag bei 30 000 DM.

Dieser Bericht brachte mich sehr auf und ich musste wieder einmal feststellen, dass man in keinen rein sehen kann. Ich hätte ihm bis heute vertraut. Als ich Lilo kurz darauf besuchte und ihr von dem Artikel berichtete, konnte sie es einfach nicht glauben. Wir waren in Mainz oft mit Frank und seiner damaligen Freundin ausgegangen, sie kannte ihn also auch. Auf dieses Thema kamen wir bei unserer Urlaubsfahrt öfter zurück. Die Fahrt ging in Richtung Osten.

Zuerst machten wir Station in Fulda und stiegen in einem Hotel mit Namen Peterchens Mondfahrt ab. Dann durchstreiften wir die Stadt und fanden eine zünftige Bar, so ganz nach Lilos Geschmack. Zwei nette Herren hinter der Bar bedienten uns mit einem Drink auf Kosten des Einen, der Geburtstag hatte. Lilo streifte gleich ihre Uhr ab und schenkte sie dem Geburtstagskind. So war sie nun mal. Wir blieben dort, bis Lilo fast vom Hocker fiel. Gott sei Dank war unser Hotel gleich in der Nähe. Ich brachte sie also ins Hotel, zog sie aus, legte sie ins Bett und ließ sie ihren Rausch ausschlafen.

Nach dem Frühstück packten wir unsere Sachen zusammen und los ging es nach Berlin. In Berlin angekommen bezogen wir ein kleines Hotel und gingen gleich am Abend ins Kurfürstendamm Theater, das Stück hieß *Halb auf dem Baum* mit Thomas Fritsch. Am zweiten Tag streiften wir durch Kreuzberg, das man „Klein Istanbul" nannte, und am Abend sahen wir die Komödie *Frühling im September*.

Am dritten Tag fuhren wir in den Ostteil und besuchten meine frühere Nachbarin Frau Kristen, die in Marzahn in einem Altenheim wohnte. Frau Kristen, die mittlerweile über 80 Jahre alt war, war überglücklich, mich wieder zu sehen. Sie lebte mit einer anderen Dame in dem Zweibettzimmer und jede Dame bezahlte 30 DM Ost für den ganzen, Monat und sie hatten drei Mal in der Woche Veranstaltungen jeglicher Art. Wir, Lilo und ich, luden die beiden Damen ein, mit uns nach Köpenick ins berühmte Rathaus zum Essen zu fahren. Sie freuten sich beide sehr und Frau Kristen bemerkte: „Frau Brachetti, so wie Peter mit mir umgegangen ist, gab es keinen mehr. Nicht mal meine Tochter, die in Westberlin kinderlos lebt und keine Zeit aufbringt für die Mutter." Als wir die Beiden wieder abgeliefert hatten, schenkte Lilo Frau Kristen neben den Geschenke, die wir aus dem Westen mitgebracht hatten, 100 DM West, das waren 500 DM Ost. Dann nahmen wir Abschied und umarmten uns, mit der Gewisshei,t uns nicht mehr lebend zu sehen.

Am nächsten Tag machten wir eine Bootsfahrt auf dem Teltower Kanal und am Abend besuchten wir eine Show. Am 19. Juli trieben wir uns am Wannensee herum, aßen in einem netten Restaurant und gingen am Abend wieder aus. Diesmal ins Theater des Westens, dort moderierte Peter von Zahn die Show *Zaubereien*. In der Pause rief ich Hanna Fröhlich an, die mir mitteilte, dass unsere Freundin Helene Biegner in ihrer Wohnung tot aufgefunden worden war. Das versetzte mir einen Schreck, denn wenige Wochen vorher war ich noch mit Hanna bei ihr gewesen. Helene hatte sieben Kinder gehabt und war doch einsam und verlassen gestorben. So geht es in vielen Familien zu.

Den letzten Tag in Berlin verbrachte ich in gedrückter Stimmung. Lilo und ich fuhren nach Tegel an den See und nach Spandau, gingen in die Museen und am Abend ins Kabarett *La Rose en Vie* und danach in die Whisky Bar in der Nähe vom KDW.

Am nächsten Morgen nach dem Frühstück ging es in Richtung Hannover, das ich bis zur der Zeit noch nicht kannte. Wir stiegen im Thüringer Hof ab, mieteten ein Zimmer und gingen in die Stadt. Dort klapperten wir alles ab, was sehenswert erschien, und gingen wieder gut Essen. Ich fiel abends immer todmüde ins Bett, erst fahren und dann noch durch die Gegend trollen. Lilo bekam nie genug davon. Hätte sie eine richtige Aufgabe gehabt, wäre sie auch müde geworden. Obwohl sie manchmal anstrengend war, mochte ich Lilo wirklich sehr und ohne sie hätte ich mir diese Dinge nicht leisten können und durch sie habe ich viel gelernt und gesehen.

Die Rückfahrt ging über Bielefeld, dann legten wir in Detmold an der Lippe an und bestaunten die schönen Häuser und das Theater, dessen Intendanten und seine Frau ich gut kannte. Sie hatte in Mainz zu meiner Zeit die Rössel Wirtin gespielt, mit Moretti als Leopold, der später in Detmold Regie für das Stück *Feuerwerk* führte. Am Theater gibt es überall einen, den man kennt. „Eine große Familie", sagte ich zu Lilo. Nach einem guten Stück Kuchen und Kaffee im Freien fuhren wir zurück nach Essen. Am 23. Juli fuhr ich dann wieder schwer beladen mit Geschenke nach Hause. Meine Mutter war immer glücklich, wenn sie mich wieder heil landen sah.

Am 31. Juli lud ich meine Mieter, das Ehepaar Voss, und meine Mutter ein und wir fuhren in den Hunsrück auf den Erbsenkopf, dem Wintersportgebiet der Saarländer und dann nach Wildburg zum Abendessen. Es sollte der letzte Liebesbeweis für Herrn Voss sein, denn er verstarb im Dezember.

Wieder auf Achse fuhr ich nach Schwabenheim zu Hanna und wir Beide fuhren nach Weiler zum Grab von Helene. Hanna beschenkte mich wieder mit 1 000 DM, statt mit dem Geld dann nach Hause zu fahren, traf ich mich mit Hagen in Mainz und ging mit ihm ins Casino. Diesmal gewann ich 600 DM dazu. Ich schenkte Hagen 100 Mark und fuhr nach Hause.

Am 7. August begann der Dienst im Theater wieder und alle waren froh sich wieder zu sehen Es gab eine Menge neue Kollegen, aber viele waren auch ausgeschieden, in Rente. Jeder wünschte sich, das Alter bald erreicht zu haben. Nur bei mir stand fest, dass ich bleibe, solange ich konnte.

Am 27. August bekam ich seltenen Besuch, Ralph Blau, seines Zeichen Maler und Bühnenbildner in Hamburg, hatte Sehnsucht nach seinem alten Spezi Peter. Er war mittlerweile verheiratet und hatte eine Tochter bekommen. Er besuchte seine Eltern, die in Bad Kreuznach wohnten, und nahm so die 70 Kilometer auf sich, um zu mir zu kommen. Es gab viel zu erzählen und wir bedauerten, uns nicht öfter zu sehen.

Am 28. August bekam ich eine Einladung vom Staatssekretär und späteren Kultusminister im Saarland Henner Wittling, den ich während seiner Studienzeit in Berlin im berüchtigten Pressecafé kennen gelernt hatte und mit dem mich viele Diskussionen verbanden. Er kam von der SPD und ich von der linken Seite. Wir trafen uns zum Abendessen am St. Johanner Markt im Restaurant Haufs. Es gab interessante Gespräche und der Abend verlief im ziemlichen Einklang.

Zur selben Zeit liefen die Vorbereitung zur Oper *Maskenball* von Verdi auf Hochtouren. Sie kam in Originalsprache heraus, das hieß italienisch. Da mussten wir schön lernen. Während dieser Zeit lernte ich den Georges Reichrath kennen und wir machten öfter Touren durch die Saarbrücker Nachtbars. Er sang im Extrachor und spielte sehr gut Klavier. Er wohnte in Honzrath und hatte auch eine schöne Anfahrt. Auch auf Abstecher waren wir viel zusammen, auch zu dritt mit André Stier mit dem wir immer heftige Diskussionen über die Musik und Inszenierungen hatten.

Hanna Fröhlich besuchte ich fast jeden Monat und sie schrieb mir jede Woche einen Brief. Ende September war ich wieder bei ihr. Sie bekam noch Besuch von einer mir bekannten Freundin Ilse, die Hanna fast überall hin begleitete. Wir tranken Kaffee, erzählten dies und das und musizierten. Ich hatte immer einen guten Draht zu den älteren Damen, denen ich nichts zu Leide tat und mit denen ich mitfühlte. Sie hatten meistens Machos als Männer gehabt und darum waren die Homos beliebt, weil sie keine Forderungen stellten und verständnisvoller waren.

Zurück zu Hause nahm ich Georges, genannt Schorsch, mit zu mir, damit er sehen konnte, was ich für einen Weg zurücklegen musste und was ich zu

Hause leistete. Schorsch kam gleich klar mit meiner Mutter und er brachte einen schönen Blumenstrauß mit. Da sagte meine Mutter gleich zu mir: „Mach dem Buben ein Brot zum Essen." Das erzählt Georges heute nach 20 Jahren immer wieder, mit dem Zusatz „Deine Mutter war eine Herzdame."

Am 24. November starb mein Mieter Herr Voss an Lungenkrebs und ich musste mich um die Verbrennung und Beerdigung kümmern, weil Frau Voss zu nichts mehr in der Lage war. Ich bemühte mich, sie so gut wie möglich zu unterstützen.

Der Barbier von Sevilla war die vorletzte Premiere, dann kam zu Silvester die Operette *Wienerblut* heraus und ich durfte mit Barbara Solgan den schönsten Wiener Walzer auf der Bühne tanzen, um den sogar der Ballettmeister mich beneidete. Der sagte seinen Tänzer immer: „Schaut euch den Merten an. So tanzt man einen Walzer!" Das ging mir runter wie Öl.

Das Jahr 86 ging zu Ende, mit viel Freude aber auch Leid. Das neue Jahr fing gleich mit einem herben Verlust an, den ich im Casino erlebte. Ich fuhr an meinem freien Abend ausgerüstet mit 10 Euroschecks nach Saarbrücken. Ich war voller Hoffnung, endlich mal den großen Coup zu landen.

Viele meiner Spielfreunde waren zu gegen und ich saß mit rotem Kopf am Tisch und spielte die große Serie, die ich gleich fünfmal verpasste, dann setzte ich auf Orphelins und da kam die große Serie. So ging das die ganze Zeit, ich machte eine Pause und schimpfte. Verärgert ging ich zu einem anderen Tisch und versuchte dann wieder das gleiche Spiel, dann gewann ich auf der 26 wieder 350 DM und verdoppelte es wieder das Zéro-Spiel. Ich gewann noch mal und ich erhöhte das gleiche Spiel und alles war wieder verloren.

Ich dachte „Das kann nicht wahr sein." Ich fand mich so schlecht und litt wie ein Straßenköter. Beim Verlust von 2 900 DM hörte ich auf und fuhr nach Hause. Als ich im Bett lag, spukten die Zahlen vor meinen Augen und ich schwor, nun endlich nicht mehr das Casino zu betreten. Es waren nur Meineide, denn immer wieder übermannte mich der Spielteufel. Ich stellte fest, dass ich ein Masochist sein müsste, denn je mehr ich litt, desto mehr hatte ich Spaß.

Am 5. Februar feierte ich mit Georges seinen Geburtstag in Saarbrücken. Er lud mich zum Italiener gleich um die Ecke vom Theater ein. Dort tafelten wir toll, wie man sich so schön ausdrückt, mit allem was dazu gehört und ich staunte nur so, als Georges die Rechnung bekam. Es waren 100 DM für uns Beide. Dann gingen wir noch zur Madame und ich spendierte eine Flasche Champagner. Es war ein schöner Tag.

Kurz darauf lud mich der amerikanische Tänzer auch ein, er wäre es mir schuldig für die schöne Nacht, die wir vor Wochen zusammen verlebt hatten. Ich fühlte mich geschmeichelt, besonders da er so viel jünger war als ich. Eigentlich waren alle meine Bekannten viel jünger, das wird mir erst heute richtig bewusst. Man sagte mir damals, ich wäre jünger als mancher 30-Jährige.

Am 9. und 10. Februar hatten wir ein großes Brahmskonzert und am 22. gleich die große Oper *Freischütz* von Weber. Man muss sich immer wieder wundern, was wir so studieren mussten. Heute kommt es meinem Gedächtnis zu Gute, denn ich bin ja ein Leben lang trainiert worden. Im März hatten wir das Musical *Evita* und im April kam die Oper *Elektra* von Richard Strauss heraus.

Im Mai besuchte ich wie so oft Hanna, um zu singen. Dann fuhr ich am 12. mit Georges nach Luxemburg, weil wir dort zwei Aufführungen des *Freischütz* hatten. Wir mieteten ein Zweibettzimmer im Hotel Mertens. Nach der Vorstellung fuhren wir in das nahe gelegene Casino Bad Mondorf. Dort schlugen wir uns beim Spielen die Nacht um die Ohren. Gleich beim ersten Setzen gewann Georges 700 DM auf der Zahl 5. Er hörte sofort auf und ich Blöder spielte wieder um alles oder nichts. Obwohl mich Georges immer mahnte, konnte ich mich nicht zurückziehen. Der Verlust betrug dann 1600 DM und tat weh. Wir fuhren ins Hotel, so gegen 2 Uhr löschten wir das Licht. Nach der Vorstellung am 13. fuhren Georges und ich zurück und ich lud ihn in Honzrath ab und raste nach Hause.

In Saarbrücken liefen mittlerweile die Proben für *Orpheus in der Unterwelt*, Premiere 30. Mai, eine schreckliche Inszenierung. Ich schämte mich auf der Bühne zu stehen, genau wie in Mainz damals. So kann man auch ein Stück kaputt machen. Ich hatte das tolle Glück, dieses Stück in Berlin am Metropol mit einem Triumph zu erleben. Darauf bin ich heute noch stolz.

Die Spielzeit wurde dann mit der Wagneroper *Rheingold* beendet und wir konnten uns am 6. Juni in die Ferien begeben. Als Erstes holte ich meine Freundin Hanna für paar Tage zu uns nach Hause und wir saßen in meinem schönen gepflegten Garten, tranken Kaffee und gingen spazieren. Immer wieder betonte sie, wie gut ihr unsere Freundschaft täte. Am 14. Juni fuhr ich sie wieder zurück und besuchte dann meinen Kollegen Ottmar Kalt, den Obmann vom Mainzer Theater, der sich immer freute mich zu sehen.

Dann kaufte ich meinen neuen Wagen, einen Fiat Uno 75 von meiner Cousine in Baltersweiler, die eine Tankstelle mit Werkstatt und eine Fiatvertretung hatte. Mit dem neuen Wagen fuhr ich dann zu Lilo nach Essen und wir machten die üblichen Fahrten durchs Ruhrgebiet. Fünf Tage blieb ich bei Lilo. Wir besuchten Werner und Fred in Dorsten. Dann wurden wir in den Gruga Park eingeladen von Hans Rickens und seiner Frau Maria, die dort in einer schönen Villa wohnten.

Am 16. August widmete ich mich meiner Mutter und Frau Voss mit einer Fahrt in meinen Geburtsort Bous, wo wir noch die restlichen Bekannten besuchten und auch die Bommersbacher Mühle, die mein Großvater in den 30iger Jahren bewirtschaftet hatte. Danach fuhren wir nach Völklingen und wollten Tante Maria, also Maria Germann, besuchen und wurden mit der traurigen Nachricht konfrontiert, dass sie schon Monate tot war. Hans, ihr Sohn und mein früherer Freund, hatte uns nicht informiert, obwohl seine Mutter alle Jahre bei meiner Mutter die Ferien verbracht hatte.

Am 27. August begannen die Proben für die neue Spielzeit. Doch zuerst machten wir eine Schallplatten-Aufnahme von *Tannhäuser* mit dem Tenor Erwin Stephan, Rudolf Schasching, Volker Bengel und Günter Wewel, sowie der berühmten Norma Sharp als Elisabeth und dem Chor des Staatstheaters und dem Extrachor. In Konstanz am Bodensee probten wir fünf Tage lang unter der Leitung von Paul Theisen, den ich als Kapellmeister aus meiner Mainzer Zeit kannte. Ich hatte diesmal mit Georges ein Zimmer im Gasthof Zum Hirschen. Morgens hatten wir drei Stunden und abends drei Stunden Probe für die Gesamtausgabe der Wagneroper. Die Aufnahme wurde in einem Studio in der Schweiz gemacht. Georges, André Stier und Barbara schlossen sich mir an und zu viert machten wir einige Ausflüge auf die Inseln Mainau und Reichenau. Es waren schöne Tage und wir hatten so manchen Spaß. Am 28. fuhr ich mit Paul Theisen, dem Dirigenten, ins Konstanzer Casino und wir verspielten beide unsere Gage und Spesen. Aber ansonsten war es ein riesiges Vergnügen. Die Platten sind sehr gut geworden und im Handel zu kaufen. Barbara und André fuhren dann mit mir und Georges nach Saarbrücken zurück.

Anfang September bekam ich nach 18 Jahre Schweigen einen Brief von einem guten, alten Freund Otto Schenk, der inzwischen seinen Doktor gemacht hatte und jahrelang in der mongolischen Hauptstadt Ulan Bator als Botschafter gearbeitet hatte, dann wieder mit seiner Familie nach Rostock zurückkehrte und nun in Ostberlin Mongolistik an der Humboldt-Uni lehrte. Sein Brief warf mich bald um. Er schrieb, dass er mich in den ganzen Jahren nicht vergessen hätte. Da er nun wieder in der DDR wäre, sollten wir doch unsere Freundschaft wieder pflegen und den Briefverkehr aufleben lassen. Ich war glücklich von ihm zu hören, denn er gehörte zu den besten Freunden zu meiner DDR Zeit. Das bestätigte meine These, dass echte Männerfreundschaften das Schönste sind, was es gibt. Und ich war mir dessen immer bewusst. Ich antwortete ihm sofort und im Laufe der Zeit bekam ich Hunderte von wunderbaren Briefen und schrieb ebenso viele zurück. Auch schickten wir uns gegenseitig schöne und wertvolle Pakete. Durch die bevorstehende Vereinigung hofften wir uns endlich wieder zusehen. Zwei Jahre gingen noch ins Land, bis wir uns in die Arme nehmen konnten.

Am 4. Oktober kam die Operette *Paganini* mit Volker Bengel in der Titelrolle, heraus. Es war mal wieder eine schöne und runde Sache. Danach folgte gleich die schwere Oper *Die Lady Macbeth von Mzensk*. Die Erstaufführung war am 4. November. Als ich an einem Abend noch eine halbe Stunde vor der Aufführung Zeit hatte, lief ich noch eben zum Telefonieren über die Straße. Als ich zurückkam, erwischte mich ein Auto und schleuderte mich auf eine Betonabgrenzung. Mein Bein war aufgeplatzt, mein Unterkiefer zerschmettert und die ganzen Zähne zertrümmert. Mit Blaulicht wurde ich in die Unfallklinik auf dem Winterberg gebracht. Dort wurde ich wieder zusammen geflickt und musste zwei Wochen das Bett hüten. Eine Menge Kollegen kamen mich dort besuchen. Selbst Hanna aus Schwabenheim kam mich mit ihrer Freundin Ilse überraschen. Und sie meinte nur: „Ein Glück, dass du noch lebst." Ich sah übel aus. Auch Mario Kirsch besuchte mich. Er war Statist am Theater und ich war in ihn verknallt und suchte immer seine Nähe. Er war blond und sportlich und hatte eine interessante Ausstrahlung. Aber unsere Freundschaft war rein platonisch.

Er fuhr mit nach Worms, wo wir *Paganini* am 13. Dezember aufführten. Zu Silvester kam dann die große Oper *Rosenkavalier* heraus und ich hatte eine schöne Rolle im 2. und im 3. Akt und wurde gut bezahlt. So endete das Jahr 1987. Um Mitternacht begossen Georges und ich bei der Madame das neue Jahr. Viele Kollegen kamen dort hin und es wurde gefeiert bis in den Morgen. Ich fuhr zum ersten Mal halb betrunken nach Gehweiler und konnte froh sein, nicht in eine Kontrolle gekommen zu sein.

Am 6. Januar bekam ich einen Hexenschuss und konnte mich kaum bewegen. Ich war beim Arzt in St. Wendel und musste eine Woche pausieren. Ich bekam Spritzen, die die Schmerzen linderten – kein guter Beginn des neuen Jahres.

Als ich wieder fit war, stieg ich in die Proben zur Oper *Butterfly* ein. Die Premiere war am 31. Januar. Bei Puccini gab es nie Probleme, das Publikum kam gerne.

Dann studierten wir ein neues Stück, das zur Uraufführung kommen sollte. Der Titel war *Petit Bijou* und es handelte vom Leben von Toulouse - Lautrec. Es war leider nicht sehr erfolgreich. Mario Kirsch spielte mit in der Statisterie. Ich nahm ihn wieder mit zum Gastspiel nach Worms, mit der *Butterfly*. Bei diesem Abstecher durchstreiften wir die Stadt und besuchten so manche Kneipe. Auf der Heimfahrt diskutierte ich mit ihm über die Freundschaft und die Frauen.

Die nächste Premiere war dann am 5. Mai die Oper von Cimarosa *Cenerentola*, auf Deutsch *Aschenbrödel*. Eine lustige und schöne Aufführung, die allen viel Spaß machte.

Am 15. rief ich Dr. Otto Schenk zum Geburtstag an. Wir waren glücklich, endlich wieder unsere Stimmen zu hören und er freute sich auf ein baldiges Wiedersehen. Und das nach 20 Jahren Abstinenz. Mit dem *Rosenkavalier* fuhren wir am 22. Mai nach Ludwigshafen. Mario fuhr wieder mit mir und wir wurden langsam enge Freunde.

Am Ende des Monats war ich beim Notar Theobald in St. Wendel und verkaufte schweren Herzens ein Stück Land auf dem Gäschenweg für 5 000 DM. Bei mir war das Geld immer sehr knapp, da ich jeden Monat 1 300 für ein Darlehen an die Kreissparkasse bezahlen musste, 16 % Zinsen und das Jahrelang. Dazu kamen natürlich auch meine Verluste in den Casinos.

Am 17. Juni stieg bei mir eine große Sommerparty und 35 Kollegen vom Chor, Solisten und der Regisseur Krämer und einige aus meiner Sippe folgten meiner Einladung. Ich hatte Tagelang den Garten und die Hausbar geschmückt und hergerichtet, Es gab eine große Kaffeetafel und abends Schwenkbraten mit verschiedenen Salaten. Es war eine Freude, mal so viele Kollegen bei mir zu haben. Alle waren begeistert von meinem Grundstück, nur keiner wollte die weite Fahrt nach Saarbrücken jeden Tag machen. Jeder fragte, wie ich das nur durchstehe und dann noch meine Mutter versorge und das große Haus und Garten bestelle. Es war schon eine große Herausforderung, aber noch fühlte ich mich wohl dabei. Barbara lag mir immer in den Ohren und meinte: „Ich ziehe zu dir und wir machen ein Altersheim auf." Aber das musste ich nicht unbedingt haben.

Dann fuhr ich mit einem Thomas Treitzig, den ich mal als Anhalter von Saarbrücken nach St. Wendel mitgenommen hatte, nach Bad Mondorf. Er wohnte in der Dudweiler Straße in einer Wohngemeinschaft und war Vater von einem zweijährigen Sohn. Ich fand ihn sehr sexy und freute mich, dass er mit mir nach Bad Mondorf fuhr und wir im Casino eincheckten. Wir nahmen ein schönes Doppelzimmer, gingen essen und anschließend in den Spielsaal. Dort verließ mich wie gewöhnlich das Glück im Spiel, aber in der Liebe fand ich immer den richtigen Typ und da war mir der Verlust von 800 DM schon ganz egal. Thomas war ein gut gebauter Junge und hatte schon alle Tricks drauf. Ich war nur traurig, schon in einem gewissen Alter zu sein, aber Erfolg hatte ich trotzdem.

Am nächsten Tag fuhren wir nach Saarburg, das ich noch gar nicht kannte, und ich war überrascht von der schönen Stadt. Wir saßen dort bei wunderbarem Wetter auf einem gepflegten Platz, aßen zu Mittag und gönnten uns ein Eis bei einem Italiener, bevor wir die Heimreise antraten. So begann mein Urlaub im Jahre 88.

Mit Mario Kirsch unternahm ich eine Fahrt nach Trier, dort hatte ich auch schon eine Menge verloren. Der Reiz wurde immer stärker. An diesem Tag verlor ich 1 600 DM. Mario wollte mich immer stoppen, aber ich hörte auf niemanden. Am 24. Juli verlor ich an einem Abend 4 600. Mario versuchte mich vom Spielen abzubringen und meinte: „Peter, spar doch das Geld für unsere geplante Urlaubsreise." Aber ich hörte wieder nicht und verzockte kurze Zeit später 2 700 und spürte allmählich, dass ich in eine Sackgasse geraten war. Deprimiert fuhr ich nach Schwabenheim zur Hanna und weinte mich richtig aus. Wir fuhren zusammen den Rhein hinunter und gingen auf die Burg Rheinfels bei St. Goar essen und Hanna genoss sichtlich die wunderbare Aussicht auf den Rhein. Ich brachte sie wieder nach Hause und fühlte mich wieder etwas besser.

Kurz darauf kam Mario zu mir und wir besuchten das neue Casino in St. Wendel. Mario schüttelte den Kopf: „Ein Casino vor der Haustür – das hat dir gerade noch gefehlt." Als meine Schwester Annelie hörte, dass nun ein Casino in St. Wendel wäre, wollte sie sich an den Bürgermeister Boullion wenden. Es sei eine Schweinerei, auf Kosten von Spielsüchtigen die Stadtkasse aufzubessern. Aber das brachte natürlich nichts.

So verlief der Urlaub mit viel Verlust dahin. Mit meiner Mutter und Frau Voss machte ich eine Tagesfahrt in die Pfalz zum Trifels. Ich schämte mich meiner Sucht und versuchte sie zu verdrängen. Ich erinnerte mich an das Leben meiner Mutter, die so wenig Geld zur Verfügung hatte und dennoch immer was sparte.

Mit Mario machte ich eine schöne Urlaubsfahrt nach Brüssel, danach nach Ostende. Dort blieben wir für vier Tage, gingen baden und laufen, dann abends ins Casino. Dort ließ ich an zwei Abenden 3 000 Mark. Das war eine Menge und nicht einmal Mario konnte mich stoppen, obwohl ich ihn doch liebte. Aber etwas fehlte, sonst kann man doch nicht so verrückt sein, das Geld so zum Fenster hinaus zu werfen. Ich musste mehrmals mein Haus beleihen und immer, ohne dass meine Mutter oder meine Geschwister etwas mitbekamen. Geahnt haben sie es schon, nur in welchen Größen es sich vollzog, konnten sie nicht ahnen. Die Gerüchte schossen ins Kraut, ich hätte schon alles verjubelt. Das machte mich krank. Nur Mario und Georges wussten alles über meine Sucht und sie bekamen langsam Angst um mich. Um all die Verluste zu vergessen, fuhr ich zu Lilo nach Essen. Dort dachte ich nicht mal ans Spielen. Wir fuhren zu Werner und Fred nach Dorsten, zusammen nach Düsseldorf, danach nach Altena im Sauerland und dann nach Roermond in Holland. Am 22. August dann nochmals nach Mühlheim und über Duisburg nach Essen zurück. Ich bemerkte immer mehr, dass auch Lilo süchtig war. Sie trank selbst für ihre Verhältnisse ungewöhnlich viel und aß immer weniger. An manchen Tagen sah sie schlimm aus und ich bemerkte ihre Lustlosigkeit und dass sie wirklich nie nach Hause wollte. Ich sprach mit ihr, sie sollte einen Arzt konsultieren, aber das verneinte sie sofort. Am 23.August verließ ich Heisingen und Lilo sah mir traurig nach. Ohne Menschen um sie kam die Einsamkeit, die ich auch gut kannte.

Die Rückfahrt ging über Schwabenheim und bei Hanna konnte ich mich beim Singen wieder erholen und fühlte mich wie neugeboren.

Am 27. August war ich mit Georges essen und er erzählte mir, dass er seit Jahren an Aids leide und immer glaube, es gehe bald mit ihm zu Ende. Alle seine Bekannten waren mittlerweile schon tot – und er lebt heute noch, weil er die guten Medikamente bekam und sie auch immer einnahm. Ich dachte mir: „Gibt es denn überhaupt keinen Menschen, der nicht durch irgendwelche Katastrophen gefährdet ist?"

Am selben Tag besuchte ich noch Thomas und er stellte mir seinen kleinen Sohn vor, auf den er sehr stolz war. Mit der Mutter kam er aber nicht klar, weil sie mit allen seinen Kollegen und Kumpels pennte. Also, Vollkommenheit bleibt eine Utopie. Mit diesen Gedanken fuhr ich nach Hause und kam am Ludwigskreisel auf den Gedanke, doch noch ins Casino zu schauen, um jemanden zu treffen. Ich blieb wieder hängen und verließ in der Früh das Haus – erleichtert um 1 700 DM.

Am 6. September begann die Spielzeit und wir hatten die erste Probe zur Oper *Idomeneo*. Dann kamen sehr viele Abstecher, *Cenerentola* in Saarlouis und dann in Worms. Danach am 18. Oktober *Zauberflöte* in Dillingen. Dann mit Land des Lächeln in Worms und am 5. November Rosenkavalier auch in Worms. In Merzig *Butterfly*, dann in Böblingen *Paganini* und zum Jahresabschluss ein Konzert in der Kongresshalle mit *Traviata* und *Fledermaus*. Dann feierte ich mit Georges bei Madame das neue Jahr.

Das Jahr 1989 begann bei meiner Mutter. Ich blieb artig zu Hause. Am 6. Januar besuchte ich Hanna und bekam von ihr ein verspätetes Weihnachtsgeschenk in Form von 1 000 DM, die ich dann am 14. in Saarlouis im Casino auf sage und schreibe 8 900 DM aufstockte.

Am 8. Februar war ich wieder zum Singen bei Hanna, die mir 200 DM für Benzin gab. Ich fuhr nach Mainz, traf mich mit Hagen und gewann in einer halben Stunde 500 Mark und fuhr glücklich nach Hause. Wenn es nur immer so gewesen wäre.

Zunächst blieb mir das Glück hold. Bei einem Besuch mit Georges in Trier gewann ich 1 800 Mark und für zwei Gastauftritte in der *Zauberflöte* in Karlsruhe und Trier bekam ich eine nette Gage. Ich konnte mich eigentlich nur freuen, aber ich glaubte nicht an große Serien. Wenn man hoch fliegt, fällt man tief und zwar immer unerwartet.

Wir hatten in Saarbrücken einen jungen amerikanischen Dirigenten, der gut aussah und besonders intelligent war und auf meiner Welle schwamm. So nahm ich ihn mit nach Luxemburg mit Übernachtung. Es war sein erster Besuch in einem Casino und das so genannte Erstlings-Glück kam über ihn. Wir mieteten ein Zimmer, zogen uns chic an, gingen in den Spielsaal essen und trinken und waren guten Mutes. Ich gewann innerhalb einer Stunde 3 200 Mark und schenkte Caspar Oldman, so hieß der junge Künstler, von meinem Gewinn 200 Mark in Luxemburger Franken, die er dann vervierfachte. Er war stolz wie ein König. Wir beschlossen das Glück nicht mehr zu strapazieren, tranken noch eine Flasche Wein und gingen beseelt ins Zimmer und gleich ins Bett. Wir unterhielten uns und versuchten, uns einen Abgang zu verschaffen.

Am nächsten Morgen gingen wir in die Stadt einkaufen, er besorgte noch ein schönes Parfum für seine Freundin, eine Sängerin aus unserem Ensemble. Wir fuhren froh gestimmt ins Saarland zurück und beschlossen, so was noch öfters zu machen. Am 2. Juli dirigierte Caspar Oldman die Premiere von *Gräfin Mariza* und anschließend wurde schön gefeiert. Die letzte Premiere *Figaros Hochzeit* kam noch vor dem Urlaub heraus und dementsprechend gut war die Stimmung. Alle freuten sich schon auf den Urlaub. Ich fuhr mit unserem Tenor Rudolf Schaching und dem Bariton Brünning am 4. Juni nach Trier und verlor wieder 2 200 und das kurz vor dem Urlaub. Der Urlaub begann am 3. Juli und ich fuhr zwei Tage später nach Schwabenheim und Mainz, wo ich wieder das Glück herausforderte und verlor.

Am 6. Juli kam ein junger Mann aus unserem Dorf, klingelte und sagte ganz lakonisch: „Ich habe euren Hund überfahren. Er liegt auf der Straße vor Hirstein und ich möchte den Schaden an meinem Auto melden." Meine Mutter und ich fingen an zu weinen, war Flocky, der Dackel, für uns doch wie ein Kind gewesen. Ich fuhr mit meinem Auto an die Stelle, den Hund zu holen, es war nur 500 Meter von meinem Haus entfernt. Meine Schwester Annelie und unsere Mieterin Frau Voss, die den Flocky liebevoll Senator genannt hatte, weil er immer die Augenbraue hoch zog, fingen auch an zu heulen, als sie von seinem Tod erfuhren. Ich schaufelte noch am gleichen Tag ein Grab unter unserer großen Eiche, wo auch unser Bobby begraben liegt.

Den Urlaub nutzte ich meistens, um spielen zu fahren. Mal fuhr ich nach Bad Mondorf und verlor 5 200, dann gewann ich in Saarbrücken 4 200, dann in Trier 4 800 verloren, so ging das rauf und runter. Dann gelang mir ein großer Coup – ich gewann in Saarbrücken 13 000. Sofort beschloss ich, mit Mario nach Baden-Baden zu fahren und in dieser herrlichen Stadt ein Wochenende zu verbringen. Ich liebte es immer, jemanden bei mir zu haben, den ich besonders mochte und mit dem ich auch schlafen konnte. Mario war zu dieser Zeit mein Favorit. Mit dem Sex war es nichts, aber alleine das Zusammensein war für mich schon was Schönes. Und Mario verehrte mich und nahm mich, wie ich war. Wir mieteten uns im Steigenberger Hotel ein und ich bezahlte sofort den horrenden Preis, um nicht in Versuchung zu kommen, das Geld dafür zu verspielen.

Dann ging's zum großen Spiel. Der Glanz und die Pracht des Casinos verschlugen uns den Atem. Eine Menschen Menge drängten sich im feinen Gewande im Inneren der Spielsäle. Überall hörte man nur „Faites vos yeux" und „Rien ne va plus". Ich fieberte dem Spiel entgegen und vergaß die Welt um mich herum.

Mario ging an die Bar und ließ mich alleine, ich ging natürlich wie immer aufs Ganze. Mal gewann ich und aber dann kam die Zeit, wo nichts mehr ging. Weit nach Mitternacht hatte ich 7 000 verloren. Wir machten Schluss und gingen noch in eine Bar in der Nähe des Hotels. Mario bemitleidete mich wegen des Verlusts. Im Bett nahm er mich in die Arme und so schliefen wir ein.

Früh um 10 Uhr standen wir auf und ließen das Frühstück aufs Zimmer bringen. Es war ja teuer genug für die kurze Zeit. Dann zogen wir los, um bei herrlichem Wetter die Stadt und die wunderschönen Parks zu fotografieren. Dann gingen wir ins Freibad, damit wir das richtige Urlaubsgefühl bekamen. Nach dem Mittagessen wollten wir nach Hause fahren, aber ich hatte noch zehn Schecks dabei und glaubte den Verlust vom Abend wieder aufzuholen. Leider umsonst. Mario wunderte sich darüber, wie unberührt ich den Verlust wegsteckte. Da sagte ich ihm nur: „Die Sucht ist schöner als Sex." Dann fuhren wir über Frankreich zurück nach Saarbrücken.

Anfang August fuhr ich zu Hanna, um mit ihr Abschied von Pascha zu nehmen. Pascha wurde zum Schlachthof gebracht, weil er schmerzhafte Gelenke hatte und sein Alter ihm zu schaffen machte. Sie sagte, sie freue sich, dass er noch so einen schönen Lebensabend in Ober-Olm hatte. Der Abschied von ihm war sehr schmerzhaft und ich litt mit ihr. Danach fuhren wir nach Mainz Kaffee trinken und machten einen Spaziergang durch die Stadt, um Hanna vom Abschied von ihrem alten Kameraden Pascha abzulenken. Ich fuhr Hanna zurück und wir musizierten noch eine Stunde zusammen und dann fuhr ich – diesmal direkt – nach Hause.

Die restlichen Urlaubstage verbrachte ich mit Lilo in Essen und Umgebung. Wir besuchten die Villa Hügel von Krupp, die eine Bilderausstellung beherbergte und sahen uns die Kostbarkeiten an. Danach unternahmen wir eine Bootsfahrt um den Baldeneysee. Am Abend kehrten wir dann in Hattingen beim Italiener zum Essen ein. Am 15. August ging es zurück nach Gehweiler über Montabaur. Dort legten wir eine Pause ein und besuchten das schöne Schloss und die Kirche, gingen was trinken und kamen gegen Abend bei meiner Mutter an. Dann feierten wir in Leos Haus die Hochzeit von Ullricke, der ältesten Tochter meines Bruders.

Am 18. August begann die Arbeit in Saarbrücken wieder. Ich nahm Lilo mit und am nächsten Nachmittag fuhren wir nach Frankreich rüber, nach Saaregemünd und Forbach. Lilo fuhr dann zwei Tage später mit dem Zug nach Essen. Ich hatte Endproben zur Oper *Don Carlos* auf Italienisch.

Nach der Premiere fuhr ich mit Mario und Caspar nach Trier. Dort ließ ich wieder 2 100 Mark. Es nahm immer noch kein Ende. Um meine Sucht endlich in den Griff zu bekommen, konsultierte ich einen Psychologen. Der machte mir aber nur den Vorschlag, in eine Suchtklinik zu gehen. Das wollte ich aber nicht, solange ich noch arbeiten musste.

An meinem Geburtstag hatten wir Premiere der Operette *Frau Luna*. Das Haus war lange ausverkauft und ich glänzte in der Rolle des Mars. Nach der Aufführung feierte ich mit einigen meiner Freunde in der Bar Chez Madame.

Meine ohnehin große Arbeitslast wurde noch schwerer, als meine Mutter am 27. Oktober ins Krankenhaus nach St. Wendel kam und dort bis zum 22. Dezember bleiben musste. Sie hatte wieder ein offenes Bein, das man ihr abnehmen wollte. Ich fuhr immer nach meinen Diensten in Saarbrücken in die Klinik nach St. Wendel und am Abend zur Vorstellung. Das waren harte Wochen, dabei musste ich meinen Haushalt noch versorgen und einkaufen fahren für Annelie und Herbert. Ich fragte mich immer wieder, wo ich die Kraft dafür hernahm. Weihnachten holte ich meine Mutter nach Hause, weil man in der Klinik nichts machen konnte, um das Bein zu schließen. Dann kam der Pflegedienst Herr Marx von Hofeld und behandelte das Bein mit einer Salbe und in wenigen Wochen war die Wunde wie durch ein Wunder geschlossen. Ich konnte es kaum glauben und man muss sich fragen, was im Krankenhaus so manchmal passiert. Meiner Mutter ging es wieder viel besser und sie konnte wieder gehen. Ich feierte mit meiner Mutter, Schwester Annelie und Herbert Silvester zu Hause und begrüßte das Jahr 1990 voller Hoffnung.

Der Januar war ein arbeitsreicher Monat. *Gräfin Mariza* spielten wir in Worms, dann *Ideomeno* und dann musste ich noch in *Rusalka* einsteigen. Eine schöne Oper, die viel zu selten gebracht wird. Zwischendurch besuchte ich Hanna und brachte meine Mutter in die Klinik, weil ihr der Graue Star gestochen werden musste.

Im Februar hatten wir viele Proben zur *Lady*, die am 28. aufgeführt wurde. Es war meine fünfte Inszenierung und immer sang ich den Cockney. Insgesamt hatte ich *My Fair Lady* über 1 500 Mal gesungen. Da kennt man den gesamten Text und jede Note.

Die Götterdämmerung hatte am 24. März Premiere und ich muss sagen, ich bin ein Fan von Wagner, aber dieses Werk mochte ich nicht so.

Endlich kam nun nach vielen Jahren und vielen Briefen mein Freund Otto Schenk aus Berlin zu Besuch. Ich war schon ganz aufgeregt, denn nach der Wende war dieses Wiedersehen nach 20 Jahren endlich möglich. Ich fuhr am 25.März nach Saarbrücken und holte ihn dort am Zug ab. Meine Gedanken rotierten, wie er wohl ausschauen würde und wie wir uns verhalten sollten.

Als der Zug einlief und Otto aus dem Abteil stieg, erkannte ich ihn sofort wieder und er auch mich. Wir fielen uns in die Arme, als hätten wir uns vor ein paar Wochen das letzte Mal gesehen. Es war schon dunkel und wir fuhren ohne in Saarbrücken irgendetwas anzuschauen nach Gehweiler. Meine Mutter hatte ein schönes Abendbrot hergerichtet und nach dem Essen konnten wir uns gemütlich ins Wohnzimmer setzen. Otto erzählte mir viel von der Mongolei und dass er doch froh war, wieder im Land zu sein, bei seiner Familie und seinen Freunden. Er meinte, ich hätte ihm am meisten gefehlt. Er hätte oft an die schönen Tage und Nächte gedacht, die wir miteinander verlebt hatten.

Bei mir sah es natürlich etwas anders aus. Ich hatte zwar nicht in einem exotischen Land gelebt, aber ich hatte meine Neigung ausleben können und hatte so viele Abenteuer. In der Hinsicht war ich sicher glücklicher als er. Ich erklärte ihm, dass ich süchtig geworden war und viel Geld verspielt hatte. Das konnte er nicht nachvollziehen. Aber wer konnte das schon ...

Otto war schon zum dritten Mal verheiratet, das Glück hat er dabei nicht gefunden, auch wenn er immer danach suchte. Sein Sohn aus erster Ehe war schon 20 Jahre alt, mit der zweiten Frau hatte er eine Tochter und die dritte Frau brachte einen Jungen mit in die Ehe. Aber zufrieden war Otto nicht. Als die Wende kam, war es beruflich bergab gegangen. Er war ins Versicherungsgeschäft eingestiegen und kam einigermaßen über die Runden. Aber der Lebensstandard von früher war nicht mehr zu halten. Wir unterhielten uns lange und als wir müde wurden, brachte ich ihn ins Schlafzimmer und legte mich auf die Couch im Wohnzimmer. Ich lag auf der Couch und fragte mich, wo die früheren Gefühle geblieben waren. Ich schlief absichtlich nicht mit Otto im Zimmer, um Abstand zu halten. Meine Situation war einfach nicht mehr dieselbe wie in Berlin.

Am nächsten Morgen nach dem Frühstück zeigte ich Otto mein Grundstück und das ganze Haus und dann fuhr ich mit ihm nach St. Wendel, um ihm das Saarland ein bisschen näher zu bringen. Er hatte ein ganz anderes Bild im Kopf gehabt und war überrascht, wie gut es ihm gefiel. Am Abend zogen wir uns in meine Bar zurück, um dort ungestört zu diskutieren und den ein oder anderen guten Tropfen zu genießen. Als wir etwas angetrunken ins Bett gehen wollten, fragte er mich, ob ich nicht zu ihm ins Zimmer käme. Ich zögerte und sagte ihm: „Ich bin einer, der lieber einen Freund behält, als verliert."

Er wusste nicht, wie er das verstehen sollte. „Du bist doch ein eingefleischter Hetero und ich – ich habe Hunderte vernascht und bin dabei immer auf der Strecke geblieben. Du sollst nicht meinen, dass ich nicht gerne mit dir schlafen würde. Nur du kannst das entscheiden; ich kann drauf verzichten dich nur für einen One-Night-Stand als Freund zu verlieren." Er bemerkte dann: „Was bist du nur für ein Mensch? Wenn ich keine Frau hätte, würde ich bei dir bleiben." – „Das würde zu nichts führen", erwiderte ich lakonisch und ging mit ihm ins Bett.

Am nächsten Tag standen wir mit guter Laune auf, dann fuhren wir nach Frankreich und ich erzählte ihm meine Geschichte mit Pierre. Wir fuhren nach Forbach und dann zurück nach Saarbrücken. Ich zeigte ihm mein Theater und stellte ihm einige Kollegen vor. Am nächsten Tag ging es nach Luxemburg und ganz gezielt nach Bad Mondorf ins Casino. Dort erlebte er mich in meinem Element. Ich verzockte 1 000 Mark und wir fuhren in die Stadtmitte Luxemburgs, gingen durch die Stadt und in ein gutes Restaurant. Ich erklärte ihm, dass ich jedes Jahr mindesten sechs bis acht Mal hier sänge. Er fand alles sehr aufregend. Die fünf Tage gingen viel zu schnell vorbei, wir hätten noch soviel zu erzählen gehabt. Nun weiß ich, wie sein Leben in Ulan Bator verlief, und dass er nach der Wende bei Punkt Null anfangen musste. Am 1. April kam der Abschied. Ich schenkte ihm Hemden, eine Hose und ein Lederjackett. Er brachte mir die gesamten Konzerte von Mozart und Beethoven unter der Leitung von Kurt Masur mit. Wir versprachen Freunde zu bleiben, was immer auch geschehe. Ich fuhr ihn zum Zug nach Saarbrücken und wir umarmten uns, als sei es das letzte Mal.

Nach diesem Besuch ging es wieder für drei Tage nach Luxemburg und zwar mit der Operette *Gräfin Mariza*, die in diesem großen Haus drei Mal ausverkauft war. Wir wohnten wieder im Bristol und ich hatte ein Zimmer mit Georges genommen. Tagsüber vertrieben wir uns die Zeit mit Spaziergängen und Wanderungen. Abends ging es dann in die bekannten Kneipen, die wir im Laufe der Jahre kennen gelernt hatten.

Ich schoss mal wieder einen Vogel ab, der verheiratet war und der so wild war, dass er mir gleich erklärte, er wolle seine Frau verlassen und zu mir ins Saarland ziehen. Ich zog die Reißleine und sagte ihm, dass das nicht ginge und dass ich ja 20 Jahre älter wäre als er. Er ließ nicht locker und stand dann Wochen später vor meiner Haustür mit einem Koffer bepackt. Ich erklärte ihm, dass ich immer auf Achse wäre und für eine feste Bindung nicht geeignet sei. Ich ließ ihn dann für ein paar Tage bei mir wohnen, aber es war sehr anstrengend und er wollte mit mir alle verpassten Gelegenheiten nachholen. Das ging ja bei mir schon gar nicht. Ich hatte mich ausgetobt und hatte die Verpflichtung, für meine Mutter zu sorgen und in meiner Gegend hätte er auch kaum Arbeit bekommen. Er war in Luxemburg bei einer Hotelkette als Chef de Sale beschäftigt. Als er das einsah, fuhr ich ihn nach Luxemburg zurück.

Am Muttertag brachte mein Neffe Peter meiner Mutter eine dreijährige Hündin namens Babsy. Sie war ein lieber blonder Mischling. Peter hatte eine Annonce in der Zeitung gefunden: „Umstände halber eine Hündin abzugeben, weil wir unser 4. Kind erwarten."

Peter war hingefahren und hatte gleich die Hündin, Körbchen, Leine und verschiedene Spielsachen mitgenommen. Babsy, die aus einer Großfamilie kam, war gut erzogen und fühlte sich vom ersten Moment an wohl, als wenn sie immer bei uns gelebt hätte. Wir schlossen sie gleich in unser Herz und meine Mutter war froh, wieder für einen Hund zu sorgen. Babsy war ein Glücksfall und machte uns sehr viel Freude.

Am 14. Juni beklagten wir den Tod von Adele Brill, die früher bei uns gewohnt hatte und deren Erstgeborener Siegfried bei uns geboren worden war und mit 18 Jahre vor meinem Haus tödlich verunglückt war. Sie wurde nur 55 Jahre alt und wir bedauerten ihren Tod sehr.

Die letzte Premiere vor dem Urlaub war am 30.Juni und zwar *Der Zare-*

witsch. Auch wieder eine erfolgreiche Operette, gesungen von Volker Bengel, der sich mittlerweile gemausert hatte. Wir hatten immer ein gutes Verhältnis zu einander und sein Bild hängt über meinem Klavier neben dem Foto von Schasching. Mit Widmung.

Der Beginn unseres Urlaubes am 2. Juli verlief zur Zufriedenheit und ich freute mich besonders auf den Besuch meines alten Spezis Heinz Schultz aus Berlin, der mit mir jahrelang am Metropol-Theater gesungen und gespielt hatte und der zu meinen engsten Vertrauten gehörte. Am 10. Juli holte ich ihn in Saarbrücken von der Bahn ab.

Heinz, wie er leibt und lebt, kaum verändert, fiel mir in die Arme, eine innige Begrüßung. Auf der Fahrt von Saarbrücken nach Gehweiler erzählte Heinz von seinem Berliner Leben. Nach der Wende sei alles immer noch ziemlich chaotisch. Er erzählte, dass der große Tenor René Kollo das Metropol an den Abgrund getrieben hatte, weil er keine Ahnung davon hatte, wie es im Osten lief. Er steckte das meiste Geld ein, Intendant, Regie und Singen, dazu wurden nur die ihm bekannten Sängerinnen und Sänger verpflichtet, für hohe Gagen, die nicht gerechtfertigt waren. So musste man nach zwei Jahren das große und schöne Operettenhaus schließen und 600 Kollegen wurden über Nacht arbeitslos. Keiner konnte das verstehen. Heinz meinte: „Wir waren so dumm und ließen uns wegen der Wende alles gefallen." Ich hatte das Geschehen in Berlin verfolgt und wünschte dem Kollo die Pest an den Hals. Keiner im Westen hatte eine Ahnung, was da passiert war. So lief unser politisches Gespräch. Dann erzählte Heinz von seinen Kindern, die alle Arbeit gefunden hätten, und von Andrea, seiner Frau, die auch noch wohlauf sei. Als wir bei mir ankamen und Heinz auf die Uhr schaute, bemerkte er: „Und diesen Weg bist du 14 Jahre lang zwei Mal täglich gefahren. Enorm."

Meine Mutter wartete mit dem Abendessen auf uns. Heinz kannte sie ja schon von ihren Berlin-Besuchen und sie begrüßten sich herzlich. Ich trug sein Gepäck in mein Zimmer, das schön hergerichtet war. Nach dem Essen setzten wir uns ins Wohnzimmer, es gab soviel zu erzählen. Wir tranken noch eine Flasche Wein, und als uns bald die Augen zufielen, ging Heinz ins Bett und ich hielt es wie bei Otto und legte mich auf die Couch.

Früh hatte meine Mutter den Kaffeetisch gedeckt und ich rief Heinz zum

Frühstück. Ich wollte ihm soviel wie möglich zeigen. Erst fuhren wir nach Saarbrücken und besichtigten die Stadt und ich zeigte ihm das Theater. Dann ging es rüber nach Forbach, so dass er behaupten konnte auch in Frankreich gewesen zu sein. Am nächsten Tag zeigte ich ihm St. Wendel, den Dom und dann das Missionshaus. Er fand alles schöner als in seiner Vorstellung. Am 14. waren wir bei meinem Bruder Leo zum Essen eingeladen und am Nachmittag bei meiner Schwester Annelie zum Kaffee. Den letzten Abend verbrachten wir mit meiner Mutter. Am 15. Juli fuhr ich Heinz mit schwerem Herzen nach Saarbrücken zum Zug nach Berlin. Es war schön, ihn wieder gesehen zu haben, vielleicht das letzte Mal. Ich beteuerte nach Berlin zu kommen, aber eigentlich wollte ich nicht mehr so weit reisen. Ich sagte ihm, er solle seine Familie, besonders Andrea grüßen und schon dampfte der Zug ab.

Mein Gesangsdienst bei Hanna war am 21. Juli. Sie erzählte mir, dass nun die liebe Freundin Ilse im Krankenhaus läge. Wir fuhren nach Ingelheim, um sie zu besuchen. Sie sah schlecht aus, aber sie freute sich sehr über unser Kommen. Wir blieben eine Stunde bei ihr und fuhren zurück nach Schwabenheim. Es war klar, dass Ilse bald sterben würde und Hanna war sehr traurig. Ich sang in Schwabenheim noch einige Arien und machte mich dann fertig, um nach Hause zu fahren.

Am 3. August packte es mich wieder und ich fuhr alleine nach Bad Mondorf. Ich spielte wie ein Verrückter und verlor die Kontrolle. Ich verspielte 4000, das wäre die Schiffsreise in die Südsee gewesen, die ich immer schon unternehmen wollte. Aber nein, der Teufel ritt mich. Wenn mich doch einer davon erlösen könnte.

Der Urlaub neigte sich schon dem Ende zu. So fuhr ich am 7. zu Lilo, weil ich dort alles geboten bekam. Sie hatte schon wieder ein volles Programm ausgesucht. Erst nach Werden zum Essen und am Abend in die Grugahalle zu einer großen Show. Anschließend in den berühmten David Club. Dort kannte man uns schon gut und es war immer amüsant. „Hallo Lilo" – „Grüß dich, Peter", so ging das in einem fort. Ich tanzte viel und Lilo berauschte sich an Sekt und Longdrinks. In Mühlheim gingen wir am nächsten Tag ins Kaufhaus Karstadt. Dort wurde gespeist und etliche Dinge eingekauft. Lilo hatte auf alles 30 % Rabatt. Am folgenden Tag besuchten wir „die beiden

Jungs", wie Lilo es so schön formulierte. Fred und Werner freuten sich sichtlich. Sie stellten uns ihren jungen Nachwuchs vor – vier kleine Perserkätzchen, die niedlich in einem Körbchen schlummerten. Nach dem Abendbrot zogen wir uns zurück. Unterwegs fiel Lilo immer noch was ein, wo wir was trinken könnten. Mir war immer noch nicht richtig klar, dass Lilo süchtig war. Ich wäre gerne nach Hause gefahren und hätte dort ein bisschen ferngesehen, aber ich richtete mich ganz nach ihr. Am 12. August besuchten wir Wuppertal, fuhren mit der Schwebebahn durch die Stadt und gingen am Abend ins Theater. Ein Ballett von Pina Bausch, der bekannten Choreografin.

Meine Rückfahrt war für den 13. angesagt und zwar über Schwabenheim. Dort hielt ich mich noch eine Zeit auf und fuhr dann ermüdet nach Hause. Hanna hatte mir ein Kuvert mit 1 000 Mäusen gegeben und ich war glücklich darüber. Zu Hause hatte ich noch zwei Tage, um Garten und Haus in Ordnung zu bringen und am Abend mit Babsy und Mama Ida fern zu sehen.

Die Spielzeit 90/91 begann am 16. August mit der Vorstellung der neuen Kollegen und den Proben für das Konzert und der Oper *Hoffmanns Erzählung*, deren Premiere am 16. September stattfand. Dann die Proben zur Operette *Graf von Luxemburg*. Einen Tag vor meinem Geburtstag brachte unsere liebe Babsy vier gesunde Babys zur Welt. Wir waren begeistert von den drei ganz schwarzen und dem einen gesprenkelten Welpen. Den wollte ich sofort behalten und taufte die kleine Hündin auf den Namen Tina. Sie sollte mir eine wunderbare Gefährtin werden.

Am 18. Oktober war die Premiere vom *Graf von Luxemburg*. Einen Tag später fand die Hochzeit von Leos jüngster Tochter Katja und Frank, der den Namen Merten annahm, statt. Gefeiert wurde ganz groß in Oberthal im Café Mörsdorf.

Dann fuhr ich noch einmal nach Schwabenheim und Mainz, danach wurde ich für zwei Wochen krankgeschrieben. Aber die Premiere von *Zar und Zimmermann* am 29. November machte ich mit. Das Jahr neigte sich dem Ende zu. Noch eine Vorstellung in Worms am 15. Dezember. Weihnachten verbrachte ich zu Hause, außer für die Vorstellungen von *Hoffmanns Erzählungen* und *Graf von Luxemburg*.

An Silvester gab es den Ballettabend *Schwanensee* und ich hatte frei.

Das Jahr 1991 begann im Casino in Trier mit dem Verlust von 4 200. Ich war ganz verzweifelt und suchte nach einem Ausgleich. Ich beantragte ein Darlehen von 20 000 DM auf mein Haus bei der Kreissparkasse in St. Wendel. Beim Gastspiel in Luxemburg mit *Hoffmanns Erzählungen* fuhr ich mit Mario ins Casino nach Bad Mondorf und mietete ein Zimmer. Nach der Vorstellung gab es kein Halten mehr. Ich spielte wie besessen und hoffte, das Glück zu überlisten. Aber immer daneben. Mein letztes Geld setzte ich auf alle Zahlen außer der 5. Und die kam. Ich lief wie gejagt aus dem Saal. Mario tröstete mich. In solchen Momenten kann man sich vorstellen, sich selbst zu töten. Wie oft liest man, dass solche Dinge passieren. Die raffgierigen Casinos halten niemanden davon ab, sich zu ruinieren.

Am 3. Februar hatten wir die Premiere von einem mir vorher unbekannten Stück *Aus einem Totenhaus*. Es passte genau zu meiner Stimmung. Ich wurde immer öfter krank und mein Hausarzt Dr. Baltes, meinte, wir müssten unbedingt was dagegen unternehmen. Er schrieb mich für zwei Wochen krank. Dann fuhr ich zu Lilos Geburtstag. Auf dem Rückweg in Bad Neuenahr verlor ich 1 800 Mark. Die Abstände zwischen meinen Verlusten wurden immer kleiner, die Summen größer. Keiner konnte mir helfen oder mich verstehen. Ich hatte soviel erreicht und war glücklich, aber diese Sucht, über die ich mit niemandem sprechen konnte, höhlte mich ganz aus. Ich wandelte auf einem schmalen Pfad und fühlte mich völlig machtlos.

Im Theater kam am 24. März *Die Entführung aus dem Serail* heraus. Ich sang in dem Mahler-Konzert *Die Auferstehung* am 8. und 9. April mit, danach am 13. *Zarewitsch* in Worms. Am 18. *Die Macht des Schicksals* konzertant. Immer wieder neue Stücke und immer mehr Proben und die Fahrerei jeden Tag machten mich fertig. Ich hatte ja niemals Feierabend, zu Hause musste ich alles erledigen: putzen, einkaufen und den Garten versorgen. Meine einzige Freude war dieses Teufelsspiel. Was hatte ich dagegen für ein Leben in der damaligen DDR gehabt. Keine Sorgen und so konnte ich mich ganz dem Singen und der Liebe widmen. Die hässliche Fratze des Kapitalismus wird mir immer bewusster. Das Erste, was man in den Ostblockstaaten installierte, waren die Spielhallen und Casinos. Selbst die Russen waren nicht dagegen gefeit. Was für eine Zeit.

Bei einem Besuch bei der guten Hanna, die mir wieder unter die Arme griff, schenkte sie mir 4 000 DM, die ich am gleichen Tag in Mainz ins Casino trug. Ich fuhr völlig ausgepowert nach Hause, wo ich nie über meinen Zustand reden konnte, weil das keiner verstanden hätte. Hanna und meine Mutter musste ich verschonen. Sonst hätten sie ihr ganzes Vertrauen in mich verloren.

Frau ohne Schatten war die letzte Premiere vor dem Urlaub. Am 19. Juni verabschiedete sich der Intendant Peleikis und am 23. war Urlaubsbeginn. Ich ging mit Schasching und einigen anderen ins Casino. Ich hatte 20 Euroschecks und 200 Mark dabei. Ich glaubte fest, dass die Verlustzeit nun endlich vorbei wäre. Ich versuchte mal einfache Chance und setzte 500 auf Rot. Es kam, wie es kommen musste. Schwarz. Da setzte ich 1 000 auf schwarz, da kam rot. Danach die große Serie mit 160 Mark, da kamen die Orphelins. Ich konnte setzen, was ich wollte, es klappte nicht und ich ging mit einem Verlust von 8 200 Mark nach Hause. Ich verhielt mich wie blöde. Aber sagen Sie mal einem Raucher oder Trinker, er ruiniere sich selbst. Es gibt kein Mittel dagegen. Ich habe jahrelang Tagebuch geführt und beim Lesen meiner Ausführungen kann ich es kaum fassen, was ich getan habe. Ich könnte in Saus und Braus leben. Aber ob ich dann dieses schöne Gefühl des Sieges erlebt hätte oder die tiefe Ohnmacht, wenn ich verlor, nur um dann wieder aufzustehen? Ich kenne Menschen, die alles besitzen und trotzdem todunglücklich sind mit ihrem Leben.

Am 10. Juli holte ich Hanna nach Gehweiler und fuhr mit ihr und meiner Mutter an den schönen Bostalsee. Wir tranken im Hotel Weingärtner Kaffee und machten dann eine Bootsfahrt auf dem See. Ich bemühte mich immer, meiner Mutter und auch Hanna, die mir so viel Geld geschenkt hatte, das ich alles wieder verspielte, Gutes zu tun. Ich schämte mich den beiden Frauen gegenüber wie ein kleines Kind, das was Verbotenes gemacht hatte. Zum Glück wussten sie nichts von meiner Sucht. Hanna fühlte sich wohl bei uns und sie wurde an ihre frühere Heimat erinnert. Ich fuhr Hanna am 13. Juli zurück nach Schwabenheim. Nach dem Kaffeetrinken fuhr ich direkt nach Wiesbaden und stürmte ins Casino, als wenn der Teufel hinter mir her wäre. Dort traf ich Roland, der auch seine letzte Mark setzte. Ich spielte Black Jack und gewann 400 Mark, dann ging ich zum Roulett und zockte bis Mitternacht und 4 000 waren weg. Ich fuhr Hagen noch nach Hause. Auf dem Heimweg wäre ich am liebsten gegen einen Baum gefahren. Mir wurde klar, dass ich die Sucht bekämpfen musste. Es hangen so viele Menschen an mir und da konnte ich mich nicht einfach davon schleichen. Aber meine Bemühungen, mit dem Spielen aufzuhören, waren wieder halbherzig.

Schon am 17. ging es nach Trier, wo ich innerhalb einer Stunde 2 000 Mark gewann und mit dem Geld beglückt nach Hause fuhr. Am nächsten Abend trieb es mich nach Saarbrücken und dort hatte ich ebenfalls nach einer langen Zeit wieder Glück und gewann 3 500 Mark. Ich dachte, nun käme das Glück zu mir und freute mich. Dann kam Mario und wir fuhren am 20. nach Bad Mondorf, gingen ins Thermalbad und gut essen, dann lud ich ihn dazu ein nur für eine Stunde ins Casino zu gehen. Wieder ein Fehler. Ich gab Mario einen Stoß Jetons, der verschwand an die Bar und ich verzockte 4 000 Mäuse.

Auf der Heimfahrt kamen wir am Schloss Berg in Nennig vorbei und ich sagte zu Mario: „Lass es uns noch mal im Schlosscasino probieren!" Ich hatte noch fünf Schecks. Wir fuhren auf den Parkplatz und gingen hinein. Es war so gegen 24 Uhr und fast leer. Ich nahm Jetons und ging an einen Tisch, an dem sonst keiner saß. Ich setzte die 7 mit zwei Nebennummern. Das waren die 18, 29, 7, 28. und die 12. Zuerst kam die 29, danach die 7, dann ein Doppelschlag auf die 28. Ich konnte meinem Glück kaum glauben. Dann sprang ich auf die Zéro und nahm die 19 noch mit. Kaum zu glauben, die 19 kam, danach die Zéro. Da hatte ich meinen ganzen Verlust von Bad Mondorf wieder raus, tauschte meine Jetons an der Kasse und bekam meine fünf Schecks wieder zurück und dazu 2 000 Mark. Beseelt von dem Glück fuhren wir nach Hause. Dann riss diese Glückssträhne wieder ab und ich verlor in nur sechs Tagen in Saarbrücken 4 000, in Trier 2 500, in Saarbrücken 2 100, in Trier 2 500 und dann in Saarbrücken wieder 4 800 Mark. Eine ganze Serie ins Minus. Das war nun der Abschluss von meinem Urlaub. Ich kam mir vor wie eine ausgepresste Zitrone.

Am 8. August begannen die Proben für die Spielzeit 91/92. Am 15. September hatte die Premiere von *West Side Story* großen Erfolg. Die *Aida* von Verdi auf Italienisch kam am 12. Oktober mit viel Jubel zur Aufführung. Wir feierten bis in die frühen Morgenstunden. Ich hatte schon meine Pechsträhne verdrängt und feierte meinen 60. Geburtstag im Kreise meiner Familie und zugleich mit meinen Freunden das 35. Bühnenjubiläum.

Dann kam eine Glückssträhne auf mich zu. Am 24. Oktober gewann ich in Saarbrücken 4 000 DM, danach in Trier 1 000 und Ende Oktober wieder in Saarbrücken 1 000. Dazwischen war die Premiere *Entführung aus dem Serail*.

Am 3. November gastierten wir mit der *Aida* in Worms und ich fuhr danach zur Hanna Fröhlich. Wir machten ein Konzert für die Alten im Pfarrheim und die lieben Menschen feierten mich wie einen Superstar. Hanna war ganz zufrieden und spielte zum Schluss *Wenn ich König wär* von Adam.

Meine Glückssträhne währte noch eine Weile und ich besuchte mit leichtem Gewissen die Casinos. Dazwischen waren die Proben zu der Oper *Das Schloss* nach einem Roman von Kafka. Eine Uraufführung und ganz spektakulär. Ich hatte wieder eine schöne Rolle und wurde dafür gut bezahlt.

Ab November war mir das Glück nicht mehr hold. Mal verlor ich fast 5 000 Mark, dann gewann ich 1 900. Es war ein stetiges auf und ab.

Am 22. Dezember fuhr ich zu Hanna nach Schwabenheim, um mit ihr Weihnachten zu feiern. Wir nahmen alle meine neuen Arien auf Tonband auf und sie schenkte mir einen wunderbaren Radioapparat, mit dem man die Tonbänder abspielen konnte. Das Jahr 91 ging zu Ende und Schasching und ich spielten Silvester bis ins neue Jahr.

Schon am 3. Januar saß ich wieder im Casino – und verlor. Dann kam am 11. Januar mein Freund Hassan zu mir, der im Nachbarort Hirstein wohnte. Ich hatte ihn im Herbst kennen gelernt, als er bei der Namborner Gemeinde arbeiten musste und einen bei mir liegenden Weg säubern sollte. Er war Türke, verheiratet mit drei Kindern – ein gut aussehender Mann. Ich hatte ihn damals zu mir eingeladen und er half mir, einen großen Baum im Garten zu fällen. Dabei war ein Ast auf meine Hand gefallen und hatte sie durchbohrt. Hassan hatte mich ins Krankenhaus gefahren und durch diesen Unfall waren wir Freunde geworden. Er half mir immer, wo ich ihn auch brauchte. Ich gab ihm öfter Geld und auch Geschenke für seine Familie mit. Eines Nachmittags waren wir uns näher gekommen und hatten unsere Freundschaft mit einem Orgasmus besiegelt. Soweit die Vorgeschichte. Nun zurück zum 11. Januar. Wir fuhren zusammen nach Trier und gingen ins Casino. Ich gab Hassan Jetons im Wert von 200 Mark. Ich verlor in Kürze 1 600, während Hassan 800 Mark gewann. Er wollte sie mir geben, aber ich lehnte ab. Dann fuhren wir nach Hause. Hassan beglückt und ich froh, dass er neben mir saß. Während der Fahrt auf der Autobahn verschafften wir uns gegenseitig einen Abgang bei Tempo 100. Es war unwahrscheinlich toll, so was hatte ich noch nie erlebt. Unsere Freundschaft dauerte ein Jahr und wir trafen uns mehrmals im Monat, bis er mit seiner Frau und den inzwischen vier Kindern umzog, um mit seinem Bruder ein Speiselokal zu eröffnen. Ich besuchte ihn mal mit Mario und wir aßen dort türkische Gerichte. Er sagte mir, dass er mich gerne mal wieder besuchen wollte. Nach einiger Zeit kam er auch, aber bei mir lief es nicht mehr mit dem Sex. Es tat mir Leid und seitdem hörten wir nichts mehr von einander. Ich erinnere mich gerne an ihn.

Am 25. und 29. Januar verlor ich in Saarbrücken insgesamt 10 000 Mark. Aber ich hoffte immer noch, dass es mal aufhören würde. Hanna besorgte mir wieder 1 000 Mark und schickte sie mir. Mein Gehalt lag durch die vielen Extra-Bezahlungen und die Mieteinnahmen so ungefähr bei 4 500. Aber ich kam nie aus den Minus heraus. Dr. Baltes dem ich meinen Zustand beschrieb, riet mir drei Wochen zu pausieren.

Inzwischen liefen die Proben zur *Johannes Passion* von Bach, die am 12. März aufgeführt wurde. Danach liefen die Proben zur Wiederaufnahme von *Die Hochzeit des Figaro*. In Luxemburg brachten wir im großen Haus die Johannespassion. Dieses Mal fuhr ich mit den Kollegen mit dem Bus und nicht über Bad Mondorf. Als wir dann zwei Tage nach Böblingen bei Stuttgart fuhren und dort in einem Hotel übernachteten, hatte ich mir ein Einzelzimmer geben lassen. Dort lief *Zar und Zimmermann* über die Bühne. Der Georg, den ich damals in Eisenach gesungen hatte, war mir noch ganz gegenwärtig. „Man wird ja einmal nur geboren, darum genieße Jedermann das Leben eh es noch verloren, solange es man kann." Das Vagabundenthema, das ich nie aus dem Auge verlor.

Nach der Vorstellung gingen Helga, Norma und Doris mit mir in eine Disco. Wir tanzten dort bis spät in die Nacht. Dort lernte ich einen jungen Inder kennen. Er war Student und sah toll aus. Pechschwarze Augen und eine gute Figur, so dass ich ihm nicht widerstehen konnte. Ich nahm ihn mit ins Hotel. Dort gab es noch eine kleine Bar. Die drei Damen lud ich ein, mit uns noch was zu trinken. Norma war zu müde, doch Helga und Doris blieben noch für ein Glas Sekt dabei. Dann gingen die Beide ins Bett und ich hatte freie Bahn bei Singh, dem Inder. Wir gingen in mein Zimmer, duschten und legten uns zusammen ins Bett. Er war so was von liebesbedürftig, was mich sehr erregte. Eine deutsch-indische Vereinigung kam in jener Nacht zu Stande. Am Morgen, als ich aufstand, kamen Helga und Doris vorbei, um den Inder nochmals zu sehen, der noch im Bett lag. Die Frauen staunten immer wieder über meinen Erfolg bei den Männern.

Nach der zweiten Vorstellung fuhren wir gleich zurück nach Saarbrücken „Und wenigstens einer hatte ein schönes Erlebnis", wie Norma bemerkte. Sie bewunderte mich, weil ich wirklich auf die Menschen zuging, ohne Scheu und Ressentiments. So fühlte ich mich meinen Kollegen auch immer überlegen, weil ich das umsetzte, was sie gerne getan hätten.

Die Tage darauf waren gefüllt mit den *Vogelhändler*-Proben. Darin spielte ich den Kammerherrn von Scharrnagel als Salvadore Dali. Der brachte mir 150 Mark pro Vorstellung ein. Die Premiere war am 28. Mai. Zum Abschluss unserer Spielzeit kam die herrliche Oper *Reise nach Reims*, eine gelungene Inszenierung, die mit viel Beifall bedacht wurde.

Bis zum Urlaubsbeginn studierten wir die Oper *Lohengrin* ein, die in der neuen Spielzeit ihre Premiere haben sollte. Der Urlaub begann am 16. Juli und am 20. fuhr ich gleich zur Hanna nach Schwabenheim, um ein gemeinsames Konzert zu erarbeiten. Hanna wurde auch immer gebrechlicher und ich hatte manchmal Angst um sie. Mit Lilo konnte ich nicht mehr so rechnen, denn sie bekam oder hatte schon lange Krebs. Sie lag im Krankenhaus in Essen und bekam den Darmausgang auf die Seite gemacht. Das Schlimmste, was ihr passieren konnte.

So bekam ich Angst, ich könnte meine lieben Freundinnen verlieren. Der Gedanke, dass sie nicht mehr da sein könnten, machte mich so krank, dass ich drei Wochen lang nicht fähig war, was zu unternehmen.

Am 17. August brachten Hanna und ich nochmals ein Konzert zustande und zwar im großen Haus für alle Schwabenheimer Bürger. Es sollte das letzte Konzert für Hanna und mich sein. Wir wurden frenetisch gefeiert und mit Blumen und Geschenken verabschiedet.

Der Urlaub ging am 15. September zu Ende. Es ging gleich auf die Bühne mit *Lohengrin* und am 20. hatten wir den vierstündigen Schinken gepackt. Mein Freund und Spielerspezi Rudolf Schaching sang die Titelpartie. Es war eine glanzvolle Premiere und der Applaus nahm kein Ende. Danach gingen Georges und ich zur Madame, um zu feiern.

Zur Eröffnung des Saarländischen Parlaments brachten wir *Die Reise nach Reims* im Landtag zu Gehör. Die Abgeordneten amüsierten sich köstlich. Dann brachten wir *Jesus Christ Superstar* in Luxemburg Stadt im großen Haus zur Aufführung. Wir wohnten alle im Hotel Pullmann im Europacenter. Das war mal wieder ganz nach meinem Geschmack. Ich fuhr mit meinem Auto und besuchte das Casino in Bad Mondorf und gewann seit langer Zeit wieder Mal. In Saarbrücken wurde Jesus Christ Superstar am 5. November das erste Mal aufgeführt. Es wurde über 40 Mal ausverkauft, das Publikum war hingerissen.

Am 7. Dezember fuhr ich zu Hanna, um ihr einen Adventskranz zu bringen und Pralinen. Sie freute sich unheimlich über die Kleinigkeiten, die ich ihr bot. Eine so großherzige Frau, die nie richtige Liebe erfahren konnte. Ich hatte soviel Achtung vor ihrem Können. Sie bat mich, wenn sie mal sterben sollte das *Ave Maria* von Gounod zu singen. Ich sagte zu ihr: „Ich singe es jetzt, wo du noch lebst. Dann hast du mehr davon." Und so griff sie nochmals in die Tasten und ich sang nur für meine liebe Freundin voller Inbrunst das schöne *Ave Maria*. Danach hatte sie Tränen in den Augen und sagte: „So schön hast du noch nie gesungen. Ich danke dir für die lange Freundschaft. Du warst mir der liebste Mensch auf dieser Welt." Mit diesen Worten im Ohr fuhr ich traurig nach Hause.

Die letzte Premiere des Jahres war *La Bohème* und zwar am 10. Dezember. Danach blieb ich bis Weihnachten mit einer Grippe im Bett. Silvester brachten wir *Jesus Christ Superstar* und danach fuhr ich brav nach Hause, um mit meiner lieben Mutter das Jahr 1993 zu begrüßen.

Mein Drang, ins Casino zu fahren, war nach der langen Abstinenz durch meine Krankheit derart stark, dass ich mit niemanden sprechen wollte. Mein Verstand setzte einfach aus und ich brauchte dieses Kribbeln im Bauch. Am 1. Januar gewann ich 700 Mark, aber das langte mir nicht und am nächsten

Tag verlor ich 1 550. Im Januar besuchte ich auch Hanna wieder. Der Weg war lang, 125 Kilometer. Damals war die Autobahn nach Kaiserslautern im Bau und ich wünschte mir, sie wäre bald fertig, denn es war sehr anstrengend durch die vielen Orte zu fahren. Hanna sagte, ich brächte so viele Opfer für sie. Aber sie hat es mir reichlich entlohnt, nicht mit Geld, sondern mit der Musik, die wir zusammen erleben durften. Auf der Woge der Kunst fanden wir uns zusammen. Ich bin froh und glücklich, das erlebt zu haben.

Meine Freundin Hanna im Alter von 82 Jahren am Klavier

Nach dem Besuch bei Hanna fuhr ich nach Mainz und ging in die Spielhölle, gewann 1 300 und fuhr beseelt nach Hause.

Am Geburtstag von Annelie am 31. Januar kam die Oper *Ritter Blaubart* von Offenbach heraus. Nach der Premiere ging ich mit Georges in die Altstadt und landete bei der Madame. Dort war immer Hochbetrieb. Die Homos aus der ganzen Umgebung trafen sich dort, diskutierten, tanzten und manche gingen zusammen nach Hause, um zu lieben.

Frau Voss, meine Mieterin, die ich Suse nennen durfte, kam nun ins Krankenhaus nach Ottweiler. Ich betreute neben meiner Mutter auch sie und kaufte für sie ein, vor allem Zigaretten und Bier, sie trank und rauchte in Massen. Morgens bevor ich zur Arbeit fuhr hatte ich ihr und meiner Mutter immer das Frühstück ans Bett gebracht. Zum Glück musste sie nicht allzu lange im Krankenhaus bleiben.

Gleich darauf landete allerdings auch ich im Krankenhaus und wurde an einer geplatzten Galle operiert. Soweit war es mit mir gekommen. Der Arzt meinte, ich hätte gerade noch mal Glück gehabt. Von meiner kranken Seele hatte er keine Ahnung. Ich musste vom 2. bis zum 11. Februar im Krankenhaus St. Wendel das Bett hüten. Zur gleichen Zeit kam Lilo in Essen in die Klinik. Sie bekam ihren Darm wieder zurückverlegt. Nichts für sie tun zu können war eine schlimme Last für mich. Ich fuhr am 13. März nach Essen in die Klinik und erschrak über Lilos Aussehen. Ich konnte es noch gar nicht glauben, dass sie so schlimm dran war. Sie tröstete mich etwas, indem sie sagte: „Mach dir keine Sorgen um mich. Ich hatte ja ein schönes Leben und hab mit dir gute Jahre verbracht. Also sei nicht traurig und mach noch das Beste aus deinem Leben."

Ich hatte dann eine Phase, in der ich immer öfter krank wurde. Mein Hausarzt Dr. Baltes sagte mir, ich müsste kürzer treten. Auch das Spiel müsste ich einstellen. Aber ohne Hilfe ist bei dieser Sucht nichts drin.

Ich fuhr am 3. Mai wieder zu Lilo und blieb einige Tage, die ich noch als alten Urlaub vom letzten Jahr bekam. Sie machte einen noch schlimmeren Eindruck, als bei meinem letzten Besuch. Ich musste noch eine Fahrt mit ihr nach Mühlheim zu Karstadt. Dort gingen wir essen und dann kaufte sie mir noch einige Geschenke für Annelie und meine Mutter. Ich spürte, wie sie sich zusammen nahm, um mir ihr Leiden nicht zu zeigen. In einem Gespräch mit ihrem Arzt kam heraus, dass sie nicht mehr lange zu leben hatte. Beklommen fuhr ich über Schwabenheim nach Hause und erzählte Hanna vom Leiden meiner Freundin Lilo, mit der ich 27 Jahre lang befreundet gewesen war.

Es ging mit allen bergab, Lilo, Mama, Hanna und Frau Voss. Wie soll ich das alles verkraften? Ich wurde immer kränker und unglücklicher darüber, dass ich keinen halten konnte.

In Saarbrücken liefen die Proben zur *Fledermaus*, die am 16. Mai heraus kam. Meine sechste Inszenierung. Ich dachte nur an meine früheren Erfolge und fragte mich, wo die Zeit hin gegangen war.

Mit Mario fuhr ich wieder nach Luxemburg. Dort setzte ich wieder alles auf eine Karte und verlor 4 000 Mäuse. Ein Alleingang am 17. Juni nach Trier bescherte mir ein Minus von 2 600. Mein Blut kochte und ich fuhr wieder zerknirscht nach Hause.

Die Oper *Mignon* kam auf Französisch heraus. Das Konzert *L'Enfant* von Ravel wurde am 3. Juli in der Kongresshalle gebracht. Gleich danach im Saarländischen Rundfunk. Ich war so beschäftigt und konnte kaum noch an andere Dinge denken. Aber die Sucht ließ mich nicht aus ihren Klauen.

Am 23. August begann die neue Spielzeit. Jeden Tag gab es viele Proben zur Oper *Turandot*. Die Regie lag in den Händen des Intendanten Quandter von der Oper unter den Linden im Ostteil Berlins. Ich unterhielt mich mit Herrn Quandter in der Kantine und erzählte ihm von meiner Zeit am Metropol Theater und fragte auch nach Horst Bonnet, einer der besten Regisseure, der damals die Operette *Orpheus in der Unterwelt* geleitet hatte und damit einen riesigen Erfolg gefeiert hatte.

„Ach", meinte Quandter, „mit dem Säufer habe ich nichts zu tun." Ich fragte ihn, woher er in Berlin komme. Aus Westberlin, vom Senat, war seine Antwort. Da wusste ich Bescheid. Nur so einer konnte so über die Verdienste eines großen Mannes urteilen. Ich gab keine weiteren Kommentare und sagte nur, ich bedauere es, denn Bonnet sei ein Schüler von dem großen Felsenstein und ich würde mehr Respekt erwarten.

Am 18. September wurde die Saison im Zelt vor dem Staatstheater eröffnet und die Feier wurde vom SLR Fernsehen übertragen. Einen Tag später kam dann *Turandot* zur Aufführung. Die Regie war mäßig, aber die Sänger wurden samt Orchester und Chor frenetisch bejubelt. „Keiner schlafe, auch du Prinzessin schläfst nicht", so sang Kalaf sich in die Herzen des Saarbrücker Publikums. Ich war stolz, dabei gewesen zu sein.

Dann ging es Schlag auf Schlag. Wiederaufnahme von *Fledermaus* am 26. September, dann am 30. *Werther* und am 6. Oktober *Jesus Christ Superstar*. Alle Vorstellungen waren ausverkauft.

Meinen Geburtstag feierte ich zu Hause mit einer kleinen Schar von Freunden und Verwandten.

Am 29. wurde meine liebe Hündin Babsy in St. Wendel operiert. Ihr wurde der ganze Bauch aufgeschnitten und man entfernte die Krebsgeschwülste, unter denen sie litt. Ich war froh noch ihre Tochter, die junge Tina zu haben, falls Babsy es nicht überstehen sollte. Den ganzen November über war ich krank und musste das Bett hüten.

Für meine nächste Aufgabe wurde ich als Njegus in der Operette *Die Lustige Witwe* besetzt. Die Proben wurden wegen Hochwassers ins Kulturministerium verlegt und das Theater bis zum Neuen Jahr geschlossen.

Das Jahr 1994 brachte mir viel Kummer und Sorgen. Silvester und Neujahr blieb ich zu Hause. Aber schon am 2. Januar fuhr ich wieder ins Casino.

Dann begannen die Proben wieder im großen Haus mit der *Witwe*. Meine erste Probe als Njegus – ich war mächtig stolz auf diese Rolle, die ich mir immer gewünscht hatte.

Dann erhielt ich die schreckliche Nachricht vom Tod meiner langjährigen Freundin Lilo Brachetti, mit der ich soviel erlebt hatte wie mit keinem anderen Menschen. Lilos Schwägerin rief mich an und teilte mir mit, dass Lilo sechs Wochen später in einer Urne auf dem Essener Waldfriedhof bei ihrer Mutter und ihrem Ehemann beigesetzt werden würde. Ich war tagelang krank und konnte nicht einmal zu Lilos Beerdigung fahren. Als ich wieder einigermaßen auf den Beinen war, fuhr ich verzweifelt zur Hanna, damit ich auf andere Gedanken kommen konnte.

Dann wurde auch noch meine Mutter schwer krank und bedurfte meiner Pflege rund um die Uhr. Meine liebe Hündin Babsy hatte sich nicht mehr von der Operation erholen können und musste am 3. Februar eingeschläfert werden. Ich brachte sie zum Tierarzt nach St. Wendel. Als der Arzt die Beruhigungsspritze gesetzt hatte und ich mich mit Babsy in einen Nebenraum setzte, um die Wirkung abzuwarten, legte sie ihren Kopf auf meinen Fuß und schaute mich mit großen Augen an ,als wollte sie sich verabschieden. Sie spürte das Ende und ich konnte meine Tränen nicht verbergen. Dann bekam sie die Todesspritze und ich schrie laut: „Babsy". Der Arzt beruhigte mich und meinte, ich hätte ja noch das Kind von ihr, die Tina, die er auch gut kannte. Verzweifelt fuhr ich nach Hause und alle trauerten um Babsy, wie um einen lieben Freund.

Meiner Mutter ging es etwas besser und die Pfleger kamen jeden Tag, um nach ihr zu schauen. Im März fuhr ich zu Hannchen, um mich beim Singen wieder etwas aufzubauen. Danach war ich für vier Wochen zu Hause und bereitete mich auf das Streichen meines Hauses vor. Ich lernte das Ehepaar Lorenz kennen. Werner Lorenz stellte mir ein Gerüst ans Haus, damit ich beim Streichen nicht immer von der Leiter steigen musste. Das war der Beginn einer wunderbaren Freundschaft zwischen uns. Werner war ein Mann, der zugriff, ohne aufgefordert zu werden und sofort sah, wo es fehlte. Anneliese, seine Frau, kam öfter mit Kaffee und Kuchen und sogar mit geschlagener Sahne zu uns. Dann tranken wir gemütlich unseren Kaffee, je nach Wetter im Freien oder im Haus. Durch Frau Voss, die bei Lorenzen ihren Frisörsalon gehabt hatte, vertiefte sich die Freundschaft noch. Wir feierten noch den 80. Geburtstag von Suse, dann kam sie ins Krankenhaus. Jeden Tag stand ich auf dem Gerüst. Gleichzeitig liefen auch die Proben zu *Titus*.

Die Premiere fand am 5. Juni statt. Auf dem Rückweg von Saarbrücken fuhr ich immer ins Ottweiler Krankenhaus zu Frau Voss, dann nach Hause, versorgte meine Mutter und stieg dann zum Streichen nach oben. Als ich nach Wochen das Haus fertig hatte, sagte Werner, so was hätte er noch nicht erlebt, mit welcher Kraftanstrengung ich das alles gemeistert hätte. Eine Herkulesarbeit. Mit dem Geld, das ich verspielt hatte, hätte ich alles von Handwerkern machen lassen können. Aber so war nun mal mein Leben. Die Pflicht habe ich nie versäumt und das Spiel habe ich nie bereut. Ich war ja meinem Schicksal was schuldig, denn mein Leben vorher war so aufregend schön und mein Wunsch, Sänger zu werden, hatte sich erfüllt. Was kann man Schöneres vom Leben erwarten? Dazu die vielen Freunde, Frauen und

Männer, die immer zu mir standen. Nein, ich konnte mich nicht beschweren.

Am Geburtstag meines Bruders Leo war ich zum Kaffee bei ihm und seiner Familie. Wir saßen alle zusammen, da kam ein Anruf vom Krankenhaus. Frau Voss war verstorben. Sie hatte niemanden außer mir. Ich hatte morgens auf dem Rückweg von Saarbrücken noch mal bei ihr rein schauen wollen, hatte dann aber entschieden, das am Nachmittag auf der Fahrt zum Theater zu tun. Nun hatte ich ein schlechtes Gewissen, doch nicht am Morgen nach ihr geschaut zu haben. So konnte ich mich nicht einmal von Susen verabschieden. Sie hatte sich noch eine Flasche Bier von mir gewünscht. Frau Voss wurde verbrannt und vier Wochen später an der Seite ihres Mannes beigesetzt. Das Grab der Beiden habe ich bis heute immer gepflegt. Auch eine Pflicht, die ich gerne unentgeltlich machte.

Am 5. Juli begann unser Jahresurlaub und ich besuchte am 11. meine Freundin Hanna. Dann stellte ich den Rentenantrag, um mit 63 in den Vorruhestand zu kommen. Mein Akku war total leer.

Danach gab ich noch mal ein Sommerfest und Babara, Karl Fries mit Gattin, Mario, Georges, meine Mutter, Annelie und Herbert kamen. Wir grillten und tranken Kaffee im Freien. Es war eine wunderbare Erholung nach all den Schicksalsschlägen. Meine Gäste bestaunte meine gute Arbeit am Haus, das im neuen Glanz erstrahlte. Am 15. August holte ich Hanna zu mir nach Hause und machte ihr ein paar schöne Tage. Sie und meine Mutter waren der letzte Halt in meinem Leben. Nach dem Urlaub begannen die Bühnenproben zur Oper *Carmen*.

Neue Mieter, ein Ehepaar, zogen in mein Haus ein. Sie waren bis Dato die Schlimmsten. Sie stritten sich täglich und ihren Müll deponierten sie in der Küche hinter dem Schrank. Es war entsetzlich.

Carmen eröffnete die neue Spielzeit, es war meine fünfte Inszenierung. An meinem Geburtstag bekam ich vom Casino eine Einladung, für die Hälfte des Preises bei ihnen wohnen zu können, dazu ein Dinner für zwei und 50 Gold-Jetons. Soviel war ich dem Casino wert. Ich lud Mario ein, mit mir zu fahren und den Geburtstag zu genießen. Es wäre besser gewesen, ich wäre zu Hause geblieben … Ich kann nur alle davor warnen, je einen Fuß in ein Casino zu setzen. Es ist nicht mehr gut zu machen.

Am 11. November hatte ich meine letzte Vorstellung in Saarbrücken.

Dann besprach ich mit dem Intendanten Schildknecht und dem Verwaltungsdirektor Beckkamp, wie es weitergehen sollte, wenn ich in Rente ging. Sie boten mir an, für 1 500 Mark die drei Vorstellungen *Carmen* in Luxemburg zu singen, dann 2 000 Mark plus Spesen für den Njegus in zwei Gastspielen von *Die Lustige Witwe*.

Am 2. Dezember feierten wir mit 90 Gästen den Geburtstag meiner Mutter. Es war ein riesiges Fest. Ich hatte alles vorbereitet und ließ ein großes Festessen liefern. Es war schön, alle um sie zu sehen, Kinder, Enkel, Urenkel und ein Ururenkelchen. Dazu viele Gäste aus Gehweiler. Die Gratulationstour ging eine ganze Woche lang. Meine Mutter war sehr beliebt, man sah es an den vielen Geschenken und Geldspenden. Schön, dass sie diesen Geburtstag noch bei Bewusstsein erleben durfte.

Am Theater war ich noch in fünf Vorstellungen von *Carmen* als Gast vertreten. Silvester war ich wieder im Casino und verlor 1 200 Mark. Neujahr 95 blieb ich zu Hause und ruhte mich ordentlich aus. Es sollen noch schlimme Tage auf mich zu kommen.

Gleich am 4. und 6. Januar und am 14. und 22. wurde ich als Gast in *Carmen* eingesetzt. Das brachte mir gutes Geld ein. Am 17. Januar kam dann der Rentenbescheid aus Berlin – 2170 Mark brutto. Dann die Zusatzversicherung der Münchner Kammer, das waren 943 Mark. Damit konnte man leben. Ich musste zwar jeden Monat mit 1 230 Mark die Schulden aufs Haus abzahlen. Aber dennoch war es besser, als wenn ich nach Saarbrücken fahren müsste. Das hatte mich auch jeden Monat 600 Mark an Sprit und Parkplatzgebühr gekostet.

Am 27. Januar wurde ich offiziell vom Intendanten Schildknecht mit einer Ehrenmedaille verabschiedet und erhielt viele Geschenke von meinen Kollegen. Das Abschiedsfest sollte am Ende der Spielzeit über die Bühne gehen.

Am 13. Februar war ich in Schwabenheim und bekam 400 Mark von Hanna geschenkt. Zum Geburtstag von Barbara Solgan fuhr ich am 16. März nach Gersweiler. War eine schöne Party und ich traf viele Kollegen und Kolleginnen. Auch mein langjähriger Freund Georges war dabei.

Am 24. März war ich im Casino in Saarbrücken – wieder 4600 in die Luft geschossen. Dann war ich wieder bei Hanna in Schwabenheim. Sie gab mir 200 DM und wir fuhren nach Mainz in den Dom, wo ein bekannter Schauspieler einen Vortrag hielt.

In Saarbrücken wurde ich für mehrere *Fledermaus*-Vorstellung als Gast eingeladen. Das gab wieder eine schöne Summe. Am 2. Juni kündigten meine Mieter und ich war froh, sie los zu werden. Sie bezahlten 2 000 Mark, um gleich auszuziehen Das Geld musste ich für die Renovierung ausgeben.

Am 5. Juni war ich als Gast in der *Fledermaus*. Im Anschluss lud ich die Kollegen zu einem Abschiedsessen ein. Ich bekam eine Menge Geschenke von den Kollegen Die Frauen schenkten mir sechs wunderbare Sektkelche, in die mein Namen eingraviert war. Es war ein wunderbares Fest, mit dem ich meine Zeit auf der Bühne beendete.

Meine Gedanken schweiften in die Vergangenheit ab. Ich hatte viel erreicht. Vom Bauernhof von Vatter aus war ich in die Welt gezogen. Erst als Hauer im Bergwerk nach Frankreich, dann in die Welt der Mode, bis ich in der DDR meinen Traum verwirklichen konnte und endlich als Sänger mein Geld verdiente. Von der Strumpffabrik an die Oper. Darauf kann man schon stolz sein. Viele liebe Leute hatten mich auf meinem Weg begleitet und unterstützt. Wo ich auch hinkam, fand ich gute Freunde. Mit der Liebe war es nicht immer so einfach. Ich hatte viele Bettgeschichten aber eine echte Partnerschaft, nach der ich mich immer sehnte, fand ich nicht. Aber was sollte ich mich beschweren? Mein Leben auf der Bühne war glücklich und abwechslungsreich. Und wenn mein Leben im Ruhestand auch etwas ruhiger und vielleicht auch etwas langweiliger werden würde, was sollte mich das bekümmern? Ich selbst war älter und ruhiger geworden und jagte nicht mehr jedem hübschen Mann hinterher. Die Spielsucht war sicher nichts, auf das ich am Ende meines Lebens stolz sein werde, aber auch die Sucht gehört zu mir und das Schicksal hatte es sonst sehr gut mit mir gemeint.

Ich hatte viel gesehen, war weit rumgekommen, immer mit einem Lied auf den Lippen – ein Vagabund des Singens.

ZUGABE

Nach meiner Pensionierung pflegte ich meine Mutter, bis sie schließlich im Alter von 91 Jahren verstarb. Auch wenn es natürlich zu erwarten gewesen war, traf mich ihr Tod hart.

Im folgenden Jahr starb auch mein Freund Werner Lorenz plötzlich und unerwartet. Ich selbst erkrankte schwer und entkam nur knapp dem Tod. Während meines einmonatigen Krankenhausaufenthalts litt ich Höllenqualen.

Im Jahr 1998 ging ich freiwillig für drei Monate in eine Suchtklinik. Es half nicht, ich spielte weiter. Um meine Geldprobleme einigermaßen in den Griff zu bekommen, begann ich als Sicherungsmann in den Globus Baumärkten zu arbeiten. Im gleichen Sommer sang ich das letzte Mal bei Hanna, die kurze Zeit später im Alter von 88 Jahren verstarb. Ich trauerte lange um diese gute Freundin, mit der mich viel verbunden hat. Unsere musikalischen Nachmittage vermisse ich sehr.

Zum Singen vor Publikum kam ich wieder bei Annelies und Herberts Goldener Hochzeit. Es war das erste Mal, dass ich in Gehweiler auftrat. Das Publikum war begeistert und ich sang noch auf zwei anderen Feiern. Aber für mehr Auftritte reichten meine Nerven nicht mehr.

Heute arbeite ich noch regelmäßig als Sicherungsmann bei Globus und kümmere mich um meine Schwester Annelie, die inzwischen verwitwet ist und unter Demenz leidet.

Die Arbeit an meiner Autobiografie hat lange gedauert und hat mich viele Nerven gekostet, aber es hat sich gelohnt. Vor mir liegt mein persönliches Märchenbuch, ein Vagabundenlied.